Kühne Geschichtskonzept und Profitrate im Marxismus

3015

Karl Kühne

# Geschichtskonzept und Profitrate im Marxismus

Luchterhand

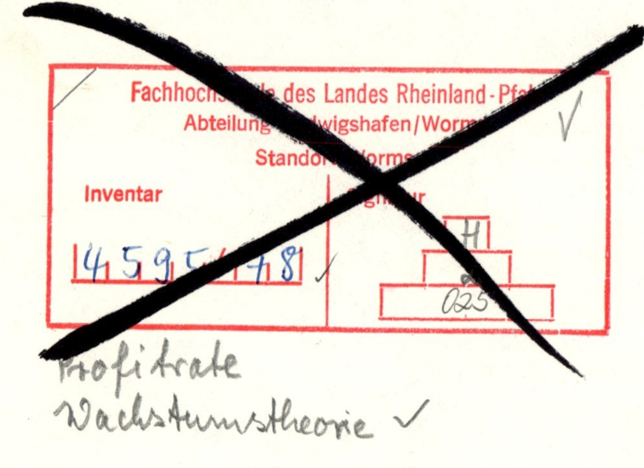


Gesamtherstellung bei der
Neuwieder Verlagsgesellschaft mbH, Neuwied.
Printed in Germany, September 1976.
ISBN 3 472 01043 6

# Inhalt

In diesem Werk sind eine Reihe von Studien zusammengefaßt, die eine Ergänzung und Erweiterung zu der zweibändigen Veröffentlichung des Verfassers darstellen, die in den Jahren 1972 und 1974 unter dem Titel »Ökonomie und Marxismus« erschienen ist.

In diesem älteren Buch konnten zwei Aspekte des Marxschen Werkes nur relativ knapp gestreift werden: Das war einmal der historische Aspekt, zum anderen aber dasjenige Theorem, das Marx als das Kernstück und die Krönung seiner ökonomischen Studien ansah, nämlich die Theorie von der fallenden Tendenz der Profitrate. Eine detaillierte Behandlung beider hätte den Rahmen unserer älteren Studie gesprengt.

Beide sind miteinander verwoben, denn das Gesetz vom Fall der Profitrate ist von mindestens einigen seiner Protagonisten – so von JOHN STUART MILL – als ein historisches Faktum angesehen worden.

Es soll hier keineswegs den Gegnern Marx' das Wort geredet werden, die – wie etwa KERSCHAGL – ihn vorzugsweise zum Wirtschaftshistoriker degradiert wissen wollten, oder die – wie POPPER – ihn als Vertreter des Historizismus verdammten, in dem sie alle Übel einer ideologisierenden Teleologie zu erkennen meinten.

Aber es soll doch betont werden, daß Marx – auch der Ökonom in ihm – eingebettet ist in eine historische Gesamtsicht, die die Geschichte der Vergangenheit mit der der Zukunft verbindet.

Der zweite Aspekt, das Theorem vom Fall der Profitrate, hat auf den ersten Blick mehr ökonomischen als historischen Gehalt, zumal sich die Auffassung, wonach die Profitrate seit den frühen Tagen des Kapitalismus unaufhaltsam gefallen wäre, weder logisch noch historisch als haltbar erweist.

Auf den zweiten Blick hin aber erweist sich das »Gesetz«, das man eigentlich als das »Marxsche« bezeichnen sollte, doch wiederum als historische Konzeption, denn es stellt sich heraus, daß Marx einer gewissen Gesetzmäßigkeit in der Bewegung des technischen Fortschritts auf der Spur war, wenn nicht einer Art Perodizität im Charakter des technischen Fortschritts, die ihrerseits im Zusammenhang stehen mag mit großen demographischen und sozialen Bewegungen: So ergibt sich als logisches Korrelat zu Perioden der Massenarbeitslosigkeit, die wiederum auf Wachstumsstörungen zurückgeht, die Tendenz zu kapitalsparenden Neuerungen, während wachstumsintensive Perioden, in denen die »industrielle Reservearmee« zu verschwinden droht, mit einem Vorherrschen arbeitssparender Neuerungen verbunden zu sein scheinen.

Eine theoretische Analyse des »Marxschen Gesetzes« fordert eine empirische Verifizierung solcher Tatbestände geradezu heraus. Eben diese, die bis dahin nur als Nebenprodukt anderer Arbeiten anfiel – wenn man von der fleißigen, aber theoretisch ungenügenden Arbeit GILLMANS absieht – ist im Anschluß an die theoretische Studie hier unternommen worden. Eine solche Analyse macht eine Untersuchung von Preis- und Kostenrelationen, Kapitalintensitätsziffern und Kapitalkoeffizienten wie Reallohndaten über säkulare Zeiträume hinweg notwendig. In diesen Daten können wir einige Hinweise auf die Entwicklung des technischen Fortschritts zu erfassen trachten.

Die Auseinandersetzung mit Marx als dem Historiker und Analytiker langfristiger ökonomischer Gesetzmäßigkeiten wirft naturgemäß die Frage auf, welche Rolle die Ideologie in diesen Analysen spielt. Es geht hier um den Stellenwert von Wunschbild und Wahrheitsstreben nicht nur im Marxismus, sondern in den Wirtschaftswissenschaften überhaupt.

Diesem Problem, das in dem älteren Buch überhaupt nicht behandelt werden konnte – wenngleich es überall anklingt – ist der dritte Teil dieser Arbeit gewidmet.

Ideologisierung ist nicht selten synonym mit Erstarrung in »wishful thinking«. Der Marxismus hat zu Beginn einen fruchtbaren neuen Ansatz mit der Betonung des ökonomischen Elements in seiner historischen Konzeption. Diesen Ansatz gilt es auszubauen und vor der Erstarrung zu bewahren.

So steht denn auch am Anfang des ersten Teiles ein Versuch, der nach den Fortschritten der Geschichtswissenschaft notwendig ist: eine Brücke zu schlagen zwischen den neueren Erkenntnissen der Geschichtswissenschaft und der Kulturmorphologie und den historischen Kategorien des Marxismus, die Marx in genialen Zügen im Vorwort zur »Kritik der Politischen Ökonomie« skizziert hat und die für viele Marxisten zu einer Art Schibboleth erstarrt sind, von dem sich der Marxismus freikämpfen muß, wenn er seinen historischen Determinismus in den Rahmen des heutigen Standes historischen Wissens einfügen will.

Das Wort, das Marx dem Utopisten WEITLING entgegenschleuderte, gilt auch heute: »Noch nie hat die Unwissenheit jemandem genützt!« Wenn wir seit BENEDETTO CROCE und KURT BREYSIG wissen, daß nahezu jede Kultur ein »Mittelalter« alias feudales Zeitalter gekannt hat, so wird man auch die Plantagenwirtschaft der Antike besser als eine Art fehlgestarteten – wegen zu starker Investition in arbeitsintensiven Methoden und fehlendem Anreiz zur Entwicklung kapitalintensiver Methoden – Frühkapitalismus ansehen müssen. Umgekehrt mag es nicht als ausgemacht erscheinen, daß nicht doch auch unsere kapitalistische Epoche, statt in eine neue Kategorie, die des Sozialismus, auszumünden, auf ein neues Mittelalter, wie ROBERTO VACCA es will, eine neue Feudalisierung hinausläuft ... 

Indessen haben wir keinen Anlaß, die Möglichkeit einer Ausmündung der Geschichte in den Sozialismus in Frage zu stellen. Eben darum müssen wir uns jedoch bemühen, die historische Logik die Oberhand gewinnen zu lassen gegenüber der Tendenz zur gewaltsamen Aufrechterhaltung von historischen Kategorien, die von Marx dereinst als erster Versuch skizziert worden sind und die eine vertiefte Betrachtung verdienen.

Das Problem, das sich für uns stellt, ist dieses: Wenn bisherige Kulturen nach der Entwicklung über Frühformen, Feudalismus und frühkapitalistische Ansätze – die sich fast in allen Hochkulturen finden – der Dekadenz und dem Niedergang anheimfielen, muß dies Schicksal dann auch die von Europa aus eingeleitete kosmopolitische Weltkultur unserer Zeit ereilen, – oder darf man erwarten, daß Rassenmischungen und technologische »challenges« im Toynbeeschen Sinne eine Weiterentwicklung des Menschen erlauben, die Hoffnung für die Zukunft offen läßt? Mit anderen Worten: Vereinigen sich Marxsche Menschheitsteleologie und Toynbeesche Reagibilität auf »Herausforderungen« zu einer Neukonzeption, die den Breysig-Spenglerschen Pessimismus überwinden könnte. Oder steht uns, wie VACCA meint, ein neues Mittelalter bevor, aus dessen Dunkel die Menschheit vielleicht nicht mehr herausfinden könnte?

Eine Wissenschaft, die sich von ideologischem Wunschdenken befreit, kann vielleicht auf diese Kernfrage unserer Zeit und der Zukunftsgeschichte eine Antwort geben. Einige Skizzen hierzu werden in diesem Buch gezeichnet, das historisch-ökonomische Themen erörtert und einer solchen Neukonzeption den Weg ebnen soll.

Der erste Teil dieser Arbeit ist entstanden auf Anregung von Professor Hans-Ulrich Wehler, der einen Teil von Kapitel II in seinem Sammelband »Geschichte und Ökonomie« als Vorabdruck, zugleich mit dem Wiederabdruck der älteren Artikelreihe des Verfassers »Marx und die moderne Nationalökonomie« (in der »Neuen Gesellschaft« 1954/55) erscheinen ließ. Prof. Wehler sei besonders gedankt für seine Anregungen.

Wesentliche weitere Anregungen verdanke ich meinem Freund Eugenio Ciasca, der in zahlreichen Gesprächen in Brüssel als »advocatus diaboli« meine Konzeptionen einer kritischen Beleuchtung unterzog und mir anregende Literatur zuführte.

Viel habe ich auch den Gesprächen mit Achim von Loesch (Frankfurt) zur Interpretation der Zeitgeschichte zu verdanken, sowie den Diskussionen mit anderen Herren im wissenschaftlichen Beirat der Gesellschaft für öffentliche Wirtschaft und Gemeinwirtschaft (Berlin), dem wir beide angehören – insbesondere den Professoren Gert von Eynern und Theo Thiemeyer sowie Dr. Paul Münch (Köln), dem Vorsitzenden des Beirats.

Als meine Lehrer in der historischen Wissenschaft betrachte ich Marx,

Macchiavelli, Ibn Khaldun, Simonde de Sismondi, Kurt Breysig und Arnold Toynbee.

Meiner Mitarbeiterin Rannavalona Lise Iva gebührt besonderer Dank für die mühselige Erstellung und Kontrolle der Tabellen, neben den laufenden Schreibarbeiten in einer anderen als ihrer Muttersprache.

# 1. Einleitung: Grundkonzepte der Geschichtsinterpretation

Das Kernproblem der Geschichtsphilosophie liegt in der Frage, ob und in welcher Weise menschliche Kultur einem Ziele, einer Erfüllung zustrebt. Das Konzept einer solchen Zielstrebigkeit ist im System HEGELS entwickelt worden. Das Werk HEGELS fand seine Fortsetzung in der Gesamtkonzeption Marx' und Engels', die in neuerer Zeit im System des dialektischen Materialismus über den historischen Rahmen hinaus einen Ausbau zu einer generellen Daseinsphilosophie erfuhr.

Im Anschluß an die Andeutungen, die Marx in seinem Vorwort zur »Kritik der Politischen Ökonomie« formuliert hatte, wird das Marxsche System mit der Vorstellung von einer mehr oder weniger starren Stufenfolge verknüpft: antikes Sklavereisystem, Feudalismus und Kapitalismus – daneben wurde vielfach als eine Art Verlegenheitslösung die »asiatische Produktionsweise« genannt.

## Alternative Geschichtskonzeptionen

Diesem Prinzip einer teleologischen Bestimmtheit der Menschheitsgeschichte steht ein anderes Prinzip entgegen, das man das »biologische« nennen könnte: Demzufolge sollen Kulturen oder »Kulturkreise« im Laufe der Menschheitsgeschichte ähnlich wie Organismen ihre Jugend, ihre Reife und ihren Altersprozeß erleben. Diese zweite Gedankenrichtung hat ihren Ursprung im Geschichtswerk IBN KHALDUNS um 1400. Sie fand eine gewisse Weiterführung im Werke GIAMBATTISTA VICOS im 18. Jahrhundert. Ihre modernen Versionen findet diese Richtung im zwanzigsten Jahrhundert in den Arbeiten KURT BREYSIGS und OSWALD SPENGLERS.

Es mag in diesem Zusammenhang von Interesse sein, daß im Bereich der Wirtschaftswissenschaften nicht nur ALBERT SCHÄFFLE mit seiner Theorie vom »Sozialkörper«, sondern selbst ALFRED MARSHALL eine Art Wissenschaft der »ökonomischen Biologie« zu entwickeln versuchten[1].

Eine dritte Interpretation der Geschichte lieferte im Anschluß an die beiden vorhergehenden ARNOLD TOYNBEE: In seinem monumentalen Überblick über die Universalgeschichte hat der britische Historiker die organizistische Theorie völlig abgelehnt, die des historischen Materialismus oder der Hegelschen Zielstrebigkeit aber nur teilweise in sein System eingebaut. TOYNBEE unterscheidet zunächst zwischen primären und abgeleiteten (»unrelated and related«) Kulturen. Die eigentliche Ursache für das Entstehen der primären Kulturen sucht TOYNBEE in einer »Herausforderung« (»challenge«), die im wesentlichen im Zusammentreffen geographisch-klimatischer Gegebenheiten mit der mehr oder minder energischen Initiative einer Menschengruppe zur Bewältigung dieser Rahmendaten liegt – aber auch in der Bewältigung von Konflikten mit anderen Menschengruppen.

In den abgeleiteten Kulturen kommt es ebenfalls zu einer »Begegnung von Schöpfungswillen und Schöpfungsanreiz«, von »Provokation und Satisfaktion«. Die Differenzierungen bei TOYNBEE sind besonders plastisch von ANDERLE herausgearbeitet worden, der hierzu sagt: »Der Unterschied gegenüber den unabgeleiteten Kulturen ist nur der, daß bei ihnen die Herausforderung allein oder zum wesentlichen Teil der menschlichen Umgebung, und zwar einer ganz bestimmten, in allen Fällen gleichartigen Situation entstammt«. Dann aber kommt im Falle der abgeleiteten Kulturen noch ein Phänomen hinzu, nämlich das der Desintegration der älteren, vorhergehenden und teilweise überlagerten Kulturen – ein »Problem von Zeugung, Empfängnis und Geburt«.[2]

## Ein Annäherungsversuch

In diesen Studien wird ein erster Versuch unternommen zur Annäherung zwischen der Marxistischen Theorie der stufenweisen gesellschaftlichen Entwicklung und der Kulturkreisanalyse. Erstere ist fundamental optimistisch, letztere mit der unerbittlichen Abfolge von Aufstieg, Höhepunkt und Niedergang »kulturpessimistisch«. Dennoch läßt sich eine Verbindung zwischen beiden herstellen.

Über das Auftreten einer Feudalepoche in so gut wie allen Kulturkreisen war man sich seit BENEDETTO CROCE und KURT BREYSIG, also mindestens seit der Jahrhundertwende einig. Das galt jedoch nicht für die Entwicklungsstufen, die dieser Feudalepoche vorhergingen bzw. darauf folgten.

BREYSIG hat vorgeschlagen, man sollte die Bezeichnung »Altertum« für diese vorfeudalen Epochen reservieren. Das klingt plausibel, bedarf aber noch einer allgemeinen Anerkennung. Danach würde das Altertum der spezifisch neueuropäischen Kultur in der keltisch-germanischen Vorzeit, also etwa vom 10. vorchristlichen bis 2. nachchristlichen Jahrhundert zu suchen sein.

Damit bleibt die Frage nach dem Höhepunkt und Niedergang einer Kultur. Der Ausdruck der »Renaissance« paßt nur für solche Kulturen, die abgeleitet sind, d. h. auf einer älteren aufbauen – im Gegensatz zu denen, die als autochthon oder »ursprünglich« anzusehen sind. Zur letzteren Kategorie, der der autochthonen Kulturen, dürften außer den frühen Flußkulturen (Sumer, Indus-Harappa, Ägypten, Altchina) die kretisch-minoische, die altperuanische Mochica-Chimu-Kultur und die Maya-Kultur gehören.

»Abgeleitete« Kulturen wären danach die altindische, babylonisch-assyrische, griechisch-römische und islamische (persisch-arabische) Kultur.

Zweifel dürften darüber bestehen, ob das, was TOYNBEE als die syrische Kultur bezeichnet, die Vor- bzw. Frühepoche der islamischen oder ein eigenständiges Gebilde darstellt.

Damit bleibt eine Frage offen: Sind Phänomene wie die TOYNBEEsche »Zivilisation des orthodoxen Christentums« und die Kulturen Hinterindiens, Indonesiens, Koreas und Japans als eigenständige Gewächse zu betrachten, die von anderen Kulturen befruchtet wurden, oder sind sie lediglich späte Randerscheinungen einer zentralen Kultur? Letztere Erklärung würde besser mit dem Phänomen nationaler Randkulturen in Zwischeneuropa und Skandinavien, als Marginalerscheinungen zur zentraleuropäischen Kultur, in Einklang zu bringen sein.

Wenn man die Blütezeit solcher Kulturen ziemlich großzügig ansetzt – etwa von der Epoche Solons bis zu der des Augustus –, so bleibt immer noch erheblicher Raum für die Epochen des Niedergangs. Die Frage, die nun auftaucht, ist diese: Kann eine Transformation des Gesellschaftssystems, die vor oder in der Niedergangsepoche einer Kultur erfolgt, einen solchen Niedergang aufhalten oder umkehren? Oder, umfassender gesagt: Besteht die Hoffnung, daß mit der kosmopolitischen Verschmelzung der vier noch bestehenden Kulturkreise – des islamischen, indischen, ostasiatischen und europäischen – eine neue weltweite Mischkultur entsteht, die noch lange gegen Abstieg gefeit ist?

## Europazentrische Simplifizierungen

Die Voraussetzung dafür ist allerdings, daß zunächst die europazentrische Haltung aufgegeben wird, die die weiße Rasse zur Zeit noch gegenüber den farbigen Rassen charakterisiert – ganz zu schweigen vom Rassenhochmut und Rassenhaß, die das erste Produkt der Berührung auf der internationalen Ebene waren.

Auch der Marxismus ist von solchen Erscheinungen nicht frei geblieben; die Keimzelle für Fehlentwicklungen in diesem Bereich lag schon in der globalen Einklassifizierung komplexer Strukturen unter dem Sammelbegriff »Asiatische Produktionsweise«. Dieser war von Marx mehr als Verlegenheitslösung verstanden worden, wurde dann aber von manchen Marxisten sehr ernst genommen und vom Sammelbegriff zum Gattungsbegriff weiterentwickelt. Das geschah, ohne daß man zum Beispiel die detaillierten Studien von FUNKE und anderen Sinologen über den komplizierten Charakter des chinesischen Pachtsystems beachtete, womit man sich im wesentlichen die Möglichkeit zum Verständnis des Quasi-Zyklus der Dynastienabfolge verschloß.

## Die Vorzüge des Historismus

Die Analyse der Geschichte kann im Gegensatz zu dem, was antihistorische Philosophen glauben mögen, eher eine Vorstellung davon vermitteln, ob und wie freiheitliche Staatsformen in bestimmten Gesellschaftsstrukturen aufrechtzuerhalten und zu sichern sind, als eine ahistorische Betrachtungsweise, die mit Moralbegriffen im leeren Raum jongliert.

Das Studium der geschichtlichen Entwicklung außereuropäischer Rassen und Völker dagegen ist dazu geeignet, ihre gegenwärtige soziologische, ökonomische und politische Lage zu beleuchten und Klarheit zu gewinnen über gegenwärtige und zukünftige Entwicklungsrichtungen. Gleichzeitig können damit die Vorurteile bekämpft und überwunden werden, die sich versteckt immer noch selbst in sozialistischen Kreisen finden.

Die historische Detailerforschung der besonderen Gegebenheiten der Völker ist auch im Rahmen einer marxistischen Analyse unerläßlich. Wenn es die Hauptgefahr des akademischen Historikers ist, sich in der Detailforschung zu verlieren, so sind umgekehrt marxistische Historiker vielfach der Gefahr erlegen, geschichtliche und soziologische Fakten in das Prokrustesbett einer traditionell marxistischen Lehre von den Gesellschaftsstufen zu zwängen.

In diesem Buche sind nur zwei Beiträge zu spezifischen geschichtlichen Problemkomplexen enthalten: Der eine betrifft die Geschichte des Kapitalismus in den letzten anderthalb Jahrhunderten unter dem besonderen Aspekt der Profitrate. Er wäre zu ergänzen durch Studien über die Bewegung der Mehrwertrate bzw. der Pachtraten oder ähnlicher Maßstäbe in vorkapitalistischen Gesellschaftssystemen. Die letzteren werden zwar beeinflußt durch externe Erschütterungen, bedingen diese aber teilweise selbst: Die Abfolge von Dynastien und Kulturepochen, das Vorhandensein oder der Untergang freiheitlicher Einrichtungen – wie des Futuwa-

Gildensystems im Islam oder der Geheimgesellschaften in China – erklärt sich aus komplexen Vorgängen im demographischen und sozialen Bereich. Größerer oder geringerer Druck auf die Existenzbasis entscheidet über einen mehr oder weniger intensiven Grad jenes Despotismus, den WITTFOGEL nicht ganz zu Recht als spezifisch asiatisch ansehen wollte.

Der zweite spezifische Beitrag in diesem Buche betrifft eine zusammenfassende Übersicht über die vorhandenen Unterlagen zur Bewegung eben dieses Lebenshaltungsniveaus, dessen Variation für das Vorherrschen despotisch-absolutistischer Herrschaftsformen auch in Europa determinierend war, wobei diese Herrschaftsform allerdings auch das Lebensniveau ihrerseits drückte.

Diese Studien können nur den bescheidenen Anspruch erheben, Anregungen zu geben für ein Weiterdenken entlang unorthodoxer Linien – nicht im Sinne einer Korrektur, sondern zur dynamischen Weiterentwicklung von Denkkategorien, die in Schematisierung zu ersticken drohen, womit das Verständnis der Gegenwarts- wie der Zukunftsgeschichte verschüttet werden würde. Die Gegenwart überschätzt die Technik. ORTEGA Y GASSET hat Recht, wenn er betont, daß die Beherrschung der Geschichte und ihrer – nie ganz identischen – Präzedenzfälle ebenfalls eine Technik ist. Nur die Analyse geschichtlicher Zusammenhänge kann uns vor der Ironie BEN AKIBAS bewahren – daß sich nämlich alle Irrtümer und Fehler in Politik wie Ökonomie ewig wiederholen müßten.

Gegen die verschiedenen, von ihm als »deterministisch« bezeichneten Systeme hat sich in neuerer Zeit KARL POPPER gewandt. Dieser stellt die Frage, ob die Geschichte einen Sinn habe – dabei geht es ihm vor allem um eine Antwort auf die »Teleologie« HEGELS und Marx'. POPPER erklärt ausdrücklich: »Die Geschichte hat keinen inneren Sinn« (»History has no meaning«)! Aber er gibt doch zu, daß man aus der Geschichte Lehren ableiten kann: »Wir können die Geschichte der Machtpolitik betrachten unter dem Gesichtspunkt unseres Kampfes für die offene Gesellschaft, für Vernunft, Gerechtigkeit, Freiheit, Gleichheit, und für die Kontrolle über internationale verbrecherische Tendenzen ... Obwohl die Geschichte keinen inneren Sinn hat, können wir ihr doch einen Sinn geben ...[3].«

Man sieht nicht recht, wieso POPPER nur für sich das Recht zu dieser Sinngebung in Anspruch nimmt und überhaupt gleichzeitig zu dieser grundsätzlichen Leugnung eines solchen Sinnes gelangt.

POPPERS Einstellung läßt sich im Grunde auffassen als eine Wiederaufnahme der Konzeptionen der klassischen Historiographie vor und neben HEGEL, die ebenfalls unter Verzicht auf eine Gesamtsinngebung nach den »Lehren« suchte, die uns die Geschichte erteilen kann: Das geschah generell unter dem Gesichtspunkt der herrschenden Moral- und Sittenlehre. Es ist wohl auch kein Zufall, wenn POPPER ausdrücklich betont hat, daß der

 »Historizismus ... im Konflikt steht mit jeder Religion, die die Lehre vertritt, daß das Gewissen von entscheidender Bedeutung sei«.

Am Rande sei bemerkt, daß POPPER TOYNBEE als stark von Marx beeinflußt betrachtet[4].

Schließlich könnten wir in der modernen ökologischen »Schule des jüngsten Gerichts« (»doomsday school«) eine Spielart eines uralten, längst in Vergessenheit geratenen Mythos zu sehen versucht sein: Im »goldenen Zeitalter« der Griechen und im »klassischen Zeitalter der Altvorderen« im Sinne des Konfuzianismus war die Lehre vom absteigenden statt ansteigenden Trend vorgezeichnet. Beide Konzeptionen der Antike sahen in der Geschichte der Menschheit – jedenfalls ihrem historisch faßbaren Teil – eine Historie des allmählichen Niederganges, den man nur mit dem Banner der traditionellen Sittlichkeit aufzuhalten imstande sei. Auch zur ethischen Fundiertheit der Popperschen Theorie bestehen hier Querverbindungen.

Besonders intensiv ist die Analogie zum Konfuzianismus jedenfalls bei den »Neo-Malthusianern« unserer Epoche gegeben, die Frugalität, »Nullwachstum« oder besser die Tugenden einer regressiven Entwicklung predigen.

Nun wird die Auseinandersetzung zwischen diesen verschiedenen Richtungen zweifellos verfälscht durch die optimistische Grundtendenz, die bisher unsere Zivilisation auszeichnete: Unausgesprochen identifizierte man mit dem »Fortschritt«, der sich in Technik, Lebenshaltung und Einkommensniveau der entwickelten Länder ausdrückt, auch den »Fortschritt« der Geschichte. Einer solchen Interpretation bieten sich allem Anschein nach gerade diejenigen Konzeptionen an, die die Bedeutung des »materiellen« Unterbaus hervorheben: somit also gerade die Geschichtskonzeption Marxscher Prägung. Die kuriose Konsequenz wäre die, daß sich der Marxismus am besten zu eignen schiene für eine Rechtfertigung einer universalierten »American way of life ...«, die in der Tat ansonsten keine klar umrissene Rechtfertigung fände – es sei denn die eines völlig veräußerlichten Pragmatismus ...

## Der Anti-Historizismus

Die POPPERsche Analyse, die in der Geschichte nichts anderes sehen kann als einen Ablauf von Gewissenskonflikten, ist eingestandenermaßen nicht imstande, einen »Fortschritt« in Richtung auf eine stärkere Durchsetzung der gewissensbedingten Haltungen festzustellen – zumal ihrem Autor zufolge die Geschichte keinen inneren Sinn hat – was im Grunde jeder Geschichtslehre den Todesstoß versetzt ...

Indessen nähert sich der Versuch POPPERS, doch das Recht zu einer Sinngebung aus dem Geschichtsverlauf abzuleiten, jener älteren Tradition liberaler Geschichtsschreibung, die in der Geschichte nur das Auf und Ab mehr oder weniger freiheitlicher Staatsformen verstand, etwa im Sinne eines SIMONDE DE SISMONDI, der Bürgerfreiheit mit kulturschöpferischem Potential gleichsetzte.

Nun hat man allerdings in dieser Art von Geschichtsschreibung nur selten Notiz genommen von der Existenz breiter Unterschichten, die an der relativen Freiheit der Ober- oder auch Mittelschichten kaum Anteil nahmen und nehmen.

Hier setzt die zweite Komponente des Marxismus ein: die Lehre von der »Entfremdung« des Menschen. Sie zeigt gewisse Affinitäten zu jener antiken Lehre, die den Niedergang des Menschen seit dem »goldenen Zeitalter« annahm ... Die Geschichte nimmt, wenn man die liberal-freiheitlichen Aspirationen der Marxschen Frühschriften kombiniert mit dem Idealzustand eines niemals definierten Zukunftssozialismus, die Gestalt eines Umwegs an, der von der Urfreiheit – etwa der Kabylendörfer Nordafrikas – zur Zukunftsgesellschaft führt ...

In jedem Falle besteht hier kein grundsätzlicher Unterschied zwischen der liberalen »Geschichte des Freiheitsgrades«, die sich allerdings einseitig auf der politischen Ebene abspielt, und der marxistischen »Geschichte der Wiedergewinnung der Freiheit«, die den ökonomischen Freiheitsraum einbegreift ... Gleichzeitig erhebt sich die Frage, ob nicht innerhalb eines jeden Gesellschaftssystems verschiedene Stadien in der politischen Freiheitsstrukturierung denkbar sind.

War z. B. der Ständestaat die parlamentarische Form des Feudalismus, der in absolutistischer Despotie endete, nachdem er in der frühen Despotie der barbarischen Heerführer à la Odoakar oder Chlodwig geboren wurde?

Hat der Kapitalismus, der auf dem europäischen Kontinent seinen bürgerlich-ökonomischen Ausgang mit der Despotie eines Napoleon nahm, der die Bürgerrechte im »Code Civil« formulierte, auf dem Umweg über den bürgerlichen Parlamentarismus seinen Endzustand in faschistischer Despotie zu finden?

Gibt es einen ähnlichen Kreislauf von der Despotie über »kulturrevolutionäre« Auflockerungen in Richtung auf eine Spätdespotie à la ORWELLS »Big Brother« im Sozialismus alias Kommunismus?

Nun hat sich allerdings in der Verwirklichung sozialistischer Systeme mit ihrem mehr oder weniger vollendeten Verstaatlichungsgrade gerade auf der ökonomischen Ebene eine Verringerung des Freiheitsmaßes beispielsweise in der »Freiheit der Wahl des Arbeitgebers« herauskristallisiert, dieweil die politische Freiheit zur Abberufung der Staatsspitze immerhin noch auf Umwegen zum Tragen kam: teils innerhalb dominierender Parteieliten, teils in spontanen Volksreaktionen wie z. B. der »Kulturrevolution« ...

Die offizielle Version in den Staaten, in denen der Marxismus zur Staatsreligion erhoben wurde, ist die, daß die formale Gleichstellung auf der ökonomischen Ebene – das Fehlen privaten Besitzes an Produktionsmitteln – den Endzweck der Geschichtsentwicklung, ja ihr formales Ende im Sinne des Entwicklungsprozesses der Menschheit darstellt.

Demgegenüber wird man der POPPERschen Forderung nach einer Messung des Grades von realer staatsbürgerlicher Freiheit bzw. der Durchsetzung der »Vernunft« im Sinne der Aufklärung eine gewisse Berechtigung nicht absprechen dürfen.

## Kreislauf der Staatsformen

Damit bleibt die Frage nach der Parallelität zwischen Eigentumsstruktur alias Konzentration der Verfügungsgewalt über Produktionsmittel einerseits und nach der Durchsetzungsmöglichkeit für persönliche Freiheit innerhalb verschiedener Gesellschaftssysteme andererseits.

Andersherum gesagt: Gibt es eine ähnliche Abfolge vom Früh-Despotismus über oligarchisch-quasi-demokratische Formen bis zum Spätabsolutismus, wie wir ihn etwa im feudalen Gesellschaftssysteme feststellen konnten, auch im Sozialismus?

Der Kreislauf der Staatsformen, wie er in dieser Abfolge zum Ausdruck kommt, hat seinen Ursprung in der ökonomischen Position der einzelnen Kategorien der herrschenden Klassen.

Der Früh-Despotismus eines Chlodwig beruhte auf der Landnahme in eroberten Gebieten, die der herrschenden Familie unverhältnismäßig große Güter in die Hände spielte. Daneben fielen anderen führenden Familien kleinere Anteile zu, und diesen gegenüber stellten verbleibende römische Provinzialmagnaten ein gewisses Gegengewicht dar.

Die frühmittelalterliche Geschichte ist gekennzeichnet durch die Vergabe von Lehen an Gefolgsleute; der Besitz der herrschenden Familie verringerte sich, die relative Bedeutung des Grundadels nahm zu. Ein nicht geringer Teil dieses Grundadels setzte sich aus ehemaligen Ministerialen, also eigentlich Unfreien, zusammen, die als Vasallen in die eigentliche Adelsschicht aufrückten.

Mit der zunehmenden Vergabe königlicher und fürstlicher Ländereien – einer Art früher Dekonzentration – wuchs die relative Bedeutung des Adels gegenüber der Fürstenmacht. Gleichzeitig kam es zum Aufstieg des städtischen Patriziats.

Das Endergebnis dieses Erstarkens lokaler und dezentralisierter Kräfte war der Ständestaat. Dieser stellte ein Kompromiß dar zwischen Staatsgewalt und regionaler Oberschicht. Dieses Kompromiß löste sich vielfach in erbitterten Kämpfen auf, wie etwa in den Kriegen der weißen und roten Rose in England, den Hugenottenkriegen in Frankreich, dem dreißigjährigen Krieg in Deutschland. Bürgerkriege dieser Art gaben, mehr noch als auswärtige Kriege – etwa die Italien- und Türkenkriege der Habsburger – Anlaß zum Aufbau ständiger Heere. Diese wiederum erforderten den Aufbau des modernen Steuerstaats: Der Fürst lebte nicht mehr in erster Linie aus seinen Gütern, sondern aus den Abgaben (»Bei-Steuern«) der Untertanen. Mit dieser neuen Stärkung seiner ökonomischen Kraft gewann er die Voraussetzungen für die absolute Macht, die den Ständestaat in den Hintergrund drängte.

In analoger Weise würde der kapitalistische Staat vom Frühdespotismus einer Revolutionsregierung à la CROMWELL oder ROBESPIERRE – vielleicht sogar der preußischen »Revolution von oben« – über den bürgerlichen Parlamentarismus, der seinen Höhepunkt im Lobby-Staat der Oligopol-Herzöge erlebt, zum Spätdespotismus faschistischen oder faschistoiden Stils führen.

Die Parallelität zwischen den »parlamentarischen Epochen« des Ständestaats im Feudalismus und des demokratischen Repräsentationssystems im Kapitalismus wäre evident. Das POPPER-SISMONDI-Freiheitsideal würde in seiner Realisierbarkeit zu einer Funktion der Entwicklungsepoche der jeweiligen Produktionsweise.

## Funktion und Variation der Mehrwertrate

Der Verlauf der Geschichte im engeren Sinne – jenseits der Vorgeschichte – ist gekennzeichnet durch Gemeinschafts-, Stammes- und Staatenbildungen und durch die Entstehung städtischen Lebens. Die Stadtzentren sind gleichzeitig die Zentren geschichtlichen Geschehens. Die Entstehung von Klassen steht im engen Zusammenhang mit der Weiterentwicklung der Landwirtschaft über das Stadium der bloßen Subsistenz hinaus. Alle übergeordneten Gebilde, die den Rahmen der bäuerlichen Selbstversorgung sprengen, setzen voraus, daß die Landwirtschaft in ihrer Produktivität soweit gediehen ist, daß sie nicht nur eine Kaste von Kriegern, sondern darüber hinaus auch Handwerker und Händler, letztere weitgehend im städtischen Rahmen, mit ernähren kann. In diesem physischen Sinne bedarf die Gesellschaft bereits des »Mehrwerts«, um eine mehrschichtige Strukturierung zu tragen.

Je weiter der Rahmen dieser frühen Gemeinschaften gespannt wird,

Aufgaben. Die frühen Flußkulturen am Indus, Euphrat/Tigris, Nil, Hoangho und Yangtsekiang bedürfen zur Bewältigung ihrer umfangreichen wasserwirtschaftlichen Aufgaben – Deichbau, Kanalisierung, Bedesto umfangreicher wird der Bedarf an Mehrwert für gesellschaftliche wässerungsanlagen aller Art – eines großen Teils der bäuerlichen Arbeitskräfte, die von den auf dem Felde verbleibenden mit ernährt werden müssen. Tempel- und Palastbauten, Befestigungsanlagen aller Art erweitern diesen Bedarf. Die berühmte »chinesische Mauer« ist zwar nicht das Werk eines zentralisierten Einzelstaates gewesen: Viele Teilstaaten der chinesischen Kultur haben an ihr gebaut, etwa seit dem 4. Jahrhundert v. Chr. – die Zentralstaaten Wei, Tschao und Yen im Norden, Tsin im Westen, dieweil Tsi und Lu im Osten ähnliche Werke zwischen chinesischen Staaten selbst errichteten. Als Kaiser Dschi Huang Di nach der Reichseinigung 221 v. Chr. diese Mauern der Einzelstaaten zu einem strategischen Ganzen zusammenfassen ließ, so bedurfte er dazu einer gigantischen Mobilisierung verfügbarer Arbeitskräfte im ganzen Reich, die offenbar teilweise Bauern vom Lande abzog: Es kam zu einer Überspannung – die Ernährung dieser von der Landarbeit freigestellten Arbeitsarmee überspannte den Bogen. Es war nicht genug Mehrwert verfügbar für derartige Kraftakte. Unter dem unmittelbaren Nachfolger Dschi Huang Dis brach das Reich in einer Serie von Aufständen zusammen.

Hier lag eines der ersten klassischen Beispiele für eine Überspannung der Inanspruchnahme von Mehrwert vor. Man kann die Geschichte der vorkapitalistischen Epoche als eine Abfolge von Variationen der Mehrwertrate auffassen.

Große zivilisatorische Leistungen künstlerischer oder materiell-produktiver Art setzen eine hohe Mehrwertrate voraus. Diese kann entweder auf hoher Produktivität der Massen oder aber auf ihrer Knechtung, d. h. bewußter Komprimierung ihrer Lebenshaltung beruhen.

Im letzten Falle tritt das ein, was wir oben mit »Überspannung des Mehrwerts« bezeichnet haben. Der Wechsel der Dynastien in vorkapitalistischen Gesellschaften erklärt sich aus dieser Tendenz zur periodischen Überspannung der Mehrwertrate. Andererseits: Der Mehrwert ist seit den Zeiten der Pharaonen die Basis für die Produktion des »Überflüssigen« – der Kultur ...

Indessen führt der Versuch zur Erhöhung der Mehrwertrate zum »Klassenkampf von oben«, dem der »Klassenkampf von unten«, die periodische Revolte, entspricht. Diese kann zum internen Umsturz oder auch zu externen Invasionen führen. Sie führte insbesondere in Ländern der »hydraulischen Kultur«, also in den alten Flußkulturen Mesopotamiens, Ägyptens und Chinas, aber auch in Oasenkulturen zur periodischen

Zerstörung der Infrastruktur in Gestalt der Bewässerungsanlagen. Dies wiederum löste einen Zusammenbruch des Produktionssystems, Mißernten und Hungersnöte aus, die die Bevölkerung dezimierten. Es kam zum Sturz der jeweils herrschenden Dynastie.



In Agrargesellschaften, die weitgehend auf dem System der Pacht oder pachtähnlichen Systemen beruhten, führte die Hungersnot und die daraus resultierende Knappheit an Pachtbauern zur Verringerung der Pachtrenten und damit der Mehrwertrate. Mit der erneuten Zunahme der Bevölkerung steigt das Quasi-»Angebot« an Pachtbauern und damit der Druck auf das Bauerntum: Die Mehrwertrate wird angehoben bis dies erneut zur Überspannung führt – und der vorkapitalistische »Quasi-Zyklus« von Sturz und Neuaufkommen von Dynastien sich wiederholt, vielfach verschränkt mit Invasionen von Barbaren.

Mit dem Aufkommen des Kapitalismus erscheint ein höherer Grad von Rechenhaftigkeit, der den Mehrwert meßbar werden läßt, weil er ihn ins Verhältnis setzt zu einer Meßgröße, dem »Kapital«. Dies stellt zwar eine betriebswirtschaftlich nützliche Fiktion dar, die im übrigen je nach der Konjunkturlage variiert; diese Fiktion ändert jedoch die Betrachtungsweise: Die Optik wird verlagert von der Mehrwertrate, dem Ausbeutungsgrad und damit der bisher sichtbaren Klassenspannung auf ein neues Konzept hin, das der Rentabilität, der Verwertung des Kapitals.

## Die Profitrate des Agens

Von nun an wird anstelle der Mehrwertrate, deren Spannkraft begrenzt blieb, weil das Existenzminimum eine Maximalgrenze der Ausbeutung vorzeichnete, die Variation der Profitrate zum Agens der Geschichte: Mit der Anhebung der Produktivität und dadurch der potentiellen Mehrwertrate im Kapitalismus wird gleichzeitig ein sozialer Gleichgewichtszustand geschaffen, weil die absolute Summe des Mehrwerts im Verhältnis zur Zahl der Einkommensbezieher der Oberschicht ins Überdimensionale wächst, so daß die Verfügbarkeit für die Unterschicht analog wächst.

Indessen ist mit Einführung des neuen Maßstabs auch die Schwankungsmöglichkeit für das Gemessene breiter geworden. Die Variationen der Profitrate zeigen weit größere Amplituden als die dereinst traditionsgebundene Mehrwertrate.

Dessen ungeachtet mochte bei letzterer die Veränderung der absoluten Summen sehr viel einschneidender und physisch spürbarer sein als die der absoluten Profitsummen.

In der traditionellen Gesellschaft waren Bedrücker und Bedrückte aneinander stärker gefesselt: Mißernten senkten den Lebensstandard beider. Im Kapitalismus wird der Arbeiter arbeitslos, fristet aber sein Dasein, das auf dem Prinzip der Eigentumslosigkeit beruht. Für viele Kapitalisten ändert sich das Prinzip: der Bankerott stößt sie in die beherrschte Klasse hinab.

Diese Deklassierung hat nicht nur soziologische Konsequenzen. Sie führt auch zu ökonomischen Folgeerscheinungen, insbesondere dann, wenn sich die gleiche Mehrwertsumme auf eine verringerte Zahl von Kapitalisten verteilt.

Gleichzeitig ergeben sich soziologische Konsequenzen, die Soziologie und Politologie erst allmählich zu erfassen beginnen. Mit der Deklassierung bisher selbständiger Existenzen kommt es in Krisenzeiten zu faschistischen Bewegungen. Dem wirkt entgegen, daß Teile der Arbeitnehmerschaft zu Anteilen am Produktivvermögen und die gesamte Arbeitnehmerschaft zu einem Minimum an Konsumentenvermögen gelangt. Damit ergibt sich eine potentielle Stärkung konservativer Richtungen, die den Konsequenzen der Unternehmenskonzentration entgegenwirkt.

Im Grenzbereich zwischen Ökonomie und Politik steht der Staat; einmal mit seiner Umverteilungs-, Investitions- und Stabilisierungsfunktion, zum anderen mit seinem bürokratischen Apparat, der potentielle Klassenbildungsmöglichkeiten in sich birgt und zur privaten Unternehmens- wie Verbraucherwelt in reziproker Relation steht. Das relative Anwachsen der Bedeutung des Staates – als Teil des Dienstleistungsbereichs – läßt die Quantität in die Qualität umschlagen.

Die ideologischen Tendenzen in den Wirtschaftswissenschaften sind teils Resultante, teils Impuls dieser Entwicklung. Die Frage, wieweit über ideologisch bedingte Ideen hinaus sachliche Folgerungen erarbeitet werden können, ist eine der Grundfragen der Wissenschaft.

## Anmerkungen

1 Vgl. hierzu MARK BLAUG, Economic Theory in Retrospect, 2. Auflage, London 1968, S. 426.

2 OTHMAR ANDERLE, Das universalhistorische System Arnold Joseph Toynbees, Frankfurt am Main/Wien 1955, S. 159.

3 K. R. POPPER, The Open Society and its Enemies, Vol. II: The High Tide of Prophecy: Hegel, Marx, and the Aftermath, London 1945, 5. Auflage, 1966, S. 278/9.

4 POPPER, a.a.O., S. 360 – Note 51 zu Kapital 25.

# II. Die Geschichtskonzeption im Werk von Karl Marx

Marx' Verhältnis zur Geschichte läßt sich unter zwei Blickwinkeln betrachten: einmal unter mehr generellen Aspekten, zum anderen unter der Überschrift des Historischen Materialismus, in den sich sein weiteres Werk einfügt. Die mehr landläufige, generelle Deutung ist von »neutralen« und gegnerischen Autoren bevorzugt worden. Immerhin hat die Marxsche Konzeption auch in diesem generellen Sinne bereits auf jene ausgestrahlt, die eine Eigenständigkeit der historisch-materialistischen Konzeption nicht anerkennen wollten. SCHUMPETER hat betont, daß die Geschichtsbetrachtung als solche dem Marxschen Einfluß »die wachsende Institutionalisierung und die wachsende Neigung zur Betonung der wirtschaftlichen Bedingtheit historischer Prozesse« verdankt[1].

Man könnte nun allerdings geneigt sein, mindestens im Frühwerk von Marx von einem Primat der generellen Geschichte zu sprechen. ALFRED SCHMIDT hat in einem programmatischen Aufsatz das Marxsche Werk der Geschichtsfeindlichkeit unserer Gegenwart gegenübergestellt. Dabei zitiert er eine Textvariante der »Deutschen Ideologie« aus der Feder von Marx und Engels, in der es heißt: »Wir kennen nur eine einzige Wissenschaft, die Wissenschaft der Geschichte[2].« Und er kommt zu dem Schluß, daß »im Grunde in allen wichtigeren Schriften der Autoren Geschichte erzählt wird ... Auf allen Stufen ihrer Entwicklung sind sie bestrebt, die Theoreme am konkreten Stoff selbst zu entfalten«.[3] Er zitiert weiter Engels: »Uns fällt es nicht ein, die ›Offenbarung der Geschichte‹ zu bezweifeln oder zu verachten, die Geschichte ist unser ein und alles und wird von uns höher gehalten als von irgendeiner anderen früheren philosophischen Richtung, höher selbst als von Hegel, dem sie am Ende auch nur als Probe auf sein logisches Rechenexempel dienen sollte ... Wir reklamieren den Inhalt der Geschichte, aber wir sehen in der Geschichte nicht die Offenbarung ›Gottes‹, sondern des Menschen und nur des Menschen[4].«

Allein es wäre eine unsinnige Simplifizierung, wollte man in den Klassikern des Marxismus in erster Linie Repräsentanten des Historismus sehen, wie diese etwa von SCHELER geäußert worden ist[5]; ein enragierter Gegner, KERSCHAGL, hat an Marx sonst kein gutes Haar lassen wollen, ihn aber als Wirtschaftshistoriker anerkannt und dazu geradezu abstempeln wollen[6]. Demgegenüber hat SCHUMPETER richtiggestellt, daß man Marx ebensowenig als einen Exponenten der sog. »Historischen Schule« GUSTAV SCHMOLLERS und seiner Zeit ansehen könne wie etwa ALFRED MARSHALL[7], um so weniger als Marx über ROSCHER als den Repräsentanten der älteren Version dieser Schule seinen ätzenden Spott vergossen hatte. In einem älteren Werk hat allerdings SCHUMPETER selber das Kind mit dem Bade ausgeschüttet, als er sagte: »Ebensowenig war Marx' Methode ›historisch‹, wie Engels sagt. Denn das einzige Moment, das diese Behauptung stützen könnte, die Unterscheidung verschiedener Entwicklungsstufen, in denen – aber nur zum Teil – verschiedene ›Gesetze‹ gelten, teilt Marx mit allen Klassikern, wenn diese auch weniger Wert darauf legten[8].« Allerdings hat SCHUMPETER dann seine Auffassung in seinem Spätwerk insofern revidiert, als er erklärte: »(Marx) war der erste Ökonom von Spitzenrang, der sah und systematisch lehrte, wie ökonomische Theorie in historische Analyse und wie historische Erzählung in histoire raisonnée verwandelt werden kann[9].« MORF hat hier im Werke SCHUMPETERS verschiedene Ambivalenzen aufgedeckt, kommt aber doch zur Folgerung: »SCHUMPETER scheidet im Marxschen Werk einen soziologischen und einen ökonomischen Teil. Der erste baue auf einer allgemeinen Geschichtstheorie auf, der ökonomischen Geschichtsauffassung, im letzteren erhalte die Detailforschung wieder das Wort. Mit dieser Auffassung wird ... nach zwei Seiten hin argumentiert: Der Historische Materialismus habe sich auf die Dauer nicht bewährt, hingegen sei die ökonomische Detailforschung beachtlich[10].«

Man muß sich fragen, ob SCHUMPETER, wenngleich er Marx generell große Gelehrsamkeit bescheinigt, in diesem Urteil nicht ein wenig in Geschäftsführung ohne Auftrag gehandelt hat: Ein Fachhistoriker wie BIRNIE z. B., der Marx sonst durchaus nicht positiv gegenübersteht, vertritt genau die umgekehrte Auffassung: »Als Historiker verdient Marx größeren Respekt denn als Ökonom. Seine materialistische Konzeption der Geschichte stellt eine bedeutende Wahrheit heraus, wenngleich in einer übertriebenen Form[11].« Die Leistung von Marx als Historiker ist somit unauflöslich verbunden mit der Konzeption des Historischen Materialismus. Dennoch läßt sich im Hinblick auf das allgemeine wirtschaftshistorische Werk Marx' das sagen, was MORF in glücklicher Formulierung festgehalten hat: »Für Marx, dem die politische Ökonomie eine Wissenschaft ist, sind Wirtschaftstheorie und Wirtschaftsgeschichte zwei Momente eines in der Einheit sich vollziehenden Prozesses.« Allerdings hat MORF auch festgestellt, »daß der ungelöste Dualismus von Theorie und Geschichte in der Kritik am Marxschen Standort immer wieder auftritt, sei es als methodischer, inhaltlicher oder philosophischer Einwand. Die Kritik ... bleibt notwendigerweise sachfremd.« In der materialistischen Dialektik wird für MORF die »latente Scheidung von Theorie und Geschichte innerhalb der Nationalökonomie .. von Marx vorweg aufgehoben und auf die ihr zugrunde liegende Scheidung des Erkenntnisaktes vom Erkenntnisobjekt zurückgeführt« ... »Bevor Wirtschaftstheorie und Wirtschaftsgeschichte endgültig auseinanderfielen, bevor jede Disziplin, auf ihre eigene Sonderheit pochend, ihr Arbeitsfeld vor ›Unberufenen‹ abschloß . . ., war das Verhältnis der beiden Disziplinen von Marx eindeutig bestimmt worden[12].«

## Der Historische Materialismus

In der »Deutschen Ideologie« findet sich der Satz, daß »die erste Voraussetzung aller menschlichen Existenz, aber auch aller Geschichte« die sei, »daß die Menschen imstande sein müssen, zu leben, um ›Geschichte machen‹ zu können . . . Die erste geschichtliche Tat ist also die Erzeugung der Mittel zur Befriedigung dieser Bedürfnisse, die Produktion des materiellen Lebens selbst, und zwar ist dies eine geschichtliche Tat, eine Grundbedingung aller Geschichte, die noch heute, wie vor Jahrtausenden, täglich und stündlich erfüllt werden, um den Menschen nur am Leben zu erhalten.«[13] Man könnte versucht sein, hierin die Quintessenz des »Historischen Materialismus« sehen zu wollen, nämlich einer Geschichtsauffassung, die auf einer materiellen, »down-to-earth«- Betrachtung aufbaut. In der Tat belobigen Marx und Engels gleich darauf die Franzosen und Engländer, weil sie »der Geschichtsschreibung eine materialistische Basis« zu geben versuchten, während die Deutschen »nie eine irdische Basis für die Geschichte und folglich nie einen Historiker« gehabt hätten.

Daß die beiden derart belobigten Nationen dies den Autoren nicht immer dankten, dafür ist der eben zitierte BIRNIE ein gutes Beispiel, denn er fährt fort mit einer ziemlich landläufigen Kritik eines historischen Materialismus, wie er ihn sieht: »Der wirtschaftliche Faktor hat eine bedeutsame, man könnte sogar sagen überwiegende Rolle in der Gestaltung des Verlaufs der menschlichen Geschichte gespielt. Der einzige Irrtum liegt darin, wenn man – und das tut Marx – darin den einzigen bestimmenden Faktor und den Schlüssel nicht nur zur materiellen Entwicklung der Menschheit, sondern auch zu ihrer geistigen sieht[14].« Daß diese Simplifizierung der Marxschen Theorie nicht stimmt, kann man schon aus der Tatsache entnehmen, daß in der »Deutschen Ideologie« im Abschnitt »Geschichte« u. a. als »drittes Verhältnis, was hier gleich von vornherein in die geschichtliche Entwicklung eintritt«, das »Verhältnis zwischen Mann und Weib, Eltern und Kindern, die Familie« angeführt wird. Als viertes »Moment« folgt dann: »Die Produktion des Lebens, sowohl des eigenen in der Arbeit wie des fremden in der Zeugung, erscheint nun schon sogleich als ein doppeltes Verhältnis – einerseits als natürliches, andererseits als gesellschaftliches Verhältnis –, gesellschaftlich in dem Sinne, als hierdurch das Zusammenwirken mehrerer Individuen . . .

verstanden wird. Hieraus geht hervor, daß eine bestimmte Produktionsweise oder industrielle Stufe stets mit einer bestimmten Weise des Zusammenwirkens oder gesellschaftlichen Stufe vereinigt ist, und diese Weise des Zusammenwirkens ist selbst eine »Produktivkraft«.[15] Hieraus erhellt schon, daß für Marx stets eine Interdependenz zwischen dem »Unterbau« und dem »Überbau« gegeben ist. Für die Relation zwischen beiden pflegt man in der Regel die berühmte Stelle aus dem »Vorwort zur Kritik der Politischen Ökonomie« (1859) zu zitieren, in der Marx nach seinen eigenen Worten das »allgemeine Resultat«, das seinem »Studium zum Leitfaden diente«, zusammengefaßt hat: »Meine Untersuchung mündete in dem Ergebnis, daß Rechtsverhältnisse wie Staatsformen weder aus sich selbst zu begreifen sind noch aus der sogenannten allgemeinen Entwicklung des menschlichen Geistes, sondern vielmehr in den materiellen Lebensverhältnissen wurzeln ... In der gesellschaftlichen Produktion ihres Lebens gehen die Menschen bestimmte, notwendige, von ihrem Willen unabhängige Verhältnisse ein, Produktionsverhältnisse, die einer bestimmten Entwicklungsstufe ihrer materiellen Produktivkräfte entsprechen. Die Gesamtheit dieser Produktionsverhältnisse bildet die ökonomische Struktur der Gesellschaft, die reale Basis, worauf sich ein juristischer und politischer Überbau erhebt und welcher bestimmte gesellschaftliche Bewußtseinsformen entsprechen. Die Produktionsweise des materiellen Lebens bedingt den sozialen, politischen und geistigen Lebensprozeß überhaupt. Es ist nicht das Bewußtsein der Menschen, das ihr Sein, sondern umgekehrt ihr gesellschaftliches Sein, das ihr Bewußtsein bestimmt. Auf einer gewissen Stufe ihrer Entwicklung geraten die materiellen Produktivkräfte der Gesellschaft in Widerspruch mit den vorhandenen Produktionsverhältnissen oder, was nur ein juristischer Ausdruck dafür ist, mit den Eigentumsverhältnissen, innerhalb deren sie sich bisher bewegt hatten. Aus Entwicklungsformen der Produktivkräfte schlagen diese Verhältnisse in Fesseln derselben um. Es tritt dann eine Epoche sozialer Revolution ein. Mit der Veränderung der ökonomischen Grundlage wälzt sich der ganze ungeheure Überbau langsamer oder rascher um[16].«

Das klingt vielleicht danach, als bestünde der Vorwurf zu Recht, daß Marx den rein ökonomischen Faktor überschätzt habe. Allein ein französischer Soziologe, ARMAND CUVILLIER, hat gegenüber ähnlichen Vorwürfen seiner Landsleute MAUNIER, DURKHEIM u. a. mit Recht bemerkt, daß eine solche Überschätzung ja eigentlich schon im »Warenfetischismus« läge, dem eben gerade die klassische Nationalökonomie huldige, indem sie die ökonomischen Faktoren als solche verselbständige: Marx habe demgegenüber im Gegenteil betont, daß es im sozialen Bereich gerade um die Beziehungen zwischen *Menschen* gehe: »Was Marx seinen Vorgängern vorwirft, das ist gerade, daß sie ›die ökonomischen Relationen materialisieren‹, und in gewissem Sinne könnte man seine These geradezu als einen ›ökonomischen Spiritualismus‹ bezeichnen. Für ihn besteht der wirtschaftliche Faktor ›nämlich nicht einfach‹ (CUVILLIER zitiert hier seinen Landsmann RAUH) in den Dingen, in den materiellen Realitäten: Es sind vielmehr die elementaren Bedürfnisse, die in diesen Dingen zum Ausdruck kommen, es sind psychologische Realitäten – besser gesagt: es ist der Mensch als Ganzes, um den es hier geht.« CUVILLIER betonte, Marx sei zweifellos »materialistisch in dem Sinne, daß er sich weigert, der idealistischen Konzeption HEGELS zu folgen, wonach die gesamte Geschichte nichts anderes sei als die dialektische Entwicklung einer Idee«. Aber wenn man gegen ihn den Vorwurf erhebe – wie z. B. MAUNIER es getan habe –, daß ausschließlich die Wirkungsweise der ökonomischen Phänomene unter Ausschaltung aller anderen Ursachen eine Rolle spiele, dann sei »diese These . . ., wonach die gesamte ideologische Seite des menschlichen Lebens nur als Widerschein(-›Epiphänomen‹) ohne Wirksamkeit zu werten wäre . . . so wenig marxistisch, daß Friedrich Engels, der treue Mitstreiter Marx', sie in seinem Briefe vom 21. 9. 1890 formell zurückgewiesen und als ›absurd‹ bezeichnet hat. . . . Marx gibt durchaus zu, daß Wechselwirkungen zwischen der Basis und dem Überbau bestehen . . . und vor allem ist die Wirtschaft wie auch der Komplex der Produktionsverhältnisse des materiellen Lebens keineswegs einer rein materiellen Sphäre zuzurechnen.« CUVILLIER verweist hier auf Stellen im ersten Band des *Kapitals,* in denen Marx davon spricht, daß es der Mensch sei, der in der Arbeit zum Ausdruck komme, daß sich der schlechteste Architekt von der tüchtigsten Biene dadurch unterscheide, daß er seine Konstruktion zuerst in seinem Kopfe baue[17]. In der Tat haben sich Marx und Engels schon in der »Deutschen Ideologie« dagegen gewehrt, daß HEGEL nach eigenem Eingeständnis »den Fortgang des Begriffs« in seiner Geschichtsphilosophie »allein betrachtet« habe: Eben deshalb mußten sie ihn »vom Kopf auf die Füße stellen«, weil er in der Geschichte allein »den Entwicklungsgang der sich verwirklichenden Idee, und zwar der Idee der Freiheit, . . . das Werden des Geistes – die eigentliche Theodizee« zu sehen meinte[18]. Sie wehrten sich dagegen, daß »in der Geschichte stets Gedanken herrschen . . .«, denn »die Gedanken der herrschenden Klasse sind in jeder Epoche die herrschenden Gedanken . . .« Sie wehren sich gegen »diesen ganzen Schein, als ob die Herrschaft einer bestimmten Klasse nur die Herrschaft gewisser Gedanken« sei[19]. Man ist versucht, hier Goethes *Faust* zu zitieren: »Was ihr den Geist der Zeiten nennt, das ist im Grund der Herren eigener Geist, in dem die Zeiten sich bespiegeln.«

Einer der bedeutendsten marxistischen Philosophen, PLECHANOW, hat denn auch darauf hingewiesen, daß »die materialistische Interpretation der Geschichte, die Marx und Engels entdeckt haben, die Ursachen bloßlegt, die im Laufe der menschlichen Entwicklung ... die gegenseitigen Beziehungen bedingen, die die Menschen untereinander anknüpfen«.[20] In einem Aufsatz, den PLECHANOW einer Auseinandersetzung mit dem großen italienischen Repräsentanten eines aufgeklärt-historischen Marxismus, ANTONIO LABRIOLA, gewidmet hat, betont er, daß eine ganze Reihe von Historikern »die vorherrschende Rolle des ökonomischen Faktors anerkannt« habe: GUIZOT, MIGNET, THIERRY, DE TOCQUEVILLE. Er prägt für sie die Bezeichnung »ökonomistische Materialisten« und reiht in diese Kategorie auch den britischen Ökonomen THOROLD ROGERS ein, der der »ökonomischen Interpretation der Geschichte« ein besonderes Werk gewidmet hat[21], neben seinen berühmten Preisstudien, in denen er mit dem Franzosen D'AVENEL[22] wetteiferte.

Beide sind weithin unabhängig von Marx und verdienten nach Auffassung SCHUMPETERS eine gewisse Beachtung. PLECHANOW unterstreicht nun jedoch, daß für viele dieser Autoren »dieser Faktor seinerseits die Frucht der menschlichen Erkenntnisse und Konzepte ist«, und damit ist für ihn der Beweis erbracht, daß »der ökonomische Materialismus keineswegs den historischen Idealismus ausschließt«. Dabei betont PLECHANOW allerdings, man müsse sich erst einmal darüber einig werden, was man denn unter »historisch-sozialen Faktoren« verstehen wolle und inwieweit diese die Hauptursache für andere Phänomene seien. Die PLECHANOWsche Spielart des Marxismus läuft darauf hinaus, hervorzuheben, daß »diese ›Faktoren‹ untereinander interdependent sind ... Der Fortschritt der Sozialwissenschaften sollte dahin führen, daß man die Theorie der Faktoren, die die Frucht der sozialen Analyse ist, ersetzt durch eine synthetische Konzeption des Gesellschaftslebens«.[23] Diese Interdependenz ist nach PLECHANOW, wie u. a. CUVILLIER unterstreicht, von wesentlicher Bedeutung für die Marxsche Theorie des Historischen Materialismus[24]. Für PLECHANOW ist jedoch erst dadurch, daß Marx die dialektische Methode in die sozialistische Theorie eingeführt hat, der wissenschaftliche Sozialismus entstanden, womit der Utopismus überwunden wurde; er zitiert HEGELS Wort, daß der Widerspruch allein voranbringt: »Für diese dialektische Konzeption findet die Wissenschaft eine klare Bestätigung im Klassenkampf[25].«

## Der dialektische Materialismus und die Marxsche Geschichtskonzeption

Wie sind nun die Zusammenhänge zwischen dem Historischen Materialismus und dem dialektischen Materialismus als Oberbegriff? Die Orthodoxie der sozialistischen Länder hat für den letzteren Begriff eine mehr oder weniger stereotype Antwort, wie sie etwa GABOR KISS in einer neueren Studie resümiert hat: »Der dialektische Materialismus« als eine »Philosophie, die von der Einsicht der Welt in allen ihren widersprüchlichen Erscheinungsformen ... ausgeht«, beruht (nach Lenin) »auf Materie und Bewegung: die Universalität der Bewegung als die das Sein bestimmende Ursache« stellt die Basis dar für die dialektische Denkmethode, die den Fortschritt der Welt sich in »Sprüngen« oder Mutationen vollziehen sieht. Sodann werden »im Historischen Materialismus ... die Prinzipien des dialektischen Materialismus auf die geschichtliche Welt übertragen, um die Bewegungs- und Entwicklungsgesetzlichkeiten der menschlichen Gesellschaft ... zu untersuchen«.[26]

Man kann sich fragen, ob bei dieser Ableitung nicht eigentlich Marx oder zum mindesten sein Denkprozeß auf den Kopf gestellt wird. Alles spricht dafür, daß eben die Marxsche Konzeption des Historischen Materialismus das Primäre und nicht das Abgeleitete ist. Engels hat dann aufgrund deren, speziell im »Anti-Dühring«, die Ansätze für einen generellen »dialektischen Materialismus« skizziert, wobei seine eigentlichen naturphilosophischen Arbeiten erst posthum 1925 veröffentlicht wurden. Nach LICHTHEIM hat Marx dagegen »klugerweise die Natur (abgesehen von der menschlichen Natur) in Ruhe gelassen. Engels wagte sich dort vor, wo Marx sich scheute, weiterzugehen, und das Ergebnis war der dialektische Materialismus – ein Inkubus, der seither unaufhörlich auf seinen Anhängern lastet, wenngleich man fairerweise von Engels sagen muß, daß er für die spätere Umformung nicht verantwortlich gemacht werden kann«.[27]

Ähnliche Zweifel über die Berechtigung eines solchen Ausbaus der historisch-materialistischen Grundkonzeption Marxens in den naturwissenschaftlichen Rahmen hinein werden in der Gegenwart gerade in den Kreisen laut, die sich um eine unorthodoxe Fortführung des Marxschen Humanismus bemühen. So sagt GUIDUCCI, Engels sei vom historisch-sozialökonomischen Ansatz Marx' ausgegangen und habe »zu Unrecht geglaubt, daraus eine generelle dialektische Methode extrapolieren zu müssen und deren Effizienz auch in den Bereich der Naturwissenschaften ausdehnen zu können ... Engels suchte die historisch-sozialökonomischen Wissenschaften dann in einem einzigen Rahmen zusammenzufassen und zwang so den Historischen Materialismus, der der konsequenteste und gültigste Teil des Denkens Marx' ist, in den Kreis des dialektischen Materialismus ... Hier stellt man eine Spaltung fest, die den Beginn einer Niedergangskurve des Marxismus bezeichnet, und dies auch deswegen, weil der Marxismus in der Engelsschen Version verbreitet wurde«.[28]

An dieser Stelle kann die überragende Bedeutung HEGELS für die Marxsche Gesamtkonzeption nur flüchtig gestreift werden. In der »Heiligen Familie« hat Marx über HEGELS Geschichtstheorie gesagt: »Hegels Geschichtsauffassung setzt einen abstrakten oder absoluten Geist voraus, der sich so entwickelt, daß die Menschheit nur eine Masse ist, die ihn unbewußter oder bewußter trägt ... Die Geschichte der Menschheit verwandelt sich in die Geschichte des abstrakten, daher des wirklichen Menschen jenseitigen Geistes der Menschheit.« Marx wirft HEGEL – bei aller Würdigung von dessen großartiger Konzeption der Geschichte als Selbstverwirklichung des Weltgeistes – vor, daß er sich »zugleich dagegen verwehrt, das wirkliche philosophische Individuum für den absoluten Geist zu erklären« und daß »der hegelsche Geist post festum in der Phantasie die Geschichte macht ... so existiert seine Fabrikation der Geschichte nur im Bewußtsein, in der Meinung und Vorstellung der Philosophen«.[29] In »Nationalökonomie und Philosophie« (1844) hat Marx HEGEL den entscheidenden Tribut gezollt: »Das Große an der Hegelschen Phänomenologie und ihrem Endresultate – der Dialektik, der Negativität als dem bewegenden und erzeugenden Prinzip – ist also, einmal, daß Hegel die Selbsterzeugung des Menschen als einen Prozeß faßt, die Vergegenständlichung als Entgegenständlichung, als Entäußerung und als Aufhebung dieser Entäußerung; daß er also das Wesen der Arbeit faßt und den gegenständlichen Menschen, wahren, weil wirklichen Menschen, als Resultat seiner eigenen Arbeit begreift. Das wirkliche, tätige Verhalten des Menschen zu sich als Gattungswesen ... ist nur möglich dadurch, daß er wirklich alle seine Gattungskräfte – was wieder nur durch das Gesamtwirken des Menschen möglich ist, nur als Resultat der Geschichte – herausschafft[30].«

Allein, es gibt auch andere bedeutsame Einflüsse auf die Marxsche Geschichtskonzeption. HABERMAS hat darauf aufmerksam gemacht, daß die Wurzeln der Marxschen Geschichtskonzeption über HEGEL zurückreichen, mindestens bis VICO, der die Formel geprägt hat, daß die historische Welt vom Menschen selber gemacht wurde, also die Geschichte »machbar« sei, und dessen Ziel darin lag, den Menschen dazuzubringen, seinen eigenen Geist als Produkt der Geschichte und in ihm die Geschichte als sein eigenes Produkt zu erfassen[31]. VICOS Satz: »Nach unserem ersten unbezweifelbaren Prinzip (ist) die historische Welt ganz gewiß von den Menschen gemacht worden ... (und) es kann nirgends größere Gewißheit geben als da, wo der, der die Dinge schafft, sie auch erzählt«, findet seine Replik bei Marx: Der Begriff des »Geschichte-Machens« findet sich zu Beginn der »Deutschen Ideologie«, allerdings noch unter Bezugnahme auf HEGEL[32];

in der »Heiligen Familie« erkennt er bei BRUNO BAUER an, daß dieser anstelle des Hegelschen »Weltgeistes« das Individuum in den Mittelpunkt rückt, das »die Geschichte mit Absicht und nach reiflicher Überlegung erfindet und vollzieht[33], will dabei allerdings nichts vom junghegelianischen Heroenkult wissen. An anderer Stelle sagt er: »So hat auch der Mensch seinen Entstehungsakt, die Geschichte, die aber für ihn eine gewußte und darum als Entstehungsakt mit Bewußtsein sich aufhebender Entstehungsakt ist. Die Geschichte ist die wahre Naturgeschichte des Menschen[34].«

Das alles sind im Grunde Formulierungen in Anlehnung an VICO. Tatsächlich hat Marx VICO in diesem Sinne später, im ersten Band des *Kapitals,* auch wörtlich zitiert. Er stellt im Anschluß an eine Erörterung über DARWIN, der das »Interesse auf die Geschichte der natürlichen Technologie, d. h. auf die Bildung der Pflanzen- und Tierorgane als Produktionsinstrumente für das Leben« gelenkt habe, die Frage: »Verdient die Bildungsgeschichte der produktiven Organe des Gesellschaftsmenschen, der materiellen Basis jeder besonderen Gesellschaftsorganisation, nicht gleiche Aufmerksamkeit? Und wäre sie nicht leichter zu liefern, da, wie VICO sagt, die Menschengeschichte sich dadurch von der Naturgeschichte unterscheidet, daß wir die eine gemacht und die andere nicht gemacht haben? Die Technologie enthüllt das aktive Verhalten des Menschen zur Natur, den unmittelbaren Produktionsprozeß seines Lebens, damit auch seiner gesellschaftlichen Lebensverhältnisse und der ihnen entquellenden geistigen Vorstellungen. Selbst alle Religionsgeschichte, die von dieser materiellen Basis abstrahiert, ist – unkritisch. Es ist in der Tat viel leichter, durch Analyse den irdischen Kern der religiösen Nebelbildungen zu finden, als umgekehrt, aus den jedesmaligen wirklichen Lebensverhältnissen ihre verhimmelten Formen zu *entwickeln.* Die letztere ist die einzig materialistische und daher wissenschaftliche Methode. Die Mängel des abstrakt naturwissenschaftlichen Materialismus, der den *geschichtlichen* Prozeß ausschließt, ersieht man schon aus den abstrakten und ideologischen Vorstellungen seiner Wortführer, sobald sie sich über ihre Spezialität hinauswagen[35].« Die letzte Bemerkung klingt fast wie ein Seitenhieb auf manche modernen Marxisten, die den »dialektischen Materialismus« vor den »Historischen Materialismus« stellen. Einen abstrakt-naturwissenschaftlichen Materialismus hat Marx abgelehnt, vielmehr ging er von der realen historischen Wirklichkeit aus, die es zu *entwickeln* gilt. Übrigens hat SELIGMAN darauf hingewiesen, daß dies im ersten Bande des *Kapital* die »einzige Stelle ist, in der Marx direkt Bezug nimmt auf seine grundlegende Theorie . . ., die er mit der Darwins vergleicht«.[36]. Und eben in diesem Zusammenhang hat Marx VICO zitiert. Nur am Rande sei bemerkt, daß diese Analogie zum Werke DARWINS keineswegs von allen Marxisten akzeptiert wird: Einer der bedeutendsten marxistischen Historiker, ANTONIO LABRIOLA, hat sie glatt abgelehnt, und zwar mit recht plausiblen Gründen. Er verwies darauf, daß die These DARWINS von den »kleinen individuellen Divergenzen«, die sich im Laufe einer langen Anpassung an die Umgebung in der natürlichen Artwahl »in biologisches Erbgut umwandeln und in der Nachkommenschaft vererben« sollen, von der neueren Naturwissenschaft verworfen wurde, der zufolge »die Evolution in Sprüngen und ruckweise« vor sich geht. LABRIOLA nennt in diesem Zusammenhang unter anderem DE VRIES: Und es steht außer Frage, daß dessen »Mutationstheorie« dem dialektischen Grundgedanken weitaus besser entspricht[37].

Gerade dann, wenn man die Dialektik anspricht, wird klar, daß die Verbindung zwischen Marx und VICO keineswegs so willkürlich ist, wie man annehmen könnte. In seinen »corsi e ricorsi« (sich wiederholenden und kontrastierenden wellenförmigen Prozessen) hat VICO zweifellos so etwas wie ein dialektisches Wechselspiel beschworen. SCHUMPETER, der diese Verbindung sah, geht so weit, auf dem Wege über VICO eine Beeinflussung Marx' durch den großen arabischen Historiker IBN KHALDUN anzudeuten, der als erster das Konzept vom Anfang und Niedergang der Kulturen formulierte[38]. Im übrigen ist VICO selber der revolutionären Komponente Marxens nicht ganz fremd: vertrat er doch den Gedanken einer radikalen Erbschaftssteuer, mit der er die Verteilungsgerechtigkeit herstellen wollte[39]. Endlich hat schon PLECHANOW daran erinnert, daß VICO materialistisch dachte, sagte er doch: »Der Lauf der Ideen wird durch den Lauf der Dinge bestimmt.« Was VICO fehlte, war die zukunftsträchtige Dynamik.

Neben VICO steht jedoch noch ein anderer Autor, der »deutlicher als andere genau das Geschichtsbild gemalt hat, das Marx sich zu eigen machte: das Bild nicht nur von Grundherren, die ländliche Leibeigene unterjochen und ausbeuten, sondern auch von Arbeitgebern in Industrie und Handel, die genau dasselbe tun mit Arbeitern, die zwar nominell frei, aber in Wirklichkeit Sklaven sind«. SCHUMPETER[40] hat mit diesen Worten an LINGUET erinnert, dem Marx – obwohl er nach seiner Ansicht keineswegs ein Sozialist war – eine »Tiefe der Anschauung« bescheinigt und den er ausführlich in den »Theorien über den Mehrwert« zitiert hat. LINGUETS Geschichtskonzeption beginnt mit der »ursprünglichen Akkumulation« oder OPPENHEIMERS »Bodensperre«: »Die Gewalt war die erste Veranlassung der Gesellschaft ... auf Kosten von drei Vierteln ihrer Mitglieder.« Und LINGUET kennt bereits eine rudimentäre Mehrwerttheorie[41].

Mit der Fragestellung LABRIOLAS kommen wir zur konkreten Geschichte, nämlich zum Revolutionskomplex. LABRIOLA hat richtig gesehen, daß im Grunde die DARWINsche Lehre von der allmählichen Entwicklung keineswegs dem Revolutionsgedanken hold ist, sondern daß dieser seinen Ansatz vielmehr in den Mutationssprüngen findet, die den Kernpunkt der neueren naturgeschichtlichen Erklärung ausmachen. Und er hat auch sonst vielleicht die heutigen Jugendimpulsen am nächsten kommende Fortführung des Marxschen Denkens geliefert, wenn er betont, daß es »nicht die alte Gesellschaft ist, die sich in die neue umformt«, sondern daß »am Rande der Gesellschaft ... nicht einzuklassifizierende Elemente erscheinen ..., daß diese nicht auf den gemeinen Typus (tipo comune) reduzierbaren Elemente die neue Gesellschaft entstehen lassen ... Es geht darum, zu sehen, wie sich die neuen gesellschaftlichen Beziehungen in den Elementen formen, die am weitesten vom Mittelmaß entfernt sind, die die größte mittlere Abweichung von dieser Gesellschaft zeigen«. Das ist ein marxistischer Appell an den Nonkonformismus[42].

## Die Funktion der Revolution in der Geschichte

Die »Sprünge und Mutationen« LABRIOLAS hat der junge Marx in den Vordergrund seines Denkens gestellt, im Sinne der »Revolutio«, die ursprünglich wortwörtlich eine »Umdrehung« und »Umwälzung« bedeutet und ihren Sinn wandelt zum Umsturz des Bestehenden. Marx war nicht der Mann, sich mit dem Schneckengang der Geschichte abzufinden. »Krieg den deutschen Zuständen! Allerdings! Sie stehen unter dem Niveau der Geschichte!« So hatte er schon 1844 in den »Deutsch-Französischen Jahrbüchern« ausgerufen[43]. Und hier findet sich eine Beschreibung der deutschen Geschichtsrealität, die ihrer Aktualität nach zwei Weltkriegen und drei oder vier Restaurationen nicht entbehrt: »Ja, die deutsche Geschichte schmeichelt sich einer Bewegung, welche ihr kein Volk am historischen Himmel weder vorgemacht hat noch nachmachen wird. Wir haben nämlich die Restaurationen der modernen Völker geteilt, ohne ihre Revolutionen zu teilen. Wir wurden restauriert, erstens, weil andere Völker eine Revolution wagten, und zweitens, weil andere Völker eine Konterrevolution litten, das eine Mal, weil unsere Herren Furcht hatten, und das andere Mal, weil unsere Herren keine Furcht hatten. Wir, unsere Hirten an der Spitze, befanden uns immer nur einmal in der Gesellschaft der Freiheit, am Tag ihrer Beerdigung[44].« Dem setzt Marx den Gedanken einer Kraft entgegen, die jene »Selbstentfremdung« beseitigen soll, wie sie die bürgerliche Gesellschaft repräsentiert; in dieser Selbstentfremdung sind dabei Herren wie Knechte gefangen: »Die besitzende Klasse und die Klasse des Proletariats stellen dieselbe menschliche Selbstentfremdung dar[45].« Es ist »zunächst die Aufgabe der Philosophie, die im Dienste der Geschichte steht« – hier kommt der »Erzähler« VICOS zum Zuge! –, »nachdem die Heiligengestalt der menschlichen Selbstentfremdung entlarvt ist, die Selbstentfremdung in ihren unheiligen Gestalten zu entlarven. Die Kritik des Himmels verwandelt sich damit in die Kritik der Erde, ... die Kritik der Theologie in die Kritik der Politik«.[46] Die Philosophie sucht sich ihre Verbündeten, im Sinne der elften These über FEUERBACH: »Die Philosophen haben die Welt nur verschieden interpretiert; es kömmt darauf an, sie zu verändern[47].« Das Werkzeug dazu findet sich »in der Bildung einer Klasse mit radikalen Ketten, ... welche einen universellen Charakter durch ihre universellen Leiden besitzt«, weil »das Unrecht schlechthin an ihr verübt wird«.[48] »Wie die Philosophie im Proletariat ihre materiellen, so findet das Proletariat in der Philosophie seine geistigen Waffen[49].« Hier ist das Bündnis zwischen Intellektuellen und Arbeitern, zwischen Studenten und Proletariat proklamiert. Allein schon früh taucht ein Alpdruck in dreierlei Form auf: 1. Man kann Revolutionen nicht nach Belieben aus dem Boden stampfen; 2. sie können versickern, weil es an Revolutionären fehlt – oder auch, weil man in friedlichen Übergängen vielleicht dasselbe zu erreichen glaubt; 3. sie können ausmünden in Erstarrungsformen, die man nicht erträumt hat.

Zum ersten: Marx hat schon früh klar erkannt, daß der bloße Wille zur Revolution, aus der »Philosophie« heraus, nicht reicht. »Die Revolutionen bedürfen nämlich eines passiven Elementes, einer materiellen Grundlage. Die Theorie wird in einem Volke immer nur so weit verwirklicht, als sie die Verwirklichung seiner Bedürfnisse ist ... Eine radikale Revolution kann nur die Revolution radikaler Bedürfnisse sein, deren Voraussetzungen und Geburtsstätten eben zu fehlen scheinen«, nämlich in Deutschland[50]. Aber dennoch meint Marx: »Nicht die radikale Revolution ist utopischer Traum für Deutschland, nicht die allgemeine menschliche Emanzipation, sondern vielmehr die teilweise, die nur politische Revolution, die Revolution, welche die Pfeiler des Hauses stehenläßt[51].« Es soll nicht einfach nur eine neue herrschende Klasse auf die Köpfe der anderen steigen. Aber dabei sind wir schon beim dritten Punkt.

Zunächst zum zweiten: Sind Proletariat und Revolution tatsächlich im Geschichtsverlauf synonym? Der alte Engels sah die Gefahr einer »Verbürgerlichung der englischen Arbeiterklasse«, und moderne Marxisten wie MARCUSE meinen, daß das fernsehbesessene Proletariat seine Heilsbringerrolle in Zuschauerpassivität verscherzt habe. Ihre Hoffnung verlagert sich auf andere Kräfte, auf die »Randerscheinungen« LABRIOLAS, auf die Studenten – also auf die Philosophie, den »Voluntarismus« allein. Es fragt sich, ob der schlafende Riese nicht manchmal wieder aufwachen kann, ob Stagnationen, »Stagflationen«, marginale »Verelendungen« (statt der seit jeher utopischen »generell-absoluten«) immer wieder als Sprengsatz für neue Klassenkämpfe und ein Wiederaufleben des Revolutionsdenkens wirken können, ob es nicht selbst in Wohlstands- oder gar Überflußgesellschaften so etwas wie einen »Koeffizienten der marginalen Unzufriedenheit« gibt – sei es, weil sich das erwartete Wachstum verlangsamt oder ins Gegenteil umkehrt, sei es wegen einer Vielzahl auch psychologischer Komponenten. Hilft FREUD Marx?[52]

Der junge Marx hatte die Frage »Revolution oder Evolution« bündig beantwortet: Er bestritt den HEGELschen Gedanken, wonach Übergänge in der Geschichte schrittweise erfolgen können: »Die Beispiele, die Hegel über die allmähliche Veränderung der Verfassung anführt, sind unglücklich gewählt ... Die Kategorie des allmählichen Überganges ist erstens historisch falsch, und zweitens erklärt sie nichts ... Zu der neuen Verfassung hat es immer einer förmlichen Revolution bedurft[53].« Und noch ein Vierteljahrhundert später sagt der reife Mann: »Die Gewalt ist der Geburtshelfer jeder alten Gesellschaft, die mit einer neuen schwanger geht. Sie selbst ist eine ökonomische Potenz[54].« Dennoch hat sich um die Mitte des Jahrhunderts für Marx ein gewisser innerer Reifeprozeß abgezeichnet. Nach Engels' Aussage begann er im Frühjahr 1850: Damals »wurde ihm aus den Tatsachen selbst vollständig klar, was er bisher aus lückenhaftem Material halb aprioristisch gefolgert hatte: daß die Welthandelskrise von 1847 die eigentliche Mutter der Februar- und Märzrevolution gewesen und daß die ... Prosperität die belebende Kraft der neuerstarkten europäischen Reaktion war ... Eine neue Revolution ist nur möglich im Gefolge einer neuen Krisis«.[55] Direkt gesagt: Die politische Lage ist eine Funktion der Konjunktursituation. LELIO BASSO hat dargetan, wie Marx zwischen der ersten (1852) und der zweiten (1869) Auflage des »18. Brumaire« den inneren Bruch mit BLANQUI und den Revolutionären um jeden Preis vollzog[56]. Wohl sieht er noch in einem Brief an Engels vom 8. 10. 1858 den Beginn einer Revolution in Rußland (!) voraus – eine Voraussage, die er nochmals in einem Brief an Sorge am 29. 9. 1877 bestätigt, dieweil Engels eine solche russische Revolution in einem Artikel vom 22. 1. 1878 prophetisch mit der Weltrevolution in Verbindung bringt. Allein, am 15. 9. 1872 hält Marx in Amsterdam jene berühmte Rede, in der er davon spricht, daß die Arbeiterklasse in Amerika, England und vielleicht Holland die Macht mit friedlichen Mitteln erobern könne[57]. Engels hat dies 1886 im Vorwort zur englischen Ausgabe des *Kapitals* für Großbritannien als möglich bezeichnet, 1891 in seiner Kritik des SPD-Parteiprogramms sogar für Deutschland[58].

Dazwischen liegt das blutige Experiment der Pariser Kommune, deren Untergang Marx mit aller Leidenschaft, trotzdem aber sachlichem Urteil verfolgt hat, wie dies in neuester Zeit von KRAMER dargestellt worden ist[59]. Von der Reaktion der französischen Bourgeoisie war wohl die Auffassung inspiriert, die Marx in einem Interview mit dem Korrespondenten der Zeitung *The World* am 3. 7. 1871 kundtat: Daß man selbst in England mit einem »Krieg der Sklavenhalter«, einem Gegenschlag der Bourgeoisie mit gewaltsamen Mitteln rechnen müsse, für den Fall, daß – wie er in Vorwegnahme seiner Haager Rede für möglich erklärte – die Arbeiterklasse in England die Macht auf friedlichem Wege erobern könne (was er in Frankreich für unmöglich hielt). Zwischen dieser Erwartung einer friedlichen Machtübernahme in entwickelten Ländern und der Revolutionserwartung in weniger entwickelten besteht kein Widerspruch: BASSO hat betont, »je mehr sich der Kapitalismus entwickelt und die Bourgeoisie in den fortgeschrittenen Ländern gestärkt wird . . ., desto wahrscheinlicher werden die Revolutionen an der Peripherie des Kapitalismus« – das habe die Erfahrung seiner letzten Lebensjahre Marx gelehrt[60].

Zusammenfassend hat KRAMER festgestellt: »Andererseits genügt nach der Auffassung von Marx und Engels in den Fällen, wo eine starke Polarisierung der Klassengegensätze vorhanden ist, unter Umständen die Demokratie zur Emanzipation . . . Voraussetzung ist allerdings, daß das Proletariat sich seiner Ziele im Laufe vorheriger sozialer Auseinandersetzungen bewußt geworden ist und bereit ist, auch andere Mittel einschließlich der physischen Gewalt anzuwenden (denn die Bourgeoisie wird die Gesetzlichkeit in dem Augenblick aufgeben, wo diese die bürgerliche Ordnung zu zerstören droht)[61].« Damit kommen wir auf einem Umweg zum Ausgangspunkt zurück: Das friedlich werdende Proletariat nähert sich der Macht – im Gegenzug kommen faschistische oder faschistoide Gefahren auf –, und das Proletariat kann die Macht nur halten, wenn es doch zu kämpfen bereit ist. Der späte Marx käme damit reumütig zum 20jährigen zurück.

## Bürokratie, Beamtenstaat und Zukunftsgeschichte

Allein, es bleibt das dritte Problem – dem Proletariat kann auch ein anderes Schicksal drohen: nur Kanonenfutter für die Revolution zu sein, zum Nutzen einer »neuen Klasse«. Der Beitrag Marx' zum Geschichtsbild der Zukunft ist knapp: In der Kritik des Gothaer Programms der SPD findet sich noch die zusammenhängendste Darstellung. Hier wird noch die Hoffnung zum Ausdruck gebracht, daß »die allgemeinen, nicht zur Produktion gehörigen Verwaltungskosten . . . von vornherein aufs bedeutendste beschränkt« werden können »im Vergleich zur jetzigen Gesellschaft«.[62] Das kann sich vielleicht als richtig erweisen, wenn Zins und Gewinn, als »Angebotspreis« einer noch zahlreichen Kapitalistenklasse oder gar Grundbesitzerschicht, wegfielen. Immerhin liegt das große Problem der Verwirklichung des Sozialismus, wie OSCAR LANGE darlegt, nicht so sehr in der Schwierigkeit der Sicherstellung einer exakten Wirtschaftsrechnung als vielmehr in der Gefahr der bürokratischen Erstarrung. TROTZKI und RAKOWSKI haben diese Gefahr im STALINschen System heraufdämmern sehen, DJILAS in Jugoslawien[63]. Und neuere Autoren wie MARC PAILLET sehen hierin den eigentlichen Widerspruch im Marxschen Schema des Geschichtsablaufes: Nach Marx und Engels soll – so meint PAILLET – »das Proletariat auf eigene Rechnung die Revolution machen, sich provisorisch als herrschende Klasse installieren, bis dann eine Gesellschaft ohne antagonistische Klassen heraufkommt«. Statt dessen »erscheinen die neuen Gesellschaftssysteme, die sich unter unseren Augen konsolidieren, mit all den Zügen historischer Gesellschaften ausgestattet: Die Struktur, d. h. der spezifische Klassenkampf als solcher, ist verändert. Die Metastruktur, d. h. der Klassenkampf generell, bleibt erhalten ... Wenn die Geschichte die Geschichte wiederholt, so war das Proletariat dazu berufen, für die neue Revolution historisch die gleiche Rolle zu spielen wie die Bauernschaft für die vorhergehende: die Kampfbataillone zu liefern – aber nicht die zukünftig herrschende Klasse ... Schließlich wird dies dann die Ära der Technobürokratie sein ... Die Wirklichkeit zwingt uns die Permanenz des generellen Marxschen Schemas auf, im Gegensatz zur ›Unterbrechung des Rhythmus‹, wie ihn Marx und Engels voraussagen zu können glaubten. Der Marxismus triumphiert über Marx«.[64]

Nun haben zwar weder der Marxismus noch seine bolschewistische Spielart den Beamtenstaat erfunden: Das China der Han, das spätrömisch-byzantinische Reich, der Inkastaat haben hier eher den Primat. Auf jeden Fall sind es nicht die Epigonen Marx', die diese Entdeckung gemacht haben – der junge Marx hat die Gefahren der Bürokratie am preußischen Modell seiner Zeit voll und ganz mit ätzender Ironie erfaßt: »Der ›Staatsformalismus‹, der die Bürokratie ist, (hat sich) als wirkliche Macht konstituiert und (wird) sich selbst zu einem eigenen, materiellen Inhalt ... Die Bürokraten sind die Staatsjesuiten und Staatstheologen. Die Bürokratie ist ›la république prêtre‹. Der wirkliche Staatszweck erscheint der Bürokratie als ein Zweck wider den Staat ... Sie macht daher den ›formellen Staatsgeist‹ oder die wirkliche Geistlosigkeit des Staats zum kategorischen Imperativ. Die Bürokratie gilt sich selbst als der letzte Endzweck des Staats. Da die Bürokratie ihre ›formellen‹ Zwecke zu ihrem Inhalt macht, so gerät sie überall in Konflikt mit den ›reellen‹ Zwecken[65].«

Wenn nach HENRY SMITH[66] der Sozialismus im Freiwerden von Konflikten zu sehen ist, so läßt sich doch zweifellos die Möglichkeit neuer Klassenkonflikte nicht von der Hand weisen. Denn, wie Marx sagt: »Die Staatszwecke verwandeln sich in Bürozwecke oder die Bürozwecke in Staatszwecke ... Ihre Hierarchie ist eine Hierarchie des Wissens ...

Jedes Ding hat eine doppelte Bedeutung, eine reelle und eine bürokratische ... Die Bürokratie hat das Staatswesen, das spirituelle Wesen der Gesellschaft in ihrem Besitze, es ist ihr Privateigentum. Der allgemeine Geist der Bürokratie ist das Geheimnis ... Der offenbare Staatsgeist, auch die Staatsgesinnung erscheinen daher der Bürokratie als ein Verrat an ihrem Mysterium. Die Autorität ist daher das Prinzip ihres Wesens, und die Vergötterung der Autorität ist ihre Gesinnung ... Was den einzelnen Bürokraten betrifft, so wird der Staatszweck zu seinem Privatzweck, zu einem Jagen nach höheren Posten, zu einem Machen von Karriere. Der Staat existiert nur mehr als verschiedene fixe Bürogeister, deren Zusammenhang die Subordination und der passive Gehorsam ist ... Während die Bürokratie einerseits dieser krasse Materialismus(!) ist, zeigt sich ihr krasser Spiritualismus darin, daß sie alles machen will, d. h., daß sie den Willen zur causa prima macht, weil sie bloß tätiges Dasein ist ... Der Bürokrat hat in der Welt ein bloßes Objekt seiner Behandlung[67].« So hat denn Marx die Staatsvergottung des 20. Jahrhunderts, das ORWELLSCHE Gespenst des »Großen Bruders« und den potentiellen Zukunftskonflikt mit der Bürokratie selber offen angesprochen. Und es klingt wie eine Vorwegnahme maoistischer Kulturrevolutionsexperimente, mit denen offenbar eine Verhärtung der Eliten verhindert werden sollte, wenn Marx abschließend sagt: »Die Aufhebung der Bürokratie kann nur sein, daß das allgemeine Interesse wirklich ... zum besonderen Interesse wird, was nur dadurch möglich ist, daß das besondere Interesse wirklich zum allgemeinen wird[68].« Hier sind vielleicht Ansätze zu dem vorhanden, was wir heute das »gemeinwirtschaftliche« Element zu nennen pflegen.

Wenn nach Marx in der bisherigen Geschichte »die einzelnen Individuen mit der Ausdehnung der Tätigkeit zur weltgeschichtlichen immer mehr unter einer ihnen fremden Macht geknechtet worden sind, einer Macht, die immer massenhafter geworden ist und sich in letzter Instanz als Weltmarkt ausweist«, so ist dies andererseits für ihn ein Gegengift gegen internationale Knechtung, denn es ist für ihn »empirisch begründet, daß durch den Umsturz des bestehenden gesellschaftlichen Zustandes durch die kommunistische Revolution die Befreiung jedes einzelnen Individuums in demselben Maße durchgesetzt wird, in dem die Geschichte sich vollständig in Weltgeschichte verwandelt«, denn »die einzelnen Individuen werden erst hierdurch von den verschiedenen nationalen und lokalen Schranken befreit, mit der Produktion (auch mit der geistigen) der ganzen Welt in praktische Beziehung gesetzt und in den Stand gesetzt, sich die Genußfähigkeit für diese allseitige Produktion der ganzen Erde (Schöpfungen der Menschen) zu erwerben«.[69] So mündet die Marxsche Geschichtskonzeption in eine weltgeschichtliche Zukunftsschau, aus der der neue Mensch als internationales Kulturprodukt hervorgehen soll – im Rahmen der nun endgültig universalen Geschichte. Eben diese Universalität – »der wahre Weltgeist« – stellt für ihn das Gegengift gegen bürokratisch-starre Gängelungsformen dar, die immer nur im begrenzten Rahmen gedeihen.

## Der »Take-off« und die Entstehung des Kapitalismus

Nun hat allerdings die Bürokratie nicht nur ihre negative Seite: Im Merkantilismus speziell der COLBERTschen Prägung, im Japan der Meiji-Ära, vielleicht auch im Indien unserer Tage hat sie Pate gestanden bei der Schaffung eines modernen Wirtschafts- und Gesellschaftslebens. Dem steht allerdings die »großartige Marxsche Generalisierung« gegenüber, wonach »es die Geschichte der weiterentwickelten oder festetablierten industriellen Länder ist, die den Weg der Entwicklung für die rückständigeren Länder vorzeichnet«.[70] GERSCHENKRON hat zwar zugestanden, daß »diese Generalisierung zweifellos im breiteren Sinne ihre Gültigkeit hat«, aber er hält sie doch nur für eine »Halbwahrheit: ... in mancherlei sehr wichtigen Aspekten kann die Entwicklung eines rückständigen Landes ... zu fundamentalen Abweichungen von der eines fortgeschrittenen Landes neigen«. Hier ergibt sich ein Paradoxon: Während Marx davon überzeugt gewesen sein dürfte, daß der Sozialismus nur über das Fegefeuer einer vorherigen kapitalistischen Epoche nach dem Vorbild Englands erreicht werden könnte, neigen gerade solche Autoren, die Marx sehr positiv gegenüberstehen, heute zu der Annahme, sozialistisch-bürokratische Planungsstrukturen seien geradezu ein Mittel, um den Übergang von traditionalistischen zu modernen Gesellschaftssystemen gewissermaßen im Kurzschluß abzukürzen. Hier würde dann plötzlich die Bürokratie zum segensreichen Deus ex machina!

JOAN ROBINSON hat beispielsweise den Verdacht geäußert, der »Sozialismus« (für sie mit zentraler Planung synonym) könne gerade zur Beschleunigung von Entwicklungsprozessen berufen sein: »Man kann jetzt mit viel größerer Selbstverständlichkeit davon sprechen, daß zwischen Rückständigkeit und Sozialismus ein deutlicher Zusammenhang besteht. Die Länder, denen die industrielle Entwicklung des 19. Jahrhunderts die Rolle von Holzhackern und Warenträgern für den prosperierenden Westen übertragen hat, sehen die beste Möglichkeit, die technischen Errungenschaften der kapitalistischen Volkswirtschaften einzuholen, darin, die Abkürzung über die Planwirtschaft zu nehmen, statt in die Fußstapfen der kapitalistischen Länder zu treten.« Allerdings spricht sie dann auch vom »stalinistischen Exzeß«.[71] GERSCHENKRON hat zu diesem letzteren Punkt empfohlen, in der Beurteilung vorsichtig zu verfahren. Zwar sei die Masse des russischen Volkes durchaus auf lange Sicht gegen diese Diktatur eingestellt gewesen, aber: »Solch eine Regierung kann sich nur an der Macht halten – trotz Armee und Geheimpolizei ..., wenn sie die Menschen zu der Überzeugung bringt, daß sie eine wichtige gesellschaftliche Funktion erfüllt ... Die Industrialisierung war eine solche Funktion für die Sowjetregierung ... Sie setzte die Kollektivierung an die Stelle der Leibeigenschaft und trieb die Investitionsrate auf den Höhepunkt, der gerade noch von der Bevölkerung toleriert werden konnte, und sie tat damit, was keine Regierung hätte tun können, die von der Zustimmung der Regierten abhängig gewesen wäre ... Aber, so paradox das klingen mag, diese Politik hat doch gleichzeitig irgendwie ein breites Sichabfinden des Volkes erlebt« angesichts »des Versprechens von Glück und Wohlstand für zukünftige Generationen und ... der militärischen Aggressionsdrohung aus dem Ausland«.[72]

All das bringt uns zu der Frage nach den auslösenden Faktoren von Entwicklungsprozessen und der Marxschen Deutung dieses Phänomens. GERSCHENKRON[73] hat das berühmte 24. Kapitel im ersten Bande des *Kapitals* als »einen der einfallsreichsten Beiträge zur Geschichte und Theorie der Entwicklung« bezeichnet, ein Thema, das wir hier nur sehr kurz ansprechen können und anderwärts detaillierter behandeln[74]. Nach GERSCHENKRON hat Marx »ex abundantia ingenii« nur ein paar Hypothesen genannt: Die »ursprüngliche Akkumulation« der für die Auslösung eines »Great Spurt« notwendigen Investitionsmittel wäre damit aus der Enteignung bzw. Ausbeutung der Bauern gekommen – eine Methode, die PREOBRASCHENSKI für die Sowjetunion kühl zur Debatte gestellt hatte[75] und die JOAN ROBINSON – als »schreckliche Möglichkeit, einer unterernährten Bauernschaft den Surplus abzupressen« – auch für demokratische Länder wie Indien nicht außer acht lassen kann[76]. Immerhin hat nach GERSCHENKRON Marx daneben eine ganze Serie anderer Quellen genannt; allerdings sei er »dabei nicht sehr ins einzelne gegangen, um zu erklären, wie gerade außerhalb der Landwirtschaft akkumulierter Reichtum zu Kapital geworden« sei. Darüber hat es allerhand Streit gegeben: Kurioserweise haben sowohl Sowjetautoren, wie z. B. PANKRATOVA, als auch Apologeten des Kapitalismus, so etwa DUNSTAN[77], Marx unterstellen wollen, er habe die Heraufkunft des Kapitalismus im städtischen Handelskapital gesehen. In Wirklichkeit hat Marx gerade erklärt, »die Entwicklung des Kaufmannskapitals« sei »unzureichend, um den Übergang einer Produktionsweise in die andere zu erklären«. Die Theorie stammt eher von HENRI SÉE, der Marx ignoriert[78]. DOBB hat den Kern der Marxschen Erklärung in Konzentrationsvorgängen und im Verlagssystem gesehen[79]. GERSCHENKRON hat demgegenüber die positiven und die negativen Seiten der Marxschen Erklärung der »ursprünglichen Akkumulation« betont. Sie besteht für ihn in einer Kombination zwischen monetärer Akkumulation und Proletarisierung. »Der große Wert des Marxschen Konzepts liegt in der Tatsache, daß es einen Typ der wirtschaftlichen Entwicklung voraussetzt, der einen großen Industrialisierungsstoß mit umfaßt ... Damit wird das Marxsche Modell zunächst einmal sehr realistisch ... Aber zweitens verliert das Konzept der ursprünglichen Akkumulation seine inhärente Notwendigkeit ... denn wo der große Spurt nicht passierte, konnte die kapitalistische Entwicklung sehr wohl ›beginnen‹ ohne irgendeine spezifische vorhergehende Akkumulation.« GERSCHENKRON meint, Marx habe keineswegs ganz klargestellt, warum die »ursprüngliche Akkumulation« überhaupt Platz greifen mußte[80].

Auf jeden Fall hat das Konzept guten Anklang gefunden. GERSCHENKRON bemerkt ironisch, »das letzte schwache Echo, das wohl hauptsächlich amüsieren soll, ist die Bezugnahme Keynes' auf Drakes Seeräuberbeute als die Quelle und den Ursprung der britischen Auslandsinvestitionen«.[81] Immerhin hatte KEYNES, der über Marx' *Kapital* nur wenige mißachtende Worte übrig hatte – Ironie der Dogmengeschichte! –, mit einer Zinseszinsberechnung auf Drakes Schatz, die genau die Summe der Auslandsinvestitionen Englands in den zwanziger Jahren ergab, ohne es zu wissen, Marx' Konzept der »ursprünglichen Akkumulation« nachempfunden[82].

Einem anderen enragierten Marxgegner, ROSTOW, ist es im Grunde ähnlich ergangen. Dieser wollte ein »Anti-Marx-Manifest« schreiben und hat mit seiner Lehre vom »Take-off«, der mehr oder weniger automatisch in allen Ländern nach demselben Schema ablaufen soll, eben doch nichts anderes getan, als dem Marxschen Schema nachzueifern, das auch auf der Annahme beruht, die Dinge liefen überall mehr oder weniger gleich ab[83]. Die Faktoren ROSTOWS sind mehr oder weniger das, was als »communis opinio« gilt: Überwindung der archaischen Agrarstruktur, Schaffung einer modernen Elite, Schaffung der nötigen »Infrastruktur« (»overhead capital«), ein fortschrittsfreundliches Wertsystem, Vorhandensein einer breiteren Unternehmerschicht, die soziales Ansehen genießt[84]. GERSCHENKRON hat betont, daß die letzteren ihre Kapitalausstattung sehr wohl aus feudalen, vor allem staatlichen Quellen beziehen konnten[85], und darin trifft er sich mit einem marxistischen Historiker vom Range LABRIOLAS, der ebenfalls die Bedeutung des Staates und der Kirche für die Konzentration großer Vermögen hervorhob: »Die These, die dem Handel die Genesis der ersten kapitalistischen Akkumulation zuschreibt, erscheint somit aus mehrfachen Gründen als Irrtum.« Selbst die hohen Preise des Mittelalters hätten zur Selbstfinanzierung nicht ausgereicht, wegen zu hoher Transportkosten, Abgaben, Risiken. »Die ursprüngliche Akkumulation kommt nicht vom Handel, sondern aus der Verwaltung der öffentlichen Finanzen ... Nicht der Handel hat der öffentlichen Hand die Kapitalien geliefert, sondern umgekehrt[86]!«

Wenn dem aber so ist, so ergibt sich mindestens für die Länder außerhalb des angelsächsischen Kreises eine späte Ehrenrettung der Bürokratie; und zu allem Überfluß wäre vielleicht das Paradoxon JOAN ROBINSONS gar kein echtes: Denn wenn auch schon in der Vergangenheit die öffentlichen Instanzen beim »Take-off« Pate gestanden haben, so wären manche Regime, die sich in Entwicklungsländern mit dem Namen des Sozialismus schmücken, eben sehr oft nichts anderes als späte Nachfahren des Colbertismus. Eine neuere Autorin, B. SHOUL, hat dazu gesagt: »Zwar war Marx mehr der Theoretiker des Kapitalismus als des Sozialismus – aber vielleicht war er doch der beste Prophet von allen, wenn er meinte, daß der demokratische Sozialismus sich mit größerer Wahrscheinlichkeit in fortgeschritteneren statt rückständigeren Ländern durchsetzen würde[87].« Die Diskussion kann hier nicht vertieft werden. Als Hinweis darauf, daß »viele Wege nach Rom führen«, genüge die Erwähnung der GRAMSCI-ROMEO-Kontroverse, auf die auch GERSCHENKRON Bezug nimmt. GRAMSCI hatte die These vertreten, die italienische Wirtschaft habe sich so spät entwickelt, weil es im Risorgimento nicht zu einer echten Revolution auch auf dem Lande gekommen sei[88]. ROMEO dagegen verfocht die Ansicht, kurioserweise ebenfalls vom marxistischen Standpunkt her, das Fehlen der Agrarrevolution habe gerade die Entwicklung des italienischen Kapitalismus begünstigt, weil die Großgrundbesitzer das Kapital für die »ursprüngliche Akkumulation« aus ihren Pächtern herauspressen konnten. Wie dem auch sei: Das Problem der Entstehung des Kapitalismus ist jedenfalls nur ein Teilproblem der Marxschen Lehre von der Aufeinanderfolge von Gesellschaftssystemen überhaupt.

## Die Theorie der Gesellschaftsstufen

In ihrer fruchtbaren Freude am Zweifel hat JOAN ROBINSON gemeint, die »wichtigste Frage, in der das marxistische Gedankengebäude die praktische Prüfung nicht bestanden« habe, beträfe »die Auffassung von den geschichtlichen Stadien, die jede Gesellschaft durchlaufen muß: primitiver Kommunismus, Sklaverei, Feudalismus, Handelskapitalismus, industrieller Konkurrenzkapitalismus, Monopolkapitalismus und schließlich Sozialismus. Die Historiker haben den älteren Teil dieser Gliederung durchlöchert, aber die Geschichte selbst hat ... die letzte Stufe widerlegt. Der Sozialismus ist nicht aus dem entwickelten Kapitalismus hervorgegangen, sondern in Gesellschaften aufgekommen, deren Stufe in der Marxschen Aufstellung weit zurückliegt«.[89] Man kann dem letzten Satz die These vom »schwächsten Gliede« entgegenstellen, an dem die Kette des Weltkapitalismus zersprungen sei – etwa Rußland nach dem Ersten, China nach dem Zweiten Weltkriege. Man mag im Sinne TOYNBEES das »externe Proletariat« der Länder der Dritten Welt der Umwälzungsfunktion des »internen« gleich- oder gar voranstellen[90]. Dessenungeachtet bleibt der Vorwurf im Raum, daß »der Marxismus« als solcher mit seinem starren Kleben an schematischen Stufenkategorien »die Prüfung nicht bestanden«, zum mindestens sein Thema übersimplifiziert behandelt haben mag. Nur allzuoft haben marxistische Historiker Kapriolen aufführen müssen, um unbequeme historische Tatsachen in das Prokrustesbett dieser Schemata zwingen zu können. Speziell zwischen chinesischen und sowjetischen Historikern haben sich längst vor dem großen Schisma bereits erbitterte Streitigkeiten abgespielt, weil die ersteren z. B. in der frühen Dschou-Dynastie absolut keine »Sklavenhaltergesellschaft« entdecken konnten.

Dabei hatte schon BENEDETTO CROCE in seiner marxistischen Durchgangsphase auf die Inkongruität dieser Stufentheorie aufmerksam gemacht, eine Inkongruität, die jedenfalls dann gilt, wenn man sie schematisch oder apodiktisch anwenden will. CROCE sprach von »einer anderen Verwechslung, die sehr häufig in der marxistischen Literatur vorkommt: der zwischen den Wirtschaftsformen und den Wirtschaftsstufen. Unter dem Einfluß des evolutionistischen Positivismus sind jene Aufgliederungen, die Marx nur in großen Zügen skizziert hatte, nämlich asiatische Wirtschaftsweise, antikes, feudales und bürgerliches Wirtschaftssystem, zu vier geschichtlichen Epochen geworden; Kommunismus, Sklavenwirtschaft, Leibeigenschaft, Wirtschaft mit Lohnarbeitern. Aber die moderne Geschichtsschreibung ... weiß recht gut, daß dies vier Formen der Wirtschaftsorganisation sind, die sich verfolgen und kreuzen in der geschichtlichen Realität, dabei aber vielfach die bizarrsten Mischungen und Aufeinanderfolgen eingehen. Und die Geschichtsschreibung kennt ein ägyptisches Mittelalter oder einen ägyptischen Feudalismus, wie sie ein hellenisches Mittelalter oder einen hellenischen Feudalismus kennt ... und sie vergleicht gern die allgemeinen Wirtschaftsbedingungen der griechisch-römischen Welt auf ihrem Höhepunkt mit denen Europas im 16. und 17. Jahrhundert«.[91] LABRIOLA hat spöttisch bemerkt, daß diejenigen, die die Geschichte in solcher starren Stufenfolge betreiben, es recht bequem haben: »Die Wirtschaftssysteme folgen einander wie die Gänge beim Diner[92].« Aber ist diese Verwechslung denn auf Marx' Konto zu buchen? Im »Kommunistischen Manifest« wird zwar erwähnt, daß die moderne bürgerliche Gesellschaft aus dem Untergang der feudalen Gesellschaft hervorgegangen sei, und kurz zuvor findet sich eine Bemerkung über die »mannigfaltige Abstufung der Klassen und der Klassenkämpfe im alten Rom«. In den »Grundrissen« spricht Marx von »Gemeineigentum und gemeinschaftlicher Produktion in der alten einfachen Form, wie sie in Indien und bei den Slawen vorkommt«, und von einer »sekundären, von

Eroberern bei den niedriger stehenden eroberten Stämmen« eingeführten Form: »Ganz wie der in England eingeführte Feudalismus vollendeter war in der Form als der in Frankreich naturwüchsig entstandene[93].« Aus all dem läßt sich noch keinerlei schematische »Stufentheorie« herausdeuten, sondern eher eine differenzierte Auffassung. Hinweise auf eine solche finden sich dagegen im »Vorwort« und in der »Einleitung« zu einer »Kritik der Politischen Ökonomie«, die auch in den »Grundrissen« erschienen. Hier heißt es: »In großen Umrissen können asiatische, antike, feudale und modern bürgerliche Produktionsweisen als progressive Epochen der ökonomischen Gesellschaftsformation bezeichnet werden. Die bürgerlichen Produktionsverhältnisse sind die letzte antagonistische Form des gesellschaftlichen Produktionsprozesses ... Aber die im Schoße der bürgerlichen Gesellschaft sich entwickelnden Produktivkräfte schaffen zugleich die materiellen Bedingungen zur Lösung dieses Antagonismus. Mit dieser Gesellschaftsform schließt daher die Vorgeschichte der menschlichen Gesellschaft ab[94].« Und in der »Einleitung« heißt es: »Die sogenannte historische Entwicklung beruht überhaupt darauf, daß die letzte Form die vergangenen als Stufen zu sich selbst betrachtet.« Dabei »kam die bürgerliche Ökonomie erst zum Verständnis der feudalen, antiken, orientalischen Gesellschaft, sobald die Selbstkritik der bürgerlichen Gesellschaft begann«.[95] Immerhin kam Marx dem CROCEschen Gedanken schon einigermaßen nahe, und zwar in doppeltem Sinne: Einmal in der Warnung vor der Verwechslung ökonomischer Systeme und zeitlicher Abfolge, zum anderen aber auch darin, daß er durchaus eine Überschneidung – z. B. Kapitalismus in der Antike – für denkbar hielt: »Es wäre also untubar und falsch, die ökonomischen Kategorien in der Folge aufeinander folgen zu lassen, in der sie historisch die bestimmenden waren. Vielmehr ist ihre Reihenfolge bestimmt durch die Beziehung, die sie in der modernen bürgerlichen Gesellschaft aufeinander haben und die gerade die umgekehrte von dem ist, was als ihre naturgemäße erscheint oder in der Reihe der historischen Entwicklung entspricht.« Die bürgerliche Gesellschaft ist »auf Trümmern und Elementen aller der untergegangenen Gesellschaftsformen« aufgebaut, »von denen teils noch unüberwundene Reste sich in ihr fortschleppen«.[96]

Theoretisch war für Marx ein Übergang zum Kapitalismus auch in der Antike – er sprach nicht von einer »Sklavenhaltergesellschaft« – keineswegs ausgeschlossen: »Das bloße Dasein des Geldvermögens und selbst Gewinnung einer Art supremacy seinerseits reicht keineswegs dazu hin, daß jene Auflösung in Kapital geschehe. Sonst hätte das alte Rom, Byzanz etc. mit freier Arbeit und Kapital seine Geschichte geendet oder vielmehr eine neue Geschichte begonnen ... Als allgemein beherrschende Form müssen die Bedingungen für das Kapital nicht nur lokal, sondern auf einer großen Stufenleiter entwickelt sein[97].«

Man wird den Versuch unternehmen dürfen, einige Schlußfolgerungen zu skizzieren. Zwar spricht Marx von der »progressiven« Abfolge einzelner Stufen; nichts berechtigt jedoch zu der Annahme, aus der bloßen Aufzählung eine starre Reihenfolge machen zu müssen – zumal da Marx sich genau wie CROCE gegen eine Identifizierung von Systemen und zeitlicher Abfolge ausdrücklich verwahrt. Er hält es für durchaus möglich, daß es in der Geschichte »auch hätte anders kommen können«. Daß es nach seiner Meinung u. U. auch in der Zukunft eventuell »anders kommen kann«, darauf deuten gewisse Äußerungen über den möglichen Einbruch einer neuen Barbarei. »Anders kommen« kann es nicht nur insofern, als die Geschichte nicht unbedingt und unbeirrt den Weg eines mathematisch gradlinigen Weltgeistes nach oben darzustellen braucht: Sie kann mit der Richtung auch die Methodik ändern. So hat LICHTHEIM darauf verwiesen, daß für Marx beim Untergang der alten Welt »der Klassengegensatz nur eine untergeordnete Rolle gespielt« habe[98]; und der Marxist HOBSBAWM hat dies dahingehend ergänzt, daß »die Konzeption, wonach ... der Zusammenbruch der Alten Welt Roms ... von ›Sklavenrevolten‹ verursacht sei, keine Begründung bei Marx« finde[99].

An dieser Stelle ist allerdings vielleicht eine kleine Parenthese angebracht: Die Bagaudenaufstände in Gallien, der Donatistenaufstand in Nordafrika waren zwar sicherlich keine Sklavenrevolten, sondern Revolten unterdrückter Kolonen, in deren Situation sich ein Übergang zu quasifeudalen Leibeigenschaftsverhältnissen wohl abzeichnete. Beide Vorgänge haben zweifellos den einfallenden Barbaren den Weg erleichtert, wenn nicht bereitet. Bei Alarichs Belagerung Roms 410 folgten Zehntausende von Sklaven – nicht nur Germanen – der gotischen Armee als Gleichberechtigte: Ihre Freigabe war eine der Bedingungen, die Alarich für seinen Abzug stellte. Klassenkampfelemente spielen also doch in den Untergang der Alten Welt hinein: Sie sind jedoch nicht ausschlaggebend, und die Abhängigkeit der Kolonen findet ihre Widerspiegelung in vorklassischen Zuständen der Antike, war also »schon einmal dagewesen«: z. B. in den Heloten Spartas. Es ist also nicht die Rede von einer starren Abfolge – CROCES »Wechselspiel« bestätigt sich. Marx hat übrigens – wie wiederum LICHTHEIM gesehen hat – durchaus auch Niedergangserscheinungen im geschichtlichen Ablauf für denkbar erachtet, wenn er z. B. sagt: »Eine bestimmte Stufe der Entwicklung der Produktivkräfte der arbeitenden Subjekte – der bestimmte Verhältnisse derselben zueinander und zur Natur entsprechen – darein löst sich in letztere Instanz sowohl ihr Gemeinwesen auf wie das auf demselben beruhende Eigentum. Bis zu einem gewissen Punkt Reproduktion. Schlägt dann in Auflösung um[100].« Dieses

Wort von der »Auflösung« bzw. den »historischen Auflösungsprozessen« taucht noch an den verschiedensten Stellen, insbesondere in den »Grundrissen« auf[101]. Gleichzeitig hat Marx immerhin selber in derart zum Niedergang verdammten, sterbenden und vergangenen Kulturen Werte gesehen, die Ewigkeitscharakter behalten und unsterblich wurden: »Bei der Kunst ist es bekannt, daß bestimmte Blütezeichen derselben keineswegs im Verhältnis zur allgemeinen Entwicklung der Gesellschaft, also auch der materiellen Grundlage, gleichsam des Knochenbaus ihrer Organisation, stehen. Zum Beispiel die Griechen ... Die Schwierigkeit ist (zu verstehen), daß sie für uns noch Kunstgenuß gewähren und in gewisser Beziehung als Norm und unerreichbare Muster gelten ... Ein Mann kann nicht wieder zum Kinde werden, oder er wird kindisch. Aber freut ihn die Naivität des Kindes nicht? ... Warum sollte die gesellschaftliche Kindheit der Menschheit, wo sie am schönsten entfaltet ist, nicht als eine nie wiederkehrende Stufe ewigen Reiz ausüben? Es gibt ungezogene Kinder und altkluge Kinder. Viele der alten Völker gehören in diese Kategorie. Normale Kinder bleiben die Griechen[102].«

Man könnte versucht sein, diese Erwähnung der Nichtidentität des künstlerisch-kulturellen Höhepunktes mit dem der wirtschaftlichen Entwicklung als einen Ansatz zur Theorie des Werdens und Vergehens der Kulturen oder »Kulturkreise« anzusehen, wie sie etwa – zuerst von IBN KHALDUN[103] entwickelt, der vielleicht, wie bereits dargelegt, VICO beeinflußte – seit dem Ende des 19. Jahrhunderts in gewissen Grenzbereichen der Ethnologie und Soziologie wieder auflebte[104], in CROCE einen Sprecher, seine klarste Formulierung in KURT BREYSIG für die Geschichtsschreibung fand[105] und dann von OSWALD SPENGLER in populär-romantische Formen umgegossen wurde.

Dem aber steht die andere Seite der Marxschen Argumentation gegenüber, die vom Kindesalter der Menschheit spricht. Sollte LICHTHEIM recht haben, wenn er sagt, daß Marx im Grunde »die unilineare Auffassung von der Geschichte gehegt« habe, die für seine Zeit typisch gewesen sei, und daß er »allem Anschein nach niemals daran gezweifelt habe, daß die europäische Zivilisation die Kraft zur Selbsterneuerung durch periodische gesellschaftliche Transformationen« innehabe?[106] In diesem Lichte hat Marx sicherlich die Heraufkunft des Sozialismus interpretiert.

Allein, es wäre voreilig, wollte man Marx einseitig positivistisch darstellen oder ihm eine Automatik unterschieben, wonach das Heil auch ohne jeden Anstoß hereinbrechen müßte. Hier liegt der Ansatz für jenen Willen zur Initiative, wie er heute in den denkenden Teilen der Jugend zum Ausdruck kommt. Dies gilt um so mehr, als – wie es eine der neuesten Manifestationen ihrer Sehnsucht formuliert hat –, da »seit den Tagen Marx' materieller Fortschritt erzielt wurde ... Arbeiterführer und Liberale mit Ärger auf die Marxisten schauen, die noch von kapitalistischer Ausbeutung sprechen. Die Tatsache, daß Marx selber die menschlichen Werte genauso am Herzen lagen wie die materiellen, scheint seit langem vergessen zu sein«.[107] Immerhin mag es zu denken geben, daß – wie ALFRED SCHMIDT in Erinnerung bringt[108] – wirklich »den spärlichen Äußerungen des reifen Marx, die sich auf einen menschenwürdigeren Zustand beziehen, ein anarchistisches Element innewohnt«, weil er meist nur vom »freien gesellschaftlichen Individuum«, vom »Verein freier Menschen«, von den »assoziierten Produzenten«, vom »Reich der Freiheit« sprach. Spiegelt sich darin die Sehnsucht nach einem dereinstigen Zusammenfall einer neuen Blütezeit im echt humanistischen Sinne mit höheren ökonomisch-gesellschaftlichen Entwicklungsgraden? An dieser Stelle gibt die Geschichtswissenschaft wie die Nationalökonomie ihr Mandat ab an die Soziologie und die Kulturphilosophie. Wird die höhere Stufe der wirtschaftlich-gesellschaftlichen Entwicklung, auf die die materiellen Zusammenhänge hindrängen, auch jene Blütezeit bringen können, die Marx in vergangenen Kulturen sah? Wird die einheitliche Weltkultur, wie er zu Beginn der »Deutschen Ideologie« meinte, die psychischen und physischen Kräfte zur Auslösung bringen, die »die Befreiung jedes einzelnen Individuums in demselben Maße« verbürgen, »in dem die Geschichte sich vollständig in Weltgeschichte verwandelt«?

## Anmerkungen

1 J. A. SCHUMPETER, History of Economic Analysis, New York 1959, S. 783.

2 Die Deutsche Ideologie, in: Marx/Engels, Werke (= MEW) 3, Berlin 1962, S. 18; diese Variante ist in der nach dem überprüften Text der MEGA-Ausgabe von 1958 gedruckten Neuausgabe der »Deutschen Ideologie« der Frankfurter Druck-Verlags-Kooperative von 1971 nicht enthalten. So betont auch M. RAPHAEL (Zur Erkenntnistheorie der konkreten Dialektik, Paris 1934, S. 11), daß der Marxismus nur eine Wissenschaft kenne: die Geschichte.

3 A. SCHMIDT, Über Geschichte u. Geschichtsschreibung in der materialistischen Dialektik, in: Folgen einer Theorie, Essays über »Das Kapital« von K. Marx, Frankfurt 1967, S. 120.

4 F. ENGELS, Umrisse zu einer Kritik der Nationalökonomie (1844 in den Deutsch-französischen Jahrbüchern) MEW 1, S. 514.

5 M. SCHELER, Philosophische Weltanschauung, Bonn 1929, S. 2.

6 R. KERSCHAGL, Was kann uns Marx heute noch sagen? Schmollers Jahrbuch 80, 1960, S. 89 ff.; wiederabgedr. in: Geschichte der Volkswirtschaftslehre, Hg. A. MONTANER, Köln 1967, S. 169.

7 SCHUMPETER, History, S. 807.

8 J. A. SCHUMPETER, Epochen der Dogmen- u. Methodengeschichte, Grundriß der Sozialökonomik, I. Abt., Tübingen 1914, S. 81.

[9] J. A. SCHUMPETER, Capitalism, Socialism and Democracy, London 1947, S. 44; dt. Bern 1946, S. 78.

[10] Vgl. O. MORF, Das Verhältnis von Wirtschaftstheorie u. Wirtschaftsgeschichte bei K. Marx, Bern 1951, S. 16 f., Frankfurt 1970.

[11] A. BIRNIE, An Economic History of Europe, London 1948, S. 112.

[12] MORF, S. 55, 92, 107, 123.

[13] Die Deutsche Ideologie, Frankfurt 1971, S. 24, 25.

[14] BIRNIE, S. 112.

[15] Deutsche Ideologie, S. 26.

[16] MARX, Zur Kritik der Politischen Ökonomie, Vorwort, herausgeg. v. K. KAUTSKY, Stuttgart 1919, S. LIV/LV.

[17] A. CUVILLIER, Manuel de Sociologie, II, Paris 1956, § 152, 392 f.; c. zitiert R. MAUNIER, L'Economie politique et la Sociologie, Paris 1910.

[18] G. W. F. HEGEL, Vorlesungen über die Philosophie der Geschichte (1837), Leipzig 1907, S. 563.

[19] Deutsche Ideologie, S. 45–47.

[20] G. V. PLECHANOW, Les Questions Fondamentales du Marxisme, Paris 1947, S. 33.

[21] J. E. TH. ROGERS, Interprétation Economique de l'Histoire, Paris 1892 (engl. 1890); bezeichnend ist, daß der Autor seiner Auffassungen wegen auf 20 Jahre seinen Lehrstuhl verlor!

[22] G. D'AVENEL, Découvertes d'Histoire Sociale, Paris 1920; vgl. SCHUMPETER, History, S. 782, Anm. 3.

[23] PLECHANOW, S. 198–205.

[24] CUVILLIER, S. 393.

[25] PLECHANOW, S. 146.

[26] G. KISS, Marxismus als Soziologie, Reinbek 1971, S. 14, 39.

[27] G. LICHTHEIM, Marxism, London 1967, S. 247.

[28] R. GUIDUCCI, Marx dopo Marx – Dalla rivoluzione industriale alla rivoluzione del terziario avanzato, Mailand 1970, S. 147 f.

[29] MARX, Frühschriften, Ausg. Landshut, S. 322.

[30] Ebda., Nationalökonomie u. Philosophie, S. 269.

[31] J. HABERMAS, Zwischen Philosophie u. Wissenschaft: Marxismus als Kritik, in: ders., Theorie u. Praxis, Frankfurt 1971, S. 271.

[32] Deutsche Ideologie; »Feuerbach« – »Geschichte«, S. 24.

[33] Heilige Familie, Frühschriften, S. 323.

[34] Nationalökonomie und Philosophie, Frühschriften, S. 275.

[35] Das Kapital, I, IV, Kapitel 13 (Berlin 1953, S. 389, Anm. 89).

[36] E. R. R. SELIGMAN, The Economic Interpretation of History, New York 1902, 1961; frz. L'Interprétation économique de l'Histoire, Paris 1903, S. 48.

[37] A. LABRIOLA, Capitalismo – Disegno Storico, Neapel 1926, S. 17, Anm. 1.

[38] SCHUMPETER, History of Economic Analysis, a.a.O., S. 136, Anm. 22.

[39] G. VICO, Scienza Nuova (1725), Bari 1914. Vgl. B. DONATI, Nuovi Studi sulla Filosofia civile di G. B. Vico, Florenz 1936, S. 397 ff.

[40] SCHUMPETERE, S. 389, Anm. 10.

[41] S. N. H. LINGUET, Théorie des Lois Civiles, London 1767; vgl. Theorien über den Mehrwert, Berlin 1965, I, S. 322 ff.

42 Labriola, S. 16 f.
43 Kritik der Hegelschen Rechtsphilosophie, Frühschriften, S. 210.
44 Ebda., S. 209.
45 Heilige Familie, Frühschriften, S. 317.
46 Kritik der HEGELschen Rechtsphilosophie, Frühschriften, S. 209.
47 Deutsche Ideologie, Thesen über Feuerbach, Frühschriften, S. 341.
48 Kritik der Hegelschen Rechtsphilosophie, Frühschriften S. 222.
49 Ebda., S. 223.
50 Ebda., S. 218.
51 Ebda., S. 219.
52 Vgl. O. ZINAM, Theory of Discontent: Heart of Theory of Economic Development, Rivista Internazionale di scienze Economiche e commerciali 8, 1971, S. 1106 ff.
53 Kritik der Hegelschen Staatsphilosophie (1841/42!), Frühschriften, S. 66.
54 Kapital, I, Kapitel 24, S. 791.
55 ENGELS, Einleitung von 1895 zu den Klassenkämpfen in Frankreich, MEW 22, S. 510 f.
56 L. BASSO, Neocapitalismo e sinistra europea, Bari 1969, S. 107 ff. (Sulla teoria rivoluzionaria in Marx e Engels).
57 MEW 18, S. 161, 169.
58 MEW 23, S. 40; MEW 22, S. 234.
59 D. KRAMER, Reform u. Revolution bei Marx u. Engels, Köln 1971, S. 114 ff.
60 BASSO, S. 120 f.
61 KRAMER, S. 196.
62 Randglossen zum Programm der deutschen Arbeiterpartei, veröffentlicht in der Neuen Zeit (9, 1890/91) unter dem Titel: Zur Kritik des sozialdemokratischen Programms, wiederabgedr. Ausgewählte Lesestücke zum Studium der Politischen Ökonomie, Hg. K. DIEHL u. P. MOMBERT, II, Freiburg 1920, S. 143.
63 Vgl. I. DEUTSCHER, Der unbewaffnete Prophet, Trotzki 1921–1929, Stuttgart 1962, S. 224 (Lenins Kritik am russischen Bürokraten, dem »Dsershimorda«), S. 413, 416 ff.
64 M. PALLET, Marx contre Marx, Paris 1971, S. 85–87.
65 Kritik der Hegelschen Staatsphilosophie, Frühschriften, S. 60 f.
66 H. SMITH, The Economics of Socialism Reconsidered, London 1962, S. 158.
67 Kritik der Hegelschen Staatsphilosophie, Frühschriften S. 60–62.
68 Ebda., S. 62.
69 Deutsche Ideologie, S. 34.
70 A. GERSCHENKRON, Economic Backwardness in Historical Perspective (1952), Cambridge/Mass. 1962, S. 6 f.
71 J. ROBINSON, Collected Economic Papers, 3; dt. Kleine ökonomische Schriften, Frankfurt 1968, S. 67 ff.
72 GERSCHENKRON, S. 28 f.
73 GERSCHENKRON, S. 33.
74 Vgl. K. KÜHNE, Zur Renaissance des Marxschen Systems, Neuwied 1972, Kapitel I.
75 E. PREOBRASHENSKY, The New Economics (russ. 1926), Oxford 1965.
76 ROBINSON, S. 94.

77 A. M. PANKRATOVA, O roli tawarnogo proiswodstwa (Über die Rolle der Warenproduktion während des Überganges vom Feudalismus zum Kapitalismus), Woprosy Istorii 9, 1953, S. 62 f. R. DUNSTAN, The Origins of Capitalism, in: The Case for Capitalism, Hg. M. IVENS u. R. DUNSTAN, London 1967, S. 158.

78 Vgl. H. SEE, Les Origines du Capitalisme Moderne, Paris 1936, S. 98 f.

79 M. DOBB, Studies in the Development of Capitalism, London 1959, S. 18 ff. (dt. Köln 1970).

80 GERSCHENKRON, S. 98.

81 GERSCHENKRON, S. 33.

82 J. M. KEYNES, A Treatise on Money, London 1930, II, S. 156 f.

83 GERSCHENKRON, S. 355.

84 W. W. ROSTOW, The Stages of Economic Growth, Cambridge/Mass. 1960 (dt. 1967).

85 GERSCHENKRON, S. 99.

86 LABRIOLA, S. 85, 87.

67 B. SHOOL, Rez. von: The Soviet Industrialization Debate, Hg. A. ERLICH, American Economic Review 51, 1961, S. 1083.

88 A. GRAMSCI, Il Risorgimento, Turin 1949, S. 86 ff.; R. ROMEO, Risorgimento e Capitalismo, Bari 1959.

89 J. ROBINSON, Was bleibt vom Marxismus?, S. 67.

90 A. J. TOYNBEE, A Study of History 5, London 1951$^5$, S. 194 ff. Zum folgenden vgl. u. a. die Ausführungen von YANG SIN KUEI und HAN LIANG-TSI auf der Konferenz der Schantung-Universität am 13. November 1954 – laut Bericht von W. A. RUBIN: »Diskussion über die Periodisierung der Alten Geschichte Chinas auf den Seiten der Zeitschrift Wen schi dsche« in Wjestnik Drjewnei Istorii, Moskau 1955, Heft 4, S. 123, und den Aufsatz von RUBIN »Sklavenhaltung im Alten China« (»Rabowladjenije w drjewnem Kitaje«) in der gleichen Zeitschrift, Moskau 1959, Heft 3 (69), S. 3 ff., und das Buch von FAN WEN-LAN, Geschichte des Alten China (Drjewnjaja Istorija Kitaija), Moskau 1958. Auch K. WITTFOGEL (Wirtschaft u. Gesellschaft Chinas, I, Leipzig 1931, 404) urteilt: »Soweit Sklaven in China vorhanden waren, traten sie also im ganzen nicht als Ackerbausklaven auf, sondern als Haussklaven.« Vgl. auch ebda., 402 f.

91 B. CROCE, Della circoscrizione della dottrina del Materialismo storico – in: Materialismo Storico ed Economia Marxistica, Mailand 1900, S. 128 f.

92 LABRIOLA, Capitalismo, S. 12.

93 Grundrisse der Kritik der Politischen Ökonomie, Berlin 1953, S. 390.

94 Zur Kritik der Politischen Ökonomie, Hg. K. Kautsky, Stuttgart 1919, LVI.

95 Ebda., XLII.

96 Ebda., XLIV, XLI.

97 Grundrisse, S. 405.

98 LICHTHEIM, S. 152, Anm. 2.

99 E. J. HOBSBAWM, Il contributo di Marx alla Storiografia, in: Marx Vivo – La Presenza di Marx nel Pensiero Contemporaneo, Mailand 1969, II, S. 391, Anm. 23.

100 Grundrisse, S. 395.

101 Z. B. ebda., S. 397, 401.

102 Ebda., S. 31.

103 Vgl. etwa An Arab Philosophy of History – Selections from the Prolegomena of Ibn Khaldun of Tunis, Hg. C. ISSAWI, London 1950; Ibn Khaldun, Les textes économiques de la Mouqaddima, Hg. G.-H. BOUSQUET, Paris 1961.

104 Vgl. hierzu SCHUMPETER, History, S. 768 f., der Autoren wie M. G. SCHMIDT, W. KOPPERS, F. GRAEBNER u. a. im Rahmen der »Kulturkreistheorie« des beginnenden 20. Jahrhunderts zitiert.

105 K. BREYSIG, Der Stufenbau u. die Gesetze der Weltgeschichte, Leipzig 1927 (1. Aufl. 1918), vor allem aber: Alterthum und Mittelalter als Vorstufen der Neuzeit, Berlin 1901.

106 LICHTHEIM, S. 152.

107 C. A. REICH, The Greening of America, Harmondsworth 1971, S. 239.

108 A. SCHMIDT, S. 114.

# III. Die theoretischen und empirischen Aspekte des Gesetzes vom tendenziellen Fall der Profitrate

Es bedurfte des dritten Buches des ›Kapital‹, um die Aufmerksamkeit auf eine These zu lenken, die in der klassischen Ökonomie noch bis zu JOHN STUART MILL hin lebendig geblieben war und die Marx sehr viel bedeutete, wenngleich in neuem Gewande: Er verlieh jenem ›Gesetz von der fallenden Tendenz der Profitrate‹ einen besonderen Charakter, indem er das Problem der Kapitalintensität – verwandt unserer modernen Erörterung der Probleme des Kapitalkoeffizienten – ins Spiel brachte.

## A. Die Diskussion um das Gesetz

### 1. Die Vorgeschichte des ›Gesetzes vom tendenziellen Fall der Profitrate‹

RICARDO war dieses Gesetz noch als Menetekel und Götterdämmerung für den eben erst geborenen Hochkapitalismus erschienen; für ihn wurde die ›Tendenz‹ allerdings durch das relative Ansteigen der Bodenrente ausgelöst. Die Knappheit des Bodens und dessen abnehmender Ertragszuwachs traf die industriellen Kapitalisten nach RICARDO genau so wie die Arbeiter; der Kapitalismus würde danach sozusagen einen Klotz am Bein mitschleppen, der teilweise auf vorkapitalistischen Gegebenheiten beruht und ihn zusammen mit seinen Sklaven buchstäblich zu Boden zerrt. Der Grundstückswucher unserer Zeit mag als schwacher Abglanz dieses ricardianischen Gespenstes gesehen werden – das im übrigen im Gewande der neu in Mode gekommenen ökologischen Debatte fröhliche Urständ' zu feiern scheint.

Nun hat Marx allerdings schon in den ›Grundrissen‹ die ricardianische Auffassung von der ›Götterdämmerung‹ bezeichnet als »eine einseitige Auffassung . . ., die ein historisches Verhältnis von einem Zeitraum von 50 Jahren, das in den folgenden 50 Jahren umgekehrt wird, in ein allgemeines Gesetz erhebt und überhaupt auf dem historischen Mißverhältnis zwischen der Entwicklung der Industrie und der Agrikultur beruht«[1] – einem Mißverhältnis, das Marx an anderer Stelle (in den ›Theorien über den Mehrwert‹) damit erklärt, daß »der Boden andere gesellschaftliche Verhältnisse braucht«, (sollte er nicht gemeint haben: »brauchte«?) »um seiner Natur gemäß ausgebeutet zu werden. Die kapitalistische Produktion wirft sich erst auf das Land, nachdem ihr Einfluß es erschöpft und seine Naturgaben verwüstet hat . . .«.[2]

Marx spottet über RICARDO, der sich zur Begründung seines abnehmenden Agrarertrages »aus der Ökonomie in die organische Chemie flüchtet[3], und er bleibt optimistisch, denn er glaubt, daß »auf einem gewissen Höhepunkt der Industrie ... die Produktivität der Agrikultur sich relativ rascher vermehren (muß) als die der Industrie«.[4]

JOHN STUART MILLS »Principles« waren 1848 erschienen: in ihnen fand sich ein Resümee klassischer Auffassungen, mit Einflüssen von MALTHUS. Nach MILL wurde die Tendenz zum Fall der Profitrate, die er als immanent annahm – »die Profitrate ist sozusagen immer eine Haaresbreite vom Minimum entfernt, und das Land daher direkt am Rande des stationären Zustands«[5] – ausgelöst nicht nur durch RICARDOS Bodenertragsgesetz, sondern durch eine Kombination steigender Akkumulation (also wachsender Kapazitäten) unter Wettbewerbsdruck mit abnehmendem Ertrag. Er nennt als »Gegentendenzen«, die die Rate wieder heben, Erfindungen und Neuerungen, Krisen (»overtrading«) und Kapitalexport.

## 2. Die Marxsche Formulierung

Marxens Formulierung des Gesetzes ist demgegenüber eine Präzisierung. Er bezeichnet das Gesetz schon in den Grundrissen als »das in jeder Beziehung wichtigste Gesetz der politischen Ökonomie«.[6] An verschiedenen Stellen finden sich seine frühen Formulierungen: z. B. schon in den ›Grundrissen‹ 1857/59, in den ›Theorien über den Mehrwert‹ (1861/63) und dann in den Entwürfen zum III. Band des Kapitals die endgültige Fassung.

Man kann also sagen, daß dieses Gesetz, das für den Niedergang des Kapitalismus entscheidend sein mochte, von Anfang an in Marx' ökonomischen Studien eine beherrschende Position innehatte, daß er es sich aber gewissermaßen als Krönung seines Werkes für den Schlußband reservieren wollte. Hier gibt er ihm dann die klassische Formulierung:

»Nun hat sich aber gezeigt, als ein Gesetz der kapitalistischen Produktionsweise, daß mit ihrer Entwicklung eine relative Abnahme des variablen Kapitals im Verhältnis zum konstanten Kapital ... stattfindet ... Es ist ... nur ein anderer Ausdruck für die fortschreitende Entwicklung der gesellschaftlichen Produktivkraft der Arbeit ... (mit) Wachstum in der wirklichen Masse der Gebrauchswerte ... (und) wachsender Verwohlfeilerung des Produkts ... Die wirkliche Tendenz der allgemeinen Profitrate ... erzeugt eine steigend höhere organische Zusammensetzung des Gesamtkapitals, deren unmittelbare Folge ist, daß die Rate des Mehrwerts bei gleichbleibendem und selbst bei steigendem Exploitationsgrad der Arbeit sich in einer beständig sinkenden allgemeinen Profitrate ausdrückt. Es ist damit nicht gesagt, daß die Profitrate nicht auch aus anderen Gründen vorübergehend fallen kann, aber es ist damit aus dem Wesen der kapitalistischen Produktionsweise als eine selbstverständliche Notwendigkeit bewiesen, daß in ihrem Fortschritt die allgemeine Durchschnittsrate des Mehrwerts sich in einer fallenden allgemeinen Profitrate ausdrücken muß[7].«

Die Masse der Manuskripte des ersten Bandes war bekanntlich erst nach der des dritten Bandes entstanden. Es kann daher auch nicht Wunder nehmen, wenn sich das ›Gesetz‹ auch im ersten Bande schon angedeutet findet, und zwar im 23. Kapitel: Hier ist die Rede von der »relativen Abnahme des variablen Kapitals«. Gleichzeitig wird in diesem Zusammenhang schon von »entgegenwirkenden Ursachen« gesprochen, wobei eine Wertverringerung für das konstante Kapital als denkbar unterstellt wird: »... nicht nur der Umfang der ... Produktionsmittel steigt, sondern deren Wert, verglichen mit ihrem Umfang, sinkt[8].« Und weiter wird hier gesagt: »Sowie die Gewerbe ausgebildet werden, ... nimmt das fixe Kapital dem zirkulierenden gegenüber einen immer größeren Anteil ein«. Dieser letztere Punkt betrifft zwar nicht das konstante Kapital – Marx hat dessen Verwechslung mit dem Fixkapital, also dem Anlagekapital, immer als Sakrileg betrachtet! –, wohl aber die Bedeutung des fixen Kapitals innerhalb des konstanten Kapitals. Da Marx an anderen Stellen von der »Ökonomie des Kapitals« spricht und meint, es sei leichter, Anlagekapital einzusparen als Rohstoffe, ist diese Stelle im ersten Bande von besonderem Interesse. Zeigt sie doch, daß er zeitweise das Gegenteil annahm.

Im dritten Bande räumt nun Marx den ›entgegenwirkenden Ursachen‹ breitesten Raum ein. Hier nennt er vor allem die »Erhöhung der Mehrwertrate« – die man wohl im Zusammenhang mit dem mikroökonomischen Phänomen der ›Extraprofite‹ von Unternehmern mit technischem Vorsprung sehen muß –, ferner die »Verwohlfeilerung der Elemente des konstanten Kapitals« (d. h. Verbilligung von Rohstoffen, Hilfsstoffen und Anlagegütern), daneben Druck auf den Arbeitslohn, relative Überbevölkerung (also Massenarbeitslosigkeit, die allenfalls diesen Druck erklären könnte), auswärtigen Handel (der zur Verbilligung der Rohstoffe führt und für den Kapitalexport Ventile bildet) – so daß »dieselben Ursachen, die das Fallen der allgemeinen Profitrate hervorbringen, Gegenwirkungen hervorrufen, die diesen Fall hemmen, verlangsamen und teilweise paralysieren. Sie heben das Gesetz nicht auf, schwächen aber seine Wirkung ab ... So wirkt das Gesetz nur als Tendenz, dessen Wirkung nur unter bestimmten Umständen und im Verlauf langer Perioden schlagend hervortritt«.

Dabei betont Marx nicht nur die Tendenz zur Verbilligung des konstanten Kapitals generell, sondern differenziert einmal nach den Einsparungsmöglichkeiten für Maschinen einerseits, Roh- und Hilfsstoffe andererseits, die sich aus der Verbilligung bei deren Herstellung bzw. Gewinnung ergeben, und sodann den Einsparungsmöglichkeiten, die sich aus ihrer sparsameren quantitativen Verwendung im Produktionsprozeß ergeben: »Eine andere Steigerung der Profitrate entspringt nicht aus der Ökonomie der Arbeit, wodurch das konstante Kapital produziert wird, sondern aus der Ökonomie in der Anwendung des konstanten Kapitals selbst[9].«

An dieser Stelle sei gleich auf die Dichotomie hingewiesen, die sich insoweit für die Verringerung des variablen Kapitals und die des konstanten Kapitals ergibt: Beim ersteren handelt es sich entweder um eine Verringerung des Arbeitseinsatzes im Produktionsprozeß, also um einen quantitativen Substitutionsprozeß, oder um die Preissenkung bei Lohngütern bzw. Nahrungsmitteln – es kommt aber nicht in Frage, daß die Arbeitnehmer letztere einsparen, also ›Ökonomie in der Ernährung‹ treiben; das ergäbe sich nur zwangsweise bei Lohndruck. Beim konstanten Kapital kann einmal an den Preisen eingespart werden, weil dessen Herstellung billiger wird, und zum anderen an den verbrauchten Mengen im Zuge von Rationalisierungsmaßnahmen.

*Die mikroökonomische Betrachtungsweise*

Mikroökonomisch gesehen läßt sich die Marxsche Argumentation wie folgt auffassen:

Im Grunde geht es Marx um drei verschiedene Vorgänge: Einen Prozeß des technischen Fortschritts in der *Herstellung* von Kapitalgütern und in der ›Reproduktion‹ der Arbeit, einen weiteren Prozeß, den man noch als (organisatorischen) technischen Fortschritt deklarieren kann, in der *Anwendung* der Kapitalgüter und der Arbeit, und (damit verbunden) einen dritten Prozeß, bei dem es sich um einen *Substitutionsvorgang* handelt.

Im ersteren Fall handelt es sich darum, daß durch neue Erfindungen (Mechanisierung) die ›Herstellungskosten‹ der Arbeit und der Kapitalgüter, in Arbeitsstunden ausgedrückt, auf ›Vorproduktionsstufen‹ niedriger werden. Es lassen sich mit der gleichen Arbeitsstundenzahl mehr Lebensmittel, Maschinen, Rohstoffe im weitesten Sinne des Wortes herstellen. Die ›Produktionsfunktion‹ wird angehoben.

Im zweiten Fall geht es um die rationellere Verwendung der beiden Faktoren. Es wird durch neue Methoden die Menge der Arbeitsstunden bzw. der Maschinenstunden im Einsatz verringert, die man zur Herstellung eines Gutes benötigt, wobei die Konsumgüter nach seiner Argumentation einen Vorsprung zu haben scheinen.

Im dritten Fall geht es darum, daß man entweder Arbeitsstunden durch Maschinenstunden ersetzt, oder umgekehrt. Auf der gleichen ›Produktionsfunktion‹ ergibt sich eine Verschiebung.

Beim ersteren Fall handelt es sich um einen technischen Fortschritt – nach Marx' Hypothesen –, der in der Konsumgüterindustrie stärker ist.

Im zweiten Fall geht es darum, daß sich der organisatorische Fortschritt nicht auf den Vorstufen, sondern in der Anwendung der einmal ›hergestellten‹ Produktionselemente Arbeit, Rohstoffe und Maschinen auswirkt, wobei man die Arbeit eher einsparen kann als die beiden anderen Produktionselemente.

Im dritten Fall geht es darum, daß man mehr Maschinenstunden einsetzt, um weniger Arbeitsstunden einsetzen zu müssen.

Der erste Fall kann alle drei Elemente der Marxschen Kostensphäre – Anlagekapital (c 1), Roh- und Hilfsstoffe (c 2), Konsumgüter (v) – erfassen; es ist hier nicht einzusehen, warum nicht in allen drei Bereichen neue technische Verfahren gefunden werden sollten, die sich für alle drei Bereiche gleichermaßen verbilligend auswirken.

Im zweiten Fall erhebt sich die Frage, ob es denkbar ist, daß die ›Ökonomie‹ bzw. Einsparung der Arbeit stärker sein kann als die an Maschinen und Rohstoffen. Hier glaubte Marx offensichtlich, daß sich Rohstoffe am wenigsten einsparen ließen. Man muß allerdings heute damit rechnen, daß neue Rohstoffe zur Anwendung gelangen können, bei denen dann die Herstellungskosten geringer liegen, womit der erste Faktor sich besonders für die Rohstoffe günstiger auswirkt und eine eventuelle geringere ›Einsparungselastizität‹ im zweiten Fall aufwiegt.

Offensichtlich gilt diese Unterscheidung von Anlagen, Roh- und Halbfabrikaten und Arbeit nur mikroökonomisch, auf Unternehmens- wie Branchenebene: makro-ökonomisch wird für Marx nur Arbeit eingespart. Hier stellt sich das Verteilungsproblem.

Der dritte Fall hängt von den relativen Kosten, also von Punkt 1, daneben aber auch noch vom ›Klassenkampf‹ bzw. Verteilungskampf ab. Wächst der Reallohn zu stark, so geschieht das, weil die Verteilungsansprüche – das ›soziologische Minimum‹ – der Arbeiter mit wachsendem Reichtum der Gesellschaft steigen, und zwar rascher als die Konsumansprüche der Kapitalisten, weil von niedrigerem Niveau aus.

Bei Marx steht meistens die mikroökonomische Analyse der ›wachsenden organischen Komposition‹ des Kapitals in verschiedenen Betrieben einer und derselben Branche im Vordergrund. Für ihn manifestiert sich hier der technische Fortschritt im »relativen Mehrwert«, der vom einzelnen Kapitalisten durch Anwendung neuer Methoden erzielt wird.

Für Marx entsteht der »relative Mehrwert« dann, wenn »die Steigerung der Produktivkraft Industriezweige« ergriffen hat, »deren Produkte den

Wert der Arbeitskraft bestimmen«. Mit anderen Worten: der technische Fortschritt interessiert ihn an dieser Stelle nur insoweit, als der Wert der Arbeitskraft (v) gesenkt wird[10].



Die andere – kapitalsparende – Form des technischen Fortschritts untersucht er erst im Zusammenhang mit dem »Gesetz der fallenden Tendenz der Profitrate«.

Wenn Marx sich hier auf die Senkung der Konsumgüterpreise konzentriert, so hat er dabei nicht das Problem einer Rigidität (›stickiness‹) der Nominallöhne untersucht. Er unterstellt zunächst eine Tendenz zur Konstanz der Reallöhne.

Hier jedenfalls schließt sich der Kreis zwischen Marx' Konjunktur- und Konkurrenzanalyse. Es soll an dieser Stelle nicht die Bedeutung der Analyse Marx' für seine Lohntheorie verfolgt werden, sondern seine Analyse des technischen Fortschritts überhaupt und dessen Rückwirkungen auf das Unternehmen, das ihn zuerst anwendet.

Wenn nun Marx unterstellt: »Es gelinge nun einem Kapitalisten, die Produktivkraft der Arbeit zu verdoppeln ...«, so nimmt er dabei im Buch I des »Kapitals« die Analyse von Buch III vorweg. Er unterstellt eine Steigerung der Produktivkraft durch Einsatz zusätzlicher Maschinen, also Erhöhung von c (einschließlich gesteigerten Rohstoffverbrauchs).

Dann schafft der Arbeitstag zwar für ihn nach wie vor den »gleichen Wert, welcher sich jedoch jetzt auf doppelt soviel Produkte verteilt«. Nach der Wertlehre Marx' ist der individuelle Wert des Einzelproduktes – vom Standpunkt der Produktivkraft dieses Unternehmens her gesehen – jetzt geringer. »Der individuelle Wert dieser Ware steht nun unter ihrem gesellschaftlichen Wert, das heißt, sie kostet weniger Arbeitszeit als der große Haufen derselben Artikel, produziert unter den gesellschaftlichen Durchschnittsbedingungen ... Der wirkliche Wert einer Ware ist aber nicht ihr individueller Wert, das heißt er wird nicht durch die Arbeitszeit gemessen, die sie im einzelnen Fall dem Produzenten tatsächlich kostet, sondern durch die in ihrer Produktion erheischte Arbeitszeit. Verkauft also der Kapitalist, der die neue Methode anwendet, seine Ware zu ihrem gesellschaftlichen Wert ..., so verkauft er sie ... über ihrem individuellen Wert und realisiert so einen Extramehrwert ...[11].«

Damit hat Marx den dynamischen »Vorsprungsgewinn« gekennzeichnet, wie er für die »Vorsprungstheorie« der eigentliche (und nach SCHUMPETER im Grunde einzige!) Mehrwert ist.

Im Grunde unterscheidet er also nicht nur zwei Mehrwertformen, sondern drei:

Absoluten Mehrwert (durch Verlängerung des Arbeitstages), relativen Mehrwert (durch Verbilligung der Arbeitskosten bzw. Lebenshaltung des Arbeiters bzw., realistischer im Sinne unserer Zeit ausgedrückt, Verringerung der Lohnsteigerungsrate durch Niedrighaltung der Lebenshaltungskosten), und Extramehrwert durch Kostensenkung generell bzw. größere Produktivität.

Marx sieht gleichzeitig das Absatzproblem, meint aber, der Unternehmer könne seine doppelte Menge leicht absetzen, wenn er eben seine Mitkapitalisten etwas unterbiete. Er untersucht nicht die Frage der Absatzelastizität und das Problem, ob ihm eventuell die anderen Kapitalisten auch bei Beibehaltung ihrer alten Produktionsweise schon bald mit Preissenkungen folgen müssen: dann wäre er nämlich auf das Problem gestoßen, daß der Extramehrwert von den anderen großenteils sofort ›wegkonkurriert‹ würde – also auf das Problem des ›Oligopols mit Knick‹ (›kink‹).

Marx sieht in dieser Lage nur eine Übergangserscheinung zwischen zwei Gleichgewichtszuständen: »Der Kapitalist, der die verbesserte Produktionsweise anwendet, eignet sich daher einen größeren Teil des Arbeitstages für die Mehrarbeit an, als die übrigen Kapitalisten in demselben Geschäft.« Allerdings geschieht das nicht durch Senkung der Lebenshaltungskosten, sondern durch Umsatzerweiterung mit gleichen Lohnkosten. Und die Situation dauert nicht lange, sondern »es verschwindet jener Extramehrwert, sobald die neue Produktionsweise sich verallgemeinert«, also alle Kapitalisten auf den neuen Preis heruntergehen.

Wir haben diese Darstellung, die sich in Band I des ›Kapital‹ findet, in »Ökonomie und Marxismus« Band I bereits ausführlich gegeben und hier kurz wiederholt, weil darin jenes Zwischenstadium zum Ausdruck kommt, das mit der ›wachsenden organischen Komposition des Kapitals‹ eintritt. Im III. Band des ›Kapital‹ findet sich eine analoge Darstellung[12].

Diese Darstellung bringt sonst im wesentlichen den Endzustand, in dem v und m (Lohnsumme und Gewinnsumme) gleichgeblieben sind, während c (Abschreibungs- plus Rohstoffsumme) wuchs. Das ist die Lage der ganzen Branche nach vollzogener Tat – aber vor der Entwertung der Maschinen in c.

In Band I des ›Kapital‹ hat Marx dagegen dies Zwischenstadium für die einzelne Unternehmung gezeichnet. Die Formel muß hier lauten:

$c + \Delta c + v + m + \Delta m = u + \Delta u.$

Der Zuwachs an c hat die Produktivität gesteigert und führt zum Extramehrwert $\Delta m$, weil der Umsatz um $\Delta u$ stieg, d. h. um die Summe der zusätzlich produzierten Waren, multipliziert mit einem Preis, der nur leicht unter dem Marktpreis liegt.

Mit der Unterstellung dieses ›Unterbietens‹ hat übrigens Marx zugestanden, daß eben nicht vollkommene Konkurrenz herrscht, weil für diesen Unternehmer der Preis nicht mehr ein Datum ist, sondern Gegenstand einer Preisstrategie, die den Umsatz und den Gewinn vergrößert.

Mit dieser Darstellung in Band I wird nun klar, wieso es zum tendenziellen Fall der Profitrate in der *Branche* kommen kann: auf dem Umwege über ein zeitweiliges Steigen der Profitrate, ja sogar der Mehrwertrate in der einzelnen Unternehmung, die neue Methoden einführt.

Marx' Annahme, daß auch die Mehrwertrate in dieser Unternehmung wächst, kann u. U. dann nicht voll zutreffen, wenn die Unternehmung zur weiteren Ausweitung ihres Umsatzes schreitet und dafür zusätzliche Arbeitskräfte anderswo abwerben muß – durch höhere Löhne.

Ist der Fall der Profitrate einmal eingetreten, weil alle Unternehmen in der Branche stärker mechanisiert wurden, so bietet die gesamte Branche das Bild eines gesunkenen Gewinns, bezogen auf den Gesamtwert der in den Anlagen investierten Kapitalien, oder (wie Marx es ausdrückt) bezogen auf den Umsatz abzüglich der Gewinnsumme, also (c + v).

Der oben geschilderte Mechanismus des Falls der Profitrate hat nun dazu geführt, daß in der betreffenden stark mechanisierten Branche Überkapazitäten entstanden sind. Damit sinkt die Gewinnrate noch mehr, und es tritt eine Tendenz zum Absinken der Kapitalwerte ein. Der Wirtschaftszweig, in dem die Mechanisierung derart vorangetrieben wurde, muß schließlich unter dem Druck einer »Branchenkrise« – sofern die geschilderte Entwicklung nicht zu einer Depression für die gesamte Wirtschaft führt – eine Entwertung seiner Anlagen zugestehen: Das geschieht teils durch Bankerotte, wobei die Anlagewerte »für ein Ei und Butterbrot« in andere Hände übergehen, teils durch Entwertung von Kapital in weiterbestehenden Unternehmen, was in Form von Sonderabschreibungen oder (falls kein sonstiges Eigenkapital mehr vorhanden) auch in Form von Herabsetzung des Stammkapitals zum Ausdruck kommt. Obwohl die »kapitalistische Produktion ... die Erhaltung des existierenden Kapitalwerts und eine Verwertung im höchsten Maß (das heißt stets beschleunigtes Anwachsen dieses Wertes) zum Ziel hat, ... (kommt es zur) Abnahme der Profitrate, (zur) Entwertung des vorhandenen Kapitals ... Die periodische Entwertung des vorhandenen Kapitals ... stört die gegebenen Verhältnisse ...«.[13]

*Die makroökonomischen Konsequenzen*

Wenn die Marxsche Formel $c + v + m = P$ (Produktionsmenge = Output) die Produktenmasse einer Konsumgüterbranche, in »Wert« (also gesellschaftlich notwendigen Arbeitsstunden) ausgedrückt, repräsentiert, so führt eine Nettoinvestition im Zeichen der erweiterten Reproduktion bei gleichbleibender Zahl (und Entlohnung) der Arbeitskräfte zu der Formel: $c + \Delta c + v + m + \Delta m = P + \Delta P$ (Produktenmengenzuwachs durch Nettoinvestition.

Dabei teilt sich die Nettoinvestition in $\Delta c + \Delta m$, d. h. sie drückt sich in der nächsten Zeiteinheit in einer Zunahme des Ersatzbedarfes für Rohstoffe und Abschreibungen und in einer Zunahme des Nettogewinns aus. Anders ausgedrückt: Diese Formel setzt voraus, daß die Nettoinvestition, die sich aus der gesteigerten Produktivität der Arbeit in den Vorstufen ergibt, sich in der Wertrechnung teils in erhöhtem Maschinen- und Rohstoffbedarf, teils in erhöhtem Mehrwert ausdrückt, aber nicht in erhöhtem Lohn – d. h. also Zunahme des Kapitalkoeffizienten.

›$\Delta m$‹ kann dann nur erhöhten Konsum der Unternehmer bedeuten, womit sowohl KEYNES als auch Marx bestätigt werden. Letzterer sah, daß zur ›Realisierung‹ der Produktenmasse doch letztlich der Konsum der Unternehmer, den er anfangs als konstant annahm, wachsen müsse.

Zur Herstellung der zusätzlichen Investitionsgüter und Grundstoffe ($\Delta c$) und der zusätzlichen Konsumgüter, die in $\Delta m$ zum Ausdruck kommen, bedarf es aber zusätzlicher Arbeitsstunden, also eines Wachstums der aktiven Bevölkerung oder einer Steigerung ihrer Leistung. Soweit es sich um eine Leistungssteigerung zur Erstellung von $\Delta c$ handelt, bedarf es einer Zunahme der Produktivität in der Investitionsgüter- und Rohstoffindustrie oder aber einer Zuführung von Arbeitskräften an diese. Die letztere wird möglich, wenn durch $\Delta c$ eine Verringerung der Arbeitskräftemassen im Konsumgütersektor, also auch der Arbeitsstundenzahl v, eintritt. Dann würde also eine größere Konsumgütermenge ($P + \Delta P$) sogar mit weniger Arbeitsleistung als bisher hergestellt werden. Die Gesamtzahl aller Arbeitsstunden in der Wirtschaft bliebe zwar gleich; die überschüssige Menge der in v ›widergespiegelten‹ Arbeitskräfte würde in die Investitionsgüter- und Grundstoffindustrie verlagert. Die Wertformel für die Konsumgüterindustrie jedoch würde lauten:

$$c + \Delta c + [v - (\Delta c + \Delta m)] + m + \Delta m.$$

Dann würde zwar die Produktenmenge real auch wachsen, in Wert ausgedrückt aber nicht mehr: Die Produktivität der Arbeit in der Konsumgüterindustrie hätte zwar mengenmäßig zugenommen, in der Produktenmasse, es würde aber ebensoviel ›Wert‹ von v abgezogen wie bei c und m zuwächst.

In diesem Falle können Arbeitskräfte in die Vorstufen verlagert werden, und $\Delta c$ würde nur der Tatsache entsprechen, daß in der Investitionsgüter- und Rohstoffindustrie mehr Arbeitskräfte tätig wären. Die Zunahme von c relativ zu v in der Konsumgütersphäre wäre also damit erkauft, daß eine Verlagerung von v in die Vorstufen eingetreten ist. Produktiver ist also nur die Konsumgüterbranche geworden: Diese produziert jetzt an Produkten real sehr viel nach, auch wenn ihre Wertsumme gleich bleibt.

Immerhin sieht man, daß in einer Wertrechnung das Gleichbleiben der Wertsumme, das die gesteigerte Gütermenge verhüllt, störend wirkt. Auf einem anderen Blatt steht die Frage, ob in der Relation

$$c + \Delta c + [v - (\Delta c + \Delta m)] : m + \Delta m$$

$\Delta m$ einen Zuwachs darstellt, der $\Delta c$ unter Berücksichtigung der Verringerung von v aufwiegt.

## 3. Die Diskussion des »Gesetzes« im Marxismus

Nun sind schon früh auch von marxistischer Seite recht schwerwiegende Einwendungen gegen das »Gesetz als solches« laut geworden. So erklärte NATALIE MOSZKOWSKA schon 1929, eine (generelle) Steigerung der Produktivität müsse auch zu einer Senkung der Produktivgüterpreise führen; um so weniger könne die Kapitalzusammensetzung steigen, und um so mehr könne die Mehrwertrate erhöht werden[14].

In einem späteren Werke stellte sie fest: »Daher ist es im Kapitalismus immer möglich, die Profitrate aufrecht zu erhalten. Wären sämtliche technischen Neuerungen Grenzfälle, so müßte die Mehrwertrate zwar in dem Maße steigen wie die Produktivität, die Profitrate brauchte aber selbst bei ausschließlichem Vorkommen von Grenzfällen nicht zu sinken ... Würde bei technischem Fortschritt die Profitrate sinken, so müßte sie im Laufe der kapitalistischen Entwicklung, die doch durch einen unausgesetzten und schnellen technischen Fortschritt gekennzeichnet ist, unausgesetzt und schnell sinken ... Die Profitrate müßte daher längst auf Null gesunken sein ...« NATALIE MOSZKOWSKA gibt hier bereits eine Überleitung zum Konjunkturtheorem, wenn sie als Antwort auf diese Bedenken meint: »Wäre die Profitrate im Sinken begriffen, so müßte sie immer langsamer sinken, nämlich in wachsenden Zeitabständen oder abnehmenden Quoten[15].« Gleichzeitig hat allerdings die MOSZKOWSKA einen neuen Gedanken zugunsten der Marxschen These beigesteuert: Erhöhung der ›organischen Zusammensetzung‹ durch Monopole und Kartelle bzw. Kapitalentwertung bei Preishochhaltung mit Reserve- bzw. Überkapazitätenhaltung. Zu erwägen wäre, ob die Kartellierung und Olipolisierung in den Produktionsmittelindustrien nicht den technischen Fortschritt dort hemmt. ROSA LUXEMBURG war noch skeptischer: sie meinte, wenn der Kapitalismus am Fall der Profitrate zugrundegehen solle, so habe es damit noch »gute Wege, so etwa bis zum Erlöschen der Sonne!«

Längst vor ihr hatte TUGAN-BARANOWSKI den Fall der Profitrate glatt geleugnet, dieweil HILFERDING und auch der kritische CHARASOW, der das Wort vom (Investitions-)»Streik« der Kapitalisten prägte, die Theorie aufrechtzuerhalten suchten. Diesen Verteidigungsversuchen folgte der von

 HENRYK GROSSMANN, der das ›Gesetz‹ wohl mit unzureichenden Mitteln zu beweisen suchte, aber der Vorstellung von einem längerfristigen »Kuznets-Zyklus« sehr nahe kam. In den dreißiger Jahren suchte der ansonsten marxfreundliche Professor SHIBATA in Japan das ›Gesetz‹ zu widerlegen, wofür er in neuerer Zeit von seinem Landsmann SHIGETO TSURU kritisiert wurde.

GROSSMANN wiederum wurde von HANS NEISSER 1931 einer vernichtenden Kritik unterzogen – NEISSER tat gerade das, wovor er selbst gewarnt hatte: »Je zwei Marxisten schlagen einen dritten tot.« Immerhin lieferte NEISSER zum Marxschen Gesetz einen positiven Beitrag, wenn er – wie lange vor ihm BENEDETTO CROCE – betonte, die von Marx angeführte »Entwertung des konstanten Kapitals« sei nicht nur eine Gegentendenz, sondern könne so weit führen, daß ein Fall der Profitrate überhaupt nicht einzutreten brauche[16].

NATALIE MOSZKOWSKA hatte das ›Gesetz‹ noch mit einem weiteren Argument zu untermauern versucht: Die »Überakkumulation« könne »tote Kosten« (»faux frais«) verursachen. »Man denke bloß an die mangelnde Ausnutzung der Produktionskapazität industrieller Betriebe, an die kostspielige Kundenwerbung etc. Sinken dank technischem Fortschritt die notwendigen Kosten, steigen aber zugleich die toten Kosten, so können die Preise der Waren, also auch der Produktionsmittel nicht angemessen fallen. Dies läßt die Kapitalzusammensetzung höher erscheinen, als sie in der Tat ist[17].«

Hier ist eine ganze Reihe von Argumenten ineinander verschachtelt. Den Gedanken, wonach Kartelle die Preissenkung bei Anlagekapital verhindern, kann man fallen lassen; denn man müßte ja damit rechnen, daß ebenso eine Senkung der Preise für Lohngüter verhindert würde, womit also der relative Abfall von v gegen c gemildert oder ausgeglichen würde. Zudem können die Rohstoffkosten von einer solchen durch Nichtausnutzung der Kapazitäten bedingten Preissteigerungstendenz in der Regel nur erfaßt werden, soweit die Rohstoffe aus dem Inland oder aus anderen Industrieländern kommen; es ist kaum damit zu rechnen, daß auf längere Sicht internationale Warenabkommen oder kartellartige Gebilde die Preise von Rohstoffen in unterentwickelten Ländern hochhalten, relativ zu den Preisen der Industrieländer, zumal Elemente des ›unvollkommenen Wettbewerbs‹ bei letzteren verhältnismäßig stärker zum Tragen kommen dürften.

Die mangelnde Ausnutzung der Produktionskapazitäten ist allerdings eine typische Erscheinung industrieller Kartelle, in denen diese unausgenutzten Kapazitäten auch auf lange Sicht mitgeschleppt werden können, weil sie für den einzelnen Kartellteilnehmer seine ›Reserve‹ für Quotenverhandlungen oder für den Fall eines Auseinanderbrechens des Kartells darstellen. Dabei wird man sich allerdings hüten müssen, hier an die Nichtausnutzung der Kapazitäten während eines Konjunkturrückschlags zu denken: Die damit zeitweilig bewirkte abrupte Steigerung des marginalen Kapitalkoeffizienten kann jedenfalls nicht im Rahmen einer Erörterung der langfristigen Phänomene Berücksichtigung finden.

Sehr problematisch ist außerdem die Erwähnung der Werbe- bzw. Reklamekosten: hier wird es sich in den seltensten Fällen um eine Erhöhung der Anlagekapitalkosten handeln, ebensowenig um eine Erhöhung der Rohstoffkosten, allenfalls um eine Erhöhung der Kosten für Arbeitskräfte, also gerade des ›variablen Kapitals‹ v, was dem Wirksamwerden des Gesetzes zuwiderliefe ... Diese Kosten könnten nur dann berücksichtigt werden, wenn es sich um ›Vorleistungen‹ seitens selbständiger Werbeagenturen handelt, die dann als Zulieferkosten für die Bezüge der angebotenen Ware ›Werbungsleistung‹ unter c untergebracht werden könnten. – Interessant ist an dieser Stelle die Verwandtschaft der Thesen NATALIE MOSZKOWSKAS zu den späteren Korrekturversuchen GILLMANS, der die ›Faux Frais‹ nicht zu den Kapitalkosten addieren, sondern vom Mehrwert absetzen wollte!

Auch andere führende Marxisten unserer Zeit stehen der Theorie mit erheblicher Reserve gegenüber: So meint SWEEZY, es sei erheblich übertrieben, wenn man mit einem raschen Anwachsen der organischen Zusammensetzung des Kapitals rechne[18].

Bei Marx nimmt die Ursache des Falls der Profitrate eine ganz bestimmte Gestalt an: Sie ist mikroökonomisch bedingt durch ein relatives Ansteigen der Abschreibungskosten für Anlagen (und, einzelwirtschaftlich gesehen, für Lagerbestände an Roh-, Hilfs- und Betriebsstoffen) im Verhältnis zu den Lohnkosten und der Wertschöpfung (einschließlich des ›Mehrwerts‹) überhaupt.

In diesem Zusammenhang ist es zweckmäßig, hier die besonderen Aspekte der Werttheorie beiseite zu lassen. Man kann das auf zwei Wegen tun: Betrachtet man die Tendenz zur Erhöhung der Anlagekosten in einzelnen Wirtschaftszweigen, unterstellt man zweckmäßigerweise, daß die ›organische Zusammensetzung des Kapitals‹ bzw. die Relation zwischen Abschreibungen im obigen Sinne und Lohnkosten in allen Unternehmen die gleiche sei. Betrachtet man gesamtwirtschaftliche Zusammenhänge, so fällt nach Marx ohnehin die Summe der Profite und Mehrwerte zusammen, und ebenso die Summe aller Werte und Preise (bei Außerachtlassen von Preissteigerungen inflationärer Art).

Unterstellt man also einmal, daß sich die Abschreibungskosten in diesem Sinne – oder die Summe der notwendigen Ersatzinvestitionen in der Wirtschaft – erhöhen, bei konstant bleibender Wertschöpfung, dann muß, sofern sich die Aufteilung der Wertschöpfung nicht ändert (also bei ›gleicher Mehrwertrate‹), die Mehrwertsumme in der Relation zur gesamten Kostensumme zwangsläufig kleiner werden, womit die Profitrate – als Strömungsgröße, also als prozentualer Anteil am Umsatz – zwangsläufig fallen muß.

RONALD L. MEEK hat das konzis wie folgt ausgedrückt: »Durch eine einfache Rechenoperation kann gezeigt werden, daß die Profitrate mit der Mehrwertrate und der organischen Zusammensetzung des Kapitals in folgender Weise funktional zusammenhängt:

$$\text{Profitrate} = \frac{\text{Mehrwertrate}}{1 + \text{organische Zusammensetzung des Kapitals.}}$$

Aus diesen Prämissen folgt logisch, daß ein Anwachsen der organischen Zusammensetzung des Kapitals, wenn die Mehrwertrate konstant bleibt, einen Fall der Profitrate mit sich bringt[19].« Von der Konstanz der Mehrwertrate geht Marx zunächst aus. Die Definition der »organischen Zusammensetzung des Kapitals« zeigt das bereits im ersten Band des »Kapital«, wo Marx zuerst von dem »Gesetz des steigenden Wachstums des konstanten Kapitalteils im Verhältnis zum variablen« spricht[20]. Diese Ausgangsstellung erscheint dann immer wieder explizit wie implizit.

Erste Voraussetzung des Eintretens des Falls der Profitrate ist also zunächst die Konstanz der Mehrwertrate – gesamtwirtschaftlich gesehen hieße das: die Unveränderlichkeit der Aufteilung des Sozialprodukts zwischen Arbeitnehmern und Kapitalisten. Zwar kann sich diese Verteilung etwas verändern, und die Mehrwertrate bzw. der Anteil der Kapitalisten am Sozialprodukt kann wachsen – aber dies Wachstum muß dann langsamer vor sich gehen als das relative Wachstum der ›organischen Zusammensetzung des Kapitals‹ alias der Relation zwischen Abschreibungs- und Lohnkosten.

An dieser Stelle hat nun die Wertrechnung oder seine begrenzte mathematische Konzeption Marx einen Streich gespielt: er glaubte, daß »die Kompensation ... durch Steigerung des Exploitationsgrades der Arbeit gewisse nicht überschreitbare Grenzen« habe: »Sie kann den Fall der Profitrate wohl hemmen, aber nicht aufheben[21].«

Der Verfasser hat im ersten Band seines Werkes »Ökonomie und Marxismus« aufzuzeigen versucht, daß man keineswegs mit Sicherheit Marx unterstellen kann, er habe an ein kontinuierliches Absinken des Lohnanteils am Sozialprodukt bzw. an eine ›relative Verelendung‹ geglaubt (vgl. »Ökonomie und Marxismus« Band 1, S. 313 ff.). In dem Maße, in dem Marx die sinkende Tendenz der Profitrate für das eigentlich entscheidende Phänomen des niedergehenden Kapitalismus ansah, kann er eine solche Tendenz zum sinkenden Lohnanteil am Sozialprodukt auch nicht als wesentlich betrachten, denn damit stiege die Mehrwertrate.

Wie dem auch sei: Mathematisch ist jedenfalls eine progressive Ausgleichung in dem Sinne möglich, daß die Mehrwertrate durch ihr Wachstum das Anwachsen der ›organischen Zusammensetzung‹ bzw. die Verschiebung in der Relation zwischen Abschreibungen und Löhnen zugunsten der ersteren wieder wettmacht.



Ein Autor, der in seiner generellen Schlußfolgerung die Bedeutung der Marxschen Theorie vom Fall der Profitrate durchaus positiv beurteilt, DICKINSON, hat denn auch in seiner mathematischen Behandlung des Problems hier den eigentlichen logischen ›Schnitzer‹ (›flaw‹) entdecken wollen: »Richtig ist, daß eine Steigerung in jeder der Quantitäten $\varkappa$, $\lambda_1$ und $\lambda_2$ (in der Formel $\varrho = \frac{\sigma}{\lambda_1 \varkappa + \lambda_2}$) $\varrho$ reduzieren muß – aber nur, wenn $\sigma$ konstant ist, oder mindestens nicht schneller zunimmt als $\lambda_1 \varkappa + \lambda_2$[22]!«
Dabei ist: $\varrho$ = Profitrate, $\sigma$ = Mehrwertrate, $\varkappa$ = organische Zusammensetzung des Kapitals, $\lambda_1$, $\lambda_2$ = die Steigerung der durchschnittlichen »Lebendauer« oder »Dauerhaftigkeit« des »konstanten« (1) und »variablen« (2) Kapitals.

Eine Autorin wie JOAN ROBINSON, die unter allen ›akademischen‹ Ökonomen Marx am meisten Sympathie entgegenbringen dürfte, kann dem Gesetz nicht viel abgewinnen: Sie hält es für eine Tautologie, meint, seine Analyse erkläre gar nichts: eine Theorie der fallenden Profite nach Maßgabe der keynesianischen sinkenden Grenzleistungsfähigkeit des Kapitals erscheint ihr plausibler – aber dann müsse man das Problem der effektiven Nachfrage mit einbeziehen[23]. Dem schließt sich ein Marxist vom Range SWEEZYS an.

Diese Tatsache mag einige Verwunderung erregen, wenn man bedenkt, welche Bedeutung Marx selber dem ›Gesetz‹ beimaß: »So einfach das Gesetz nach den bisherigen Entwicklungen erscheint, so wenig ist es aller bisherigen Ökonomie gelungen . . ., es zu entdecken. Sie sah das Phänomen und quälte sich in widersprechenden Versuchen ab, es zu deuten. Bei der großen Wichtigkeit aber, die dies Gesetz für die kapitalistische Produktion hat, kann man sagen, daß es das Mysterium bildet, um dessen Lösung sich die ganze politische Ökonomie seit ADAM SMITH dreht . . .[24].«

Ein polnischer Marxist, BRONISLAW MINC, hat mit Recht kritisiert, daß weder SWEEZY noch JOAN ROBINSON die Bedingungen dargestellt haben, unter denen die Zunahme der Mehrwertrate den Fall der Profitrate verhindern kann. Er hat diese Bedingung wie folgt angegeben: »Wenn y die Verringerung des variablen Kapitals ist und die Vermehrung des Mehrwerts, p dagegen die Profitrate nach Einführung des technischen Fortschritts darstellt, (so) . . . kann die Zunahme der Mehrwertrate den Fall der Profitrate . . . nur dann aufhalten, wenn die nachstehende Bedingung erfüllt ist: $\frac{y}{\Delta c - y} > p$[25].« Nach der Argumentation von MINC muß dann, wenn der technische Fortschritt »kapitalmehrverbrauchenden« Charakter trägt und »die Zunahme im Verschleiß der Produktionsmittel, in physischen Einheiten ausgedrückt, erheblich ist« und damit die »Größe des konstanten Kapitals (c) *pro Produkteinheit* erhöht wird«, die Profitrate schließlich fallen.

*Die Frage nach dem Wesen des technischen Fortschritts*

Damit stellt sich heraus, daß die entscheidende Frage zur Beurteilung des Theorems die ist, mit welcher Art von technischem Fortschritt man hier zu tun hat.

Für das Theorem, das MINC hier formuliert, ist zunächst festzustellen, daß die entscheidende Bedingung die »Erhöhung der Größe des konstanten Kapitals pro Produkteinheit« ist, d. h. also $\frac{c}{c+v+m}$. Solange diese sich nicht ändert, sondern nur die Relation $\frac{c}{v}$, muß bei schrumpfendem v m automatisch wachsen; ja, m kann die Schrumpfung von v ins Unendliche hinaus kompensieren. Bedeutet dagegen die Schrumpfung von v eine relative Zunahme von c im Verhältnis zur Wertschöpfung überhaupt, so kann eine Zunahme von m auf die Dauer offenbar den Rückgang an v nicht wettmachen. Damit spitzt sich das Problem auf die Frage zu: Wenn der technische Fortschritt dazu führt, daß c nicht nur im Verhältnis zu v, sondern zur Wertschöpfung insgesamt wächst – welche Gründe können dafür vorliegen? Makroökonomisch ergäbe sich hier die Notwendigkeit, einem größeren Anteil an der Arbeiterarmee für Rohstoffgewinnung und Anlageerstellung einzusetzen. Kann das wegen Rohstoffverknappung (Mehreinsatz für Schürfungszwecke) oder zur Ausgleichung ökologischer Schäden notwendig sein? (An dieser Stelle wird die moderne Debatte zum Thema der Verknappung der Ressourcen aktuell!)

Anders ausgedrückt: Wenn die Zunahme des konstanten Kapitals bedeutet, daß der Anteil der Wertschöpfung an der Gesamtgleichung, die Marx später den ›Produktionspreis‹ nannte – also c+v+m – abnimmt, also die Wertschöpfung (v+m) im Verhältnis zu c fällt, dann kann die Verschiebung innerhalb der Wertschöpfung zugunsten von m auf die Dauer nichts daran ändern, daß tatsächlich die Profitrate letzten Endes fallen muß. Wird dagegen angenommen, daß die Relation zwischen c und (v+m) unverändert bleibt und in dem Maße, wie v schrumpft (c relativ zu v zunimmt), m wächst, dann kann die steigende Mehrwertrate im Rahmen eines konstanten Wertschöpfungsanteils die wachsende ›organische Zusammensetzung des Kapitals‹ ausgleichen, und es braucht kein Fall der Profitrate einzutreten.

Nun kann man in der Tat mindestens im übertragenen Sinne davon reden, daß letztlich das Thema der Wirtschaftswissenschaft im Zeichen des Kapitalismus in erster Linie die Profitrate ist – deren Variationen schließlich den Zyklus wie die langfristige Entwicklung widerspiegeln, dieweil der Gewinn die Quelle der Finanzierung par excellence und damit die Triebfeder des Wachstums ist. Wie immer man diese Dinge sehen mag: Sicher ist, daß Marx diese *Tendenz* zum Fall der Profitrate, wenngleich er sie – wie JOAN ROBINSON bedauert, weil sie darin einen Quell der Verdunkelung sieht – in Wertbegriffen konzipierte, doch in weit stärkerem Maße als ein Element der realen Wirtschaft sehen wollte, als dies etwa moderne Marxisten wie PAUL MATTICK annehmen möchten, die da meinen, daß »aus dem Wertschema der Kapitalentwicklung unmittelbar keine Aussagen über die gegenwärtige Situation abgeleitet werden können«.[26]

*Das Problem der Überkapazitäten als Ursache für hohe (marginale) Kapitalkoeffizienten*

Das Argument der MOSZKOWSKA von den ›faux frais‹ ist übrigens in neuerer Zeit von FELLNER wieder aufgegriffen worden, speziell in einer Ergänzung zu seinem Artikel von 1957. Darin erklärt dieser, daß die ›Überkapazitäten‹ in einer Wirtschaft der ›unvollkommenen Konkurrenz‹ zu einem gleichzeitigen Absinken der Löhne und Gewinne führen könnten[27]. Das würde bedeuten, daß die Profitrate fiele, weil das Nichtverschwinden von Firmen Überkapazitäten in der Industrie beläßt, sei es, weil jede dieser Firmen einen festen Kundenstamm um sich behält, sei es, weil die Kartelle alle Firmen, auch die ineffizienten, in Betrieb halten. Hier würde sogar, wie DEWEY demonstriert hat, die Herstellung eines Einfirmen-Monopols Rationalisierungseffekte und eine Beseitigung der Überkapazitäten bewirken[28]. Das wiederum würde heißen, daß ein ›rationaler‹ Konzentrationsprozeß derartige Überkapazitätserscheinungen und die daraus resultierende Senkung der Profitrate zum Verschwinden bringen würde.

Nun gibt es aber noch einen anderen Ansatzpunkt. Marx hat kategorisch erklärt: »Wenn SMITH den Fall der Profitrate aus superabundance of capital, accumulation of capital« (überreichlichem Vorhandensein von Kapital, zu großer Kapitalakkumulation) »erklärt, so handelt es sich um permanente Wirkung, und dies falsch. Dagegen transitorisch superabundance of capital, Überproduktion. Permanente Krisen gibt es nicht«.[29]

Mit anderen Worten: »Marx glaubte nicht an eine langfristige Überproduktion. Bedeutete dies auch, daß nach seiner Ansicht auf lange Sicht keine Überkapazitäten denkbar wären? Das bleibt unklar, es sei denn, man wolle die Marxsche Bemerkung auf die Unmöglichkeit langfristiger Branchenkrisen beziehen. Allerdings hat die Gegenwart beispielsweise im

Kohlenbergbau sehr langfristige Regressionsprozesse erlebt, wenngleich diese vielleicht sehr viel kürzer und schmerzhafter ausgefallen wären, wenn nicht die Staatsintervention mildernd gewirkt hätte. Wie dem auch sei: der konjunkturtheoretische Gehalt dieser lapidaren Marxschen Aussage wird uns noch beschäftigen müssen. Marx sagt weiter: »Die Überproduktion bringt keinen permanenten Fall des Profits hervor, aber sie ist permanent periodisch. Es folgt ihr Unterproduktion . . .[30].«

PREISER hat daraus einen konkreten Schluß gezogen: »In dem . . . Fall der Profitrate liegt daher die eigentliche Triebkraft der zur Krise drängenden Entwicklung. Das eigentliche Agens . . . ist der Fall der Profitrate[31].«

*Säkulares Phänomen oder »wellenförmiger« technischer Fortschritt?*

Damit wären wir endgültig bei einer Erklärung des ›Gesetzes‹ als eines konjunkturellen Phänomens angelangt.

Man könnte aus dem soeben zitierten MARXwort schließen, daß Marx das Gesetz – wie dies übrigens noch JOHN STUART MILL getan hat – weitgehend als empirisches Faktum betrachtet, und zwar im Sinne einer säkularen Tendenz. Hier würde sich natürlich sofort der Einwand aufdrängen, daß wir den ›reinen‹ Zinssatz ermitteln müssen: Die Zinssätze waren in der Frühzeit des Kapitalismus sehr hoch infolge hoher Risikoprämien; es war dies ein Erbe jener feudalen Epoche, die hauptsächlich Konsumkredite und den damit verbundenen (wenngleich kirchlich verbotenen) Wucher kannte; das Absinken der Zinssätze mit dem Durchbruch des Kapitalismus konnte dann eben den irrigen Eindruck hervorrufen, es walte eine Tendenz zur Senkung des ›reinen‹ *Zinssatzes* ob, wenngleich es sich nur um eine Widerspiegelung des verringerten Risikos handelte.

Damit würden wir also das Gesetz in erster Linie unter empirischen Gesichtspunkten überprüfen. Hier ergeben sich aber gleich wesentliche Einwände gegen eine Analyse, die von den historisch bekannten Zinssätzen ausgeht. WILLIAM FELLNER hat betont, daß der Zinssatz in der Epoche der Klassiker z. B. verhältnismäßig niedrig lag: »Wir wissen, daß der Zinssatz, zu dem das Britische Schatzministerium im Laufe des 18. Jahrhunderts Anleihen tätigen konnte, zeitweilig, wenngleich nicht immer, niedriger war als der gegenwärtige langfristige Zinssatz. ADAM SMITH zum Beispiel erzählt seinen Lesern, zur Zeit der Veröffentlichung des ›Reichtums der Nationen‹ (1776) hätte die Regierung Geld zu 3 % aufnehmen können, dieweil die Obergrenze, die von den Wuchergesetzen gezogen war, bei 5 % lag. Zur Zeit liegt der Satz nahe bei 4 %. Die Serie zeigt keinen Trend nach unten seit den letzten Jahren des 18. Jahrhunderts, wenngleich die Diagnose etwas weniger sicher wird in dieser Hinsicht, wenn wir bedenken, daß der heutige Zinssatz wesentlich beeinflußt ist durch die Erwartung steigender Warenpreise, und daß er somit einem niedrigeren ›Realzinssatz‹ entspricht . . .[32].«

Hier zeigt sich gleich das Dilemma: Nimmt man die Zinssätze zum Maßstab, so steckt darin einerseits – wie auch Marx betont hat – eine Risikoprämie, die in feudaler Epoche relativ hoch war und so den Zins zwangsläufig absinken ließ, je geringer das Risikoprämienelement wurde; und andererseits spiegelt sich im Zins bis zu einem gewissen Grade auch die Inflations- oder Deflationsrate der betreffenden Epoche.

Nun kann man Marx zweifellos in keiner Weise den Vorwurf machen, er hätte Profite und Zinsen miteinander verwechselt: War er doch einer der ersten Autoren, die klar die verschiedenen kalkulatorischen Posten wie Zins, Unternehmerlohn und Risikoprämie vom eigentlichen Unternehmergewinn unterschieden haben. Die Höhe der Zinssätze läßt noch keinen unmittelbaren Schluß auf die Höhe der Profitrate zu – ebensowenig die Bewegung der einen auf die Bewegungen des anderen. Allerdings dürften auf lange Sicht hohe Wachstumsraten mit hohen Zinsen Hand in Hand gehen – bereits wegen der damit verbundenen inflationären Tendenzen. Auf kurze Sicht sind die Zusammenhänge erheblich komplizierter: Die Bankenkrise von 1931 sah ein Emporschnellen der Zinssätze ähnlich wie der inflationäre europäische Boom der siebziger Jahre, aber diesmal infolge zeitweilig erhöhten Risikos.

Ehe man jedoch in empirische Betrachtungen ausweicht, muß man zunächst einmal feststellen, was in der Wirtschaftswissenschaft und speziell bei Marx unter einem tendenziellen Fall der Profitrate verstanden wird.

Hier ist nun wesentlich, daß Marx von einer ganz bestimmten Ursache dieses tendenziellen Falls spricht. Er denkt nicht an die generelle Möglichkeit eines Druckes auf die Profitrate, wie er etwa durch ein konjunkturelles oder gar säkulares Anziehen der Löhne verursacht werden könnte. Diese ›landläufige‹ Form der Beeinträchtigung der Profite erscheint bei ihm auch, im Rahmen dessen, was man als ›Sturmvogeltheorie‹ bezeichnen könnte, steht aber nicht im Vordergrund seines Denkens und tritt auch für ihn nur periodisch in Erscheinung.

Ebensowenig steht bei Marx der Gedanke der Stagnationstheoretiker im Vordergrund; daß nämlich ein Absinken der Profitraten verursacht sein könnte durch ein generelles Nachlassen der Wirtschaftsdynamik bzw. durch eine Aufeinanderfolge von wachstumsschwachen Perioden, die durch einen Mangel an effektiver Nachfrage oder an Investitionsneigung oder beides verursacht sein könnten.

Endlich geht es ihm nicht in erster Linie um Veränderungen in der Relation zwischen Abschreibungen (bzw. Bestandswerten, bei Anlagen und Lagerbeständen) einerseits und Lohnsummen andererseits, wie sie sich bei Überkapazitäten herauskristallisieren würden. Sein Gesetz der zunehmenden ›organischen Zusammensetzung‹ des Kapitals, wonach »mit dem Wachstum des Gesamtkapitals ... auch sein variabler Bestandteil wächst, aber in beständig abnehmender Proportion«, greift Platz bei »wachsender Akkumulation und Zentralisation« (also im Zuge der Konzentration durch Fusion!), die wieder umschlägt in »eine Quelle neuer Wechsel der Zusammensetzung des Kapitals oder abermaliger beschleunigter Abnahme seines variablen Bestandteils verglichen mit dem konstanten«. Und dabei ist für ihn die Nettoinvestition entscheidend: »Die im Lauf der normalen Akkumulation gebildeten Zusatzkapitale ... dienen vorzugsweise als Vehikel zur Exploration neuer Erfindungen und Entdeckungen, überhaupt industrieller Vervollkommnungen[33].« Dies ist nur in längerer Sicht, also im Verlauf von KUZNETS- oder KONDRATIEW-Zyklen (wenn nicht säkular!) denkbar.

An dieser Stelle hat Marx ganz unmißverständlich ausgesprochen, daß für ihn nicht so sehr die Bruttoinvestitionen als vielmehr die Nettoinvestitionen, völlig neue Anlagen das Vehikel des technischen Fortschritts sind. Dahinter dürfte die Überlegung stehen, daß Ersatzinvestitionen innerhalb des Rahmens alter Anlagen stets nur eine Art Flickwerk sind, wobei die neuesten Methoden nicht in Anwendung kommen können, weil auf Teile vorhandener Anlagen Rücksicht genommen werden muß.

Es erhebt sich an dieser Stelle die Frage, wieweit die Marxsche These von der relativen Expansion des ›konstanten‹ und Schrumpfung des ›variablen Kapitals‹ identisch ist mit der Annahme, der technische Fortschritt habe vorwiegend arbeitssparenden Charakter. Und wenn ja: so muß weiter geprüft werden, ob Marx mit der Annahme, daß arbeitssparender technischer Fortschritt vorherrscht, für seine Epoche Recht hatte und hier mit dieser Phase eine zyklisch-wellenförmige Bewegung des technischen Fortschritts erkannte[34].

Allerdings wird man bedenken müssen, daß – wenn man mit BURCHARDT makroökonomisch von den Roh- und Hilfsstoffen absieht, die mit Kapitalgütern und Arbeit hergestellt bzw. gefördert werden – das ›Gesetz‹ sich in einer ständigen Verschiebung des Verhältnisses zwischen Bruttoanlageinvestitionen und Lohnkosten bemerkbar macht, so daß also die Bruttoanlageinvestition doch zum eigentlichen Träger der Maschinisierung und Erneuerung wird. Hier liegt dann eine Annäherung zur modernen ›Vintage-Konzeption‹ vor, die mit Altersklassen von Anlagen arbeitet, von denen jeweils die jüngere effizienter ist, weil sie den neuesten technischen Fortschritt in sich verkörpert.

Marx hat dieses Konzept einer stufenweisen Erneuerung wie folgt zum Ausdruck gebracht:

»Aber auch das alte Kapital« – hier sieht er also wieder die Brutto- und Ersatzinvestitionen als Träger des Fortschritts! – »erreicht mit der Zeit den Moment seiner Erneuerung an Haupt und Gliedern, wo es sich häutet und ebenfalls wieder geboren wird in der vervollkommneten technischen Gestalt, worin eine geringere Masse Arbeit genügte, eine größere Maschinerie und Rohstoffe in Bewegung zu setzen«.

Insofern ist also für ihn das Gesetz nicht wirksam in einer Verschiebung der Kostenrelationen bei gleichbleibenden (sogar übergroßen, weil nur teilweise genutzten!) Anlagen, wie MOSZKOWSKA meint, die wechselnde Kapazitätsauslastungen kurzfristig berücksichtigt. Marx denkt an längere Perioden, in denen sich das Gesetz um so mehr auswirkt, je mehr Bruttoinvestitionen getätigt werden.

## 4. Die Grundbedingungen für das Wirksamwerden des ›Gesetzes‹

Es ist auch problematisch, ob man beim ›Marxschen Gesetz‹ generell von einer arbeitssparenden Tendenz im echten Sinne reden kann. Besser wäre es, von einer ›lohnsummensparenden‹ Tendenz zu sprechen, die sich aus zwei Komponenten und einer Bedingung erklärt:

- Erstens muß eine Tendenz zur Verringerung des Arbeits-Inputs (in physischen Einheiten gerechnet) in der ›technischen Zusammensetzung des Kapitals‹, d. h. der physischen Inputsumme, zum Tragen kommen.
- Zweitens muß sich eine Tendenz zur Senkung des *Preises* des Arbeits-Inputs (also pro Arbeitsstunde oder Effizienzeinheit) ergeben, und zwar durch Verbilligung der Lebens- und Unterhaltungsmittel. Das setzt wiederum voraus, daß die Konsumgüterindustrien, eventuell einschließlich der Wohnungsbauindustrie, einen größeren technischen Fortschritt aufzuweisen haben als die Investitionsgüterindustrien, damit der Preis pro Einheit des Inputs v rascher sinkt als pro Einheit des Inputs c – wenn man voraussetzt, daß beide im Zuge des technischen Fortschritts sinken, mit unterschiedlichen Raten, und unter der weiteren Voraussetzung, daß das allgemeine Preisniveau konstant bleibt. Das bedeutet bereits, daß die Reallöhne konstant bleiben, bei sinkenden Geldlöhnen.
- Drittens muß unterstellt werden – das ist die Hauptbedingung, neben den im vorstehenden Absatz genannten Nebenbedingungen –, daß die Arbeitskräfte nicht relativ zu den Kapitalgütern knapper werden und Lohnsteigerungen eintreten, die entweder autonom durch gegenseitige Überbietung der Unternehmer oder unter Gewerkschaftsdruck, d. h. im institutionellen Gesellschaftsrahmen, zustande kommen. In diesem Falle würde das ›historische Minimum‹ bzw. der durchschnittliche Reallohn angehoben, und die Lohnsummen würden wieder aufgebläht, selbst bei geringerem physischen Input, so daß die Relation c : v unter diesen Umständen gar nicht verschoben würde. Kurz gesagt: die Reallöhne dürfen nicht so stark steigen, daß die beiden ersten Effekte aufgehoben werden und die Lohnsummen konstant bleiben.

Die erste Tendenz, die zur Verringerung des physischen Inputs, kann als gegeben hingenommen werden. Die zweite Tendenz ist bereits fraglich, es sei denn, man wolle sich – wie SETON und andere Autoren dies tun – darauf berufen, daß in der mittleren Epoche des Kapitalismus im 19. Jahrhundert Produktionsmittel vielfach eher in handwerklicher Produktion hergestellt wurden als Konsumgüter. Die dritte Bedingung kann historisch nicht gut unterstellt werden: die Reallöhne sind seit der Mitte des vorigen Jahrhunderts kontinuierlich – wenngleich mit einer Stockung zu Beginn des 20. Jahrhunderts und in Europa in und nach den Weltkriegen – angestiegen, und Marx hat dieses Ansteigen teilweise selbst in seine Überlegungen einbezogen, wie wir in »Ökonomie und Marxismus« Band I (Kapitel VI) nachwiesen. Aber wog diese Steigerung die anderen Faktoren auf?

*Technische und Wert-Zusammensetzung*

Wenn Marx das Verhältnis zwischen konstantem und variablem Kapital als ›organische Zusammensetzung des Kapitals‹ bezeichnet, so unterscheidet er dabei scharf zwischen der ›technischen Zusammensetzung‹, d. h. der volumenmäßigen Relation zwischen der *Menge* von Anlagegütern und Rohstoffen einerseits und der *Menge* von Arbeitsstunden (bzw. dafür erstellten Konsumgütern) andererseits, sowie der *Wert*zusammensetzung, bei der die Verschiebungen in den Arbeitswertrelationen berücksichtigt sind. Endlich müßten dann noch die Bewegungen der ›Produktionspreise‹ der Faktoren berücksichtigt werden.

Diese Unterscheidung ist von wesentlicher Bedeutung, zumal sie von späteren Autoren und zuweilen von Marx selber durcheinandergebracht wird. Letzterer spricht ausdrücklich bei seiner Definition der ›organischen Zusammensetzung‹, die er schon in Band I gibt, davon, daß sich in deren wertmäßiger Komposition die mengenmäßige widerspiegeln müsse:

»Die Zusammensetzung des Kapitals ist in zweifachem Sinne zu fassen. Nach der Serie des Werts bestimmt sie sich durch das Verhältnis, worin es sich teilt in konstantes Kapital oder Wert der Produktionsmittel und variables Kapital oder Wert der Arbeitskraft, Gesamtsumme der Arbeitslöhne. Nach der Seite des Stoffs, wie er im Produktionsprozeß fungiert, teilt sich jedes Kapital in Produktionsmittel und lebendige Arbeitskraft; diese Zusammensetzung bestimmt sich durch das Verhältnis zwischen der Masse der angewandten Produktionsmittel einerseits und der zu ihrer Anwendung erforderlichen Arbeitsmenge andrerseits. Ich nenne die erstere die *Wertzusammensetzung*, die zweite die *technische Zusammensetzung* des Kapitals. Zwischen beiden besteht eine Wechselbeziehung. Um diese auszudrücken, nenne ich die Wertzusammensetzung des Kapitals, insofern sie durch seine technische Zusammensetzung bestimmt wird und deren

Änderungen widerspiegelt, die *organische Zusammensetzung* des Kapitals. Wo von der Zusammensetzung des Kapitals kurzweg die Rede, ist stets seine organische Zusammensetzung zu verstehn[35].«

Dabei gibt insbesondere der Begriff der ›technischen Zusammensetzung‹, der so einfach zu sein scheint, eine Reihe von Problemen auf. So hat in neuerer Zeit ZINN festgestellt: »In der Literatur wird der Marxsche Begriff der technischen Zusammensetzung des Kapitals meist umgangen, so daß dessen Mehrdeutigkeit nicht recht bewußt geworden ist ... Eine Schwierigkeit bereitet die unterschiedliche Definition von technischer und organischer Zusammensetzung ...[36].«

Hier stellt sich die Frage: *Wieweit* spiegelt die Wertzusammensetzung – alias ›organische Zusammensetzung‹ – des Kapitals die technische Zusammensetzung wider? Anders und modern ausgedrückt. Inwieweit kommt im Quotienten Kapitalwertsumme : Lohnsumme das Verhältnis Kapitalmenge : Arbeitsmenge zum Ausdruck?

Marx, der ersteres in ›Werten‹ sui generis maß, also in gesellschaftlich notwendiger Arbeitszeit, die er monetär in Geld ausdrücken wollte, konnte offenbar nicht darauf verzichten, sich daneben eine Art Produktionsfunktion in Volumina, physischen Einheiten (Maschinen mit bestimmter Leistung, Rohstoffmengen, Arbeiteranzahl) vorzustellen. Und er neigte offenbar der Ansicht zu, daß zum mindesten die Richtung, in der sich die Volumina relativ zueinander verschoben, doch in der ›Wertzusammensetzung‹ zum Ausdruck kommen müßten.

Allerdings erkennt er an, daß die Verschiebung innerhalb der Wertrelation – zugunsten des Kapitals – sehr viel langsamer vor sich geht. Zwar sagt er: »Diese Veränderung in der technischen Zusammensetzung des Kapitals, das Wachstum in der Masse der Produktionsmittel, verglichen mit der Masse der sie belebenden Arbeitskraft, spiegelt sich wider in seiner Wertzusammensetzung, in der Zunahme des konstanten Bestandteils des Kapitalwerts auf Kosten seines variablen Bestandteils ...« Er meinte, »dies Gesetz des steigenden Wachstums des konstanten Kapitalteils im Verhältnis zum variablen (wird) auf jeden Schritt bestätigt ... durch die vergleichende Analyse der Warenpreise ...« Aber die Widerspiegelung erfolgt gewissermaßen gedämpft: »Die Abnahme des variablen Kapitalteils gegenüber dem konstanten, oder die veränderte Zusammensetzung des Kapitalwerts, zeigt jedoch nur annähernd den Wechsel in der Zusammensetzung seiner stofflichen Bestandteile an ... Der Grund ist einfach der, daß mit der wachsenden Produktivität der Arbeit nicht nur der Umfang der von ihr vernutzten Produktionsmittel steigt, sondern deren Wert, verglichen mit ihrem Umfang, sinkt. Ihr Wert steigt also absolut, aber nicht proportionell mit ihrem Umfang ...[37].«

Von hier ist nur noch ein Schritt zu der Annahme, die BENEDETTO CROCE in seiner ›marxistischen‹ Lebensära aussprechen sollte, daß nämlich die mengenmäßige Verschiebung durch die Wertbewegungen genau kompensiert würde, womit gar keine Verschiebung oder ›Widerspiegelung‹ der technischen Vorgänge im Wertbereich erfolgen würde.

Für Marx ist die Steigerung der ›technischen Zusammensetzung des Kapitals‹ – also mehr Kapitaleinsatz in Form von Maschinen und Rohstoffen, mengenmäßig gesehen, pro Arbeitsinput – synonym mit der Steigerung der Produktivität. Er hat aber an verschiedenen Stellen angedeutet, daß dies tatsächlich nicht unbedingt eine *Wert*verschiebung bedeuten müsse, und dieser Gedanke ist letztlich in seiner ›entgegenwirkenden Ursache‹ der Verbilligung des konstanten Kapitals zum Ausdruck gekommen. Daß diese die technische Verschiebung kompensieren könne, hat auch er frühzeitig gesehen. So sagt er in den ›Grundrissen‹:

»Damit wir die bösartige Voraussetzung«(!) »vermeiden, daß er (der Arbeiter) fortfuhr, mit 60 konstantem Kapital und 40 Arbeitsfonds zu arbeiten, nachdem die Verdoppelung der Produktivkraft eingetreten, wodurch falsche Verhältnisse hereinkommen; es wird damit nämlich unterstellt, daß trotz der verdoppelten Produktivkraft das Kapital fortfuhr, in denselben Bestandteilen zu arbeiten, dieselbe Quantität Arbeit anzuwenden, ohne mehr auszugeben für Rohmaterial und Arbeitsinstrument . . .« Und in einer Fußnote fügt er hinzu: ». . . für jeden Industriellen richtig, wenn nicht in seiner Branche, sondern in der von ihm benutzten die Produktivkraft sich verdoppelt . . .[38].«

Im Band III des Kapital erkennt er die Möglichkeit eines Gleichbleibens der Preisrelationen ebenfalls an: »Abstrakt betrachtet, kann beim Fall des Preises der einzelnen Ware infolge vermehrter Produktivkraft, und bei daher gleichzeitiger Vermehrung der Anzahl dieser wohlfeileren Waren, die Profitrate dieselbe bleiben, z. B. wenn die Vermehrung der Produktivkraft gleichmäßig und gleichzeitig auf alle Bestandteile der Waren wirkte, so daß der Gesamtpreis in demselben Verhältnis fiele, wie sich die Produktivität der Arbeit vermehrte, und andererseits das gegenseitige Verhältnis der Preisbestandteile der Ware dasselbe bliebe. Steigen könnte die Profitrate sogar, wenn mit der Erhöhung der Rate des Mehrwerts eine bedeutende Wertminderung der Elemente des konstanten und namentlich des fixen Kapitals verbunden wäre. Aber in Wirklichkeit wird die Profitrate, wie bereits gesehn, auf die Dauer fallen[39].«

Wohlwollende Kritiker wie GÜSTEN haben darauf hingewiesen, daß »nichts die eingeflochtene Bemerkung ›wie bereits gesehn‹ (rechtfertigt), denn in dem Vorhergehenden findet sich nur die stets wiederholte Behauptung einer steigenden Wertzusammensetzung . . . Es steht einem Theoretiker vom Range Marxens schlecht an, sich im entscheidenden Moment gegenüber der ›abstrakten Betrachtung‹ auf die ›Wirklichkeit‹ zu berufen. Wer sich auf die Wirklichkeit beruft, läuft auch Gefahr, von der Wirklichkeit widerlegt zu werden ...«.[40]

Indessen sind ihm viele Marxisten auf diesem Wege der Berufung auf den Richterstuhl der Wirklichkeit nachgefolgt. So sagt z. B. HALBACH, daß »es bei sinkendem Wert des konstanten Kapitals darauf ankommt, wie sich die Wertzusammensetzung des Kapitals ($\frac{c}{v}$) unter Berücksichtigung der technischen Zusammensetzung ändert ... Der Phase ›es kommt darauf an‹ deutet schon auf die Schwierigkeit der Behandlung dieses Falls hin. Es kommt darauf an, welcher Bereich den größeren Arbeitsproduktivitätsfortschritt aufzuweisen hat. Dies ist ein Problem, das man nicht auf rein rechnerischer Basis lösen kann, sondern ... bei dem die tatsächliche Entwicklung der kapitalistischen Produktion berücksichtigt werden muß«.[41]

Das Theorem wird von einem Marxisten wie HALBACH wie folgt interpretiert: Er geht von der Möglichkeit aus, daß die Produktivität im Produktionsmittelbereich genau so rasch steigt wie im Konsumgüterbereich. »Dann sinkt der Wert der einzelnen Güter auch gleichmäßig. Dadurch bleibt die Wertzusammensetzung des Kapitals ohne Berücksichtigung der technischen Zusammensetzung konstant[42].«

Bei der Wertzusammensetzung wird also die Wertsumme der Produktionsmittel der Wertsumme der Konsumgüter (auf betrieblicher oder gesamtwirtschaftlicher Ebene) gegenübergestellt. Das steht im Gegensatz zur Interpretation z. B. GÜSTENS[43], der erklärt: »Marx kannte eine technische, eine organische und eine Wertzusammensetzung. Grundlegend ist das Verhältnis der Menge ›Produktionsmittel, Maschinen, Rohstoffe‹ *pro Mann*« (Unterstrechung K.). GÜSTEN zitiert Marx: »Dieses Verhältnis bildet die technische Zusammensetzung und ist die eigentliche Grundlage der organischen Zusammensetzung des Kapitals.«

*Was ist die »technische Zusammensetzung«?*

Indessen ist diese Interpretation falsch. Gerade GÜSTEN hätte das erkennen müssen, denn er spricht an anderer Stelle davon, daß der Arbeiter im Marxschen Wertschema gewissermaßen nur durch seinen ›Schatten‹ erscheine, nämlich durch die von ihm verzehrte (Wert-)Menge Konsumgüter[44]. Zwar sagt Marx an der betreffenden Stelle auch: »Es kommt eine bestimmte Anzahl Arbeiter auf ein bestimmtes Quantum Produktionsmittel, und daher ein bestimmtes Quantum lebendiger Arbeit auf ein bestimmtes Quantum von in den Produktionsmitteln bereits vergegenständlichter Arbeit ... Dies Verhältnis bildet die technische Zusammensetzung ...[45].« Mit der Gegenüberstellung der *Arbeitsquanten* hat Marx aber in der Regel *Werte* einander gegenübergestellt – denn die

Quantität der Arbeit ist in seinem System eben nur durch die Menge gesellschaftlich notwendiger Arbeitszeit zu messen. Wenn diese Werte aber nun auch noch gleichzeitig die ›technische Zusammensetzung‹ messen sollten, dann wären ja Wertzusammensetzung und technische Zusammensetzung dasselbe!

Marx sagt nirgendwo, daß beide Verhältnisse – Wert und Technik – je auf einen Arbeiter abgestellt sein sollen. Das wäre auch absurd, denn in seinem System erscheint der Arbeiter mit v, also mit der Gütermenge, die er verzehrt, bzw. dem Arbeitsaufwand, der dafür erforderlich ist, gemessen in gesellschaftlich notwendiger Arbeitszeit.

GÜSTEN hat also unrecht, wenn er jeweils die Menge der Produktionsmittel pro *Mann* zur Grundlage der technischen Zusammensetzung werden läßt, und gar noch für die *Wert*zusammensetzung damit einen Zusammenhang konstruiert. Die Arbeitsmenge erscheint bei Marx als v, d. h. als Lohnsumme alias Konsumgüterquantität in Arbeitszeit ausgedrückt.

HALBACH dagegen hat recht, wenn er zur Ermittlung der *Wert*zusammensetzung eine Gegenüberstellung vornimmt zwischen der Wertmenge der Produktionsmittel (c) und der Wertmenge der Konsumgüter (v).

Sein oben zitierter Satz bedeutet: Wenn sich die technische, d. h. quantitative Zusammensetzung der Summe von Kapital- und Arbeitsinput nicht ändert, dann bleibt bei gleichmäßiger Produktivitätsentwicklung in beiden Bereichen die ›Wertzusammensetzung‹ konstant.

Dann aber sagt HALBACH, nun müsse man »die Änderung der technischen Zusammensetzung ($\frac{Pm}{A}$)« ($= \frac{\text{Produktionsmittel}}{\text{Arbeiter}}$) »und die Änderung der Wertzusammensetzung ... zusammen (das, was Marx mit organischer Zusammensetzung gemeint hat« betrachten.

»Dann können wir feststellen, daß die Wertzusammensetzung des Kapitals ($\frac{c}{v}$) bei gleichmäßigem Produktivitätsfortschritt im Produktionsgüterbereich und im Konsumgüterbereich steigt, da«(!) »die technische Zusammensetzung ($\frac{Pm}{A}$) steigt[46].«

Hier wird nun das unterstellt, worauf es ankommt. Für HALBACH ist genau wie für GÜSTEN die technische Zusammensetzung des Kapitals mit der Produktionsmittel*menge* pro Arbeiter gegeben. Da diese nun – gemessen an PS oder Maschinenleistung – steigt, ist sein Räsonnement wie folgt: Geht man von einer konstanten Wertzusammensetzung aus, weil die Produktivitätsfortschritte in beiden Branchen dieselben sind, dann muß trotzdem die Wertsumme der Produktionsmittel pro Arbeiter steigen, da ja die Menge der Produktionsmittel multipliziert mit ihrem Wert pro Arbeiter zunimmt.

Der Irrtum liegt darin, daß GÜSTEN wie HALBACH als ›organische Zusammensetzung‹ ein Verhältnis zwischen Produktionsmittel*menge* und Arbeiter*zahl* unterstellen, obwohl GÜSTEN zugibt, daß der Arbeiter in der Rechnung gar nicht auftaucht, weil er nur durch die Wertmenge v repräsentiert wird, »da ja der Arbeiter in der Wertrechnung nur durch seine Wertschöpfung, gewissermaßen durch seinen ›Wertschatten‹ sichtbar zu machen ist«.[47] – Dann dürfen aber auch in *technischen* Begriffen nicht tote und lebendige Mengen, Produktionsmittel und Arbeiter einander gegenübergestellt werden, sondern es müssen *Sachmittelmengen* auf beiden Seiten erscheinen: d. h. Produktionsmittelmengen auf der einen, Konsumgütermengen, die der Arbeiter verzehrt, auf der anderen, als Verkörperung der Arbeits*kraft*.

Anders gesagt: Unter der Voraussetzung, daß man die Mengen physisch messen kann, ist die ›technische Zusammensetzung‹ zu messen in der Produktionsmittelmenge, die zur Erzeugung notwendig ist, einerseits, und in der Konsumgütermenge andererseits, die zur Erhaltung der Arbeitskraft des Arbeiters notwendig ist und diesem erlaubt, am Produktionsprozeß teilzunehmen. Und weiter: Wenn die Wertsumme c steigt, so muß diese in Beziehung gesetzt werden zur Wertsumme v – wenn diese auch steigt (was bei gleicher Produktivitätszunahme impliziert ist), bleibt die organische Zusammensetzung gleich.

Diese Wertsumme v kann nun auf zweierlei Weise gedeutet werden: einmal als das physische Existenzminimum, zum anderen als das Minimum, das der jeweiligen Entwicklungsepoche der Volkswirtschaft entspricht; das sogenannte ›soziologische Minimum‹, das, wie u. a. MARCHAL und LECAILLON nachgewiesen haben, Marx seinen Überlegungen in der Regel zugrunde legt.

Eine steigende organische Zusammensetzung des Kapitals in diesem Sinne bekommt man aber nur, wenn man ein konstantes physisches Existenzminimum für die Konsumgütermenge zugrunde legt. Rechnet man mit einem ›soziologischen Minimum‹, so ergibt sich u. U. überhaupt keine Steigerung bei der technischen Zusammensetzung. Nun liegt aber diese letztere Vermutung bereits nahe; denn wenn die Zunahme des Produktionsmitteleinsatzes letztlich bedeutet, daß die Produktivität steigt, so müssen die physischen Gütermengen, die damit erzeugt werden, irgendwo Absatz finden. Entweder müssen sie von den Kapitalisten im konsumtiven oder produktiven (investitionsmäßigen) Verbrauch aufgenommen werden, was dann allerdings eine steigende Mehrwertrate bedeutet, oder aber, die Reallöhne müssen entsprechend steigen!

Geschieht das letztere, und steigt somit die vom Arbeiter verzehrte Gütermenge pari passu zum steigenden Produktionsmitteleinsatz, so kann sich in der ›Wertzusammensetzung‹ gar keine Änderung der technischen

Zusammensetzung widerspiegeln. Soweit sich die Wertzusammensetzung dann noch ändert, kann dies nur dadurch bedingt sein, daß der technische Fortschritt ungleich zum Tragen kommt – also nach der Marxschen Annahme einer steigenden Wertzusammensetzung in Form einer stärkeren Produktivitätsentwicklung in den Konsumgüterindustrien.

*Die Messung der ›technischen‹ Zusammensetzung*

Voraussetzung für die obigen Darlegungen ist, daß man die technische Zusammensetzung überhaupt messen kann. Hier hat GÜSTEN dem »Fehlen eines Vergleichsmaßstabes« abhelfen wollen mit »Notbehelfen wie PS-Zahl, verarbeiteten Tonnen Stahl usw.«, letzteres übrigens im Anschluß an einen ähnlichen Vorschlag KALDORS.

Da aber GÜSTEN die Inkongruität seiner Definition der technischen Zusammensetzung des Kapitals – in der er Äpfel und Birnen, Sachgüter und Menschen zusammenwirft – nicht erkennt, vergißt er, einen Maßstab für die Konsumgüterseite vorzuschlagen; das könnten beispielsweise Kalorien sein, die den PS als halbwegs vergleichbar gegenübergestellt werden könnten, bzw. Energieeinheiten auf beiden Seiten.

Bei einer solchen Konzeption der ›Masse der angewandten Arbeit‹, die der ›Masse der Produktionsmittel‹ in der ›technischen Zusammensetzung‹ gegenüberzustellen wäre, kann es auch nicht zu jener Interpretation kommen, wie PETER sie für Wertgrößen empfiehlt: »Wörtlich genommen muß man als solches« (Maß der lebendigen Arbeit!) »das gesamte Nettoprodukt $a = v + m$ ansehen; denn es ist ausdrücklich der Mehrwert als Teil dieser lebendigen Arbeit bezeichnet[48].« Bei der ›technischen Zusammensetzung‹ geht es aber nur um den Aufwand an Konsummitteln, der für die Erstellung der Arbeitskraft nötig ist.

Eine Alternative für die Messung der ›technischen Zusammensetzung‹ läge darin, daß man beides – den Einsatz von Produktionsmitteln wie Arbeitern – auf den Ausstoß, den Output bezieht und dann zueinander ins Verhältnis setzt.

Hier ist allerdings das Diktum von GÜSTEN zu beachten, wonach »in einer technisch fortschrittlichen Wirtschaft der Aufwand pro Einheit der ›Anlagen und Kapitalgüter‹, also der Produktionsmittel, fortwährend abnimmt. Die Volkswirtschaft wendet als Gesamtheit immer nur Arbeit auf«. (Hier liegt die innere Berechtigung einer nicht allzu anspruchsvollen Arbeitswerttheorie!) »... Der Aufwand an Kapital ist, so gesehen, gesamtwirtschaftlich nichts anderes als jener Teil der Arbeiter einer Volkswirtschaft, der in der Produktionsmittelindustrie ... die Produktionsmittel produziert und reproduziert ...[49].«

Wollte man daher eine ›technische Zusammensetzung‹ konstruieren, die auf Arbeiter als physische Einheiten abstellt, so müßte man nicht Produktionsmittel : Arbeiter gegenüberstellen, sondern Beschäftigte in der Produktionsmittelindustrie : Beschäftigte in der Konsumgüterindustrie. Das wäre die eigentliche ›Zusammensetzung des Kapitals‹ in homogenen Einheiten, die mit der Marxschen ›Zusammensetzung‹ identisch wäre! Allerdings wäre dabei zu unterstellen, daß sich der Ausstoß pro Mann nicht ändert. Es würde sich streng genommen um die Beschäftigtenzahl in der Produktionsmittel- bzw. Konsumgüterindustrie pro Wertschöpfungseinheit (in konstanten Preisen) handeln: Das wäre die eigentliche »technische Zusammensetzung des Kapitals«.

GÜSTEN fährt fort: »Gleichmäßige Zunahme der Arbeitsproduktivität und der Kapitalproduktivität ... bedeutet dann, daß die Produktionssteigerung der Volkswirtschaft bei unveränderter Aufteilung der Arbeiter auf beide Abteilungen ... erzielt wird. Das bedeutet, daß in diesem Fall, der ja dem neutralen Fortschritt JOAN ROBINSONS entspricht, das Verhältnis von Kapitalstock zu Sozialprodukt, die capital-output-ratio, konstant bleibt, daß also kein capital-deepening stattfindet, aber auch nicht das Gegenteil.

Wählen wir dagegen die Konstanz des Verhältnisses Produktionsmittel/Arbeiter – Marx würde sagen ... die der technischen Zusammensetzung ... als Kriterium des neutralen Fortschritts, ... so erhalten wir folgende Situation: Da in jeder Beschäftigung (oder im Durchschnitt) das Verhältnis Produktionsmittel/Arbeiter konstant bleibt, muß die Produktionsmittelindustrie relativ abnehmen ...[50].«

Das muß dann bedeuten, daß immer mehr Arbeiter dem Konsumgütersektor zugeführt werden können! Aber »das ist doch keineswegs normal« – denn so ein neutraler technischer Fortschritt muß ja bedeuten, daß die Produktionsmittelindustrie verschwindet! – Wir halten diese Definition für falsch. GÜSTEN führt sie praktisch selbst ad absurdum, à la TUGAN-BARANOWSKIJ.

*Die Meßbarkeit der technischen Zusammensetzung‹ –*
*Analogien zur modernen Kontroverse um die Kapitaltheorie*

Die physische Messung der Größen der ›technischen Zusammensetzung‹ wirft auf jeden Fall eine Vielzahl von Problemen auf. Die Messung des ›Kapitals‹ bzw. der physischen Produktionsmittel ist Gegenstand einer der großen Kontroversen zwischen dem englischen und dem amerikanischen Cambridge – zwischen Neo-Keynesianern (grosso modo, mit Ausnahme MEADES in England, der auf der anderen Seite steht!) und Neo-Klassikern.

In einer modernen Darstellung dieser Kontroverse schreibt HARCOURT: »Das erste Rätsel ist, daß man eine Einheit finden muß, in der sich das Kapital, d. h. gesellschaftliches oder aggregiertes Kapital als Wert, als eine

Zahl messen läßt, d. h. als eine Einheit, die unabhängig ist von der Verteilung und den relativen Preisen, so daß es in eine Produktionsfunktion eingespannt werden kann, in der es zusammen mit der Arbeit, also passend gemessen, das Niveau der Gesamtproduktion erklären kann ... JOAN ROBINSON ging es darum, zu leugnen, daß sich eine solche Einheit finden ließe, selbst unter den Bedingungen eines stationären Zustands ... Der tiefere Grund dafür liegt darin, daß man sich unmöglich eine ›Quantität von Kapital im allgemeinen‹ vorstellen kann, deren Wert unabhängig ist von den Zinssätzen (oder, nach Belieben dagegen auswechselbar, den Profiten ...) und den Löhnen ...« Im Einklang mit unserer obigen Herausstellung des Reallohnkonzepts in seinen beiden Versionen (Konsumgütermenge für konstantes physisches Minimum und steigendes soziales Minimum, die im Grunde den ricardianischen Reallohnbegriff ansprechen, nämlich die für die Konsumgütermenge notwendige Arbeitsleistung!) betont HARCOURT »die entscheidende Bedeutung des Reallohns für den potentiellen Überschuß, der in jedem Zeitpunkt verfügbar ist«.[51]

JOAN ROBINSON hat die Gegenüberstellung von Kapital*werten* und physischen Anlagen deutlich ausgesprochen: »Solange Kapital aus noch nicht investierten Finanzmitteln besteht, ist es eine Geldsumme, und die Nettoerträge der Geschäftstätigkeit sind Geldsummen. Aber die beiden existieren nie zur selben Zeit. Solange das Kapital noch eine Geldsumme ist, werden keine Profite erzielt. Sobald die Profite (Quasi-Renten) verdient werden, hat das Kapital aufgehört, Geld zu sein, und ist zur Werksanlage geworden. Alle möglichen Dinge können passieren, die zur Folge haben, daß der Wert der Anlage nicht mehr ihren ursprünglichen Anschaffungskosten entspricht ...[52].«

Das gilt für die Geldwerte, in denen Kapital gemessen werden soll. All die Schwierigkeiten haben schließlich dazu geführt, daß »JOAN ROBINSONS Reaktion darin bestand, das Kapital in Arbeitswerten zu messen. Ausrüstungskomplexe mit bekannten Leistungskapazitäten (bei Kombination mit gegebenen Arbeitsmengen) sollten nach Maßgabe der Arbeitszeit, die zu ihrer Erzeugung notwendig war, gemessen werden, wobei diese über die Ausreifungszeit hinweg mit verschiedenen Zinssätzen aufgezinst wird«.[53]

Unabhängig von der Wertproblematik bei der Messung des Kapitals stellt sich auch ein Problem der Messung in physischen Größen, das insbesondere KALDOR erörtert hat: »... die Messung des Bestandes an Realkapital muß daher zwangsläufig auf einer (mehr oder weniger willkürlichen) Konvention basieren. Nach einer solchen Konvention würde der Bestand an Realkapital nach Maßgabe der Summe der mechanischen Kraftleistung gemessen, die der vorhandene Bestand an Kapitalgütern (oder das, was dazu in einem bestimmten Jahr hinzukommt) darstellt.

Nach einer anderen solchen Konvention (die allerdings eher weniger willkürlich erscheint) wird das Realkapital in Gesamtgewicht von Tonnen Stahl gemessen, die in der Kapitalausrüstung stecken. Für die Zwecke dieses Modells werden wir die letztere Konvention übernehmen.« Und in einer Anmerkung fügt er hinzu: »Eine andere Variante dieser Messungsmethode bestünde darin, daß man das physische Gesamtgewicht aller produzierten Kapitalgüter nimmt (ganz gleich aus welchem Material . . .[54].«



Wir könnten also ebenfalls auf diesen groben Maßstab – Gewicht sämtlicher Produktionsmittel zu Gewicht sämtlicher Konsumgüter – zurückgreifen; demgegenüber scheint aber der vorgeschlagene Maßstab – PS zu Kalorien – sinnvoller, soweit eben überhaupt die Gegenüberstellung physischer Mengen sinnvoll sein kann.

*Kapitalmessungs- und Substitutionsproblem*

Entscheidend ist jedenfalls dies: Wenn in der Marxschen Analyse der Ausweg JOAN ROBINSONS, Kapital in Arbeitseinheiten zu messen, schon vom Wertkonzept besetzt ist, so gibt es für die Messung der technischen Zusammensetzung des Kapitals nur noch den Ausweg in die Messung physischer Quantitäten. Dabei darf man aber nicht Sachgüter Menschen, sondern nur Sachgüter anderen Sachgütern gegenüberstellen. Dann aber ist die Frage, ob die technische Zusammensetzung steigt, keineswegs mehr eindeutig zu beantworten. Erhöhen sich bei den Produktionsmitteln die PS, so muß deutlich postuliert werden, daß die Kalorien bei den Konsumgütern nicht wachsen (bzw. die Mengen auf beiden Seiten); dies setzt die Annahme konstanter Reallöhne voraus. Die technische Zusammensetzung kann deshalb in dem Marx und HALBACH unterstellten Sinne eine Steigerung der Wertzusammensetzung nur dann bewirken und nur dann in einer höheren organischen Zusammensetzung des Kapitals zum Ausdruck kommen, wenn konstante Reallöhne unterstellt werden. Das erscheint jedoch nicht gerechtfertigt; denn steigende physische Produktionsmittelkapazitäten müssen steigende Gebrauchswertmengen, zunehmende Versorgung mit Konsumgütermengen zur Folge haben. Wenn diese Versorgung nicht auch für die Arbeiter verbessert wird, müßte sie allein in einer steigenden Mehrwertrate zum Ausdruck kommen.

Auch JOAN ROBINSON sieht nicht, daß der irrige Ausgangspunkt bereits in der Definition der ›technischen Zusammensetzung des Kapitals‹ lag. Tatsächlich haben wir hier mit einem der wenigen Punkte zu tun, an denen Marx physische Volumina mißt, im Gegensatz zu seinem normalen Räsonnement in Werten.

Wenn nun aber die Evidenz einer ständig steigenden ›technischen Zusammensetzung des Kapitals‹ fehlt, sobald man in Zähler und Nenner

Güterquantitäten bringt, so kann natürlich die HALBACH-Argumentation nicht mehr durchschlagen. Nach dieser Argumentation sollte selbst bei gleichmäßiger Produktivitätsentwicklung im Produktionsmittel- und Konsumgüterbereich die ständig steigende ›technische Zusammensetzung‹ (als Produktionsmittel pro Arbeiter verstanden) letztlich die ›organische Zusammensetzung‹ in Werten c : v erhöhen. Da nun die technische Zusammensetzung keineswegs unbedingt steigt und bei steigenden Reallöhnen konstant bleibt, kann als Begründung für ein relatives Ansteigen von c gegenüber v nicht mehr die mengenmäßige Verschiebung, sondern nur noch die jeweilige Produktivitätsentwicklung im Produktionsmittel- und Konsumgüterbereich in Erscheinung treten.

Eine ganz andere Frage ist daneben, ob eine Substitutionswirkung eintritt, die über das Ausmaß einer eventuellen Ausweitung der Konsumgütermasse durch Reallohnerhöhung hinausgeht – d. h. ob eben diese Reallohnerhöhung für die Unternehmer einen Anreiz dazu bietet, Arbeitskräfte durch zunehmende Mechanisierung zu ersetzen. Diese Substituierung von Arbeit durch Kapital müßte dann dazu führen, daß die Konsumgütermenge, die in der Branche oder der Volkswirtschaft durch steigende Reallöhne erhöht wird, durch Abnahme der Zahl der Lohnempfänger wieder schrumpft. Bei steigenden PS-Zahlen im Zähler würden dann die Kalorienzahlen, die im Nenner stehen, schrumpfen. Diese Frage ist nahezu identisch mit dem Freisetzungsproblem und deckt sich teilweise auch mit dem Grundkonzept der COBB-DOUGLAS-Produktionsfunktion.

Wollte man sie bejahen, so würde das wiederum darauf hinauslaufen, festzustellen, daß infolge steigender Arbeitslosenarmeen der Lohnanteil am Volkseinkommen sinken müßte. Das dürfte in der Regel mit einer Rezession oder Depression synonym sein, und in dieser würden die Gewinne absolut derart absinken, daß die relative Senkung des Lohnanteils überkompensiert würde.

## 5. Der Umschlag in der Wertzusammensetzung bei makroökonomischer Betrachtungsweise

Obwohl Marx in seiner Analyse zweifellos von mikroökonomischen Beobachtungen ausgegangen ist – darin lag ja nach LEONTIEWS Urteil seine Stärke –, ist nun aber sein Theorem doch in erster Linie makroökonomisch zu sehen. Und hier stellt sich nun zunächst einmal heraus, daß sich die Frage reduziert auf den relativen technischen Fortschritt bei der Herstellung von Konsumgütern und Produktionsmitteln. Diese teilen sich in abnutzbare Anlagegüter und vernutzbare Rohstoffe und Halbfabrikate. Letztere werden bei makroökonomischer Rechnung ausgeschaltet, wie BURCHARDT und DICKINSON nachgewiesen haben.

Das hat nun bereits eine gewisse Bedeutung bei der Beurteilung der Frage der Arbeitsintensität. Es darf unterstellt werden, daß die Gewinnung von Rohstoffen teilweise eine relativ arbeitsintensivere Tätigkeit ist als die Herstellung von Produktionsmitteln – man denke an den Bergbau und an Rohstoffe aus unterentwickelten Ländern, in denen die arbeitsintensiven Produktionsmethoden vorherrschen. Allerdings werden diese Einflüsse wieder gemildert, soweit kapitalintensive Transport- und Verarbeitungsmethoden Platz greifen, wie z. B. bei Treibstoffen, die von Privatkraftwagen verbraucht werden. Nichtsdestoweniger darf man annehmen, daß die Arbeitsintensität von c 1 geringer ist als die von c 2 und somit die gesamte Arbeitsintensität des Produktionsmittelsektors durch den Wegfall der Rohstoffe und Zwischenprodukte auf makroökonomischer Ebene verringert wird. Dann spräche also einiges zugunsten der Annahme, daß generell Produktionsmittel weniger arbeitsintensiv wären als Konsumgüter, so daß die Identifizierung des überwiegend arbeitssparenden Fortschritts mit der Marxschen Unterstellung eines vorwiegend im Konsumgütersektor eintretenden technischen Fortschritts zusammenfällt.

Dennoch bleiben Zweifel., Beide Sektoren überschneiden sich. Viele Produktionsmittel sind lediglich Vorstufen zur Konsumgüterherstellung; soweit sie relativ kapitalintensiv bleiben, belastet das auch das betreffende Konsumgut wieder mit einer höheren Kapitalintensität. Weiter konkurrieren direkte Konsumentennachfrage und Produktionsmittelnachfrage in einer Reihe von Branchen, z. B. im Automobilbau zwischen Lastkraftwagen, Firmenwagen und Privatkraftwagen.

Bis jetzt haben wir von der ›technischen Zusammensetzung des Kapitals‹ geredet, die sich in der Wertzusammensetzung widerspiegelt. Wir müssen letztere jedoch auch unter monetären Aspekten, d. h. als Relation zwischen Geldsummen sehen. Dann heißt das Theorem: Die (gesamtgesellschaftliche) Lohnsumme fällt gegenüber der (gesamtgesellschaftlichen) Summe der Abschreibungen, wobei diese sich aus den genannten Gründen lediglich auf die Anlageabschreibungen bezieht. Und zwar tritt dieser Fall ein, weil sich der Gesamtarbeits-Input bei den Lohngütern verringert hat, so daß deren Preise relativ fallen und dadurch die Abschreibungssummen relativ größer werden als die Lohnsummen. Dies setzt wieder voraus, daß die Reallöhne gleich bleiben.

*Die makroökonomische Begründung des Gesetzes bei Marx: Betonung der Rohstoffverknappung*

In der vereinfachten Fassung in den ›Theorien über den Mehrwert‹ heißt das Gesetz wie folgt: »Der Profit des größeren, mit mehr constant capital (Maschinerie, Rohmaterial) arbeitenden Kapitals ist kleiner, auf das Gesamtkapital verteilt, worin die angewandte lebendige Arbeit in geringrem Verhältnis steht zum Gesamtkapital, als der kleinre Profit auf die lebendige Arbeit, die in größrem Verhältnis steht zum kleinren Gesamtkapital. Die Abnahme des variablen Kapitals und die relative Zunahme des konstanten, obgleich beide Teile wachsen, ist nur andrer Ausdruck für die vermehrte Produktivität der Arbeit[55].«

Hier werden offenbar mikroökonomische und makroökonomische Vorstellungen miteinander vermischt. Wenn »beide Teile«, das konstante wie das variable Kapital, wachsen sollen, so ist offenbar nicht mehr die Rede von einer Firma, innerhalb deren sich ein Substitutionsprozeß vollzieht, sondern Marx denkt hier an die Aufnahme freiwerdender Arbeiter durch andere, neue Investitionen außerhalb dieser Firma in der Branche.

Geht man nun aber von der Betrachtung der Einzelfirma bzw. der Branchenbetrachtung zur makroökonomischen Betrachtungsweise über, so stellen sich die Dinge anders dar, einmal schon im Prozeßvorgang als solchem, zum anderen aber in der Beurteilung des Roh- und Hilfsstoffproblems. Roh- und Hilfsstoffe überschatten bei mikroökonomischer Betrachtung die Anlagen bei weitem. Bei makroökonomischer Betrachtung ist das nicht mehr der Fall.

Marx hatte offenbar bei seiner Formulierung des Gesetzes sehr stark auf die Rohstoffprobleme abgestellt. In den ›Grundrissen‹ hatte er allerdings auch seine Überlegungen zur ›Ökonomie des fixen Kapitals‹ noch nicht angestellt, wenn er für Anlagewerte wie Rohstoffe die gleiche Tendenz zum relativen Wachstum im Verhältnis zu den Lohnsummen annahm: »Nimm z. B. die Manufakturindustrie« (gemeint ist hier offenbar ›verarbeitende Industrie‹, nicht ›Manufaktur‹ im wirtschaftshistorischen Sinne, sondern ›manufacturing industry!‹). »In demselben Verhältnis, wie das fixed capital wächst, die Maschinerie etc., muß hier der Teil des Kapitals wachsen, der in Rohstoffen existiert, während der gegen lebendige Arbeit ausgetauschte Teil abnimmt. Im Verhältnis zur Wertgröße des der Produktion vorausgesetzten Kapitals ... fällt also die Rate des Profits ...[56].«

Später, als er sich der im Band III des ›Kapital‹ formulierten Möglichkeiten zur ›Ökonomie des fixen Kapitals‹ besonders bewußt wurde, legte er dann das Schwergewicht seiner Argumentation, mit der er die relative Zunahme des konstanten Kapitals begründen wollte, mehr und mehr auf das Rohstoffproblem.

Wir haben an anderer Stelle dargelegt, daß die Verschiebung in den quantitativen Verhältnissen zwischen ›konstantem‹ und ›variablem‹ Kapital nicht maßgebend ist für die Änderung im Verhältnis der Wertsummen zueinander – daß also nicht die ›Widerspiegelung der technischen Zusammensetzung des Kapitals‹ die Ursache sein kann für das Ansteigen des konstanten Kapitals in seiner Wertsumme im Verhältnis zur Wertsumme des variablen Kapitals.

Wenn und insofern dies nicht der Fall ist, bleibt als Grund für die ›Zunahme der organischen Zusammensetzung‹ nur eine relative Verteuerung der Elemente des konstanten Kapitals gegenüber denen, die das variable ausmachen, d. h. eine relative Kostensteigerung.

*Einseitiges Beispiel Landwirtschaft?*

Hier findet sich als Hauptbegründung bei Marx der Hinweis auf die langsamere Produktivitätszunahme in der Landwirtschaft. Eine der wichtigsten Stellen ist dabei diese:

»Die Entwicklung der Produktivkraft ist nicht gleichmäßig. Es liegt in der Natur der kapitalistischen Produktion, daß sie die Industrie rascher entwickelt als die Agrikultur. Es geht dies nicht aus der Natur des Bodens hervor, sondern daraus, daß er andre gesellschaftliche Verhältnisse braucht, um wirklich seiner Natur nach (ausgebeutet) zu werden. Die kapitalistische Produktion wirft sich erst aufs Land, nachdem ihr Einfluß es erschöpft und seine Naturgaben verwüstet hat. Es kommt hinzu, daß – im Verhältnis zu den andren Waren – infolge des Grundeigentums die Ackerbauprodukte teurer bezahlt werden, weil (sie) zu ihrem Wert und nicht zu den Kostenpreisen herabgedrückt werden. Sie bilden aber den Hauptbestandteil der (lebenswichtigen Güter) . . .[57].«

Dieser letztere Hinweis mag besonders überraschen. Denn es geht ja um den Nachweis, warum Anlagen und Rohstoffe, die in das konstante Kapital eingehen, relativ teurer werden im Verhältnis zu den Konsumgütern, die in das variable Kapital eingehen – letztere sind aber die eigentlichen ›lebenswichtigen Güter‹! Die Argumentation hört sich eigentlich so an, als sollte das Gegenteil von dem begründet werden, was hier erörtert wird. Die langsamere Produktivitätszunahme bei den landwirtschaftlichen Artikeln würde per Saldo – auch wenn die Landwirtschaft einen Teil der Industrierohstoffe liefert – doch mehr für eine relative Verteuerung des ›variablen‹ Kapitals statt des konstanten sprechen!

Ähnliche Hinweise finden sich an verschiedenen Stellen im Werke Marx': Immer ist die Rede vom Nachhinken der Produktivität in der Landwirtschaft. So sagt Marx in den ›Theorien über den Mehrwert‹ weiter:

»(Die Landwirtschaft) ist produktiver geworden, aber nicht in dem Verhältnis, wie die Industrie produktiver geworden ist. Wo jene um 10, hat diese ihre Produktivität vielleicht um 2 erhöht. Sie ist also relativ unproduktiver, obgleich positiv produktiver geworden. Dies beweist bloß die höchst sonderbare Entwicklung der bürgerlichen Produktion[58].«

Im Band III des ›Kapital‹ finden sich ähnliche Hinweise etwas genereller Art:

»Die Produktivität der Arbeit ist auch an Naturbedingungen gebunden, die oft minder ergiebig werden in demselben Verhältnis wie die Produktivität, soweit sie von gesellschaftlichen Bedingungen abhängt, steigt. Daher entgegengesetzte Bewegung in diesen Sphären, Fortschritt hier, Rückschritt hier . . .[59].«

Diese zuletzt angeführte Stelle könnte vielleicht die Vermutung nahelegen, daß Marx gerade auch an die relative Verteuerung von Bergbauprodukten aller Art gedacht hat. Indessen werden die ›extraktiven Industrien‹ zwar an verschiedenen Stellen, aber kaum in diesem Sinne angesprochen.

Der Schwerpunkt seiner Argumentation liegt so gut wie immer in der Landwirtschaft und speziell auf den ›organischen Prozessen‹, wenn er sagt: ». . . daß ein Teil des Rohmaterials, wie Wolle, Seide, Leder etc. durch tierisch-organische Prozesse, Baumwolle etc. durch vegetabilisch-organische produziert werden. Es ist der kapitalistischen Produktion bisher nicht gelungen und wird ihr nie gelingen, ebenso über diese Prozesse wie über die rein mechanischen und anorganisch-chemischen zu verfügen[60].«

Auch ROSDOLSKY, der sich in allzu knapper Darstellung um eine Untermauerung der orthodoxen Interpretation der Marxschen These bemüht, kann sich paradoxerweise praktisch nur auf diese Stellen berufen, in denen ein Nachhinken in der Produktivität der Landwirtschaft unterstellt wird[61].

Drei Bemerkungen drängen sich hier auf: Erstens können Hinweise auf Rohstoffe wie »Wolle, Seide, Leder, Baumwolle« eher gedeutet werden in Richtung auf eine Verteuerung von Konsumgütern, also des ›variablen Kapitals‹, im Verhältnis zum ›konstanten‹. Hier scheint Marx die Tatsache einen Streich gespielt zu haben, daß er die Rohstofferzeugung in seinen Reproduktionsschemata restlos in die Abteilung I verlegte und bei der Betrachtung des konstanten Kapitals in der Regel branchen- und unternehmensbezogen dachte, wobei eben alle Rohstoffe, auch die in Konsumgüter verarbeiteten, letztlich im ›konstanten Kapital‹ erscheinen. Makroökonomisch gesehen aber sind diese genannten Rohstoffe überwiegend Teil des Konsumgütersektors, also des ›variablen Kapitals‹ bzw. der dem Lohnanteil am Sozialprodukt gegenüberstehenden Gütermasse.

Zweitens haben weder Marx noch ROSDOLSKY bemerkt, wie sehr sie mit diesem Bestreben, der Landwirtschaft und damit dem Boden den schwarzen Peter der relativ geringeren Produktivität zuzuschieben, in die Nähe RICARDOS gerieten, der doch mit seinem Gedanken von der Boden- und Rohstoffverknappung als Ursache des Falls der Profitrate ein Vorläufer der heutigen ›Nullwachstümler‹ war. Tatsächlich gibt es bei Marx manche Stellen, wonach man ihn unmittelbarer als sonst und in diesem spezifischen Sinne als ›Ricardianer‹ ansprechen kann, so wenn er z. B. sagt:

»Antizipation der Zukunft – wirkliche Antizipation – findet überhaupt in der Produktion des Reichtums nur statt mit Bezug auf den Arbeiter und die Erde. Bei beiden kann durch vorzeitige Überanstrengung und Erschöpfung, durch Störung des Gleichgewichts zwischen Ausgabe und Einnahme, die Zukunft realiter verwüstet werden. Bei beiden geschieht es in der kapitalistischen Produktion ... bei dem Arbeiter und der Erde. Was hier (verausgabt, existiert als Kraft-potential), und durch die forcierte Art der Verausgabung wird die Lebensdauer dieses (Kraftpotentials) verkürzt ...[62].«

Drittens hat aber gerade Marx Worte gefunden, die geeignet waren, dieses ricardianische Gespenst der Boden- bzw. Rohstoffverknappung genau so zu verbannen wie das malthusianische, wenn er beispielsweise auf Ersatzstoffe und Mechanisierung im Bergbau hinweist:

»Da die wachsende Produktivität der Arbeit das Kapital eine Schranke finden lassen würde an der nichtwachsenden Masse des Rohmaterials und der Maschinerie, so ist es der Gang der industriellen Entwicklung, daß je mehr die Produktion Produktion der Rohstoffe für die Industrie ist, ... je mehr das Arbeitsmaterial dem bloßen Rohstoff sich nähert, gerade in diesen Branchen die Einführung der Arbeit im großen, wie Anwendung der Maschinerie beginnt ... Ist das eigentliche Rohprodukt selbst nicht rasch zu vermehren, so wird Zuflucht genommen zu rasch vermehrbarem Substitut« – also zu Ersatzstoffen. Marx spricht in diesem Zusammenhang von einem Übergreifen des Kapitalismus auf bisher noch nicht von ihm erschlossene Bereiche, was logischerweise auch die Landwirtschaft mit erfassen müßte – von der »propagandistischen Tendenz des Kapitals« – d. h. seiner Tendenz zur Ausbreitung über alle Wirtschaftszweige[63]. Damit müßte ohnehin diese Quelle eines ungleichen technischen Fortschritts, wie er etwa durch vorkapitalistische Eigentumsverhältnisse bedingt sein könnte, fortfallen.

Zudem hat Marx ausdrücklich betont, daß ein etwaiges Zurückhinken der Landwirtschaft nur vorübergehend sein könne: »Ursprünglich war die Agrikultur produktiver ... In der Sturmperiode der kapitalistischen Produktion entwickelt sich die Produktivität der Industrie rascher ... Später geht die Produktivität in beiden voran, in ungleichem Schritt. Aber auf einem gewissen Höhepunkt der Industrie muß die Disproportion abnehmen, das heißt die Produktivität der Agrikultur sich relativ rascher vermehren als die der Industrie ...[64].«

Manche Kritiker hatten auf Grund der vorher genannten Stellen Marx der Inkonsequenz in seiner Kritik an RICARDO bezichtigt. So sagte z. B. GÜSTEN: »Natürlich mußte sich Marx bewußt sein, wie sehr er sich damit in die Nähe der ricardianischen Profitratentheorie begab ... Diese Lehre war ... die bevorzugte Zielscheibe der Marxschen Polemik ... (Marx) bleibt den Beweis für die Unfähigkeit des Kapitalismus, die organische Produktion angemessen zu entwickeln, gleichermaßen schuldig ... Deshalb hat Marx wenig Grund, über RICARDO zu spotten, dieser ›flüchte aus der Ökonomie ... in die organische Chemie‹ ...[65].«

Die letztgenannte Stelle bei Marx müßte dieser Kritik gegenüber eigentlich eine Ehrenrettung darstellen.

*Vorleistungen als mikro- und makroökonomisches Problem*

Was ist nun eigentlich der Grund dafür, daß Marx ein relatives Ansteigen in der Wertsumme des konstanten Kapitals im Verhältnis zu der des variablen Kapitals annimmt? Diese Annahme ist doch um so verwunderlicher, als er die teilweise angeführten Gründe – wie das Zurückhängen der Landwirtschaft – selber außer Kraft setzt, nicht zuletzt mit seiner Ablehnung RICARDOS in diesem Punkt, dessen These von der »wachsenden, relativ wachsenden Improduktivität der Agrikultur« er verwirft, um so mehr, als RICARDO daraus ja andersherum eine relative Verteuerung der Arbeitskräfte, also des variablen Kapitals folgern wollte. Marx warf ihm vor, daß er »ein historisches Verhältnis von einem Zeitraum von 50 Jahren, das in den folgenden 50 Jahren umgekehrt wird, in ein allgemeines Gesetz erhebt, ... überhaupt auf dem historischen Mißverhältnis zwischen der Entwicklung der Industrie und Agrikultur ...«.[66]

Es scheint, daß Marx bei aller gegenteiligen Erkenntnis doch im wesentlichen der Vorstellung huldigte, daß das Rohmaterial »in allen Industriezweigen ... den bedeutendsten Teil der Portion Kapital (bildet), die nicht in Arbeitslohn ausgelegt wird«, und daß »der Teil des zirkulierenden Kapitals, der sich auflöst in (Rohmaterialien) und (Hilfsstoffe), im selben und noch größren Verhältnis zunimmt, wie der Teil desselben, der als Maschinerie etc. fixiert wird«.[67]

Nun hat aber auf makroökonomischer, volkswirtschaftlicher Ebene das Roh- und Hilfsstoffelement einschließlich der Energieversorgung keineswegs mehr die überragende quantitative Bedeutung, wie sie bei mikroökonomischer, firmen- oder auch branchenweiser Betrachtung noch besteht. Während die Firmen und Branchen einen hohen Roh- und Hilfsstoffanteil an ihren Kosten zu beachten haben, fallen die Roh- und Hilfsstoffe auf makroökonomischer Ebene im laufenden Produktionsprozeß an und werden nur mit ihren Wertschöpfungsbeträgen einerseits – also als Teile des Nettoprodukts bzw. Volkseinkommens – und mit der Veränderung der Lagerbestände andererseits erfaßt. Deren Wertsumme ist jedoch relativ zum Wert der Anlageersatzinvestitionen verhältnismäßig gering, im Gegensatz zur Firmen- und Branchenebene. Während sich auf der letzteren der Unterschied zwischen Brutto- und Nettoprodukt vor allem aus dem Roh- und Hilfsstoffanteil an den Vorleistungen (bzw. am konstanten

Kapital, in der Marxschen Terminologie) erklärt, erklärt sich dieser analoge Unterschied auf makroökonomischer Ebene vor allem aus dem Vorhandensein der Anlageabschreibungen, denen gegenüber die Veränderung der Lagerbestände (Abnahme = Abschreibungen) kaum zu Buche schlägt.

Es scheint, daß Marx, obwohl er die Bedeutung der volkswirtschaftlichen Abschreibungen z. B. gegenüber ADAM SMITH leidenschaftlich verteidigt hat, diese Unterschiede zwischen mikro- und makroökonomischer Betrachtungsweise doch nicht ganz klar gesehen hat. Auch bei den neueren Autoren ist die Bedeutung dieses Unterschiedes eigentlich erst von BURCHARDT in den dreißiger Jahren klar herausgearbeitet worden.

Marx ist hier wieder ein Opfer seiner Wertmethodik geworden. Diese stellt makroökonomisch nur die Frage nach der Verteilung der Arbeitskräfte auf Grundstoff-(= Roh- und Hilfsstoff- plus Energie-)-Industrie, Investitionsgüter- und Konsumgüterindustrie. Diese Einteilung fällt aber nicht zusammen mit der der volkswirtschaftlichen Gesamtrechnung unserer Zeit, die unterscheidet zwischen dem Volkseinkommen, das allerdings auf der Wertschöpfung aus diesen drei Bereichen beruht, zuzüglich der Ersatzinvestitionen in Anlagen und Lagerbeständen, die den *Bestand* (neben der laufenden Erzeugung) erfassen. Da Marx in der Wertrechnung nur mit Strömungsgrößen arbeitet, kann er den Bestand in diesem Sinne nicht erfassen, und er sieht daher auch nicht, daß das Problem auf der makroökonomischen Ebene in anderer Form gestellt wird.

DICKINSON hat diese Zusammenhänge klar erkannt, wenn er schreibt: »... Der Unterschied zwischen konstantem und variablem Kapital ist gültig nur für eine individuelle Geschäftsfirma. Das konstante Kapital, das in Firma A verwandt wird, wird in Firma B produziert, wo ein Teil seines Wertes abgeleitet wird von den Arbeitskräften, die in B beschäftigt sind, und ein Teil vom konstanten Kapital, das in B verbraucht wird. Aber das konstante Kapital, das in Firma B verbraucht wird, wird in Firma C produziert, und so weiter. So läßt sich das konstante Kapital einer Firma in das variable Kapital einer anderen Firma auflösen. Wenn wir die Wirtschaft als ein Ganzes betrachten, so ist die Unterscheidung zwischen konstantem und variablem Kapital bedeutungslos: alles Kapital ist variabel«.

Diese Argumentation ist im wesentlichen richtig, denn es ist gerade die Basis der Marxschen Lehre, daß alle Produktionswerte letztlich auf Arbeit allein zurückzuführen sind. Insofern hat DICKINSON auch recht, wenn er sich darauf beruft, daß »dies eine gültige Weiterentwicklung Marxens eigener Methode« sei. Allerdings sieht er angesichts dieses »Verschwindens des konstanten Kapitals als einer separaten Kategorie ... großen Widerstand seitens orthodoxer marxistischer Ökonomen« voraus.

Allein dies liegt vielleicht nur an seiner Formulierung. Denn er postuliert, man solle »die organische Zusammensetzung des Kapitals unter die Dauerhaftigkeit des variablen Kapitals subsumieren ... Der Unterschied zwischen dem variablen und dem konstanten Kapital wird ersetzt durch den Unterschied zwischen der Menge der Existenzmittel der Arbeiter, die während des Jahres produziert werden, und dem gesamten Kapitalbestand, der eine Masse der Subsistenzmittel der Arbeiter der Vergangenheit und der Gegenwart darstellt. Das Verhältnis zwischen dem Kapital, das alljährlich reproduziert wird, und der Gesamtmasse des Kapitals kann betrachtet werden als die durchschnittliche Dauerhaftigkeit des gesamten Kapitals. Das ist ein neuer Ausdruck für das Konzept, das Marx zu formulieren versuchte, als er den Ausdruck ›organische Zusammensetzung des Kapitals‹ prägte«.[68]

DICKINSONS Text stellt nur eine etwas umständliche Formulierung des Gedankens dar, daß makroökonomisch c : v nur mehr die Relation zwischen Anlagewerten und Lohnanteil am Volkseinkommen spiegelt. Er würde weniger Aufruhr auslösen, wenn er einfach sagte, daß c makroökonomisch nur noch die (Ersatz-)Investitionen bedeuten kann, als Strömungsgröße: In Werten ausgedrückt sind dies die Arbeitsstunden, die dem Ersatz der Anlagen und Lagerbestände an Roh- und Hilfsstoffen dienen; v stellt die Arbeitsstunden für Konsumgüter dar, die die Erstellung der laufend dafür verbrauchten Rohstoffe mit erfassen können.

Damit ist allerdings noch keineswegs etwas ausgesagt gegen das Theorem. Dieses muß nur makroökonomisch anders formuliert werden. Marx hatte seine ›Profirate‹ als Verhältnis zwischen Mehrwertsumme einerseits und konstantem plus variablem Kapital andererseits formuliert, was makroökonomisch bedeuten würde: Summe aller Gewinne : (Ersatz-) Investitionsgütererzeugungs- + Konsumgütererzeugungskosten. Anders gesagt:

$$\frac{\text{Gewinne } (= \text{Mehrwert})}{\text{Bruttosozialprodukt} - \text{Gewinne.}}$$

Hierbei muß von den Nettoinvestitionen aus Gewinnen zunächst abstrahiert werden, weil sich sonst eine Periodenverschränkung ergibt: Es wird also die Erzeugung, nicht die Verwendung des Bruttosozialprodukts betrachtet.

Unter diesen Umständen verändert sich die Fragestellung dann, wenn man die Gewinnsumme nicht mehr auf die Kostensumme, sondern auf den Bestand an Anlage- und Umlaufskapital der Volkswirtschaft bezieht, d. h. auf die Summe der Anlagewerte zuzüglich der Lagerbestände. Da letztere erhebliche Bewertungsschwierigkeiten vor allem im Konjunkturverlauf verursachen, konzentriert man die Analyse angesichts des Überwiegens der Anlagewerte zweckmäßigerweise auf die Frage, was mit dem

Verhältnis zwischen diesen und der Lohn- bzw. Gewinnsumme geschieht. 

Diese Veränderung in der Fragestellung haben wir im ersten Band des Werkes »Ökonomie und Marxismus« im Rahmen dessen, was wir die ›dynamische Preistheorie‹ nannten, bereits vorweggenommen. Manches spricht dafür, daß auch Marx mit Bestandswerten rechnen wollte.

Ein Wachstum der Anlagewerte im Verhältnis zur Wertschöpfung kann nun aber nur auf kurze Sicht zum Tragen kommen, wenn eine Vielzahl von Unternehmen die Anlagekapazitäten ausbaut, in der Hoffnung auf expandierenden Absatz – entweder aus dem Wachstumsprozeß oder durch gegenseitiges Abjagen von Kunden, ehe der Umsatz zunimmt.

Wir haben im ersten Band zu »Ökonomie und Marxismus« dargestellt, daß das ›konstante Kapital‹ als Summe der Bestandswerte auch unter mikroökonomischen Gesichtspunkten in seiner relativen Bedeutung nach zeitweiligem Anschwellen wieder zurückgehen muß; einmal unmittelbar infolge einer ›Verbilligung‹ im Zuge des technischen Fortschritts, zum anderen deswegen, weil sich die Anlagen infolge der durch Überkapazitäten ausgelösten schlechten Ertragslage in der Branche entsprechend entwerten. Die Lohnsumme der expandierenden Branche braucht deshalb nicht pari passu mitzusinken, weil sie vom Lohnniveau in der Gesamtwirtschaft mitbestimmt wird.

Ein analoger Vorgang ergibt sich nun aber auf makroökonomischer Ebene: Eben weil die Profitrate bei konstanter Aufteilung des Nettosozialprodukts und relativ rascherem Wachstum des Bruttosozialprodukts logischerweise sinken muß, entwerten sich das gesamte Anlagekapital und die Lagerbestände mit sinkenden Erträgen zwangsläufig – hier kommt der Unterschied zwischen dem Domarschen σ und s zum Ausdruck. Zweitens sinkt der Wert aller Anlagekapitalien und Lagerbestände zusammengenommen im Zuge des technischen Fortschritts, wenn sie zu Wiederbeschaffungswerten bewertet werden. Mit sinkendem Kapitalbestandswert stellt sich nun aber bei gleichbleibender Gewinnsumme die Profitrate wieder her – nachdem es zwischendurch zu einem Rückschlag gekommen ist . . . Hier zeigt sich, daß unvermeidlich ein zyklisches Element in der Theorie vom Fall der Profitrate steckt. Offen bleibt nur, in welchem Rhythmus sich ein solcher Zyklus vollzieht – im KONDRATIEWschen von sechzig Jahren, im KUZNETS-Rhythmus von zwanzig oder im ›Juglar‹ – dem klassischen Konjunkturzyklus – von sieben bis zehn Jahren?

## 6. Die ›akademischen‹ Kritiker des Theorems

Die Kritiker haben sich vielfach schon an der formalen Gegenüberstellung von ›Gesetz‹ und ›entgegenwirkenden Ursachen‹ gestoßen. Bereits

 LADISLAUS VON BORTKIEWICZ kritisierte diese ›Isolierungsmethode‹, die »die mathematische Beziehung zwischen Produktivität der Arbeit und Mehrwertrate außer acht« läßt[69]. Zahlreiche andere Autoren sind dieser Kritik gefolgt: So u. a. SWEEZY, DICKINSON u. a., obwohl bereits HENRYK GROSSMANN darauf hingewiesen hat, daß diese ›Isoliermethode‹ – erst Herausstellung des ›Gesetzes‹, dann der ›Gegentendenzen‹ – eigentlich gar nicht von Marx erfunden worden ist, sondern von RICARDO und JOHN STUART MILL generell angewandt wurde[70]. Auch hier hatte Marx wiederum das Erbe der Klassiker übernommen, um dann für die Schwächen in deren Methodologie getadelt zu werden.

Dasselbe gilt auch von der anderen wichtigen ›Gegentendenz‹, nämlich der ›Verwohlfeilerung des konstanten Kapitals‹: Hier hat z. B. PETER eingewendet, diese trete doch ›uno actu‹ mit den übrigen Änderungen auf[71].

MEEK hat gegenüber dieser formalen Kritik betont, daß Marx ja von vornherein im Kapitel 13 »Das Gesetz als solches« die wichtigste Gegentendenz, nämlich die Steigerung der Mehrwertrate, durchaus mit analysiert und dann im nächsten Kapitel 14 sozusagen der Vollständigkeit halber nochmals wieder aufführt[72], so daß ihn also der Vorwurf der getrennten Behandlung eigentlich gar nicht trifft.

BORTKIEWICZ hatte in seiner generellen Beurteilung dem Marxschen Theorem ›ein Körnchen Wahrheit‹ zuerkennen wollen. Moderne Kritiker sind härter; sie attackieren nicht die formale Darstellung, sondern den Inhalt. Und dieser Inhalt betrifft im Grunde, wie JOAN ROBINSON in einer neueren Kritik zur Behandlung des Gesetzes durch GILLMAN nochmals feststellt, das Problem des relativen Inputs von Kapital und Arbeit: »... Organische Zusammensetzung bedeutet tatsächlich das Verhältnis von Kapital und Arbeit ...[73].« Dabei stellt sich eines der umstrittensten Probleme der modernen Kapitaltheorie. Wie läßt sich beides mit homogenem Maßstab messen? Marx schien diese Frage mit der Werttheorie ausreichend beantwortet zu sein.

Praktische Verifizierungen des Begriffs der ›organischen Zusammensetzung‹ – so auch die Versuche GILLMANS[74] – sind in der Regel angewiesen entweder auf die Messung von Strömungsgrößen – Abschreibungen auf Anlagen und Lagerbestände (bzw. auch an Roh- und Hilfsstoffen) im Verhältnis zu den Lohnsummen (oder Lohn- und Gehaltssummen ohne Leitungspersonal) – oder gar Bestandsgrößen im Verhältnis zu Stromgrößen – Kapitalbestand : Lohnsummen, Kapitalkoeffizient. Sie stoßen auf eine Vielzahl von Problemen, die im Rahmen der modernen Kapitaltheorie auch noch keineswegs ausdiskutiert sind.

Jüngere, dem Marxismus nahestehende Autoren wehren sich gegen eine solche Verschiebung des Problems auf die empirische Ebene. So sagt

LATOUCHE: »Manche Ökonomen haben in mehr oder weniger ehrlicher Haltung gemeint, das marxistische Gesetz des tendenziellen Falls der Profitrate widerlegen zu müssen, wobei ihre Methode darin bestand, sich auf die Tatsachen zu stützen und darin finden zu wollen, ... daß Marx sich geirrt hat. Einige Marxisten haben es für notwendig erachtet, diese Kontestation zu kontestieren, indem sie ihnen auf dasselbe Terrain folgten ... Die Tatsachen ... tragen aber keineswegs in sich selbst das Prinzip ihrer Verständlichkeit ... Es handelt sich nicht um ein empirisches Gesetz, sondern um ein theoretisches Gesetz, das Ergebnis einer intellektuellen Ausarbeitung der Konzepte. Wie jedes wissenschaftliche Gesetz kann es u. U. die Realität erklären, identifiziert sich aber nicht damit. Es ist absurd, das marxistische Gesetz damit kritisieren zu wollen, daß man ihm eine angebliche ›Lektion der Tatsachen‹ gegenüberstellt. Wenn es keine Senkung der Profitraten gegeben hat, kann es so sein, weil die Ausbeutung zugenommen hat, dank der Eroberung der Außenmärkte und aus allen möglichen ›entgegenwirkenden Ursachen‹ heraus«![75]

Wir verbannen daher empirische Verifizierungsversuche an den Schluß dieser Darstellung.

PETER hat anerkannt, daß die Konstanz der Mehrwertrate, wenn Marx es auch bei dieser durchaus nicht bewenden läßt, jedenfalls der Ausgangspunkt für seine Analyse ist. Er sagt, daß »der Marxsche Koeffizient ... nur unter der Voraussetzung die ›organische Zusammensetzung‹ spiegelt, daß die Mehrwertrate unverändert bleibt«. Denn nur dann, »wenn die Gesamtheit der sachlichen Produktionsmittel in demselben Tempo wächst wie das Nettoprodukt« (bzw. die Wertschöpfung), wenn also »das gesamte Bruttosozialprodukt in demselben Tempo wie das Nettoprodukt wächst ..., kann man die Produktivitätsveränderung unmittelbar durch die mengenmäßige Veränderung messen«.[76]

Sicherlich kann man die Produktivitäts*steigerung* nur dann an der Veränderung der ›organischen Zusammensetzung‹, des Verhältnisses zwischen c und v, messen, wenn Brutto- und Nettoprodukt gleichmäßig wachsen. Aber dann gilt ja, daß die Mehrwertrate zwangsläufig und automatisch die Folge jeder Verschiebung zwischen c und v ausgleicht. Zu einem Fall der Profitrate kommt es dann eben gar nicht mehr auf Grund dieses automatischen Ausgleichs!

Allerdings gilt diese ganze Argumentation im Grunde nur, wenn beides – das konstante Kapital wie die Wertschöpfung – nicht in Werten, sondern in mit Preisen multiplizierten Gütermengen ausgedrückt werden, also in Umsatzsummen. Würden nämlich Werte verwendet werden, so würde die Produktivitätssteigerung, die sich ja in Mengen bzw. Umsatzsummen niederschlägt, gar nicht zum Ausdruck kommen: Einer Verdoppelung der Mengen könnten gleichbleibende Werte entsprechen. Wenn

Marx so großen Wert auf die Widerspiegelung der Änderung der technischen in der organischen Zusammensetzung legt, so deutet das darauf hin, daß er hier einen jener Momente hatte, in denen er seine Wertrechnung vergessen konnte oder wollte.

PETER löst das Problem, indem er das ›Machtwort‹ ausspricht, daß »die auftretenden Größen ... als kapitalistische Preise aufzufassen« seien.

Ähnlich haben auch neuere Autoren wie SCHMITT-RINK argumentiert, wie bereits erwähnt.

Auf jeden Fall wird aus PETERS Argumentation klar, daß für Marx die konstante Mehrwertrate den Ausgangspunkt mindestens für die erste Demonstration der ›Gesetzestendenz‹ darstellt. Ähnlich sagt auch SCHMITT-RINK: »Ist unter dieser Voraussetzung, bei stetiger Erhöhung der organischen Zusammensetzung des Kapitals, die Mehrwertrate ... konstant, so sinkt die Profitrate ... in dem Maß, in dem das Verhältnis von konstantem und variablem Kapital steigt ... Bei konstanter Mehrwertrate fällt die Profitrate mit steigendem Kapitaleinsatz je Arbeitseinheit ...[77].«

SERGE LATOUCHE stellt die Relation zwischen Profitrate und Mehrwertrate wie folgt dar:

$$\text{»Profitrate} = \frac{\text{Mehrwertrate}}{1 + \text{organische Zusammensetzung des Kapitals}} = \frac{m:v}{1+(c:v)}$$

Wenn wir annehmen, daß die Mehrwertrate konstant bleibt und die organische Zusammensetzung des Kapitals wächst, ergibt sich daraus ein Sinken der Profitrate[78].«

LATOUCHE ist im Prinzip der Ansicht, daß »der theoretische Anwendungsbereich der beiden Größen v und m, die es Marx erlaubten, RICARDO und die klassische Ökonomie zu überholen, hier seine Grenzen findet. Der Arbeitswert ist als Preismaßstab im kapitalistischen System kein adäquates Instrument ...«

LATOUCHE ergänzt dann aber MEEKS Argumentation, indem er Marx' Räsonnement entwirrt: »In Wirklichkeit sagt Marx nicht, daß die Mehrwertrate an eine Grenze stößt; das wäre offensichtlich falsch. m/v kann zum Unendlichen hin tendieren ...«

Marx hatte in Stunden des Arbeitstages räsonniert und gemeint, dieser könne eben nicht über eine bestimmte Stundenzahl verlängert werden – eine Argumentation, die JOAN ROBINSON als arithmetisch ungenau nachwies: »Wenn die Produktivität pro Arbeitsstunde für 2 Mann groß genug ist, dann kann der von diesen produzierte Mehrwert größer sein als der von 24 Mann ...« (Marx hatte hier gemeint, 2 Arbeiter, die je 12 Stunden täglich arbeiteten, könnten nicht soviel Mehrwert produzieren wie 24, die je 2 Stunden arbeiteten!).[79]

LATOUCHE sieht die Grenze für das Steigen der Mehrwertrate im Existenzminimum: »... die Mehrwertrate stößt sich an einer Grenze, denn die notwendige Arbeit muß die Wiederherstellung der Arbeitskraft des Arbeitnehmers ermöglichen[80].«



Das gilt aber nur im Hinblick auf die absolute Grenze, und zudem argumentiert Marx hier auf zwei Ebenen: »... Die Begrenzung des Zählers bezieht sich auf den Ausdruck der Profitrate:

$$r = \frac{m}{c+v},$$

während die Zunahme des Nenners sich auf einen anderen Ausdruck bezieht:

$$r = \frac{m:v}{1+(c+v)}.$$

Das Verfahren, gleichzeitig über die beiden Begriffe zu argumentieren, ist offensichtlich nicht korrekt. Man muß entweder zeigen, daß c dahin tendiert, absolut zu wachsen, wenn v sich verringert, sofern man vom ersteren Ausdruck redet oder davon, daß (m : v) zu einer Begrenzung tendiert, im Falle des zweiten Ausdrucks ...«

In der Frage, wie weit die Mehrwertrate steigen kann, um einen Rückgang des variablen Kapitals zu kompensieren, wird selbst von Autoren, die dem Marxschen Theorem letzten Endes negativ gegenüberstehen, unterstellt, daß es hier eine Grenze gäbe.

So sagt SCHMITT-RINK: »Dem Wachstum der Gewinn- und damit Investitionsquote wären freilich Grenzen gesetzt, nämlich durch das minimale Konsumniveau. Hätte die Investitionsquote« (SCHMITT-RINK unterstellt, daß der gesamte Mehrwert investiert wird) »diesen ihren maximalen – die Konsumquote ihren minimalen – Wert erreicht, dann wäre stetiges Wachstum bei kapitalbindendem technischem Fortschritt nicht mehr möglich[81].«

Dieses Argument einer Begrenzung des Wachstums der Mehrwertrate bzw. Gewinnquote durch die Mindestlohnquote, die das Existenzminimum der Arbeiterklasse sichert, trifft aber nur dann zu, wenn man – wie SCHMITT-RINK das allerdings tut – nicht die Marxschen Werte, sondern Preise zugrundelegt und damit das Wachstum des Sozialprodukts direkt in diesen Preissummen zum Ausdruck kommen läßt – d. h. also mit konstanten Preisen arbeitet, nicht mit Preisen, die mit den Produktivitätsfortschritten sinken. Dann spiegelt die Geldsumme des Sozialprodukts die Gütermengen wider. Auch dann wäre durchaus vorstellbar, daß die Produktivität genau so schnell steigt wie die Gewinnquote, womit die absolute Summe der Reallöhne, die in der Lohnquote stecken, gleich bliebe, so daß also das Existenzminimum gar nicht bedroht wird.

In einem Wertschema wie dem Marx' kann nun aber die sinkende Wertsumme v durchaus immer dieselbe Quantität Konsumgüter darstellen, so daß auch hier mit steigender Mehrwertrate keineswegs eine

 Bedrohung des Mindestkonsums einzutreten braucht, vorausgesetzt, daß die Mehrwertrate nicht schneller steigt als die Produktivität.

In beiden Fällen kann die Mehrwertrate im Prinzip unbeschränkt wachsen, sofern

1) das Verhältnis zwischen dem konstanten Kapital und der Wertschöpfung unverändert bleibt,
2) die Gütermenge, die hinter der (schrumpfenden) Lohnquote v steht, die gleiche bleibt, dank der Produktivitätssteigerung.

Sofern Marx an physische Substitution von Arbeitern durch Kapitalanlagen (Freisetzung) gedacht hat, gilt das Argument noch mehr, weil v auf weniger Arbeiter verteilt wird – die Arbeitslosen verhungern dann oder werden aus dem Mehrwertanteil des Staates erhalten.

*Brutto- und Nettoprodukt*

Extrem gedeutet wurde diese Marxsche Ausgangsposition – nämlich die Unterstellung einer zunächst konstanten Mehrwertrate – von VÖLK, der sagt, daß die »Hypothese ... (eines) gleichbleibenden Ausbeutungsgrades ... eine unmögliche Voraussetzung« sei, weil »jede Veränderung in der organischen Zusammensetzung des Kapitals notwendigerweise eine Veränderung der Mehrwertrate zur Folge haben muß«.[82]

Daß eine solche Kritik ungerecht ist, hat bereits HANS PETER in den dreißiger Jahren festgestellt: »In dem einführenden Zahlenbeispiel ist von einer unveränderlichen Mehrwertrate ausgegangen. Bei der zweiten Erörterung des Problems – nach der Abschweifung auf einen internationalen Zinsvergleich – wird dagegen eine zunehmende Mehrwertrate in Betracht gezogen. Auch im weiteren Verlauf der Erörterung kommt Marx immer wieder auf den Fall einer zunehmenden Mehrwertrate zurück. Man ist wohl zu der Annahme berechtigt, daß er die Profitratenbewegung bei konstanter Mehrwertrate nur als vorbereitende Erörterung betrachtet hat. Nicht der einfache, sondern der verwickeltere Fall ist der eigentliche Gegenstand der Untersuchung« (bei Marx)[83].

Allein PETER hat auch die eigentlich entscheidende Analyse für die Gegenbewegungen von ›organischer Zusammensetzung‹ und Mehrwertrate geliefert, indem er die Wertschöpfung, die er als ›Nettoprodukt‹ bezeichnet, ins Spiel bringt. Er sagt mit einigem Recht, als Maß für die Masse der angewandten ›lebendigen Arbeit‹ müsse man auch die Mehrarbeit mit berücksichtigen – also nicht nur das variable Kapital, sondern auch den Mehrwert: »... denn es ist ausdrücklich der Mehrwert als Teil dieser lebendigen Arbeit bezeichnet. Bisher ist aber immer vom Verhältnis des variablen zum konstanten Kapital die Rede[84].«

PETER hatte das Verhältnis zwischen Brutto- und Nettoprodukt, nämlich

$$\frac{c + (v + m)}{(v + m)} = \frac{c_0 + a}{a}$$

bereits zum Hauptpunkt seiner Betrachtungen zu den Produktivitätsveränderungen gemacht.

»Wenn das gesamte Bruttoprodukt in demselben Tempo wie das Nettoprodukt wächst, ... so kann man die Produktivitätsveränderung ... unmittelbar durch die mengenmäßige Veränderung des Nettoproduktes messen.«

Wir müssen hier einfügen: Wenn das der Fall ist, so muß das Wachstum der Mehrwertrate eine eventuelle relative Steigerung des Verhältnisses von c zu v völlig ausgleichen. Die ganze Diskussion um die Frage, ob ein solcher Ausgleich eintritt oder nicht – ob bei Marx oder bei seinen Kommentatoren – muß zunächst unter diesem Blickwinkel gesehen werden. Tritt zwischen konstantem Kapital und Wertschöpfung keine Änderung des Verhältnisses ein, so wird der ›Ausgleich‹ des relativen Sinkens von c durch das relative Ansteigen von m zur bloßen Tautologie.

»Wächst das Bruttoprodukt in einem anderen Tempo als das Nettoprodukt, so muß man dies Maß korrigieren ...«

PETER tut dies, indem er neben dem ›Multiplikator‹ A t, der die Zunahme des Nettoprodukts (der Wertschöpfung) bezeichnet, noch einen anderen ›Multiplikator‹ für c einfügt, nämlich C t. Wenn beide im vorgenannten Falle gleich waren, so fallen sie nun auseinander. PETER schreibt hier folgende Formel für die Produktivitätsveränderung nieder:

$$P(t) = A(t) \frac{\frac{c_0}{a_0} + 1}{\frac{c_0}{a_0} \frac{C\,t}{A\,t} + 1}$$

Logischerweise stellt also PETER ein Verhältnis her zwischen dem konstanten Kapital und der Wertschöpfung, die er $w_0$ nennt: »Dieser Quotient gibt das Verhältnis zwischen dem Nettoprodukt der Gesellschaft und dem Aufwand an sachlichen Produktionsmitteln an. Da das Nettoprodukt somit dem Aufwand an lebendiger Arbeit der Gesellschaft entspricht, können wir $w_t$ auch als das Verhältnis zwischen lebendiger und vorgetaner Arbeit bezeichnen[85].«

Allerdings dürften die folgenden Sätze bei PETER nicht richtig sein, wenn dieser schreibt: »Dieses Verhältnis ist rein technisch bedingt. In ihm spiegelt sich die technische Entwicklung besser als in der Marxschen Wertzusammensetzung c : v.«

Wir wollen hier ohne weiteres zugeben, daß die PETERSCHE Formel $\frac{c}{v+m}$ aussagereicher erscheint als die Marxsche, weil sie von vornherein die Mehrwertrate mit ins Spiel bringt: Wird doch auch von Marxisten wie HALBACH zugegeben, daß die getrennte Behandlung von Mehrwertrate und ›organischer Zusammensetzung‹ bzw. die Unterscheidung zwischen dem ›Gesetz als solchem‹ (im 13. Kapitel des Bandes III) und der Mehrwertrate (im 14. Kapitel) »der einzige Vorwurf« sei, dem »Marx sich nicht entziehen kann«.[86]

PETER schildert die Vorzüge seines Koeffizienten im Verhältnis zum Marxschen c : v mit folgenden Worten: »Der Marxsche Koeffizient Q = c : v spiegelt nur unter der Voraussetzung, daß die Mehrwertrate unverändert bleibt, die technische Entwicklung wider, der unsrige tut das stets. Während Marx seinen Quotienten nur unter der genannten Voraussetzung« (nämlich: »sofern die Wertzusammensetzung des Kapitals ... durch die technische Zusammensetzung bestimmt wird und deren *Änderungen* widerspiegelt) »als Produktivitätsmaß verwenden kann, könnten wir das stets«.[87] Den Anspruch auf Allgemeingültigkeit seines Koeffizienten erhebt PETER zu Recht. Denn er vergleicht die Wertschöpfung (A t) mit den Vorleistungen bzw. dem Anlagekapitalverbrauch (C t), während Marx letztere beiden Faktoren nur zum Konsumgüterverbrauch der Arbeiter in Beziehung setzt.

Dieser Vergleich PETERS erscheint nun aber als unzulässig. Die ›technische Zusammensetzung‹ kommt überhaupt nicht in dieser Formel zum Ausdruck, denn die Werte, um die es sich bei Marx handelt, spiegeln in keiner Weise die *Quantitäten* an Produktionsmitteln und Konsumgütern wider, die hinter c bzw. v stehen. Der Vorteil der Darstellung PETERS liegt lediglich darin, daß klar wird, ob eine Veränderung des Verhältnisses zwischen dem konstanten Kapital und der gesamten Wertschöpfung eintritt oder lediglich eine Veränderung im Verhältnis zwischen c und v. Im letzteren Falle tritt automatisch der ›Ausgleich‹ durch Veränderung der Mehrwertrate ein. Im ersteren Falle ist die ökonomische Frage zu klären, wieso das Bruttoprodukt im Verhältnis zum Nettoprodukt steigen muß.

Dieses Verhältnis zwischen Brutto- und Nettoprodukt, also makroökonomisch gesehen zwischen Bruttosozialprodukt und Volkseinkommen, ist nun tatsächlich das eigentliche Kernproblem des ganzen Marxschen Theorems, das in der Diskussion um die ›Tendenz zum Fall der Profitrate‹ im wesentlichen zu kurz gekommen ist. Warum soll sich dieses Verhältnis verändern – warum soll das Bruttosozialprodukt rascher wachsen als das Volkseinkommen?

Marx hat die Antwort auf mikroökonomischer Ebene zu geben versucht. Er gibt zu, daß bei den Anlagen erhebliche kapitalsparende Tendenzen zum Tragen kommen können, die er unter der Bezeichnung »Ökonomie des fixen Kapitals« zusammenfaßt; er deutet zum mindesten an, daß diese Einsparungen (durch bessere Auslastung usw.) den Einsparungen an Löhnen nahekommen können, wie sie durch die Substitution von Arbeitskräften durch Anlagen ausgelöst wird. Aber er meint, die gleichen Einsparungen seien bei Roh- und Hilfsstoffen (und Energie?) nicht möglich, und daraus erkläre sich eben die Verschiebung zugunsten des ›konstanten Kapitals‹.

Nun sind auch auf mikroökonomischer Ebene die Erfolge im Hinblick auf Roh- und Hilfsstoffeinsparung und ganz sicher auf Einsparung von Energie beträchtlich. Dennoch kann man nicht leugnen, daß mit der Zunahme der Produktivität, die Marx als Folge des ›capital deepening‹ – im Sinne von Zunahme des Verhältnisses zwischen Abschreibungen und Lohnsummen – annimmt, die *Menge* der verbrauchten Rohstoffe bzw. Hilfsstoffe zunehmen wird, wie ja auch (allerdings als eine Art ›Schatten‹) die Menge der erzeugten Produkte ex definitione mit der Produktivitätssteigerung zunimmt. Die Produktenmenge erscheint im Wertschema überhaupt nicht. Man kann Marx zunächst zugestehen, daß deren ›Wertschatten‹ in Form des Inputs von Werten für Roh- und Hilfsstoffe zunächst zunimmt, relativ zu den Lohnsummen in Werten; das würde bedeuten, daß die Produktivität in den Roh- und Hilfsstoffbranchen langsamer steigt als in dem betreffenden mikroökonomisch betrachteten Industrieunternehmen, und daß also die Rohstoffpreise (in Werten) pro Produkteinheit nicht so rasch sinken wie die Lohnsumme (die dank Verminderung der Arbeiterzahl und Verbilligung der Konsumgüter bei konstanten Reallöhnen sinkt) oder die Summe der Anlagekosten (beides in Werten ausgedrückt).

In diesem Zusammenhang ist aber nochmals an die Feststellungen BURCHARDTS und DICKINSONS zu erinnern, wonach bei makroökonomischer Betrachtungsweise die Roh- und Hilfsstoffe in c nicht mehr in Erscheinung treten, weil das konstante Kapital dann logischerweise nur noch die Ersatzinvestitionen für Anlagen umfaßt und, wie wir ergänzt haben, die Aufwendungen für Lagerbestandsveränderungen an Roh- und Hilfsstoffen, wobei diese Läger als ›Grundbestand‹ einen anlageähnlichen Charakter bekommen.

PETER hätte gut daran getan, bei seiner Gegenüberstellung zwischen konstantem Kapital und Wertschöpfung diesen Umstand, der die quantitativen Relationen (auch für die Wachstumsanalyse) grundlegend ändert, immer wieder deutlich hervorzuheben.

Ferner könnten die gesamten von PETER untersuchten Zusammenhänge auf Pro-Kopf-Basis statt global berechnet werden. Das hat DICKINSON in seinem zu wenig beachteten Aufsatz getan, in dem er versucht, die Zusammenhänge zwischen der ›bereinigten‹ organischen Zusammensetzung K (ohne Rohstoffe), der Mehrwertrate $\sigma$ und der Profitrate $\varrho$ zu klären, unter der Voraussetzung, daß die organische Zusammensetzung zunimmt. Erst zum Schluß seines Artikels erwähnt DICKINSON die »Möglichkeit, daß technischer Fortschritt eintritt, unabhängig von irgendeiner Zunahme in K. In solchem Falle würde $\sigma$ tendenziell steigen, wenn K sich nicht ändert; und selbst wenn K steigt, könnte $\sigma$ so schnell zunehmen, daß ... das Ansteigen in K völlig ausgeglichen würde und $\varrho$« (die Profitrate) »gleich bliebe ...« Das aber ist die Frage: Ist technischer Fortschritt wirklich an eine steigende »organische Zusammensetzung« gebunden – ist er unbedingt »embodied«, d. h. an die Zunahme der Bruttoinvestitionen gebunden?

*Die Analyse* DICKINSONS

DICKINSON verwendet die Cobb-Douglas-Formel, kommt überraschenderweise zu der Ansicht, daß bei langsamerer Produktivitätsentwicklung im Konsumgütersektor die Profitrate schon bei kleinerer organischer Zusammensetzung fällt, und gibt eine mathematische Übersicht, aus der hervorgeht, daß unter seinen Annahmen »die generelle Korrektheit der Marxschen Theorie, wonach eine Zunahme in der organischen Zusammensetzung des Kapitals ein Sinken der Durchschnittsprofitrate nach sich zieht (jedenfalls nach einem bestimmten Punkt) bewiesen erscheint ...« Er schränkt das nur ein mit der Bemerkung, daß es »eine höchst plausible Annahme« sei, wenn in letzter Zeit »ein gewisser Effekt des technischen Fortschritts zur Steigerung der physischen Produktivität, ganz ohne eine Zunahme des physischen Kapitals«, zu verzeichnen sei. Er meint allerdings: »Ob das nun in ausreichendem Maße stattgefunden hat, um die Tendenz zum Absinken der Profitrate aufzuhalten, ist problematischer[88].«

Diese bedeutsame Arbeit, in der sich DICKINSON so positiv für Marx ausspricht, ist in der Literatur zu wenig gewürdigt worden. Bei allen Verdiensten DICKINSONS muß jedoch kritisch folgendes angemerkt werden:

Erstens spricht DICKINSON von der ›physischen Produktivität‹, verglichen mit ›physischem Kapitaleinsatz‹, also dem, was Marx ›technische Zusammensetzung‹ nennt, obwohl DICKINSON eingangs feststellt, daß eben physische Arbeitsproduktivität und Wertproduktivität für Marx zwei ganz verschiedene Dinge sind.

Zweitens stellt DICKINSON nicht genügend die Tatsache heraus, daß bei Konstanz des Verhältnisses zwischen dem, was von seinem konstanten Kapital übrigbleibt – nämlich K – und der Wertschöpfung $v + m$, die er ›p‹ nennt (dem ›physischen Produkt pro Kopf‹), praktisch immer ein Ausgleich des Steigens im Verhältnis $K : v$ durch Steigen der Mehrwertrate erfolgen muß.

Drittens erwähnt DICKINSON überhaupt nicht die Möglichkeit des Ansteigens der Reallöhne.

Viertens läßt er bei seinen Berechnungen über das Sozialprodukt pro Kopf nicht klar erkennen, ob nun nach seiner Auffassung die Vollbeschäftigung trotz Steigens der ›organischen Zusammensetzung‹ gewahrt bleibt, oder ob dieses Steigen mit Freisetzung von Arbeitern Hand in Hand geht – wonach dann zu klären wäre, ob sich die physische Produktivität nur (wie normalerweise anzunehmen ist) auf die Beschäftigten bezieht.

Das besondere Verdienst von DICKINSON liegt weniger in der Berechnung seiner (zum Teil extremen) Werte, sondern vor allem in der Klärung des Rohstoffproblems aus marxistischer Sicht.

*Der Entwirrungsversuch* SCHMITT-RINKS

SCHMITT-RINK hat in neuester Zeit die Zusammenhänge zwischen technischer und Wertzusammensetzung wie folgt abzugrenzen versucht:

»Als physische Zusammensetzung des Kapitals bezeichnet Marx gelegentlich das Verhältnis von realem Kapital- und Arbeitseinsatz, als organische Zusammensetzung des Kapitals das Verhältnis von nominellem, bewertetem Kapital- und Arbeitseinsatz. Seine Argumentation baut auf der Annahme auf, daß das Verhältnis von realem Kapital- und Arbeitseinsatz, die Kapitalintensität der Produktion, im Verlauf der kapitalistischen Entwicklung steigt. Diese Annahme wurde, wie dargelegt, durch die seitherige Entwicklung bestätigt. Aus dem Umstand, daß das Verhältnis von realem Kapital- und Arbeitseinsatz im Zuge des Mechanisierungsprozesses steigt, folgt indessen keineswegs mit Notwendigkeit, daß das Verhältnis von nominellem Kapital- und Arbeitseinsatz steigt ... Dieser Zusammenhang wird deutlich, wenn man unterstellt, das Preisniveau der Investitionsgüter bleibe im Wachstumsverlauf konstant, und die Entwertung der Kapitalelemente sei gleich Null. Der nominelle Kapitaleinsatz ist dann stets gleich dem Produkt aus dem realen Kapitaleinsatz (K) und dem Preisniveau der Investitionsgüter (P); da der nominelle Arbeitseinsatz gleich dem Produkt aus dem realen Arbeitseinsatz (A) und dem Lohnniveau (L) ist, ergibt sich die organische Zusammensetzung des Kapitals (z) als der Quotient

$$z = \frac{K \cdot P}{A \cdot L}«$$

Diese Gleichung SCHMITT-RINKS ist im Grunde die Marxsche *Wertgröße* $\frac{c}{v}$, in Preisen ausgedrückt. SCHMITT-RINK fährt fort: »Setzt man das Preisniveau der Investitionsgüter ebenso wie das der Konsumgüter für die Periode Null gleich eins und nimmt man an, daß das Verhältnis der Preise von Konsum- und Investitionsgütern im Wachstumsverlauf konstant bleibt« – dies ist die Annahme, die unter den Marxisten z. B. HALBACH machte – »so steht P sowohl für das Preisniveau der Konsumgüter als auch für das der Investitionsgüter; es ergibt sich durch Umstellung:

$$z = \frac{K}{A} : \frac{L}{P}$$

Die organische Zusammensetzung des Kapitals z ist gleich dem Verhältnis von Kapitalintensität und Reallohnniveau ... Das Reallohnniveau ist gleich dem Produkt aus Lohnquote und Arbeitsproduktivität. Bezeichnet man die Lohnquote mit c und die Produktion mit X, so erhält man die Form

$$z = \frac{K}{A} \cdot c \cdot \frac{X}{A}$$

Bleibt die Lohnquote konstant, so kann die organische Zusammensetzung des Kapitals (z) nur dann steigen, wenn die Kapitalintensität schneller steigt als die Arbeitsproduktivität. Teilt man Zähler und Nenner auf der rechten Seite durch die Arbeitsproduktivität, so ergibt sich der Ausdruck:

$$z = \frac{K}{X} : c = \frac{k}{c}$$

Die organische Zusammensetzung des Kapitals (z) ist gleich dem Quotienten aus Kapitalkoeffizient (k) und Lohnquote (c) ... Wenn Kapitalkoeffizient und Lohnquote konstant bleiben, dann bedarf es keiner ›entgegenwirkenden Kräfte‹: Die organische Zusammensetzung des Kapitals bleibt konstant ...[89].«

Diese Darstellung von SCHMITT-RINK klärt in ihrer Eleganz zweifellos die ›Begriffsverwirrung‹, über die sich dieser Autor mit Recht beklagt.

Indessen trägt der Autor insofern ein wenig zur Begriffsverwirrung bei, als er es unterläßt, die Verbindung zwischen seinen Kategorien und den Marxschen herzustellen. Nun ist die Lohnquote c bei ihm die reziproke ›Mehrwertrate‹ Marx'. Was bei Marx fehlt, ist der Kapitalkoeffizient als Verhältnis zwischen Kapitalbestand K und Produktionsmenge X. Beide konnte Marx in seiner Wertrechnung nicht angeben, da er nicht mit Kapitalbeständen rechnete und die Produktionsmenge im Wertschema überhaupt nicht erscheint. Allenfalls könnte man dann, wenn Identität von Werten und Preisen (bei Umschlagsperiode = 1 und einheitlicher ›organischer Zusammensetzung‹ in allen Branchen) unterstellt wird, den SCHMITT-RINKSCHEN Ausdruck in Marxschen Begriffen wie folgt niederschreiben:

$$z = \frac{c}{c + v + m} : \frac{v}{v + m}$$

Problematisch ist bei SCHMITT-RINK nur, daß er sich nach dieser theoretischen Ableitung auf das Glatteis der ›Tatsachen‹ begibt und nun wie so viele faktuell-statistisch argumentiert: »Marx' Meinung, im Verlauf der kapitalistischen Entwicklung werde die organische Zusammensetzung des Kapitals steigen, ist also« (!) »falsch« – weil sich weder der Kapitalkoeffizient noch die Lohnquote »seit Marx' Zeit in den Industrieländern« geändert hätten, sondern beide »in Westeuropa und in Nordamerika konstant geblieben« seien. Damit wird die Diskussion auf ein Gebiet verschoben, das sehr umstritten ist und das wir in einer besonderen Analyse behandeln. – Jedenfalls zeigt SCHMITT-RINKS formale Klarstellung, daß die Bewegung des Reallohnniveaus entscheidend ist. Hier hätte er eher so argumentieren können, daß er behauptete, die Reallöhne seien unisono mit der Kapitalintensität gestiegen.

*Die Arbeitshypothesen Marx'*

Tatsächlich geht Marx von der Annahme einer konstanten Mehrwertrate zunächst aus, wie dies eine Reihe seiner Kritiker betont haben – so u. a. V. BORTKIEWICZ, JOAN ROBINSON, SWEEZY[90]; er schreitet dann zwar, wie PETER und ROSDOLSKY[91] betont haben, zu dem ›verwickelteren Fall‹ der steigenden Mehrwertrate fort, geht aber doch nicht soweit, daß er annimmt, die steigende physische Produktenmenge würde durch einen steigenden (konsumtiven oder produktiven) Realverbrauch der Kapitalisten ausgeglichen. Will man nicht eine permanente Absatzkrise annehmen, wozu bei einer säkularen Betrachtung die Grundlage fehlt, so muß man unterstellen, daß der ständigen physischen Zunahme der Produktionsmittel in der ›technischen Zusammensetzung‹ des Kapitals eine ständig steigende, wenn nicht sogar (infolge ›economies of scale‹ und ›Ökonomie‹ oder Rationalisierung der Produktionsmittel) überproportional steigende Konsumgüterversorgung gegenübersteht.

Das aber bedeutet, daß die wachsende Zusammensetzung steigende Reallöhne in Form einer ständig besser werdenden Konsumgüterversorgung impliziert.

Das Problem der Reallohnsteigerung in seiner Gegengewichtigkeit zur steigenden organischen Zusammensetzung des Kapitals wird von den wenigsten Autoren behandelt. Nur MEEK erwähnt beiläufig, daß Marx es »im allgemeinen nicht für tatsächlich möglich hielt, ...« daß die Reallöhne proportional zur Produktivität steigen[92]. Wir haben aber bereits im ersten Band in »Ökonomie und Marxismus« darauf hingewiesen, daß Marx durchaus mit langfristigen Reallohnsteigerungen rechnete; wenn er eine klare und korrekte Definition der ›technischen Zusammensetzung des Kapitals‹ in Form von Produktionsmittel- *und* Konsumgüter*mengen* hätte geben können, so wäre ihm zweifellos die Bedeutung dieses Problems noch aktueller erschienen.

JOAN ROBINSON weist jedenfalls auf diese Zusammenhänge hin, wenn sie schreibt: »Marx kann nur eine sinkende Tendenz der Profite nachweisen, wenn er sein Argument fallen läßt«, (das Marx übrigens nirgendwo explizit vertritt!) »daß die Reallöhne zur Konstanz tendieren ... Wenn er die fallende Tendenz der Profite erörtert, nimmt er keineswegs Bezug auf die steigende Tendenz der Reallöhne, die dies mit sich bringt, (denn) ... wenn die Ausbeutungsrate zur Konstanz tendiert, tendieren die Reallöhne zum Steigen, sofern die Produktivität steigt[93].«

Unter den ›entgegenwirkenden Tendenzen‹ fehlt bei Marx tatsächlich diese Kraft, die immerhin im zwanzigsten Jahrhundert erhebliches Gewicht bekommen hat, die Tendenz zum Ansteigen der Reallöhne. In der umfangreichen marxistischen Literatur zum ›Gesetz der fallenden Tendenz der Profitrate‹ scheint nur MEEK darauf hingewiesen zu haben, daß ja auch »die Reallöhne proportional zur Produktivität steigen« könnten. Er fügt hinzu, daß »Marx (dies) im allgemeinen nicht für tatsächlich möglich hielt«.[94]

Indessen haben wir im ersten Band in »Ökonomie und Marxismus« dargelegt, daß Marx an den verschiedensten Stellen seines Werkes durchaus mit einer Reallohnsteigerung rechnete, wenn er auch mit einigen Bemerkungen eine proportionale Entwicklung der Löhne zur Produktivität für unwahrscheinlich erklärte.

Immerhin war es ein Mangel, wenn er bei der Variabilität der verschiedensten Größen im Rahmen des ›tendenziellen Falls der Profitrate‹ die Möglichkeit, daß auch steigende Reallöhne eine ›entgegenwirkende Kraft‹ bilden könnten, nicht mit aufführte. Allerdings wäre das insofern eine ›petitio principii‹ gewesen, als er ja gerade von der Hypothese einer Verschiebung der Relation $c : v$ zugunsten von $c$ ausging.

Immerhin liegt hier eine logische Lücke vor; und wenn man sich auf die statistischen Tatsachen beruft, so gewinnt die Entwicklung der Reallöhne relativ zur generellen Produktivität, mit der dann auch die Frage nach der Bewegung des Anteils der Löhne am Sozialprodukt angeschnitten wird, erhebliche Bedeutung.

### *Variables Kapital und Lohnveränderung*

Nun rechnet aber Marx durchaus mit einer Verschiebung des ›soziologischen Minimums‹ (MARCHAL) nach oben, im säkularen Verlauf, d. h. also mit einer Steigerung der Reallöhne. Das wäre nun natürlich eine ›entgegenwirkende Kraft‹, die Marx in seiner Liste dieser Kräfte nicht aufzählt – es sei denn, man wolle diese säkulare Anhebung als Konsequenz einer Verschiebung in den relativen Anteilen am Sozialprodukt zugunsten der Arbeit auffassen, womit man genau zum Gegenteil der Marxschen ›ersten entgegenwirkenden Kraft‹, nämlich der sogenannten

Erhöhung des Exploitationsgrades der Arbeit käme. Das könnte dann allerdings erklären helfen, warum das Gesetz zu bestimmten Zeiten nicht wirksam wäre – diese müßten dann mit Epochen zusammenfallen, in denen eine Erhöhung des Anteils der Arbeit am Sozialprodukt eingetreten wäre.

Wenn wir nun aber mit steigenden Reallöhnen rechnen, so stoßen wir uns an der Tatsache, daß diese in der Wertrechnung ja überhaupt nicht direkt in Erscheinung treten, weil bei konstantem Arbeitsaufwand für die Lohngüter die aufgewandte Wertsumme die gleiche bleibt, auch wenn die reale Gütersumme, die damit erzeugt wird, gewachsen ist. Erst wenn wir die ›Werte‹ monetarisieren, d. h. die Arbeitsstunden mit einer Geldeinheit multiplizieren und die unsichtbare Arbeiterzahl konstant halten, können wir erkennen, daß die Reallöhne steigen – allerdings bei ›konstantem Geldwert‹, wie Marx ihn einmal unterstellt, nur dann, wenn die Geldlöhne steigen und dadurch, in Geld gesehen, den Rückgang an physischen ›Inputs‹ für Konsumgüter, wie er bei der Veränderung der ›technischen Zusammensetzung des Kapitals‹ unterstellt wird, monetär wieder zunichte machen. Dann würden allerdings die Geldsummen, die in Form der Lohnsummen aufgewandt werden, relativ zu den Abschreibungssummen wieder zunehmen, und es könnte geschehen, daß trotz der ›technisch‹ bedingten geringeren Zahl von Arbeitsstunden, die für die Summe der Konsumgüter aufgewendet werden müßte, in Geld gerechnet wieder ebenso hohe Gesamtsummen wie früher für Konsumgüter aufgewendet werden. Das würde bedeuten, daß von der Arbeiterarmee – die geschrumpft oder gleich geblieben ist – auf jeden Fall mehr Konsumgüter nachgefragt werden als vorher. Mit anderen Worten: Die gleiche Konsumgütersumme hätte zwar mit geringerem Arbeitsaufwand hergestellt werden können; da aber nun mehr an Konsumgütern nachgefragt wird, würde in diesem Falle die gleiche Summe an Arbeitsstunden für eine bessere Konsumgüterversorgung aufgewendet werden. Paradoxerweise fände dann aber der ›Fall der Profitrate‹ im Sinne einer Verschiebung der Wertrelationen zugunsten der Produktionsmittelherstellung nicht statt, sofern die Profitsumme proportional zu v wächst. Die Relationen zwischen Arbeitsaufwand für c (1) und für v bleiben dieselben, weil die verbesserte Produktivität im Konsumgütersektor aufgewogen wird durch die vergrößerte Nachfrage nach Konsumgütern. Der Fall der Profitrate kann dann nur eintreten, wenn entweder eine Verschiebung in der Aufteilung des Sozialprodukts zuungunsten der Arbeitnehmer eintritt, die deren Konsumzunahme verhindert, oder wenn die Arbeiter zu sparen beginnen.

Im Zusammenhang mit dem Reallohnproblem ergeben sich mehrere Möglichkeiten.

Erstens kann man annehmen, daß ein schrumpfendes v bedeutet, es würden im Zuge der Mechanisierung Arbeitskräfte entlassen. Dann würde die Schrumpfung sich aus zweierlei Gründen erklären:

- Einmal führt der technische Fortschritt dazu, daß die pro Arbeiter gleiche Reallohnmasse mit geringerem gesellschaftlichem Arbeitsaufwand hergestellt werden kann,
- zum anderen sind weniger Arbeiter zu versorgen.

Zweitens kann man unterstellen, daß die gleiche Arbeiterzahl in Beschäftigung bleibt: entweder, weil die Kompensation eintritt, indem die im Konsumgütersektor freigesetzten Arbeiter z. B. im Produktionsmittelsektor wieder Beschäftigung finden (was Marx verneinte, sofern nicht zusätzliche Akkumulation erfolgt), oder aber infolge genereller Ausweitung der Produktion. Dann bleibt immerhin die Ermäßigung des Arbeitsaufwandes für den Konsumgütersektor. Dieser kann allerdings sein Gegengewicht darin finden, daß infolge von Reallohnerhöhungen die verbrauchte Konsumgütermenge steigt, so daß die Arbeiter wieder aus dem Produktionsmittelsektor in den Konsumgütersektor zurückströmen.

Wenn nun die Produktivitätssteigerung im Produktionsmittelsektor gleich groß ist, so brauchte es nicht zur Erhöhung von c im Verhältnis zu v kommen, und ein Fall der Profitrate fände nicht statt. Man muß also, wenn man diesen eintreten lassen will, postulieren, daß die Produktivität im Produktionsmittelsektor langsamer steigt als im Konsumgütersektor.

Da in makroökonomischer Sicht – wie oben dargelegt – die Roh- und Hilfsstoffe als Herd langsamer Produktivitätssteigerung nicht in Frage kommen, bleibt nur die Annahme, daß die Produktionsmittelindustrie handwerklicher betrieben und weniger Skalenerträge ausnützen würde als die Konsumgüterindustrie – eine Annahme, die allerdings von manchen Ökonomen wie SETON gemacht wurde und vielleicht für einige Phasen der frühen Industrialisierung Geltung haben könnte[95]. Dann würde sich etwa der überwiegend arbeitssparende Trend des technischen Fortschritts im 19. Jahrhundert weitgehend daraus erklären, daß zunächst die Produktionsmittelindustrie auf den gleichen Stand der Mechanisierung gebracht werden mußte, auf dem die Konsumgüterindustrie schon angelangt gewesen wäre.

Bestehen nun Zusammenhänge zwischen Strukturverschiebungen in der Wirtschaft und unterschiedlichen Produktivitätssteigerungen in den verschiedenen Sektoren?

Nach der Arbeitswerttheorie kann der technische Fortschritt im Prinzip ohnehin nur in arbeitssparender Form vor sich gehen. Eine Ersparnis an ›Kapital‹ kann nur bedeuten, daß Arbeitskräfte im Produktionsmittelsektor eingespart werden. In diesem Falle wäre unsere obige Frage eine petitio principii, denn der kapitalsparende oder arbeitssparende Charakter einer Neuerung wäre einfach damit gekennzeichnet, daß jeweils Arbeitskräfte im Produktionsmittel- oder Konsumgütersektor eingespart würden.

Im übertragenen Sinne kann die Frage aber auch ohne Unterstellung einer Werttheorie wie folgt geklärt werden: Man kann unterstellen, daß die Konsumgüterindustrie in moderner Zeit arbeitsintensiver ist als die Produktionsmittelindustrie. Ein vergrößerter Anteil der letzteren am Bruttosozialprodukt muß daher ex definitione die durchschnittliche Arbeitsintensivität der Wirtschaft mindern und ›arbeitssparend‹ wirken.

Die Hauptschwäche in der Argumentation nahezu aller Autoren, die im Rahmen der Werttheorie die entgegengesetzten Bewegungen des konstanten Kapitals und der Mehrwertrate betrachtet haben, dürfte darin liegen, daß sie nicht die Gesamtrelation zwischen Vorleistungen c (bzw. makroökonomisch gesehen den Anlageinvestitionen) und Wertschöpfung in den Vordergrund stellten. Denn wenn sich diese Relation nicht ändert, so wird das Ansteigen des Quotienten $\frac{c}{v}$ restlos kompensierbar durch das Ansteigen der Mehrwertrate.

Wenn man dagegen einwenden wollte, daß dieses Ansteigen eine Grenze fände im Mindestkonsum der Arbeiter – ein Argument, das marxnahe Autoren wie LATOUCHE mit absoluten Marxgegnern wie SCHMITT-RINK verbindet –, so ist zu sagen, daß dies Argument nicht zutrifft.

Die Erhöhung der Produktivität führt in einem *Wert*schema dazu, daß die sich verringernde Wertsumme v immer dieselbe Quantität Konsumgüter darstellen kann.

In einem Preisschema muß dasselbe über sinkende Preise erreicht werden.

In beiden Fällen kann aber die Mehrwertrate unbegrenzt wachsen, wenn

- das Verhältnis zwischen c und v + m (Volkswirtschaftlichen Abschreibungen und Wertschöpfung) unverändert bleibt, und
- die Gütermenge, die hinter dem (schrumpfenden) v steht, im selben Tempo wächst, wie m relativ zu v zunimmt.

Wenn Marx an eine physische Substitution (Entlassung von Arbeitern) dachte, so gilt das Argument noch mehr, weil v auf weniger Arbeiter verteilt wird. Die Arbeitslosen verhungern oder werden aus dem Mehrwertanteil des Staates ernährt.

## 7. Das Problem des Kapitalkoeffizienten bei Marx

Die Größe v + m wird in einer der neueren Darstellungen des Theorems, der von HELMSTÄDTER, mit dem Netto-Einkommen oder Netto-Sozialprodukt, also dem Volkseinkommen, identifiziert. HELMSTÄDTER irrt übrigens, wenn er meint, für Marx habe es keinen solchen »Reinertrag der Nation« gegeben, denn für ihn habe es sich hier um ein »grundfalsches Dogma« gehandelt[96]. Diese Darstellung HELMSTÄDTERS ist ein Irrtum. An der von ihm zitierten Stelle geht es darum, daß Marx sich gegen den Begriff eines »Sozialproduktes« wehrt, bei dem die Abschreibungen bzw. Ersatzinvestitionen vergessen werden. Der »Wert der Waren« ist für ihn identisch mit dem Bruttosozialprodukt[97]. Damit will Marx in keiner Weise den Begriff der »Wertschöpfung« (bzw. des Nettosozialprodukts oder Volkseinkommens) als solchen leugnen, den er an verschiedenen Stellen[98] selber für die beiden Größen v und m zusammengenommen verwendet.

HELMSTÄDTER faßt diesen Begriff v + m in der Größe n zusammen. Er sagt dann: »Nehmen wir mit Marx der Einfachheit halber einen gleichbleibenden Exploitationsgrad m/v an, so muß ... auch v/n, die Lohnquote, unverändert bleiben. Eine im Zeitverlauf notwendig sinkende Profitrate erklärt sich dann aus dem Ansteigen des Kapitalkoeffizienten C/n[99].«

Diese Gleichsetzung der Marxschen Relation $\frac{c}{v+m}$ mit dem Kapitalkoeffizienten ist nicht unproblematisch, zumal HELMSTÄDTER selbst betont, daß es sich um Wertgrößen handele. Er meint aber: »Marx denkt an Volumengrößen, d. h. an bestimmte Mengen von Maschinen und Arbeitsgrößen, die zu konstanten Preisen bewertet werden.« Und weiter sagt HELMSTÄDTER: »Nimmt man an, daß der Lohnsatz sich nicht ändert, so bleibt auch der Preis der Maschinen konstant[100].«

Diese Denkweise dürfte die Problemstellung, wie Marx sie aufgeworfen hat, zu sehr vereinfachen.

Eindeutig unrecht hat HELMSTÄDTER, wenn er kurzerhand die Marxsche ›organische Zusammensetzung des Kapitals‹ für identisch erklärt mit der technischen Zusammensetzung. Die beiden Begriffe sind von GÜSTEN sehr viel differenzierter beurteilt worden: »Das bloße Wertverhältnis $Q = \frac{c}{v+m}$ spiegelt im Zeitverlauf, wenn die einzelnen Produktionsmittel billiger geworden sind, bei unverändertem Q ganz verschiedene technische Zusammensetzungen wider. Auch können ... zwei Produktionssphären mit gleicher technischer Zusammensetzung verschiedene Wertzusammensetzungen haben, wenn die eine mit teureren Roh- und Zwischenprodukten arbeitet[101].« Das letztere ist allerdings mikroökonomisch gesehen; bei makroökonomischer Betrachtungsweise stellt sich dies Problem nicht. 

Die »technische Zusammensetzung« ist bei Marx die *Menge* der Produktionsmittel (Maschinen und Rohstoffe) pro Arbeitskraftmenge: »Eine bestimmte Masse Arbeitskraft ... ist erheischt ..., um eine bestimmte Masse Produktionsmittel, Maschinerie, Rohstoffe etc. in Bewegung zu setzen[102].« Die »Wertzusammensetzung« ist dagegen die Relation zwischen Anlageabschreibungen plus Rohstoffverbrauch einerseits und Lohnsumme andererseits; dies ist die »organische Zusammensetzung des Kapitals« bei Marx: »Die Wertzusammensetzung des Kapitals, insofern sie durch seine technische Zusammensetzung bestimmt wird und diese widerspiegelt(!), nennen wir die organische Zusammensetzung des Kapitals[103].«

GÜSTEN verweist auf die sorgfältigere Definition der Wertzusammensetzung im ersten Bande, wo die Rede davon ist, daß sich die *Veränderung* in der technischen Zusammensetzung des Kapitals in der Wertzusammensetzung widerspiegelt[104]; und daraus schließt er, daß die »organische Zusammensetzung ... ein Begriff« sei, »der nur in einer betont kurzfristigen Betrachtung seinen Platz hat ... Kurzfristig ... ist immer Δ Produktionsmittel pro Mann = Δ c pro Mann ...«, wogegen der Begriff »in einer langfristigen Theorie ... ein denkbar ungeeignetes Instrument ist«.[105] Man könnte versucht sein, aus dieser Argumentation zu folgern, daß Marx' »Gesetz« tatsächlich gar nicht auf lange Sicht konzipiert, sondern ein kurzfristig-konjunkturelles Phänomen wäre.

In diesem Falle würde auch ein anderes Element nicht zu Buche schlagen, das in der Diskussion nach Marx zwar nie eine Rolle spielte, bei ihm selbst aber in seiner säkularen Bedeutung mit dem Wort von den »goldenen Ketten« angesprochen wurde: das Ansteigen der Reallöhne. Dies Phänomen wird stets implizit als non-existent angesehen, obwohl Marx es im III. Band ausdrücklich erwähnt: »Sobald dies Verhältnis (die Wertzusammensetzung) anders als durch bloße Wertänderung *oder durch eine Veränderung des Arbeitslohns*« (kursiv von K.) »eine Veränderung erfährt, muß auch die Produktivität der Arbeit eine Veränderung erfahren haben[106].«

Eine Reallohnerhöhung kann bedeuten, daß trotz der Substitution der Arbeiter durch Maschinen v nicht oder nicht proportional sinkt, weil v durch Erhöhung der Reallöhne für die verringerte Arbeiterzahl wieder aufgebläht wird – u. U. entsprechend (wenn auch vielleicht nicht proportional) zur Produktivitätszunahme.

GÜSTEN begründet seine Argumentation wie folgt: »Auf lange Sicht wird, sofern nur überhaupt technischer Fortschritt in der Produktionsmittelindustrie stattfindet, die Diskrepanz zwischen den Relationen ›Produktionsmittel pro Mann‹ und ›Kapitalwert pro Mann‹, also die Diskrepanz zwischen technischer und Wertzusammensetzung, immer größer ... (Es) stellt sich die Frage, wie sich die Preise der Produktionsmittel langfristig entwickeln.«

In der Tat sagt Marx wiederholt, daß der wachsende Wertumfang des konstanten Kapitals »nur entfernt das Wachstum in der wirklichen Masse der Gebrauchswerte darstellt«.[107] Auf lange Sicht muß also damit gerechnet werden, daß z. B. die technische Zusammensetzung gleich bleibt, dieweil sich infolge von Preisveränderungen die Wertzusammensetzung erheblich verändert.

*Das Problem der »Verwohlfeilerung« von Anlage- und Umlaufkapital*

An dieser Stelle müssen zwei Punkte besonders betont werden: Erstens darf nicht übersehen werden, daß Marx mit Strömungs- und nicht mit Bestandsgrößen arbeitet. Insofern handelt es sich beim Marxschen Begriff der »organischen Zusammensetzung« nicht eigentlich um einen Kapitalkoeffizienten im Sinne HELMSTÄDTERS; vielmehr arbeitet er mit einer »Wertzusammensetzung der Kosten $q = \frac{c}{v+m}$. Diese hat aber kaum irgendwelche Beziehungen zur Größe Q« ($= \frac{C}{v+m}$), d. h. Kapital*bestand* in Relation zu variablem Kapital und Mehrwert), »denn diese letztere wird beherrscht von dem fixen Kapitalstock $C_f$, der beiläufig 60–80 % des Gesamtkapitals ausmacht, während q ganz von der Größe c z beherrscht wird, also von den verarbeiteten Roh- und Zwischenprodukten. Hier zeigt es sich wieder, daß es sich um eine Umsatzgröße handelt«. So äußert sich GÜSTEN[108].

Man kann diese Bedenken GÜSTENS vielleicht ausräumen, wenn man darauf hinweist, daß auf der makroökonomischen Ebene Roh- und Hilfsstoffe herausberechnet werden. Hierzu hatte BURCHARDT[109] bereits 1932 festgestellt: »Auf der Urstoffstufe enthält das Schema auf der Aufwand- oder Verschleißseite keine Zwischenprodukte und kennzeichnet damit den Sachverhalt der Herkunft der Urstoffe aus dem ökonomischen Nichts und ihre Erzeugung allein durch Produktionsmittel und Arbeit.« Ähnlich äußerte sich in neuerer Zeit DICKINSON.

Zweitens: Es ist vorstellbar, daß die Preise der pro Einheit des Produkts aufgewendeten Produktionsmittel im gleichen Tempo sinken wie die Preise für den Arbeitsaufwand pro Einheit. Man kann dann mit GÜSTEN fragen: »Wenn Marx tatsächlich die Verbilligung des konstanten Kapitals als uno actu mit der Zunahme der technischen Zusammensetzung geschehend betrachtete, warum sollte dann die Verbilligung nicht ausreichend sein, um die Wertzusammensetzung konstant zu halten[110]?«

Das wäre dann die »bösartige Voraussetzung«, von der Marx in den »Grundrissen« spricht, wonach »er (der Arbeiter) fortfährt, mit 60 konstanten Einheiten und 40 Arbeitsfonds zu arbeiten; es wird damit unterstellt, daß trotz der verdoppelten Produktivkraft das Kapital fortfuhr, in denselben Bestandteilen zu arbeiten«.[111] Der »Zins« käme nur zum Ausdruck im Prozentsatz der Arbeitsarmee, die für Nettoinvestitionen arbeitet.

Man hat Marx zu Unrecht vorgeworfen, daß er die »Verwohlfeilerung des konstanten Kapitals« nur als eine der »entgegenwirkenden Ursachen« des Gesetzes behandelt habe. Diese Kritik trifft nicht zu: denn die »wachsende Verwohlfeilerung des Produkts« – also auch der Kapitalgüter – erscheint schon auf den ersten Seiten des 13. Kapitels im III. Band, in dem »Das Gesetz als solches« behandelt wird; und später erinnert Marx nochmals an diesen Faktor.

Schon früh hatte BENEDETTO CROCE in seiner »marxistischen Periode« das Gesetz in Frage gestellt; nach seiner Auffassung konnte der technische Fortschritt nicht vor dem konstanten Kapital haltmachen, das damit zwangsläufig »verwohlfeilert« werden müßte, im selben Rhythmus wie das variable; und obendrein meinte CROCE noch, das Gesamtkapital müsse dann einen höheren Profit abwerfen[112]. Indessen machte der Autor sich nicht die Mühe, die Frage zu erörtern, ob es eine kapitalsparende Tendenz geben könnte, die die arbeitssparende zu überwiegen vermöchte. Marx hat die Möglichkeit selbst angedeutet.

Warum meint Marx dann doch an der gleichen Stelle, daß »in Wirklichkeit ... die Profitrate ... auf die Dauer fallen« müsse?

### *Investitions- und Konsumgüterindustrie*

Man kann mit GÜSTEN fragen: Wenn Marx tatsächlich die Verbilligung des konstanten Kapitals als gleichzeitig mit der Zunahme der technischen Zusammensetzung geschehend betrachtete, warum sollte dann die Verbilligung nicht ausreichend sein, um die Wertzusammensetzung konstant zu halten[113]?

Die Antwort hängt davon ab, inwieweit Marx der Nachweis gelingt, daß der technische Fortschritt im Bereich der Investitions- bzw. Grundstoffindustrien, die »c-Güter« herstellen, langsamer vor sich geht als in der Konsumgüterindustrie, die »v-Güter« herstellt.

Marx hat sich lediglich zur Grundstoffproblematik eingehender geäußert. So meinte er: »Im Verhältnis, wie die Produktivkraft der Arbeit sich entwickelt, bildet der Wert des Rohstoffs einen stets wachsenden Bestandteil des Werts des Warenprodukts[114].« Verwunderlich ist nur, daß er im gleichen Atemzuge sagt: »... weil in jedem aliquoten Teil des Gesamtprodukts der Teil, den der Verschleiß der Maschinerie, und der Teil, den die neu zugesetzte Arbeit bildet, beide beständig abnehmen«.

Der Hinweis auf die relative Rohstoffverteuerung findet sich in den verschiedensten Teilen seines Werkes. Dieses Argument hat zweifellos säkular an Bedeutung verloren, wie u. a. LANDSBERG[115] nachgewiesen hat, könnte aber im Rahmen der neueren ökologischen Debatte wieder an Bedeutung gewinnen.

Stellenweise spricht Marx davon, daß steigende Skalenerträge einen größeren Anteil der Abschreibungen am Gesamtaufwand voraussetzen: »Auf je größerer Stufenleiter die Produktion vor sich geht – je größer das akkumulierte Kapital –, um so größeren Anteil am Wert des Produkts hat die Maschinerie und das Rohmaterial[116].«

Dabei geht Marx bezüglich der Rohstoffe ganz eindeutig vom mikroökonomischen Standpunkt aus und schaltet auch die Möglichkeit einer Rohstoffeinsparung weitgehend aus: »Im Verhältnis wie die Produktivkraft der Arbeit sich entwickelt, bildet der Wert des Rohstoffs einen stets wachsenden Bestandteil des Werts des Warenprodukts[117].«

In einer Zeit, in der die relative Einsparung von Rohstoffen eine große Bedeutung gewonnen hat, erscheint diese Argumentation nicht realistisch. GÜSTEN sagt dazu: »Schon auf den ersten Blick wird man Bedenken haben, diese ständige Zunahme der Bruttoproduktion im Verhältnis zur Nettoproduktion als Ausdruck einer besonders fortschrittlichen Wirtschaft mit hoher Steigerungsrate der Produktivität anzusehen. Eher neigt man dazu, diese Vorstellung mit JOAN ROBINSON als ›the technocrat's nightmare‹« (›Alpdruck des Technokraten‹) »zu bezeichnen[118].«

Allerdings ist fraglich, ob der ROBINSONsche Einwand aufrechterhalten werden kann, wenn man bedenkt, daß das Marxsche Schema nach seinem Begriff der ›Werte‹ aufgestellt ist. Die eigentliche Produktivität im modernen Sinne, nämlich der steigende Output in physischen Gütern, kommt darin überhaupt nicht zum Ausdruck, sondern es wird lediglich gesagt, daß die Gesellschaft mit steigender Produktion relativ mehr Arbeit für Ersatzinvestitionen aufwenden muß, daß also die Investitionsgüterindustrien relativ ineffizienter werden.

Es ist nun durchaus vorstellbar, daß diese geringere Effizienz der Investitionsgüterindustrien aus Gründen zustandekommt, die im Schema nicht unmittelbar ersichtlich werden und von Marx auch nicht dargestellt worden sind – eben weil sein Werk ein Torso war.

In dem Umfange, in dem die Konzentrationsbewegung in den Investitionsgüterindustrien mehr um sich greift, können hier monopolistische Tendenzen zum Tragen kommen. Diese bewirken zwar einerseits eine Erhöhung der Mehrwertrate, andererseits aber eventuell permanente Überkapazitäten, womit das Argument der MOSZKOWSKA doch auf lange Sicht zum Tragen käme – z. B. in Kartellen, in denen die Beteiligten hohe Kapazitäten halten, um hohe Quotenanteile zu bekommen. Weiter kann sich in den Monopolbranchen eine ineffiziente Allokation der Ressourcen ergeben, die deren Effizienz generell schwächt. Mit all dem müßte der Kapitalkoeffizient steigen.

Ferner ist denkbar, daß die Gewerkschaften in den monopolistisch organisierten Investitionsgüterindustrien größeres Gewicht haben. Daraus kann sich ebenfalls eine Hochhaltung der Preise der Investitionsgüterindustrien relativ zu denen der Konsumgüterindustrien ergeben, weil die Reallöhne im Investitionsgütersektor rascher wachsen als im Konsumgütersektor. In allen diesen Fällen kann der für Ersatzinvestitionen aufzuwendende Kostenanteil relativ zu den unmittelbaren Lohnkosten wachsen, womit eine Voraussetzung des Marxschen Gesetzes erfüllt wäre.

Für die Wertrelation zwischen den Investitionsgüter- und Konsumgütersektoren ist somit nicht nur der relative technische Fortschritt relevant, sondern es sind auch eine Reihe institutioneller Faktoren mit zu beachten, die sich aus der industriellen Organisation ergeben.

Hinzu kommt, daß der technische Fortschritt zwei Elemente in sich birgt: einmal eine Senkung der Erzeugungskosten, zum anderen eine Verringerung des Verbrauchs infolge rationalerer ›Input‹-Verwendung. Der zweite Faktor spielt im Konsumgüterbereich eine geringere Rolle, insoweit die Konsumenten ihren Verbrauch nicht leicht rationaler gestalten, sondern mit steigendem Verbrauchsniveau eher mehr Abfälle haben. Dies könnte allerdings eine gegenläufige Tendenz zum ›Gesetz‹ darstellen. In beiden Industriezweigen stellt sich dagegen das Problem der Substitutionselastizitäten. Verteuerte Konsumgüter können eher durch andere ersetzt werden als relativ verteuerte, aber unerläßliche Produktionsmittel.

## 8. Die Frage nach dem Charakter des technischen Fortschritts

Eines jedenfalls scheint festzustehen: Die Frage nach dem Charakter des technischen Fortschritts hat Marx als erster gestellt – wobei offen ist, ob er sie richtig beantwortet hat. Und selbst die Möglichkeit der Beeinflussung des Stabilitätsproblems durch einen variablen Kapitalkoeffizienten, der bei den Neoklassikern unserer Tage in der Antwort auf das Unstabilitätstheorem HARRODS eine so große Rolle spielt, hat Marx zuerst vorgezeichnet – selbst wenn Ökonomen vom Range SAMUELSONS lange Abhandlungen auf der irrtümlichen Voraussetzung aufbauen, Marx habe mit fixen Koeffizienten gearbeitet, wobei diese Autoren sich offenbar von den Schemata des II. Bandes täuschen lassen. Um so verwunderlicher ist es jedenfalls, daß manche Autoren, die sonst Marx wohlgesonnen erscheinen, diese Leistung nicht erkennen.

Man hat kurzerhand in der Marxschen These die Behauptung sehen wollen, daß der arbeitssparende Fortschritt den kapitalsparenden überwöge. Hier befinden wir uns nun in einem Dilemma. Die Marxsche Darstellung läßt eine solche Darstellung unmittelbar nicht zu; vieles spricht dafür, daß Marx lediglich einen vorwiegend arbeitssparenden und kapitalmehrverbrauchenden Fortschritt im Auge hatte, da er ja durchaus auch Einsparungen an Kapital für möglich hält.

Der Unterschied liegt in folgendem – um GÜSTEN zu zitieren: »Beim nur arbeitssparenden Fortschritt machen die Investitionsgüterindustrien überhaupt keinen Fortschritt, aber dabei wird auf die Dauer die Profitrate nicht konstant bleiben können, da die Profitquote nicht mehr in dem Maße zunehmen kann wie der Kapitalkoeffizient ... Ein solches Wachstum ist sehr unstabil ... Sobald nämlich der Trend des vorwiegend oder nur arbeitssparenden Fortschritts aussetzt, ist die Abteilung I überentwickelt; dadurch besteht in einer nichtharmonischen Wirtschaft dieser Art ständig eine latente Krisengefahr[119].«

Das Dilemma besteht nun in folgendem: Würde man Marx eine stark simplifizierte Denkweise unterstellen, so würde jene Vision von der grundsätzlichen Unstabilität des kapitalistischen Systems, die letztlich sein ökonomisches Credo war, auf eine einfache Art untermauert. Allein, das wäre vorschnell: Denn schließlich hat gerade er der »Ökonomie« also Einsparung in der Anwendung des konstanten Kapitals im Energiebereich, durch Nutzbarmachung von Nebenprodukten und Erfindungen aller Art größte Aufmerksamkeit gewidmet.

An einigen Stellen hat sich Marx explizite zugunsten der These vom arbeitssparenden Fortschritt ausgesprochen:

»Mit dem Fortgang der Akkumulation verwandelt sich also das Verhältnis von konstantem zu variablem Kapital ..., so daß, wie das Kapital wächst, statt 1/2 seines Gesamtwerts progressiv nur 1/3, 1/4, 1/5, 1/6, 1/8 usw. in Arbeitskraft, dagegen 2/3, 3/4, 4/5, 5/6, 7/8 usw. in Produktionsmittel umgesetzt wird ... Die Nachfrage nach Arbeit fällt ... also progressiv mit dem Wachstum des Gesamtkapitals ...«

Zuweilen hat Marx die Möglichkeit einer gleichmäßigen Produktivitätssteigerung in allen Branchen durchaus explizit in Erwägung gezogen: »Steigerte sich die Intensität der Arbeit in allen Industriezweigen gleichzeitig und gleichmäßig, so würde der neue höhere Intensitätsgrad zum gewöhnlichen gesellschaftlichen Normalgrad und hörte damit auf, als extensive Größe zu zählen[120].«

Weiter sagt er in den ›Grundrissen‹: »Vermehrte sich die Produktivkraft gleichzeitig in der Produktion der verschiednen Produktionsbedingungen, Rohmaterial, Produktionsmittel und Lebensmittel, und den (davon) bestimmten (Produktionszweigen), so würde ihr Wachsen keine Veränderung in dem Verhältnis der verschiednen Bestandteile des Kapitals zueinander hervorbringen. Wächst die Produktivkraft der Arbeit gleichmäßig z. B. in der Produktion von Flachs, Webstühlen und dem Weben selbst (durch Teilung der Arbeit), so würde der größren Masse, die verwebt würde an einem Tage, größre Masse Rohstoff etc. entsprechen. In den extraktiven Arbeiten, z. B. Minenindustrie, ist nicht erheischt, wenn die Arbeit produktiver wird, daß der Rohstoff wächst, da kein Rohstoff verarbeitet wird . . .[121].« Er sah also gerade im Bergbau wachsende Ineffizienz nicht als gegeben an!

An anderer Stelle in den ›Grundrissen‹ hat Marx diese Möglichkeit der gleichmäßige Produktivitätsentwicklung als eine Gefahr für seine Theorien hingestellt:

»Damit wir die bösartige Voraussetzung vermeiden, daß er« (der Arbeiter) »fortfuhr, mit 60 konstantem Kapital und 40 Arbeitsfonds zu arbeiten, nachdem die Verdoppelung der Produktivkraft eingetreten, wodurch falsche Verhältnisse hereinkommen; es wird damit nämlich unterstellt, daß trotz der verdoppelten Produktivkraft das Kapital fortfuhr, in denselben Bestandteilen zu arbeiten, dieselbe Quantität Arbeit anzuwenden, ohne mehr auszugeben für Rohmaterial und Arbeitsinstrument[122].«

Die arbeitssparende Tendenz wirkt sich bei Marx dadurch aus, daß bei neuen Erfindungen solche arbeitssparenden Charakters überwiegen, bzw. daß vorwiegend solche Erfindungen zur Anwendung gelangen. Die relative Vermehrung der Lohnsummen bei Nettoinvestitionen ist geringer als die Vermehrung der Kapitalaufwendungen für Anlagen. Mit anderen Worten: Die Verschiebungen bei den Neuinvestitionen führen dazu, daß relativ weniger neue Arbeiter für die Erstellung zusätzlicher Lohngüter erforderlich werden, und relativ mehr für die Erstellung zusätzlicher Kapitalgüter. Damit ist der Verschiebung in den ›Wert‹-Relationen Genüge getan.

Bei dieser Betrachtungsweise wird allerdings ein Punkt vernachlässigt, die Entwicklung der Reallöhne. Es kann durchaus geschehen, daß zwar die Konsumgüterproduktion nicht deshalb ausgeweitet wird, weil zusätzliche Arbeiter in Beschäftigung kommen, wohl aber deshalb, weil sich Reallöhne und Konsum der Beschäftigten heben. Das ist der Normalfall bei Vollbeschäftigung. Dann würde die Summe des ›variablen Kapitals‹ ausgeweitet, nicht wegen rückläufiger Substitutionsvorgänge (Arbeit für Kapital), sondern wegen Verhinderung einer Steigerung der Mehrwertrate und wegen Reallohnerhöhung, die den Anteil der Löhne am Volkseinkommen gleich hält oder sogar steigert und eventuell sogar zur Überführung von Arbeitskräften aus dem Produktionsmittel- in den Konsumgütersektor führt.

Allerdings könnte das dann zu einem Absinken der Profitrate im Produktionsmittelsektor führen und damit einen Konjunkturrückschlag auslösen.

*Die Marxsche These: Technischer Fortschritt via Bruttoinvestitionen*

In der Sprache der modernen Ökonomie unserer Zeit ausgedrückt könnte man die Marxsche These etwa wie folgt paraphrasieren: Die Steigerung der Produktivität der modernen Industrie setzt mikroökonomisch gesehen voraus, daß in den Unternehmen der Anteil der Anlageabschreibungen und der Kosten für Roh- und Hilfsstoffe (bzw. der Abschreibungen auf vorhandene Lagerbestände an diesen) im Verhältnis zur Lohnsumme (und zur Wertschöpfung allgemein?) zunimmt.

Auf makroökonomischer Ebene drückt sich dies aus in einer Zunahme der volkswirtschaftlichen Abschreibungen im Bruttosozialprodukt, dieweil der Lohnanteil am Bruttosozialprodukt relativ zurückgeht. Implizit bedeutet das, daß der technische Fortschritt getragen wird von den Bruttoinvestitionen; der technische Fortschritt ist somit nach Marx ›embodied‹, kristallisiert in Anlageinvestitionen.

Tatsächlich neigen manche modernen Ökonomen der Auffassung zu, daß technischer Fortschritt nur dann wirklich zum Durchbruch kommt, wenn viel und rasch abgeschrieben wird – wobei dieser Fortschritt dann wiederum seinerseits die wirtschaftliche Veraltung und damit Abschreibung der vorhandenen Anlagen beschleunigt. Diese Auffassung erklärt sich aus der Tatsache, daß vielleicht längst vorliegende Erfindungen und Neuerungen überhaupt erst zum Tragen kommen können, wenn ein Investitionsvorgang – und dabei sind Brutto- und Nettoinvestitionen, Ersatz- und Neuinvestitionen praktisch ununterscheidbar – Anlaß gibt zur Neuerstellung der Anlagen, bei denen man dann die inzwischen erfundenen Methoden zur Anwendung bringen kann.

Technischer Fortschritt in diesem Sinne ist identisch mit dem Begriff des »kapitalmehrverbrauchenden« Fortschritts oder des »capital-using progress« (oder »bias«) JOAN ROBINSONS[123].

Allerdings dürfen wir nicht vergessen, daß Marx' Formeln hier sehr frei interpretiert werden müssen. Sie beruhen an sich auf dem Wertschema, und makroökonomisch gesehen heißt die Aussage danach wie folgt: Nimmt das konstante Kapital im Verhältnis zum variablen Kapital zu, dann bedeutet dies, daß ein größerer Anteil der in der Volkswirtschaft eingesetzten Arbeitskräfte für Ersatzinvestitionen aufgewendet werden muß, ein relativ geringerer für die Herstellung der von den Lohnempfängern benötigten Güter. Sind die Reallöhne gleich geblieben oder jedenfalls nicht gesunken, und hat sich die Zahl der Beschäftigten nicht verändert, so müßte der technische Fortschritt in den Lohngüterindustrien bzw. der Konsumgüterindustrie stärker zum Tragen gekommen sein als in den Kapital- bzw. Investitionsgüterindustrien und den Rohstoffindustrien, die diese versorgen, einschließlich der Energieversorgung. Das Gesetz würde also auf eine Leugnung eines neutralen technischen Fortschritts hinauslaufen.

*Nur arbeitssparender Fortschritt bei Marx?*

In der Regel wird Marx unterstellt, er habe einseitig mit arbeitssparendem Fortschritt gerechnet. Dies wäre an sich verzeihlich, da bekanntlich die große Mehrzahl aller Ökonomen des 19. und noch der ersten Hälfte des 20. Jahrhunderts einschließlich HICKS' ein Überwiegen des arbeitssparenden Fortschritts annahmen. Allein, die Frage ist nicht so einfach zu lösen. Streng genommen rechnet Marx mit einem Vorsprung des lohngütersparenden (bzw. Arbeitseinsatz für Konsumgüter sparenden) Fortschritts.

In der ›Wertanalyse‹, die Marx von RICARDO überkommen ist, wird lediglich eines unterstellt: daß die gesellschaftliche Gesamtarbeitszeit, die für Konsumgüter aufgewendet werden muß, im Verhältnis zu der Arbeitszeit für Produktionsmittel relativ geringer wird. Das ist nicht ohne weiteres identisch mit arbeitssparendem Fortschritt, es sei denn, daß nachgewiesen wird, die Konsumgüterherstellung sei im Durchschnitt kapitalintensiver als die Produktionsmittelherstellung. Das aber dürfte ein Mythos sein, mindestens für einen breiten Bereich im 20. Jahrhundert; es mag im 19. Jahrhundert der Wahrheit näher gekommen sein, sofern die erste Massenproduktion weitgehend auf den Konsumgütersektor beschränkt blieb und die Masse der Produktionsgüter im handwerklichen Prozeß hergestellt wurde.

Allerdings unterstellt Marx, daß das Phänomen der Verschiebung in der Wertrelation mit relativer Verringerung des Gesamtarbeitsaufwandes im Konsumgütersektor eine ›Widerspiegelung der technischen Zusammensetzung des Kapitals‹ sei, und zwar in dem Sinne, daß mit wachsender Arbeitsproduktivität einerseits weniger ›Input‹ an Arbeitsstunden für eine Einheit ›Konsumgüter‹ aufgewendet werden müsse, dieweil das ›zirkulierende Kapital‹ (ausgedrückt durch c 2) sogar vergrößert werden müßte, weil mehr Arbeitsaufwand für die Erstellung von Rohstoffen aufgewandt werden müsse. Andererseits rechnet er durchaus mit einer »Ökonomie des fixen Kapitals«, der er breite Abschnitte widmet, wenn auch in der Annahme, daß die Verringerung (immer in Werten, also Arbeitsstunden) des Aufwands an Anlagekapital (bzw. des Verschleißes von Anlagen) relativ schwächer sei als die des Aufwands an Arbeitsstunden für die Erstellung der Lohngüter.

Die These, wonach Marx in erster Linie an arbeitssparende Neuerungen gedacht habe, läßt sich nur auf Umwegen belegen. Fest steht, daß Marx mit einer relativ rascheren Abnahme des ›variablen Kapitals‹ pro Wertsumme rechnete, als er sie beim Anlagekapital unterstellte. Für das letztere nahm er allerdings auch eine ›Ökonomie des konstanten Kapitals‹ an und widmete dieser ein ganzes Kapitel, das fünfte im III. Band des ›Kapital‹. Hier stellt er fest, wenn zwar »der zirkulierende Teil des konstanten Kapitals etc. der Masse nach« (also im *Volumen*) »stets wächst im Verhältnis der Produktivkraft der Arbeit« (gemeint ist: im Verhältnis der Zunahme der Produktivkraft der Arbeit), »so ist dies nicht der Fall mit dem fixen Kapital, Gebäuden, Maschinerie, Vorrichtungen für Beleuchtung, Heizung etc.«[124]

GÜSTEN hat daraus schließen wollen, hier sei gesagt, daß das fixe Kapital in physischen Mengen weniger zunehme als die Arbeitsproduktivität, so daß der Quotient aus Produktionsmittelmenge und Arbeitsmenge abnehme. Er fährt fort: »Über die Entwicklung der *Wert*produktivität ist damit noch nichts ausgesagt.« Von diesem Gedankengang ausgehend sucht GÜSTEN den Nachweis zu führen, Marx habe unter allen Umständen »den technischen Fortschritt als überwiegend arbeitssparend betrachtet«.[125]

Die Begründung, die hier gegeben wird, ist nicht ganz einfach. »Würde in allen Sektoren die Arbeitsproduktivität gleichmäßig zunehmen, so würde die Zunahme des zirkulierenden Kapitals pro Mann (in physischen Mengen, ›Rohstoffe etc.‹) sich in einer wertmäßigen Konstanz der Kapitalintensität ausdrücken, da ja die Zunahme der technischen Zusammensetzung gleich der Zunahme der Arbeitsproduktivität ist, die Kostensenkung pro Einheit des zirkulierenden Kapitals aber ebenfalls im Verhältnis der Zunahme der Arbeitsproduktivität ist.«

Mit anderen Worten: Der Arbeiter produziert mehr als bisher – wenn diese Mehrproduktion auch in den rohstofferzeugenden Branchen stattfindet, so müßte sich dort der Arbeitseinsatz im gleichen Tempo vermindern, wie der Verbrauch an Rohstoffen auf der nachgelagerten Stufe zunimmt. Es handelt sich also dann in beiden Fällen um Arbeitsersparnis. In Marxschen ›Werten‹ gerechnet, also in Arbeitsaufwand, tritt dann keine ›Verteuerung‹ der Rohstoffe gegenüber den Fertigwaren ein.

Marx rechnet im Grunde mit zweierlei Ursachen für die relative Verringerung des ›variablen Kapitals‹, also der Lohnsummen. Einmal spiegelt sich darin nach seiner Aussage die Veränderung der ›technischen Zusammensetzung des Kapitals‹ wider[126], das heißt, es werden auf der betrieblichen Ebene durch Einsatz zusätzlichen Anlagekapitals Arbeitsstunden bzw. Arbeiter eingespart. Das ist ein Substitutionsvorgang. Marx unterstellt, daß parallel dazu eine erhebliche Ausweitung der Produktion an ›Gebrauchswerten‹, also des Produktionsvolumens erfolgt; damit müßte dann nach seiner Auffassung die Menge der eingesetzten Roh- und Hilfsstoffe annähernd proportional zur Produktivitätssteigerung wachsen. Zwar erscheint die Zunahme des Produktvolumens, soweit sie ohne Ausdehnung des Arbeitseinsatzes erfolgt, in einer Wertrechnung nicht, weil diese nur die ›gesellschaftlich notwendige Arbeit‹ erscheinen läßt; dafür müßte jedoch allein schon die Zunahme des Rohstoffverbrauchs eine relative Zunahme von c gegenüber v bewirken. Hand in Hand mit diesem Vorgang geht für Marx eine ›Ökonomie‹, also Einsparung von Kapital, vor allem in Form von Anlagekapital, dessen Effizienz im Verhältnis zu seiner Menge überproportional steigt; eine Einsparung von Rohstoffen durch bessere Arbeitsorganisation, verbesserte Maschinen und Arbeitsvorgänge, die zur Verringerung von Ausschuß führen, wird nur implizite angeführt. Per Saldo ergibt sich aus dem Zusammenspiel dieser volumenmäßigen Faktoren eine Verringerung der Arbeiterzahl bzw. Stundenzahl und damit der Lohnsumme bei gleichbleibenden Reallöhnen.

*Der Lohngütersektor*

Ein ganz anderer Vorgang ist dagegen in der relativen Verbilligung von Lohngütern zu sehen. Diese führt zur Abnahme der Lohnsumme, insoweit sich die eingesetzte Arbeiterstundenzahl verringert, wenn man die Hypothese konstanter Reallöhne zugrundelegt. Die Verbilligung der Lohngüter schlägt sich dann noch ein zweites Mal in einer Senkung der Lohnsummen nieder. Hier handelt es sich nicht um eine Veränderung der ›technischen Zusammensetzung‹, sondern um eine Verringerung des Preises der Arbeit, weil die Reallöhne gleich bleiben, wird die für den gleichen Lebensunterhalt nötige Summe geringer, während die Produktivität in der Konsumgüterindustrie gestiegen ist. Per Saldo wirkt sich dieser zweite Faktor in einer doppelten Verringerung des variablen Kapitals aus. Beide Phänomene haben die gleiche Auswirkung.

Es bleibt zu untersuchen, ob diese beiden verschiedenen Ursachen der relativen Verringerung des variablen Kapitals – der Substitutions- bzw. Freisetzungsvorgang und die generelle Kosteneinsparung im Konsumgütersektor – nicht getrennt voneinander betrachtet werden können.

Im ersteren Falle erscheint es tatsächlich weniger wahrscheinlich, daß die Substitution immer nur in einer Richtung vor sich gegangen wäre, nämlich in Richtung auf Freisetzung von Arbeitskräften – wenngleich das der Grundgedanke in Marx' Theorie der Reservearmee war. Auch im Rahmen dieser Theorie rechnete er aber mit der zeitweiligen Absorption der Reservearmee in der Hochkonjunktur. Im Laufe des Konjunkturzyklus mußte es also Momente geben, in der unzureichende Anlagekapazitäten mindestens zeitweilig durch höheren Arbeitseinsatz wettgemacht wurden, was eine temporäre Substitution von Anlagekapital durch Arbeit bedeuten kann.

Im zweiten Falle ist die Wahrscheinlichkeit einer unilateralen ständigen Kosteneinsparung gegeben; es wäre jedoch zu beweisen, warum diese im Konsumgütersektor größer sein soll. Die These gewänne nur dann an Wahrscheinlichkeit, wenn sich nachweisen ließe, daß Mechanisierung, Automatisierung und Fließbandarbeit bei Konsumgütern eher Platz greifen können, während der qualifizierte Facharbeiter oder Quasi-Handwerker bei Maschinenanlagen relativ größere Bedeutung hätte. Wenn dem so wäre, wäre allerdings der raschere technische Fortschritt im Konsumgütersektor wiederum nur die Folge davon, daß die Substitution von Arbeit durch Kapital hier schneller vor sich gegangen wäre als bei den Produktionsmitteln – womit dann die zunächst als zwei verschiedene Faktoren angesehenen beiden Grundelemente des Marxschen Theorems in eines zusammenflössen. Der technische Fortschritt ersetzt Arbeit durch Realkapital – und zwar im Konsumgütersektor rascher als im Produktionsmittelsektor. Ob dem so ist, wäre dann zu verifizieren.

Die These, wonach Marx ausschließlich an arbeitssparende Neuerungen gedacht habe, läßt sich nicht unmittelbar aus seiner Fassung des Theorems belegen. Denkbar wäre z. B., daß die Verbilligung der Konsumgüter, die einer der beiden Faktoren bei der Verringerung der Werte des variablen Kapitals ist, durch neutralen technischen Fortschritt oder gar überwiegend kapitalsparenden Fortschritt zustandekommt. Man müßte also in erster Instanz von einer relativ größeren Lohnsummensenkung im Verhältnis zur Verringerung der Abschreibungs- und Rohstoffkosten reden.

Betrachtet man die Argumentation genauer, so ergibt sich erstens, daß nach Marx der Schwerpunkt in der Verschiebung der ›technischen Zusammensetzung des Kapitals‹ bei den Rohstoffen liegt. Würde hier der Arbeitsaufwand zu ihrer Gewinnung genau so abnehmen wie bei der Herstellung der Lohngüter, so würde die Verschiebung zugunsten von c nicht eintreten. Nun ist aber, wie dargelegt wurde, der Rohstoffbereich lediglich bei mikroökonomischen Analysen zu berücksichtigen – bei makroökonomischen haben wir nur noch mit Produktionsmitteln und Arbeitskräften zu rechnen, wie BURCHARDT und DICKINSON nachgewiesen haben.

In der weiteren Darstellung ist somit beim Verhältnis zwischen konstantem und variablem Kapital nur noch an das Verhältnis zwischen Anlagebestand (bzw. Anlageabschreibungen) und Lohnsummen zu denken. Es bleibt nur eine Frage: soll beides in ›Werten‹, also gesellschaftlich notwendiger Arbeitszeit oder in ›Preisen‹ gemessen werden?

Die Marxsche Analyse ist in Werten konzipiert. Daraus ergibt sich eine Reihe besonderer Probleme. In der Literatur wird das Marxsche Theorem in der Regel so gedeutet, daß nach Marxscher Auffassung der technische Fortschritt eine arbeitssparende Tendenz (»bias«) aufzuweisen habe. Formal gesehen ist dies eine Tautologie; da die Arbeit der einzige

Produktionsfaktor in der Wertanalyse ist, kann nicht gut etwas anderes gespart werden. Man kann sich mit der Unterscheidung von »lebendiger« und »toter« Arbeit bescheiden und annehmen, daß nach Marx eben überwiegend die erstere »gespart« würde. Was bedeutet dies im Wertschema?

Gehen wir von einer gängigen Definition aus, etwa der von MARK BLAUG, und nehmen wir an, daß eine Neuerung (»innovation«) eben dann arbeitssparend wäre, wenn sie das Verhältnis Kapital : Arbeit erhöht; tritt das Gegenteil ein, ist die Neuerung kapitalsparend[127]. Wenn dieses Verhältnis bei Marx von der ›organischen Zusammensetzung‹ dargestellt wird, so bedeutet dies demgemäß – in der Sprache der Wertanalyse –, daß eine Neuerung arbeitssparend ist, wenn gesamtwirtschaftlich gesehen damit relativ weniger Arbeitskräfte in den Konsumgüterindustrien eingesetzt werden, die Lohngüter (v) (und damit die »Arbeit«) produzieren; kapitalsparend ist die Neuerung, wenn relativ weniger Arbeitskräfte in der Kapitalgüterindustrie eingesetzt werden. Einzelwirtschaftlich betrachtet umfaßt der letztere Bereich auch die Roh-, Grund- und Hilfsstofferzeugung; gesamtwirtschaftlich gesehen werden diese nach BURCHARDT und DICKINSON als Zwischenprodukte aus der Rechnung herausgenommen, da sie entweder mit Hilfe von Arbeitskräften produziert werden, die wiederum gewissermaßen »Produkt« des Konsumgütersektors sind (im Sinne VON NEUMANNS!), oder mit Produktionsmitteln, die Produkt des Kapitalgütersektors sind. Im übrigen ist diese Frage ein Problem der statistischen Zurechnung.

Mit dieser Deutung würde jede Einsparung von Arbeitskräften im Konsumgütersektor überwiegend arbeitssparend, im Kapitalgütersektor überwiegend kapitalsparend sein. Allerdings können sich hier nach LANGE Periodenverschiebungen ergeben: eine Neuerung, die kapitalsparend ist, sobald sie in Funktion getreten ist, kann relativ mehr Kapital als Arbeit in Anspruch nehmen, solange sie sich in ihrer Aufbauperiode befindet; es ist dies der Gegensatz zwischen LANGES »operation period« und »gestation period«.[128]

### *Die Relation zwischen Theorie und Empirie*

Angesichts der sicherlich nicht lückenlos schlüssigen Beweisführung zum säkularen bzw. langfristigen Theorem des Falls der Profitrate hat man einen Rückgriff auf die empirisch-statistische Verifizierung nicht ganz zu Unrecht als unzureichendes Substitut angesehen. So sagt einer der Autoren, die Marx durchaus wohlwollend gegenüberstehen, GÜSTEN – der gleichzeitig die vielleicht tiefschürfendste Analyse zum langfristigen Phänomen geliefert hat – folgendes: »Es steht einem Theoretiker vom Range Marxens schlecht an, sich im entscheidenden Moment gegenüber der ›abstrakten Betrachtung‹ auf die ›Wirklichkeit‹ zu berufen. Wer sich auf die Wirklichkeit beruft, läuft auch Gefahr, von der Wirklichkeit widerlegt zu werden[129].«

Indessen sind hier doch drei Bemerkungen zu machen. Erstens ist es für das Werk Marxens bezeichnend, daß dieser oft visionäre Konzeptionen vertreten hat, für die er nur unvollkommen oder annäherungsweise eine analytische Begründung zu liefern vermochte – was teilweise durch den unvollendeten und willkürlich geordneten Charakter seines Werkes bedingt ist. Das gilt vor allem für den dynamischen Teil seines Werkes. Es käme also darauf an, den eigentlichen Gehalt dessen, was nur in Andeutungen vorhanden ist, aus dem Werke selbst herauszukristallisieren. Dabei läuft man ohne Zweifel Gefahren, denen kein Marx-Interpret ganz zu entgehen vermag.

Zweitens hat man es sich unter dem Einfluß der modernen Wachstumstheorie ein wenig zu leicht gemacht mit der Gegenargumentation gegen die Marxsche Theorie, die man als eine These vom »nicht-neutralen Charakter des technischen Fortschritts« kennzeichnen kann. Tatsächlich gibt es keinerlei überzeugende theoretische Gründe dafür, daß der technische Fortschritt stets in gleichmäßiger Neutralität ablaufen muß: es wäre durchaus denkbar, daß Perioden mehr arbeitssparenden Charakters mit solchen abwechseln, die mehr kapitalsparenden Charakter tragen. Es könnte sogar sein, daß sich in dieser Hinsicht ein kondratiew-ähnlicher säkularer ›Super-Zyklus‹ abzeichnet, von dem Marx einen Teilabschnitt richtig erkannt hätte. Es ist möglich, daß ein Überwiegen arbeitssparender Tendenzen, das plötzlich abgebrochen wird, die obenerwähnten spezifischen Entstabilisierungstendenzen auslösen kann.

Drittens hatten sich eine ganze Reihe namhafter Autoritäten zugunsten der Auffassung ausgesprochen, wonach eine »inhärente arbeitssparende Tendenz« der modernen kapitalistischen Entwicklung zugrundeliegt.

## 9. Die Diskussion des technischen Fortschritts in der ›akademischen‹ Wirtschaftswissenschaft

Es ist ein Scherz der Dogmengeschichte, daß den Reigen kein geringerer als der große Gegenspieler Marx' (nach dessen Tode), EUGEN VON BÖHM-BAWERK anführt: Dessen Theorie der Produktionsumwege besagt ganz klar, daß der Fortschritt »kapitalmehrverbrauchend« war – und BÖHM-BAWERK hat kapitalsparende Neuerungen ausdrücklich als Ausnahmen bezeichnet[130].

Nach Marx selber war es erst SIDGWICK, der 1889 den kapitalsparenden Fortschritt entdeckte, nach ihm machten J. B. CLARK und TAUSSIG einige Andeutungen, aber »keiner von ihnen zweifelte daran, daß der technische

Fortschritt in der Vergangenheit überwiegend arbeitssparenden Charakter gehabt hatte«.[131] Noch um 1937 neigte JOAN ROBINSON dieser Ansicht zu, um sich erst spät zu bekehren (1956). Kann man es Marx übelnehmen, wenn er auch ein Opfer des Mythos von der arbeitssparenden Tendenz (›bias‹) im technischen Fortschritt war?

SALTER hat in einer epochemachenden Studie festgestellt, daß »einiges Beweismaterial in der Richtung vorliegt, daß der Charakter des technischen Fortschritts nicht sehr verschieden ist von dem, was mit HARRODS Definition der ›Neutralität‹ impliziert ist«.[132] Das beweist mit anderen Worten: Die Produktivität des Kapitals ist unverändert, wenn der Zinssatz konstant ist. Mit HARRODS Worten: »Ein neutraler Strom der Erfindungen ist einer, der eine Kapitalwachstumsrate verlangt, die der dadurch bewirkten Einkommenswachstumsrate gleich ist[133].« Das heißt schließlich: die Relation zwischen Kapital und Einkommen (bzw. Output) bleibt gleich.

Nun hat HARROD kurioserweise gemeint, er »habe nicht den Eindruck, daß die Erfindungen ... der letzten Jahre ... überwiegend arbeitssparend waren«.

Hier liegt der Unterschied; gerade einige der Autoren, die die HARRODsche Definition gegenüber der von HICKS bevorzugen, neigten der Auffassung zu, der technische Fortschritt sei in der letzten Zeit tatsächlich überwiegend arbeitssparend gewesen. SALTER hat dabei die Möglichkeiten des steigenden oder konstanten technischen Fortschritts wie folgt skizziert:

»Die Untersuchungen der Bewegungen des Kapitalkoeffizienten durch KUZNETS, CREAMER und GOLDSMITH in den Vereinigten Staaten und REDFERN und PHELPS-BROWN im Vereinigten Königreich deuten auf eine konstante oder sehr langsam steigende Kapitalproduktivität. Es ist mindestens sicher, daß die aggregate Arbeitsproduktivität sehr viel rascher zugenommen hat als die aggregate Kapitalproduktivität. Die Frage, die für die weitere Analyse entscheidend ist, ist die, welche Gründe für diese unterschiedliche Entwicklung vorliegen ... Es gibt zwei Hauptmöglichkeiten: (i) entweder technische Fortschritte, die eine starke Tendenz (›bias‹) in Richtung auf Arbeitsersparnis haben, oder (ii) technische Fortschritte, die weitgehend ohne Tendenz sind, aber gekoppelt sind mit einem erheblichen Substitutionsvorgang, der mit technischem Fortschritt in der Herstellung der Kapitalgüter gekoppelt ist. Im ersteren Fall enthalten die technischen Fortschritte in jedem Wirtschaftszweig eine hochgradige arbeitssparende Tendenz, so daß eine Zunahme in der Kapitalproduktivität in einzelnen Wirtschaftszweigen selten ist ... Im zweiten Falle ... sollten wir erwarten, daß die Kapitalproduktivität in manchen Wirtschaftszweigen zunimmt, aber in anderen abnimmt«, so daß sich das gegenseitig aufhebt[134]. Allerdings will SALTER sich nicht für das arbeitssparende Argument entscheiden, sondern neigt zur Annahme eines neutralen Fortschritts.

Ausdrücklich zugunsten des arbeitssparenden Fortschritts entschied sich jedoch der große Gegenspieler HARRODS in der Definition des Fortschritts, nämlich HICKS: »Die generelle Tendenz zu einer rascheren Zunahme des Kapitals im Verhältnis zur Arbeit, die die europäische Geschichte im Laufe der letzten paar Jahrhunderte gekennzeichnet hat, ergab in ganz natürlicher Weise einen Stimulus für arbeitssparende Tendenzen ... Wir müssen zwei Arten von Erfindungen unterscheiden ... solche, die das Ergebnis einer Veränderung in den relativen Faktorpreisen sind: wir nennen sie ›induzierte‹ Erfindungen. Den Rest nennen wir ›autonome‹ Erfindungen. Wir erwarten, in der Praxis, daß nahezu alle induzierten Erfindungen überwiegend arbeitssparenden Charakter tragen ...[135].«

Bestimmte Formen induzierter Erfindungen arbeitssparenden Charakters führen zu einer Erhöhung der Substitutionselastizität zwischen Kapital und Arbeit: »Dementsprechend wird die Möglichkeit, wonach das Kapital seinen relativen Anteil erhöht, größer ... Die induzierten Erfindungen dieses Typs ... können nicht nur den relativen Anteil der Arbeit, sondern sogar ihren absoluten Anteil verringern ...«

Ähnlich äußerte sich in neuerer Zeit OTT: »... so liegt auf der Hand, daß der arbeitssparende Fortschritt bei Kapitalmehraufwand (Fall 1) die für die Entwicklung des Kapitalismus typische Form des technischen Fortschritts darstellt, und zwar seit der industriellen Revolution bis zur gegenwärtigen Zeit der Atomtechnik und Automation ... Ja, man kann sogar annehmen, ... daß im 19. Jahrhundert der Typ 1 (arbeitssparender Fortschritt bei Kapitalmehraufwand) vorherrschend war ...[136].«

Die moderne Wirtschaftswissenschaft hat das Wirken dieser Gesetzmäßigkeit stark abgeschwächt. So hat z. B. SALTER die Ansicht vertreten, der Normalfall des technischen Fortschritts sei der, bei dem alle Produktionsfaktoren – Kapital wie Arbeit – eingespart werden, jedenfalls im Sinne *absoluter* Einsparung. Rein arbeitssparende technische Fortschritte seien außergewöhnlich. Allerdings gibt auch SALTER zu, daß generell eine Substitution von Kapitalgütern für Arbeitskräfte überwiegt; letzteres scheint also für Marx' Annahme zu sprechen. Die relativen Preise seien besonders dort gesunken, wo Arbeit eingespart wurde.

Schließlich meint SALTER, daß auf lange Sicht die Steigerung der Arbeitsproduktivität in erster Linie durch »economies of scale«, in zweiter durch »verbesserte Technik auf Grund besserer Kenntnisse« erfolgt sei[137].

Der erste Faktor scheint Marx wieder Recht zu geben; sein Anwachsen des konstanten Kapitals ist das ›capital deepening‹, das der Vergrößerung der Kapazität vorangehen muß. Die verbesserte Kombination der Produktionsfaktoren durch bessere Kenntnisse und Forschung paßt dagegen weniger in dieses Schema und schwächt das Argument ab. Für SALTER gilt, daß – historisch gesehen – der Wert aller Kapitalanlagen zusammengenommen, im Verhältnis zur Gesamtlohnsumme, abgesunken ist.

»Eine Lokomotive kostet jetzt nur ein Fünftel (in Stundenlöhnen ausgedrückt) von dem, wie sie 1850 kostete; dafür aber und obendrein zieht sie zehnmal schwerere Züge. Eine kombinierte Mäh- und Dreschmaschine von 1948 kostet nicht mehr als eine Mähmaschine gleicher Schnittbreite im Jahre 1880, und eine Spindel von 1948, die nur ein Drittel des Preises einer Spindel von 1850 kostet, verarbeitet das Vierzigfache an Fäden ...«

Im übrigen sieht es so aus, als habe in der Tat das Gesetz des rascheren Wachstums der Realkapitalwerte (c) gegenüber dem Einkommen (v + m) für das neunzehnte Jahrhundert – wenngleich in abnehmendem Maße – gegolten, aber nicht mehr für das Zwanzigste.

Nach den Feststellungen FOURASTIÉ's ist das Gesamtkapital in den U.S.A. von 1800 bis 1850 noch fünfmal so schnell gewachsen wie das Volkseinkommen; für die Periode 1860 bis 1890 ging diese Verhältnisziffer bereits auf 1,6 zurück, und für die Zeit zwischen 1900 und 1940 wuchs umgekehrt das Volkseinkommen um ein Drittel rascher als das Kapital[138].

Das Gesamtergebnis der Untersuchung GILLMANS deutet in die gleiche Richtung, allerdings erst ab 1900/1919. Diese Tendenz ließe sich eventuell aus drei Hauptrichtungen erklären.

Einmal muß mit rasch wachsenden Kapitalanlagen und weniger rasch wachsender Beschäftigtenzahl der Wert der Arbeitskraft im Verhältnis zu dem der Maschine steigen.

Zum zweiten besteht der technische Fortschritt weitgehend auch in der verbesserten Ausnutzung vorhandener Anlagen. Diese Tendenz kann allerdings in die umgekehrte Richtung ausschlagen, wenn die Arbeitskraft immer knapper wird. Hier liegt die Bedeutung der Möglichkeit zur Heranziehung ausländischer Arbeitskräfte.

Zum dritten bedeutet die relative Sättigung mit »tangiblen« Gütern, daß die Nachfrage nach Dienstleistungen rascher wächst, als die nach Gütern; nach FOURASTIÉ verlieren die primären und sekundären Güter ihren Wert, während die Dienstleistungen – und die Arbeit überhaupt – an Wert immer mehr gewinnen[139].

*Erschwerung der Verifizierung durch Wertrechnung*

Aber gegen ein Überwiegen kapitalsparender Tendenzen sprechen doch auch recht gewichtige Gegenargumente. Eine der Schwierigkeiten für die Darstellung des Gesetzes der ›fallenden Tendenz der Profitrate‹ liegt darin, daß Marx sein Gesetz in Form seiner Wertrechnung zum Ausdruck brachte, d. h. im Rahmen einer Rechnung, die auf Arbeitsstunden beruht

– jedoch nicht auf effektiv geleisteten, sondern auf »gesellschaftlich notwendigen«, d. h. solchen, die unter Berücksichtigung der durchschnittlichen Entwicklung der Produktivkräfte notwendig sind.

Diese Art der Darstellung erschwert die theoretische Entwicklung und vor allem die Verifizierung des Wirkens des Gesetzes außerordentlich. Man muß, wenn man der Wirklichkeit nahekommen will, zunächst einmal annehmen, daß die effektiv geleisteten Arbeitsstunden auch tatsächlich notwendig waren bzw. sind. Dann kann bei Unterstellung der Vollbeschäftigung als Ausgangspunkt – es ist dies eine Annahme, die wieder durch die Marxsche These vom ständigen Vorhandensein einer ›industriellen Reservearmee‹ in Frage gestellt wird – die erweiterte Reproduktion etwa wie folgt skizziert werden: Sie wird nur möglich, wenn entweder der Bevölkerungszuwachs neue aktive Arbeitskräfte in den Arbeitsprozeß führt, oder aber eine Umverteilung der Arbeitsstunden vorgenommen wird, oder der technische Fortschritt zu einer gleichmäßigen Zunahme der Produktivität aller Arbeitskräfte führt.

Im Sinne der HICKSschen Terminologie haben eine Reihe von neueren Studien, die eine CES-Funktion (»constant elasticity of substitution«) verwendeten, zu dem Ergebnis geführt, daß arbeitssparende Tendenzen (»bias«) doch im technischen Fortschritt überwiegen: Das gilt für die Studie von FERGUSON[140] – bei dem allerdings drei große Wirtschaftszweige von der Regel abwichen und kapitalsparende Tendenz zeigten – und für die Studie von DAVID und VAN DE KLUNDERT, die feststellten: »... Der technische Fortschritt war im privaten Binnensektor der US-Wirtschaft in diesem Jahrhundert arbeitssparend ...[141].«

*Die Definition des neutralen Fortschritts*

Der Begriff des »arbeitssparenden« bzw. »kapitalsparenden« Fortschritts ist aber ebenso wie die Definition des neutralen technischen Fortschritts im Sinne HICKS' – unveränderte Relation zwischen den Grenzprodukten bei konstanten Faktorproportionen[142] – einigermaßen aus der Mode gekommen. So sagt u. a. SALTER: »Arbeits- und Kapitalsparen stellen den eigentlichen Kern der Faktorsubstitution dar, aber solche Veränderungen müssen ausgeschlossen werden. Das ist einer der Gründe, warum es besser scheint, die Begriffe arbeitssparend und kapitalsparend auszuschalten, und stattdessen von Tendenzen (›biases‹) zu sprechen, die ... durch Faktor-Substitution aufgewogen oder verschärft werden können ...[143].« Die Begriffe »arbeitssparend« und »kapitalsparend« erscheinen immerhin noch in dem Schema, wie es z. B. A. E. OTT entwickelt hat[144], hier allerdings in differenzierterer Form; unter dem arbeitssparenden Fortschritt, wie er bei Marx auftritt, wird hier der »kapitalmehrverbrauchende« Fortschritt verstanden, d. h. der Fortschritt, bei dem einerseits pro Produkteinheit weniger Arbeit als vorher aufgewendet wird, andererseits aber mehr Kapital pro Produkteinheit bzw. Arbeitseinsatz (gemessen in v); es handelt sich hier um arbeitssparenden Fortschritt bei Kapitalmehraufwand bzw. um »capital-using technical progress« nach einer der Definitionen JOAN ROBINSONS, bzw. um »capital deepening«.[145]

Die gängigste Definition des nur arbeitssparenden Fortschritts ist diese: Die Arbeitsproduktivität, d. h. der Ausstoß pro Arbeiter, nimmt überall zu; die Kapitalproduktivität, also der Ausstoß pro Produktionsmitteleinheit, bleibt gleich. Dann erhöht sich der Ausstoß der Investitionsgüterindustrien zwar uno acto mit der Produktivitätssteigerung, die Zahl ihrer Arbeiter aber nicht. Bleiben die Reallöhne konstant, so würden andererseits in den Konsumgüterindustrien weniger Arbeiter benötigt. Damit fiele deren Anteil am »Gesamtwert«; Arbeiter würden »erspart« oder »freigesetzt« und könnten nur bei Zunahme der Nettoinvestitionen (oder der Reallöhne) wieder Beschäftigung finden.

HARROD hatte HICKS vorgeworfen, seine Definition mache »die Neutralität einer Erfindung ... abhängig von den Elastizitäten der Ersetzbarkeit zwischen Kapital und Arbeit«; nach HARRODS Definition ist »neutraler Fortschritt der, der bei konstantem Zinsfuß den Wert des Kapitalkoeffizienten nicht stört«.[146] Steigt der Koeffizient, so ist der Fortschritt arbeitssparend.

HARROD-neutraler Fortschritt ist aber im HICKSschen Sinne bereits arbeitssparend, denn er wirkt »arbeitsvervielfachend«, wie vor kurzem WALTER betont hat[147]. Immerhin hat man gegen HARRODS Kriterium eingewandt, daß der Kapitalkoeffizient bestenfalls als Index für das Tempo der Einführung von Neuerungen, nicht aber für die Tendenz zur Faktorersparnis dienen könnte[148].

Gegenüber HARROD hat FELLNER das HICKSsche Konzept der induzierten Neuerungen mit ihren vorherrschenden arbeitssparenden Tendenzen hervorgehoben, allerdings mit einem »einigermaßen unzureichend arbeitssparenden Charakter, in dem Sinne, daß mit einem sehr bedeutsamen Ansteigen der Reallöhne (im Laufe des 19. Jahrhunderts) wahrscheinlich ein mildes Absinken des Kapitalertrages verbunden war ... Aber der Rückgang der Erträge war auf lange Sicht nicht konsequent oder bedeutsam ... Solange ein solcher Rückgang der Erträge für die Investoren, gekoppelt mit einem bedeutsamen Ansteigen in Reallohnsätzen, nicht so ausgesprochen oder so beharrlich ist, daß damit die Investitionsneigung allzu schwach wird, wird die gesellschaftliche Funktionsfähigkeit des Systems damit wahrscheinlich gestärkt ...«.[149]

Man könnte aus diesen Worten schließen: Marx' langfristige Tendenz setzt sich zwar durch, aber weil sich die Kapitalisten an das langsame Absinken gewöhnen, wird der Kapitalismus durch die langfristige Tendenz zum Absinken der Profitrate nicht gefährdet.

MARK BLAUG hat die Argumentation FELLNERS wie folgt paraphrasiert: »Die Tatsache, daß das aggregierte Verhältnis zwischen Kapital und Output (›capital-output ratio‹ = Kapitalkoeffizient) in fortgeschrittenen Wirtschaftssystemen für die letzten 75 Jahre praktisch unverändert geblieben ist, ist fatal für das Marxsche Schema. Zusammen mit der ebenfalls beobachteten langfristigen Stabilität in den relativen Anteilen führt dies unmittelbar zu der Schlußfolgerung, daß die Gewinne pro Kopf genau so schnell gestiegen sind wie das Kapital pro Kopf und daß die Profitrate (p') deshalb nicht gesunken ist. Im amerikanischen Fall hat die Ertragsrate auf physisches Kapital in privatem Besitz tatsächlich eine leicht abfallende Tendenz im 20. Jahrhundert gezeigt. Aber der Grund hierfür lag nicht darin, daß der technische Fortschritt übermäßig arbeitssparend war; im Gegenteil, das Beweismaterial zeigt eine leicht kapitalsparende Tendenz über die letzten vier Jahrzehnte hinweg[150].«

Dreierlei ist zu dieser Paraphrase zu bemerken: Erstens ist – wie anderwärts in diesem Text zu zeigen bleibt – die säkulare Bewegung des Kapitalkoeffizienten sehr umstritten; von einer echten Konstanz kann man hier nicht reden. Zweitens betrifft die abfallende Tendenz in den Kapitalerträgen nach der FELLNERschen Darstellung das 19. Jahrhundert. Drittens stimmt die Erklärung, wonach seit 1920 kapitalsparende Tendenzen in den USA überwogen hätten (BLAUG schreibt dies 1960), zwar mit den Untersuchungen so gut wie aller Nichtmarxisten wie Marxisten in dieser Materie überein; aber es scheint so zu sein, daß dieser Trend eben in den sechziger und siebziger Jahren eine Umkehrung erfährt.

## 10. Ein Deutungsversuch

*Gibt es Zyklen des technischen Fortschritts?*

Und eben mit diesem langfristigen Vorherrschen der einen oder anderen Tendenz kommen wir einem Kernproblem näher: Bedeutet das Marxsche Gesetz, daß es langfristige Zyklen des technischen Fortschritt gibt – anders als die ›Kondratieffs‹, aber vielleicht dem ›Bau-Transport-Zyklus‹ ISARDS oder dem KUZNETS-Zyklus angelagert –, in denen bald die arbeitssparende, bald die kapitalsparende Tendenz überwiegt? Wenn dem so wäre, so wäre Marx letzten Endes doch einem grundlegenden Bewegungselement des kapitalistischen Systems auf der Spur gewesen! Weiter ergibt sich die Frage, wie die Relation zwischen einer solchen Bewegung und den Konjunkturzyklen à la JUGLAR wäre.

BLAUG stellt denn auch fest, daß »Marxisten und orthodoxe Ökonomen sich über die Tatsachen keineswegs uneinig sind«.[151] In konstanten Preisen steigt der Kapitalkoeffizient bis 1919 und sinkt dann bis 1948, mit leichtem Ansteigen zu Beginn der fünfziger Jahre.

BLAUG gibt eine Liste der Namen durchaus reputierlicher Ökonomen, die vom Vorwiegen arbeitssparenden Fortschritts überzeugt waren. Die Liste reicht von BÖHM-BAWERK über WICKSELL bis zu HICKS. Und er meint, es sei schließlich kein Wunder, wenn »auch Marx ein Opfer des Mythos von der arbeitssparenden Tendenz im technischen Fortschritt« geworden sei[152].

Andererseits stellt BLAUG bei aller Kritik ähnlich wie FELLNER[153] fest: »Die Marxsche Situation ist theoretisch möglich. Die Ereignisse sind zwar nicht in der Richtung verlaufen, aber gibt es irgendwelche Gründe dafür, daß man annehmen könnte, sie hätten so verlaufen können?« BLAUG meint zwar, die »Investitions-Nachfrage-Funktion muß eine besondere Form haben, um den Marxschen Fall zu stützen«. Er deutet dann aber doch Möglichkeiten in dieser Richtung an: »... Wenn der technische Fortschritt reichhaltig anfällt und doch ein Absinken in der Kapitalertragsrate auslöst, so deutet das darauf hin, daß die faktorsparende Tendenz der Neuerungen nicht im Einklang steht mit den relativen Faktorknappheitsgegebenheiten. In einer Wirtschaft, in der Kapital der knappere Faktor ist, muß eine beharrliche Tendenz in Richtung auf arbeitssparende Verbesserungen die Gewinne aushöhlen, die jeder einzelne Unternehmer aus einer Verbesserung erhofft; das ist der Fall, an den Marx gedacht hat. Wenn die Arbeit der knappere Faktor ist, wie in fortgeschrittenen westlichen Wirtschaftssystemen, so wirkt sich eine Tendenz in Richtung auf kapitalsparende Verbesserungen ebenfalls dahingehend aus, daß der Kapitalertrag vermindert wird ...[154].«

BLAUG hat dabei auf einen ›Widerspruch‹ im Theorem selbst hingewiesen: Nach Marx ergibt sich die Tendenz zum Fall der Profitrate dann, wenn die Gewinnquote am Sozialprodukt die gleiche bleibt, aber die Kapitalwerte aufgebläht werden, im Verhältnis zu den Lohnsummen. Arbeit wird freigesetzt und damit überschüssig.

Warum soll nun nicht, wenn an der ›Phillips-Kurve‹ etwas Wahres ist, auf längere Zeit ein Umschwung eintreten? Angesichts technologischer Arbeitslosigkeit wird die Arbeitskraft auf gewisse Zeit relativ billiger, zumal dann, wenn langdauernde Prosperität die Zinssätze hochtreibt. Ein Substitutionseffekt macht sich bemerkbar. Kapitalsparende Erfindungen werden lohnend und in Neuerungen transponiert.

In der ersten Etappe, der der Freisetzung, ist die Profitrate gesunken, weil die Kapitalwerte anschwollen und das Postulat der gleichen Aufteilung des Volkseinkommens galt. In einer Zwischenstufe, wenn die Löhne relativ zu den Realkapitalkosten sinken, müßte der Gewinnanteil am Volkseinkommen zwar steigen und somit wieder die sinkende Profitrate teilweise ausgleichen. Wenn inzwischen kapitalsparende Erfindungen und Neuerungen zu überwiegen beginnen, so nimmt jetzt die Wertsumme des Realkapitals ab, und das müßte bei konstanter Verteilung zunächst noch den Kapitalertrag verbessern. Da aber jetzt Realkapital ›freigesetzt‹ wird und die Arbeitskräfte daher der knappere Faktor werden, müßten die Zinssätze fallen und die Löhne steigen. Das Resultat wäre eine Verschiebung der Anteile zugunsten der Arbeit, und der Gewinnanteil am Volkseinkommen würde sinken, weil die Kapitaleigner jetzt den reichhaltiger vorhandenen Faktor vertreten. Nun besteht wieder der Anreiz zu arbeitssparenden Tendenzen.

Eine solche Theorie würde den Anteil von Kapital und Arbeit am Sozialprodukt zur Funktion der Änderungen der Richtung des technischen Fortschritts werden lassen. Gleichzeitig wäre eine Versöhnung denkbar zwischen dem Marxschen Standpunkt, demzufolge die Profitrate sinkt, weil die Kapitalwerte anschwellen und der Gewinnanteil am Volkseinkommen noch zur Konstanz tendiert, und der Theorie der relativen Faktorknappheit, die postuliert, daß der ›freigesetzte‹ Faktor auf die Dauer doch den relativ geringeren Preis haben muß; womit die Profitrate (auf dem Wege des Ansteigens der ›Mehrwertrate‹) zunächst steigt, um dann zu fallen, weil der von ihr vertretene Faktor durch kapitalsparende Neuerungen relativ weniger knapp wird.

Das Wechselspiel zwischen der (bei Marx relativ autonomen, nur vom – institutionalisierten? – Klassenkampf beherrschten) Verteilung des Volkseinkommens und den Tendenzen des technischen Fortschritts würde somit den längerfristigen Zyklus, etwa den ›KUZNETS‹-Zyklus, beherrschen. Der ›bias‹ im Fortschritt wäre nicht mehr ein exogener Faktor, und ebensowenig der Gewerkschaftsdruck, den andere Marxisten als ›deus in machina‹ einführen, wie BLAUG betont. »Die Produzenten ... wählen Verbesserungen, die jeweils den knapperen Faktor sparen ...[155].«

Generell liegt es nahe, das Überwiegen der kapitalsparenden Tendenz in der Zeit zwischen den Weltkriegen auf die Tatsache zurückzuführen, daß Arbeitskräfte relativ reichlich vorhanden waren – Massenarbeitslosigkeit bestand in Großbritannien und auch Deutschland selbst in den zwanziger Jahren.

Andererseits erhebt sich die Frage, ob hier nicht auch statistische Faktoren mitspielen.

So haben z. B. DAVID und KLUNDERT 1965 die Frage aufgeworfen, ob die kapitalsparende Tendenz 1919–1940 (bzw. insbesondere 1933–1943) in den USA nicht zurückzuführen war auf »eine andauernde Anhebung in der Rate der Auslastung des vorhandenen Kapitalbestandes ... angesichts der Erholung nach der Depression ...« Dies würde bedeuten, daß die wohlbekannten verfälschenden Eigenschaften des marginalen Kapitalkoeffizienten in den Berechnungen überwiegen[156].

Für die neuere Zeit ergeben sich sehr differenzierte Beurteilungen, die aber doch eine gewisse Tendenz in Richtung auf ein erneutes Vorwiegen arbeitssparender Tendenzen andeuten. So hat ANNE P. CARTER im Jahre 1970 im Rückblick auf die sechziger Jahre festgestellt: »Die meisten Arbeitskoeffizienten fielen stärker als die entsprechenden Kapitalkoeffizienten, und damit hat das Kapital-Arbeit-Verhältnis in den meisten Sektoren zugenommen. Das gilt sowohl für die direkten wie die Gesamtmaßstäbe für Arbeits- und Kapitalintensität ... Größere Abnahmen in Arbeitserfordernissen sind assoziiert mit kleineren Rückgängen oder sogar Steigerungen in Kapitalerfordernissen ... und umgekehrt ...« Allerdings sind nach ihrer Ansicht in vielen Fällen »Verbesserungen in den Arbeits- und Kapitalproduktivitäten Hand in Hand gegangen«, so daß es sich lediglich um überwiegend arbeitssparenden Fortschritt handelte[157].

Etwas skeptischer, wenngleich auch unter teilweiser Betonung arbeitssparender Tendenzen äußert sich MANSFIELD: »Die Vereinigten Staaten haben für einige Zeit eine Zunahme in der Lohnrate relativ zu den Kosten neuer Maschinen. Nach Ansicht vieler Ökonomen und Wirtschaftshistoriker sollte dies arbeitssparende Veränderungen induzieren. Es ist jedoch überraschend, wie wenig Beweise für diese Auffassung vorliegen. Viele Ökonomen haben das Gefühl, daß diese technologische Veränderung durchaus arbeitssparend war, erkennen aber generell an, daß das Beweismaterial indirekt und für die Abgabe klarer Urteile zu schwach ist[158].«

*Affinitäten zu* KALDORS *»technical progress function«*

Die eleganteste Darstellung der Zusammenhänge zwischen technischem Fortschritt, Investition und Kapitalkoeffizient dürfte die ›technical progress function‹ KALDORS bieten, wenn man sie auf den historischen Entwicklungsvorgang bezieht. KALDOR stellt auf der vertikalen Achse das Wachstum der Produktion pro Arbeiter im Zeitverlauf – $\frac{1}{O} \cdot \frac{dO}{dt}$ – dar, ausgehend von einer Mindestproduktion (a), die mit Hilfe des ›nonembodied‹ technischen Fortschritts, also ohne zusätzliche Investitionen erreicht wird. Auf der horizontalen Achse stellt er die Zunahme des Kapitalbestandes pro Arbeiter dar: $\frac{1}{K} \cdot \frac{dK}{dt}$. »Horizontal gemessen ergibt sich die jährliche prozentuale Zunahme des Kapitals pro Arbeiter, und ... vertikal gemessen die jährliche Produktionszunahme pro Mann ...[159].«

»Die Gestalt und die Lage der Kurve spiegeln sowohl den Umfang als auch den Charakter des technischen Fortschritts wider, wie auch die zunehmenden organisatorischen u. a. Schwierigkeiten, die sich bei schnellerem Tempo der technischen Veränderung ergeben müssen. Man kann annehmen, daß *einige* Produktivitätssteigerungen stattfinden, auch wenn der

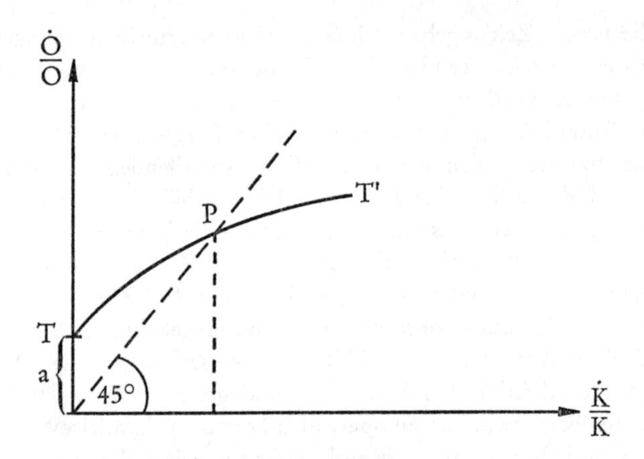


Kapitalbestand im Zeitverlauf konstant bleibt, denn es gibt immer einige Neuerungen – Verbesserungen in der Werksanlage (layout) und Werksorganisation, zum Beispiel –, die Produktionssteigerungen ohne zusätzliche Investitionen zulassen.« Daher beginnt die Kurve bereits ziemlich hoch auf der vertikalen Axis, um anzudeuten, daß hier eine Produktionssteigerung ohne Kapitalzunahme erreicht wird. Man kann hier an die autonomen Neuerungen des ausgehenden 18. und beginnenden 19. Jahrhunderts denken: Vor allem an die Zunahme der Arbeitsteilung nach ADAM SMITHS berühmtem Nadelbeispiel, zu der es keiner zusätzlichen Investition bedurfte.

»Aber jenseits dieser Schwelle wird die Produktivitätszunahme abhängen von der Wachstumsrate des Kapitalbestandes – klar ist: je mehr das Kapital vermehrt wird, desto mehr arbeitssparende technische Verbesserungen können übernommen werden.« Hier beginnt dann die Periode des Vorherrschens arbeitssparenden technischen Fortschritts, den die statistischen Messungsversuche von Marxisten wie Nichtmarxisten für das 19. Jahrhundert bis etwa zum Ende des ersten Weltkrieges zeigen.

Nur laufen diese Möglichkeiten einmal aus: »... wahrscheinlich ist, daß es ein Maximum gibt, über das hinaus sich das Tempo der Produktivitätssteigerung nicht erhöhen läßt, wie schnell auch Kapital akkumuliert werden mag. Darum dürfte die TT'-Kurve konvex nach oben verlaufen und jenseits eines bestimmten Punktes ganz abflachen ...[160].«

Dabei liegt aber nun das Besondere der KALDORschen Darstellung darin, daß diese Zunahme des Kapitals pro Mann, vom Gesichtspunkt der Produktionsmenge bzw. als Kapitalkoeffizientenbewegung gesehen, keineswegs arbeitssparenden Charakter trägt, sondern kapitalsparenden – weil ja die Kurve auf der vertikalen Axis schon in gewisser Höhe beginnt und deshalb eine bereits beschleunigte Zunahmerate bei der Ausstoßmenge

(Output) einer noch langsamer anlaufenden Zunahme beim Kapital zugeordnet ist! Darum sagt KALDOR: 

»Wenn die Kapitalakkumulation weniger als ausreicht, um den laufenden Strom von Neuerungen bis zu dem Punkt auszunutzen, an dem Kapitalwachstum und Produktionsmengenwachstum gleich sind – wenn die tatsächliche Position sich zur Linken von P befindet – dann wird der Kapitalkoeffizient (capital-output-ratio) sinken, und der Charakter der Erfindungen erscheint überwiegend ›kapitalsparend‹ seiner Natur nach; wenn die Position zur Rechten von P ist, so werden sie vorwiegend ›arbeitssparender‹ Natur sein . . .[161].«

KALDOR gibt folgende Erklärung für diese Darstellungsweise: »Neue technische Verfahren, die imstande sind, die Arbeitsproduktivität in einer bestimmten Proportion zu erhöhen, werden natürlich um so rentabler sein, je weniger zusätzliches Kapital sie für ihre Anwendung benötigen. Daher ist klar, daß relativ arbeitssparende und kapitalmehrverbrauchende Neuerungen mit größerer Wahrscheinlichkeit angewandt werden, je höher das Tempo (die Rate) der Kapitalakkumulation ist . . .[162].«

Es müßte danach also auf eine Periode, in der die Produktivität ganz ohne Kapitalinvestition erhöht wird – sagen wir im ausgehenden 18. Jahrhundert – eine Periode mit relativ kapitalsparendem Charakter folgen; was insofern logisch erscheint, als der Übergang von einer Periode, in der die Akkumulation noch nicht so nötig war, zu einer Periode, in der sie nötig wird, noch von besonderer Kapitalknappheit gekennzeichnet sein dürfte. Somit müßte logischerweise nach dem KALDORschen Schema das 19. Jahrhundert mit kapitalsparenden Neuerungen, bzw. mit einer im Verhältnis zur Akkumulation überproportionalen Kapitalproduktivität begonnen haben. Das erscheint bei der großen Produktionssteigerung durch mechanische Spinnmaschinen, Webstühle, Dampfmaschinen, Lokomotiven wahrscheinlich, für die Jahrhundertwende vom 18. zum 19. Jahrhundert.

Derartige Perioden rasch zunehmender Kapitalproduktivität alias kapitalsparenden Charakters dürften sich auch aus der Tatsache erklären, daß parallel dazu das Arbeitsangebot reichhaltig ist – der knappere Faktor wird gespart. Dann aber beginnt mit der Erreichung des Punktes P eine neue Phase: Die Kapitalproduktivität sinkt, d. h. der Kapitalkoeffizient steigt – der Forschritt bekommt überwiegend arbeitssparenden Charakter. Da die vorhergehende Periode angesichts hoher Kapitalproduktivität Anreiz zu hohen Kapitalinvestitionen bot, ist jetzt der Faktor ›Realkapital‹ reichhaltig geworden, die Arbeit relativ knapp – so geht die Tendenz in Richtung auf arbeitssparenden technischen Fortschritt.

Dies ist nun das Phänomen, das Marx beobachtet und das in der ganzen Periode von der Jahrhundertmitte bis kurz nach dem ersten Weltkrieg vorherrschte – in einer Zeit geringer Arbeitlosigkeit, die scharfe Reallohnsteigerungen brachte. Gegen Schluß dieser Periode, zu Anfang des 19. Jahrhunderts, verlangsamte sich diese Reallohnsteigerung – ein Zeichen dafür, daß die Tendenz umschlug. Als mit verlangsamter Akkumulation und weniger Neuerungen in den zwanziger und dreißiger Jahren Massenarbeitslosigkeit einsetzte, wurde das Kapital wieder der knappere Faktor; so setzte erneut die kapitalsparende Tendenz sein, um dann bei erneuter Arbeitsverknappung und Zunahme technischer Neuerungen in den sechziger Jahren wieder in die arbeitssparende Richtung umzuschlagen.

Das wäre etwa die Erklärung, die man aus der KALDORschen Darstellung ableiten könnte. Allerdings betont dieser, daß stets eine Welle ›akkumulationslosen‹ technischen Fortschritts, also autonomer Neuerungen erforderlich ist, um eine neue Abfolge kapitalsparenden-arbeitssparenden Fortschritts einzuleiten, also nicht eine Verlängerung, sondern periodische Anhebung seiner Kurve:

»Das Postulat der Existenz einer gegebenen Kurve unterstellt natürlich einen konstanten Strom der Zunahmerate neuer Ideen im Zeitverlauf. Schwankungen im Strom neuer Ideen und in der Bereitschaft zu ihrer Annahme dürften mehr in einer Verlagerung der Kurve als in der Veränderung ihres generellen Charakters zum Ausdruck kommen. In einer Wirtschaft mit wenig Fortschritt, mit geringer Fähigkeit zur Absorption technischen Fortschritts wird die TT'-Kurve relativ niedrig liegen (wie in der gestrichelten Linie im Diagramm), während bedeutende neue Entdeckungen (wie der Verbrennungsmotor oder die Atomenergie) die Lage der Kurve für einige Zeit erheblich anheben dürften . . .[163].«

Entscheidend ist nun beim Räsonnement KALDORS die Tatsache, daß die übliche Unterscheidung von arbeitssparenden und kapitalsparenden Gesichtspunkten hier ihren Sinn verliert und beide Begriffe in einen neuen Rahmen gestellt werden:

»Die Anerkennung der Existenz eines funktionalen Verhältnisses zwischen dem proportionalen Anwachsen des Kapitals und dem jährlichen proportionalen Wachstum der Produktivität zeigt die Oberflächlichkeit (futility) der Betrachtungsweise, wonach die Bewegungen des Kapitalkoeffizienten (capital/output ratio) abhängen vom technischen Charakter des Stroms der Erfindungen – je nachdem, ob diese überwiegend ›arbeitssparend‹ oder ›kapitalsparend‹ im Charakter sind. Ob nämlich der Kapitalkoeffizient steigt oder sinkt, hängt nicht vom technischen Charakter der Erfindungen ab, sondern einfach vom Verhältnis zwischen dem Strom neuer Ideen (charakterisiert durch die Gestalt und Lage unserer Kurve TT') und der Rate der Kapitalakkumulation.« Wenn die Akkumulation weniger als ausreichend ist, um den laufenden Strom von Erfindungen bis zu dem Punkt hin auszuwerten, an dem das Wachstum von Kapital und Produktion gleich sind, ... fällt der Kapitalkoeffizient, und der Charakter der Erfindungen erscheint vorwiegend kapitalsparend ..., ist die Position zur Rechten dieses Punktes gegeben, so erscheinen sie als überwiegend arbeitssparend ...[164].«

Damit aber wird die Marxsche Betrachtungsweise, die der Rate der Kapitalakkumulation in Verbindung mit den Fortschritten der Wissenschaft Priorität einräumt, voll gestützt: Den Akkumulationsaspekt hatte Marx in den Reproduktionsschemata des zweiten Bandes des ›Kapital‹ herausgearbeitet; die Bedeutung der Wissenschaft und der neuen Ideen taucht im ›Kapital‹ zwar sporadisch immer wieder auf, wird aber explizit erst in den ›Grundrissen‹ dargestellt, die eben deshalb ihre revolutionäre Bedeutung für das Marxbild erhalten.

Marx ging es um den Nachweis, daß es »aus dem Wesen der kapitalistischen Produktionsweise« folge, daß »in ihrem Fortschritt die allgemeine Durchschnittsrate des Mehrwerts sich in einer fallenden allgemeinen Profitrate ausdrücken muß«.[165]

Dieser Nachweis erwies sich als sehr viel schwieriger, als Marx es für möglich erachtet haben konnte und als selbst heute noch eine Vielzahl von Marxisten annehmen, die – wie LATOUCHE sagt[166] – in schöner Unbekümmertheit »die Einwände, die man geltend machen konnte, überhaupt nicht in Rechnung stellen«. LATOUCHE zählt als Beispiele für eine solche Unbekümmertheit SAMIR AMIN[167], PHILIPPE HERZOG[168] und das von BOCCARA herausgegebene Kollektivwerk der französischen KP auf[169]. Er hätte aber getrost auch eine Serie von Marxisten und marxfreundlichen Autoren aufzählen können – allen voran SWEEZY und JOAN ROBINSON –, die von dem Gesetz gar nichts mehr wissen wollen.

Die eine wie die andere Haltung scheint das Kind mit dem Bade auszuschütten. Letztlich geht es hier tatsächlich um eine Tatfrage, die – wie MEEK betont hat – konkreter Daten bedarf. Wir haben uns bemüht, nachstehend solche Daten zusammenzutragen: Hauptheldender dieses Dramas sind Kapitalkoeffizient und Lohnquote – wie bewegen sie sich, wie haben sie sich bewegt?

Ausgeschlossen ist jedenfalls nicht – wie BLAUG erklärte –, daß sich das Gesetz über längere Perioden hinweg bewahrheitete, um auch seinem Gegenteil Platz zu machen – womit klargestellt wäre, daß Marx wellenförmigen Bewegungen des technischen Fortschritts auf der Spur war, die sehr wohl mit dem zwischen JUGLAR und KONDRATIEFF liegenden länger andauernden ›KUZNETS‹-Zyklus in Verbindung gebracht werden könnten, der in der modernen Konjunkturanalyse immer mehr an Bedeutung gewinnt. Damit wird die Diskussion um das Gesetz weitgehend auf die Konjunkturebene verlagert.

## 11. Die Messungsmethodik

Manche Marxisten haben es sich etwas zu leicht gemacht, wenn sie – einerseits mit dem Hinweis auf den nur ›tendenziellen‹ Charakter des Gesetzes, das von teils schon Marx bekannten, teils neuen Faktoren überkompensiert werden könne, andererseits mit dem Hinweis auf den abstrakten Charakter der Wertanalyse – eine statistische Nachprüfung des ›Gesetzes‹ mehr oder wenig bündig ablehnten. So äußert sich zum Beispiel PESENTI in dem Sinne, daß es »schwierig ist, weiterzugehen und in statistischen Reihen einen Beweis für das Gesetz zu suchen, besonders dann, wenn sich die Untersuchung auf die imperialistische Phase eines überwiegend monopolistisch organisierten Kapitalismus erstreckt«.[170] MATTICK meint, daß »aus dem Wertschema der Kapitalentwicklung unmittelbar keine Aussagen über die gegenwärtige Situation abgeleitet werden können ... Aus dem Modell sich ergebende Fragen können nicht mit Hinweisen auf nur in der Wirklichkeit zu beobachtende Phänomene beantwortet werden ...«.[171]

Das hört sich zum mindestens so an, als wolle man einer statistischen Verifizierung aus dem Wege gehen, zumal diese Äußerungen im Rahmen einer Auseinandersetzung mit dem Buche von GILLMAN gemacht wurden, auf dessen mutigen Versuch noch einzugehen ist.

Wenn die Marxsche Theorie nicht in Abstraktionen untergehen soll, so muß es möglich sein – und wäre es unter Verzicht auf theoretische Puristik – in der Realität ihren Theoremen nachzuspüren. Hier scheinen sich eine ganze Reihe von Annäherungsmöglichkeiten zu bieten – und mehr als diese gibt es für die Verifizierung ökonomischer Theorien nie, angesichts der Tatsache, daß Statistiken nie so aufbereitet sind, wie es der Nutzer erhoffen möchte und der Laie naiverweise erwartet. Hier ist der ironische Ton MATTICKS verzeihlich, wenn er sich darüber mokiert, daß GILLMAN sich wundert, weil »die verfügbaren Statistiken nicht genau für diesen Zweck aufbereitet« sind (»eine schöne Untertreibung!«, sagt MATTICK!) und »kapitalistische Firmen und offizielle Stellen ihre Statistiken nicht in einer Form vorlegen, die mit marxistischen Kategorien übereinstimmen«.[172]

Man kann den gordischen Knoten durch Übergang zu empirischen Betrachtungen zu durchhauen versuchen. Damit begibt man sich auf das gefährliche Glatteis statistischer Daten. Das Ergebnis ist hier nicht nur vom Charakter der Zeitreihen, sondern auch vom gewählten bzw. verfügbaren Anfangs- und Endpunkt abhängig.

Allerdings haben sich auch verschiedene Autoren, die besonders tief in die theoretischen Zusammenhänge eingedrungen sind, ausdrücklich zugunsten empirischer Untersuchungen ausgesprochen. So sagt HANS PETER: »Wie aus allem hervorgeht, wird das entscheidende Problem, was denn nun in der wirklichen kapitalistischen Wirtschaft vor sich geht, auf eine empirische Frage zugespitzt[173].«

Ähnlich hat sich MEEK ausgesprochen: »Die ganze Argumentation hat Beispiele nötig, in denen verschiedene Annahmen etwa über die funktionale Beziehung zwischen wachsender organischer Zusammensetzung und Produktivitätssteigerung gemacht werden, und aus denen allgemeine Schlüsse über die Bedingungen, unter denen die Profitrate tatsächlich sinkt, gezogen werden können. Für die heutigen Marxisten ist es von Bedeutung, Marx' Theorie in dieser Richtung weiterzuentwickeln – sei es auch nur, weil einige von Marx implizierte Annahmen (z. B. daß der Kapitalismus die Industrie schneller als die Landwirtschaft entwickle und daß kapitalsparende Innovationen relativ unbedeutend seien) nicht mehr so plausibel wie zu Marx' Zeiten sind ...[174].«

Unter den Autoren, die sich mit dem Theorem befaßt haben, ist DICKINSON der Forderung nach quantitativer Messung besonders nahe gekommen, wenngleich auch nur mit hypothetischen Ziffern.

Indessen birgt jede Berufung auf praktische Beispiele und statistische Daten die Gefahr in sich, die GÜSTEN im Auge hatte, als er sagte: »Wer sich auf die Wirklichkeit beruft, läuft Gefahr, von ihr widerlegt zu werden ...«

Hinzu kommt, daß man zwischen einer ganzen Reihe von Indikatoren wählen muß, wie sie die Statistik bietet, ohne daß einer von diesen genau dem Marxschen Konzept entspräche.

Wenn GILLMAN hier mit einigen Manipulationen zu Werke gegangen ist, so sollte man nicht päpstlicher sein als der Papst und alle Daten heranziehen, die – direkt oder indirekt – in dieser Frage einige Klarheit stiften können.

An solchen Daten scheinen sich die folgenden zu bieten: Zunächst *direkte Messungsmethoden:*

1. Die direkte Messung der Profitraten: hier scheinen Effektivrendite der Aktien, aber auch Erträge auf die Nettovermögens- bzw. Kapitalwerte (oder Zeitwerte der Anlagen) den besten Anhaltspunkt zu bieten.
2. Berechnungen der Relation zwischen der Summe der Material- und Abschreibungskosten und der Summe der Lohnkosten (in der Industrie) – also der ›organischen Zusammensetzung des Kapitals‹ im streng marxistischen Sinne (es sind dies die Berechnungen GILLMANS).

Es folgen dann die *indirekten Messungsmethoden:*

3. Die Aufteilung der Gesamtwirtschaft in Kapitalgüter- bzw. Investitionsgüter- und Konsumgüterindustrien, gemessen entweder am Nettoprodukt (Wertschöpfung) oder an der Zahl der jeweils darin beschäftigten Arbeitnehmer (letztere käme der marxistischen gesamtwirtschaftlichen Aufteilung des »Wertes« in c und v nahe!).
4. Die Messung der Entwicklung der Preise der Kapitalgüter im Verhältnis zu den Preisen für Konsum-(=»Lohn-«)Güter.
5. Die Messung von Kapitalintensität und Reallohnentwicklung.
6. Die Messung des Kapitalkoeffizienten (Kapital: Ausstoß bzw. Produktion) im Verhältnis zur Lohnquote. Hier kann sich besonders die kapital- oder arbeitssparende Wirkung des technischen Fortschritts zeigen.
7. Die Messung der relativen Bedeutung kapitalsparender und arbeitssparender Tendenzen im Verlauf des technischen Fortschritts:
   Der Vergleich zwischen Produktivitätsentwicklung und Reallohnentwicklung pro Arbeitnehmer.

Die Indikationen unter 5) und 6) entsprechen der Formulierung von SCHMITT-RINK.

Jeder dieser Methoden haften erhebliche Mängel an, und jede kann nur als ein teilweiser Ersatz für eine umfassendere Behandlung des Problems betrachtet werden. Alle zusammen könnten jedoch vielleicht ein Bild darüber ergeben, ob denn tatsächlich das Marxsche Theorem eine bestimmte Bedeutung hat, und inwieweit es quantifizierbar sein könnte. Das Theorem harrt jedoch noch der statistischen Meisterhand, die es einer Lösung nahebringen könnte.

## 12. Die direkte Messung der Profitraten

Man kann an das Problem, das Marx hier stellt, unter verschiedenen Gesichtspunkten herangehen. Einmal kann man sich mit einer generellen statistischen Betrachtungsweise begnügen, die die Bewegung der Zinssätze in säkularer Sicht verfolgt. Soweit diese seit dem Beginn des 19. Jahrhunderts ein Absinken zeigen, würde damit eine Bestätigung der Theorie gegeben erscheinen.

Erstens ist jedoch fraglich, ob ein solches Absinken überhaupt stattgefunden hat. FELLNER nennt in Anlehnung an ADAM SMITH schon für das 18. Jahrhundert Zinssätze von 3 %. Zweitens spricht gegen eine solche Betrachtungsweise, daß Marx sich sehr wohl der Tatsache bewußt war, daß in den Zinssätzen auch die Risikoprämie steckt. Diese bekommt insbesondere in inflationären Perioden besondere Bedeutung, so daß relativ hohe Zinssätze in solchen Zeiten überhaupt nicht als Anhaltspunkt für säkulare Bewegungen genommen werden können.

Zweitens hat Marx mit seiner Theorie vom Fall der Profitrate sicherlich nicht an die Zinsrate gedacht. Er unterscheidet sorgfältig zwischen Marktzins und Profit und nimmt insofern die WICKSELLsche These vorweg, obwohl er den Begriff eines ›natürlichen Zinssatzes‹ ablehnt und den Zins letztlich als Derivat des Profites erklärt. Wer auf eigene Verwendung seines Kapitals zwecks Ausbeutung von Arbeitern verzichtet, erhält als Entschädigung für diesen Verzicht den Zins.

Man wird also bei einer Messung der Profitraten auf die Zinssätze allenfalls nur insofern zurückgreifen können, als diese eine Art ›Schatten‹ der Profitrate bedeuten – womit sie eben nicht die Höhe, wohl aber die Veränderung oder wenigstens die Richtung der Veränderung der Profitraten andeuten.

Nur in dieser Hinsicht können Zinssätze wie der sogenannte ›landesübliche Zinsfuß‹ einen Hinweis bieten. Dabei muß allerdings mit einer gewissen Schwerfälligkeit oder ›stickiness‹ der Zinssätze gerechnet werden, während die Profitrate sehr viel größere und häufigere Ausschläge nach oben oder unten zeigt. Umgekehrt kann der Zinssatz bei Kreditkrisen wie der von 1931 ungewöhnlich steigen, während die Bewegung der Profitrate entgegengesetzt verläuft. Endlich spiegeln die Zinssätze die jeweilige monetäre Politik der einzelnen Staaten wider, die von der Konjunkturlage, Konsolidierungsversuchen usw. beeinflußt ist. Bei einem Vergleich zwischen Ländern mit verschiedenem Entwicklungsstand wäre es nach Marx »sehr falsch, wollte man an der Höhe des nationalen Zinsfußes die Höhe der nationalen Profitrate messen«.

Damit spielt Marx auf die Tatsache an, daß unter vorkapitalistischen Zuständen die Zinsrate eine exorbitante Höhe erreichen kann, weil sie überwiegend semi-feudale (Luxus-)Konsum- oder feudale Rüstungskredite mit höchster Risikoprämie widerspiegelt, ohne daß eine hohe gewerbliche Profitrate gegeben wäre[175].

Per Saldo ist also festzustellen, daß Statistiken über die Bewegung der Zinssätze nur einen sehr unsicheren und ungefähren, teilweise sogar irreführenden Anhaltspunkt über die Bewegungen der Profitrate liefern. Der Zins ist eher als Abzug von der Profitrate zu würdigen statt als Anhaltspunkt für ihre jeweilige Höhe. Internationale Zinsvergleiche zwischen Ländern annähernd gleichen Entwicklungsstandes können nur bei Koinzidenz der Geldpolitik vorgenommen werden und dürften dann allenfalls in begrenztem Umfange auf die mehr oder weniger große Leihkapitalknappheit in den betreffenden Ländern hindeuten, aber auch keine entscheidenden Rückschlüsse zulassen.

Zur Beurteilung der Bewegungen der Profitrate ist man also auf direktere Messungsmethoden angewiesen.

Zwar ist die Profitrate bei Marx selber auf den Umsatz bezogen; aber umsatzbezogene Gewinnziffern sind historisch schwer zu beschaffen und haben makroökonomisch keinen Aussagewert. Damit wird man auf die Kapitalbestände als Bezugsgröße angewiesen.

Jeder Versuch zur direkten Messung der Profitraten hat zwei Hürden zu nehmen: einmal muß der Kapitalbestand ermittelt werden, zum zweiten der Kapitalertrag. Die Bewertung der Kapitalanlagen wirft besonders schwierige Probleme auf. Man hat für die letzteren zum Teil auf die Feuerversicherungsstatistiken für Anlagen zurückgegriffen(!). Zwei Konzepte stehen sich gegenüber: einmal die Bewertung der Kapitalbestände nach dem Leistungspotential. Das wäre das Ideal, das aber auf gesamtwirtschaftlicher Ebene statistisch nicht realisierbar erscheint. HELMSTÄDTER spricht von diesem ›Kapazitätskonzept‹ als einer Idee, die »vor völlig unüberwindlichen statistischen Schwierigkeiten« stünde[176]. Es bleiben daher in der Praxis nur die kumulierten Investitionskosten, in der Regel nach den Wiederbeschaffungskosten unter Berücksichtigung des Zeitwertes der jeweils vorhandenen Anlagen.

PHELPS BROWN und WEBER haben solche Daten für *Großbritannien* von 1870 bis 1938 ermittelt. Dabei ergab sich für die Industrie (unter Ausschaltung des Grundbesitzes und der Mieten bzw. Pachten dafür) eine weitgehende Konstanz der Profitrate, die von 1870 bis zur Jahrhundertwende zwischen 15 und 16 % pendelte (mit zeitweiligem Nachgeben unter 15 % in der Mitte der achtziger Jahre). Dann sank die Profitrate für die Zeit bis zum ersten Weltkrieg auf unter 14 % und 1924–33 auf 10 % und darunter, um ab 1935 zu steigen und 1937/38 13,3/13,2 % zu erreichen – im Vergleich zu 16,7/17,6 % auf dem Ausgangshöhepunkt 1870/71. Hier scheint also tatsächlich ein gewisses säkulares Absinken der Profitrate vorzuliegen. Der von den gleichen Autoren errechnete Ertragsindex der effektiven Rendite von Industrieaktien fiel sehr viel deutlicher ab: Von etwa 150 Punkten 1870–1890 auf 100 und weniger im Jahrzehnt nach der Jahrhundertwende, mit leichter Erholung bis 1914, um dann schon zu Ende der zwanziger Jahre einen Tiefpunkt um 70 Punkte zu erreichen[177].

Für die Zeit nach dem zweiten Weltkrieg liegen Ziffern vor, die sich leider nur schwer an die vorgenannten anschließen lassen. Nach den von ANGUS MADDISON zusammengestellten Daten sind die prozentualen Bruttoerträge (auf den Nettowert der festen Kapitalanlagen und Lagerbestände bezogen) in Großbritannien von 22,7 % im Jahre 1950 auf 17,4 % im Jahre 1960 gefallen; schon ab 1952 lag die Ziffer um 18–19 % und erreichte nur noch einmal 1954/55 20 %. In den USA fiel dieser Prozentsatz von 26,2 % im Jahre 1950 sogar auf 14 % im Jahre 1960 und lag in der Rezession 1958 bei 12,3 %; seit 1951 wurde nur noch einmal – 1955 – die 20 %-Grenze überschritten[178].

Ein ähnliches Bild ergeben die Ziffern für die USA von ZEBOT, die bis 1963 reichen; diese sinken von 12,6 % 1950 (11,1 % 1948) auf 8,3 % 1963 ab und bleiben auch mit Ausnahme von 1955 nach 1951 immer unter 10 %. Da es sich hier um Ziffern vor der Besteuerung handelt, dürfte das Gesamtbild noch zu rosig gezeichnet sein[179].

Eine zusammenhängende Zahlenreihe über die Effektiverträge aus Aktien, die von einer Arbeitsgruppe der London School of Economics (ALFORD; PESTON; PAISH) und der University of Cambridge (FEINSTEIN; MATTHEWS; MARRIS; REDDAWAY; E. A. G. ROBINSON) erarbeitet wurde, wurde 1946 vom London/Cambridge Economic Service veröffentlicht. Danach sind diese Renditen von 1927 bis 1931 von 10,8 auf 13,3 % gestiegen, dann abgesunken, ab 1933 auf 8 % und darunter (1935/36: 7,3 %). Kurz vor Kriegsbeginn erholten sie sich auf 10 %, begannen 1946 mit 7,6 %, erreichten 1952 einen neuen Höhepunkt mit 22,1 %, 1956 mit 18,9 %, um dann ziemlich kontinuierlich abzufallen und 1963 einen Tiefpunkt mit 7,3 % zu erreichen[180].

Per Saldo ist das Bild hier also nicht einheitlich; es zeigt jedoch für die angelsächsischen Hauptländer generell gesehen ein gewisses säkulares Absinken. Auch wenn sich das Bild in den sechziger Jahren gebessert haben mag – insbesondere nach dem KENNEDY-Steuersenkungs-Wachstumsstoß in den USA –, dürfte sich nichts Wesentliches daran ändern.

Allerdings dürfte sich für den europäischen Kontinent nicht desselbe Bild ergeben.

Der MERRETT-SYKES-Index (1966) für Großbritannien ist nach ganz besonderen Gesichtspunkten erstellt( jeweils Investition einer Summe zu Beginn eines Jahrzehnts und Ertrag nach Veräußerung am Ende des Jahrzehnts); er zeigt ein günstigeres Bild für die Zeit seit 1945, im Vergleich zu der Zwischenkriegszeit (Durchschnitt 1919–1939 in »money terms« 8,9 %, 1946–66: 11,9 %)[181].

MERRETT-SYKES haben nun aber den Versuch unternommen, die Bewegung der gleichen Gewinne unter Berücksichtigung der Geldentwertung zu beobachten. Dabei geht man von der Überlegung aus, daß als echter Gewinn nur angesehen werden kann, was nach Deckung der durch Geldentwertung bzw. allgemeine Preissteigerung bedingten Realverluste an Nettogewinnen übrig bleibt. Diese Ziffernreihen ergeben nun genau das umgekehrte Resultat. Danach lagen die Effektivrendite der Aktien 1919–39 bei 11,1 % (angesichts der relativ geringeren Preissteigerungen in dieser Periode fallen sie höher aus als nach der ersten Rechnung!), und für 1946/66 liegt die Ziffer bei 8 %. Das würde also ein klares Absinken bedeuten.

Ebenso wie MERRETT-SYKES hat auch G. VAN DE VELDE seine große Studie über die Effektiverträge 1865–1939 aufgebaut: Er kommt für die Realrendite bei Aktien und Obligationen, die an belgischen Börsen gehandelt wurden, auf folgende Ziffern[182]:

| | Belgische Aktiengesellschaften mit überwiegender Tätigkeit in: | | | Ausländische Gesellschaften |
|---|---|---|---|---|
| | in Belgien | im Kongo | im Ausland | |
| 1865–1890 | + 5,55 % | | + 3,55 % | |
| 1890–1913 | + 6,00 % | + 6,45 % | + 2,05 % | |
| 1913–1921 | — 6,30 % | — 9,00 % | — 12,60 % | |
| 1921–1929 | + 2,45 % | + 6,85 % | + 6,15 % | |
| 1929–1937 | — 2,30 % | — 2,40 % | — 6,15 % | |

Nimmt man nur die Aktien allein, so ergibt sich ein klareres Bild:

| | in Belgien | im Kongo | im Ausland | Ausländische Gesellschaften |
|---|---|---|---|---|
| 1865–1874 | | | — 4,40 | |
| 1874–1880 | + 2,55 | | + 12,00 | |
| 1880–1890 | + 4,20 | | + 4,75 | |
| 1890–1900 | + 7,30 | | — 0,75 | |
| 1900–1907 | + 7,10 | | + 1,35 | + 6,55 |
| 1907–1913 | + 4,75 | | + 5,15 | + 5,25 |
| 1913–1921 | — 5,70 | | — 11,85 | — 8,70 |
| 1921–1929 | + 2,80 | | + 6,85 | |
| 1929–1937 | — 3,10 | | — 6,45 | |

Allerdings sind hier die Kursgewinne kapitalisiert. Bei systematischer Reinvestition der Rendite stieg der Kapitalwert der Gesellschaften, die in Belgien tätig sind, von 100 im Jahre 1874 auf einen Höhepunkt von 990 1907/13 und betrug 1939 noch 701; bei Gesellschaften mit Schwerpunkt im Ausland lauteten die Ziffern für diese Jahre 1 349 (1907/13) und 583 1929/37.

Die Tendenz zum Absinken der Realrendite kommt hier, wenn auch uneinheitlich, zum Ausdruck.

Für Belgien sind noch die Ziffern interessant, die BAUDHUIN[183] als Effektivrendite (aber ohne Berücksichtigung der Kaufkraftverluste – bzw. -Gewinne) für das Portefeuille der großen »Société Générale« berechnet hat, die das belgische Wirtschaftsleben beherrscht. Daneben stehen die Ziffern von DRAPPIER[184] für Effektivrendite aller belgischen Aktien 1835–1913.

Effektivrendite in Belgien

| nach BAUDHUIN | | nach DRAPPIER | |
|---|---|---|---|
| | | 1835 | 4,3 % |
| 1848/50 | 2,6 % | 1845 | 7,6 % |
| 1851/60 | 6,8 % | 1855 | 7,1 % |
| 1861/70 | 5,6 % | 1865 | 7,9 % |
| 1871/80 | 5,9 % | 1875 | 4,8 % |
| 1881/90 | 3,0 % | 1885 | 4,5 % |
| 1891/1900 | 3,9 % | 1895 | 4,4 % |
| 1901/11 | 5,9 % | 1905 | 4,0 % |
| 1911/13 | 6,2 % | 1913 | 4,5 % |
| | | | |
| 1959 | 2,5 %[185] | | |
| 1962 | 0,8 % | | |
| 1966 | 2,2 % | | |

Für Deutschland lassen sich langfristige Zahlenreihen (nach HOFFMANN, MÜLLER) eigentlich nur für *Baden* ermitteln, und hier als Relation zwischen eingezahltem Kapital und Reingewinn der Kapitelgesellschaften; daraus ergibt sich, daß die Rendite 1885 8,1, um die Jahrhundertwende rund 9 % und vor dem ersten Weltkrieg wieder um 8 % betrug. Wenn man allerdings bedenkt, daß die erheblichen stillen Reserven – die sich in den Kursgewinnen widerspiegeln – in den Kapitalziffern nicht enthalten sind, so muß man eine absinkende Effektivrendite annehmen[186].

Bei allen diesen Ziffernreihen sind natürlich gerade dann, wenn die Effektivrendite absinkt, erhebliche Kursgewinne bei den alten Aktionären eingetreten. Der säkulare Fall der Profitrate, soweit er in Erscheinung tritt, trifft eben nicht die alten Familien, die ihr Aktienkapital zu halten wußten, sondern die Neuerwerber und die fluktuierenden Elemente, die zwischen Aktien und Obligationen wechseln. Im übrigen zeigen die MERRETT-SYKES-Ziffern eindeutig, daß die Obligationsinhaber säkular gesehen effektive Kapitalverluste hinzunehmen hatten.

Für *Frankreich* sind nur sehr magere Angaben zu bekommen. Danach belief sich die Durchschnittsrendite von ›Anlagen erster Ordnung‹ (also Aktien *und* Obligationen) um 1895 auf 3 %, um 1903 auf 3,25 %, um 1911 auf 3,4 %, um 1913 auf 4 % (französische Werte 3,4 %, ausländische 4,62 %), (nach den Berechnungen von PUPIN). Das deutet für diesen kurzen Zeitraum von 20 Jahren auf eine leichte Anhebung der Profitraten[187].

Um 1954 lag die Effektivrendite der Aktien an der Pariser Börse um 5 %, nach den Angaben von DIVISIA-DUPIN-ROY[188].

Nach dem Kriege 1939–45 brachte ein starker Kursauftrieb die Aktienrendite auf relativ niedrige Sätze; erst der Kurssturz von 1962 auf 1967 (rund 50%) führte dann wieder zu einer Effektivrendite von 5 bis 6%[189], die – wenn die Besteuerung berücksichtigt wird – etwas unter der Effektivrendite der Zeit vor dem ersten Weltkrieg liegen dürfte. Für Frankreich dürfte man auf diesem Wege also keinerlei langfristiges Absinken der Profitrate ermitteln können.

Für die *USA* wurde bereits oben ein Absinken der Profitrate in der Zeit nach dem zweiten Weltkrieg festgestellt. Säkular gesehen ist diese Tendenz bei der Aktienrendite allerdings nicht mit der gleichen Sicherheit festzustellen. Eine Koppelung des COWLES-Index für Aktienrendite 1871–1937 mit dem MOODY-Index (1935–1952), die FELLNER vorgenommen hat, ergibt für *alle* Aktienarten von 1870 bis 1897 eine Oszillation um 5%, wobei die Ziffern allerdings meist darüber liegen. Erst kurz vor der Jahrhundertwende sinkt der Index zeitweilig unter 4%, was dann erst wieder in den dreißiger Jahren und Mitte der vierziger Jahre zeitweilig vorkommt. Ab 1930 erfolgt die Oszillation allerdings mehr um 4% herum. Für die industriellen Aktien allein ergeben sich mehrere Trendbewegungen: eindeutig sinkend von 1875 bis zur Jahrhundertwende, eindeutig steigend von da ab bis zum Ende des ersten Weltkriegs, scharf abfallend bis 1929, dann (wegen hoher Kursverluste) zeitweiliges Ausschlagen nach oben (und bei Kurserholung) nach unten, sowie Oszillation in breiten Schwingungen zwischen 4 und 6% bis zum Beginn der fünfziger Jahre[190].

## 13. GILLMANS Abwandlung des ›Theorems der fallenden Tendenz der Profitrate‹

GILLMAN hat 1957 das ›Gesetz von der fallenden Tendenz der Profitrate‹ einer statistischen Verifizierung anhand von USA-Daten von marxistischer Warte her zu unterziehen versucht, und zwar nach zwei Methoden: einmal der Marxschen ›Strömungsmethode‹, in der der Profit nach der Formel $\frac{m}{c + v}$, also Mehrwert : Kostensumme berechnet wird, und zum anderen nach einer ›Bestandsmethode‹, in der Kapitalbestände berechnet und die Gewinnsummen zu diesen in Beziehung gesetzt werden (also praktisch unter Außerachtlassung eines ›Bestandselementes‹ für Lohnzahlungen, etwa in Form einer liquiden Kassenhaltung, »weil man sich keinen realistisch meßbaren ›Bestand‹ an Lohnkapital vorstellen kann«).

GILLMAN kommt zunächst auf der Strömungsbasis zu dem Ergebnis, daß die ›organische Zusammensetzung des Kapitals‹ zwar von 1849 bis

1919 deutlich ansteigt (von 2,3 auf 3,8), dann aber leicht absinkt und bis Ende der dreißiger Jahre um 3,5 stagniert. In der ganzen Periode steigt aber die Profitrate kontinuierlich von 29 auf 38 %; am höchsten ist sie paradoxerweise in den Jahren der großen Krise (1931: 43 %!). Dieses Ansteigen der Profitrate erklärt sich damit, daß sich die Mehrwertrate von 1849 auf 1929 fast verdoppelt. GILLMAN folgert: »Offensichtlich wird hiermit Marx' Gesetz von der langfristig fallenden Tendenz der Profitrate nicht unterstützt[191].«

Seine ›Bestandsrechnung‹ sieht etwas wahrscheinlicher aus. Er berechnet ›organische Zusammensetzung‹ und Profitrate einmal in Bezug auf das Anlagekapital, zum anderen unter Einbeziehung der Lagerbestände. Diesmal steigt die ›organische Zusammensetzung‹ bis in die Krisenjahre 1932, was sich mit unausgenutzten Kapazitäten in diesem Zeitraum erklärt, dieweil es sich um einen Marginalkoeffizienten handelt. Immerhin ist der Aufwärtstrend hier bei beiden Berechnungsarten von 1880 bis 1919 ebenfalls eindeutig gegeben (0,8 bzw. 1,5 bis 3,2 bzw. 4,3), danach stagniert der Koeffizient wieder, mit Ausnahme der Krisenjahre 1921 und 1930/33. Danach sinkt er eindeutig bis 1947/48 bis auf 2,5, um danach leicht anzusteigen und in den fünfziger Jahren zu stagnieren. Die Mehrwertrate steigt bis etwa 1912, fällt, steigt leicht in den zwanziger Jahren, stagniert seit Mitte der dreißiger Jahre.

Die Profitrate fällt eindeutig nur von 1880 bis etwa 1920, hebt sich etwas in den zwanziger und sinkt in der ersten Hälfte der dreißiger Jahre (was plausibler klingt), um von da ab langsam bis Ende der vierziger Jahre fast wieder auf das Niveau von 1912 anzusteigen und anschließend leicht abzubröckeln.

GILLMAN ist mit dem Ergebnis keineswegs zufrieden: »Die quantitative Verifizierung des Gesetzes erfordert die Verwendung des Bestandswertes des investierten Kapitals. Aber nach 1919 unterstützt auch diese Basis nicht das Gesetz ... Während Marx' Gesetz von der fallenden Tendenz der Profitrate für den Kapitalismus in seinem Stadium der raschen Entwicklung und Mechanisierung galt, hört seine Gültigkeit schrittweise auf, oder behauptet sich nur schwach, wenn die Industrie sich voll entwickelt und mechanisiert.« GILLMAN meint, die Entstehung von Monopolen habe die ›entgegenwirkenden Tendenzen‹ so gestärkt, daß »sie scheinbar die vormals ansteigende Tendenz der organischen Zusammensetzung des Kapitals aufgehoben und das entgegengesetzte Phänomen ... bewirkt haben ...« Aber dann hätte doch die Mehrwertrate (als Sinnbild des wachsenden Monopolgrades) kontinuierlich ansteigen müssen – und das tat sie nach den GILLMANschen Ziffern seit 1919 bzw. 1929 jedenfalls nicht.

Die GILLMANschen Berechnungen stecken voller definitorischer und statistischer Probleme, die einer gründlicheren Überprüfung bedürften. Stattdessen ist er unglücklicherweise auf den Ausweg verfallen, die Marxsche Voraussage dadurch wiederherstellen zu wollen, daß er einfach vom Mehrwert die sogenannten ›unproduktiven Ausgaben‹ abzieht – Vertrieb und Werbung, Steuern, alle Gehälter von Angestellten! Dann kommt er zu einer fallenden Profitrate von 1919 bis 1933 (darüber hinaus ist das Ergebnis auch nicht eindeutig), und wenn er obendrein noch diese ›unproduktiven Ausgaben‹ u zum ›konstanten Kapital‹ hinzurechnet – ein ganz unzulässiges Verfahren! – zu einer leichten Anstiegstendenz der ›organischen Zusammensetzung‹ von etwa 1924 bis 1938[192].

JOAN ROBINSON hat hier wohl mit Recht von einer »außerordentlich nachlässigen Haltung« gesprochen, was speziell für die Verwendung dieser (ohnehin diskutierbaren) Statistiken spricht. Bezüglich des Faktors ›u‹ spricht sie von einem »merkwürdigen Rollentausch: Der Marxist behauptet, daß die Kapitalisten diese Lasten auf sich nehmen. Die Reallöhne ... bleiben unberührt ... Der Keynesianer behauptet, daß das kapitalistische System einen narrensicheren Mechanismus enthält, der bewirkt, daß die Last von den Arbeitern getragen werden muß«, d. h. monopolistisch überwälzt wird. Damit würde die u-Konstruktion GILLMANS hinfällig[193].

## 14. Die Aufteilung der Gesamtwirtschaft in Produktionsmittel- und Konsumgütererzeugung

Die Aufteilung der Gesamtwirtschaft in einen Produktionsmittel- und einen Konsumgütersektor braucht sich nicht allein auf die Industrie zu beziehen; sie kann auch die übrigen großen Wirtschaftsbereiche erfassen, einschließlich von Teilen des primären und tertiären Sektors. Allerdings würden hier spezielle Anforderungen an die Statistik gestellt. Daher bleibt in der Regel eine solche Untersuchung auf die Industrie im eigentlichen Sinne beschränkt.

Die Messung der Bedeutung der einzelnen Sektoren kann entweder nach dem Anteil an der gesamten Wertschöpfung ohne Abschreibungen, also am Nettosozialprodukt bzw. Volkseinkommen, erfolgen, oder unter der Berücksichtigung der Zahl der Beschäftigten. Im letzteren Falle käme die Messung dem marxistischen Verfahren ziemlich nahe, das ja eine Verteilung der Arbeitskräfte in seinem Wertkonzept wiedergibt. Die ›Reduktions‹-Schwierigkeiten, die sich aus der unterschiedlichen Qualifikation der Arbeitskräfte ergeben, könnten dadurch überbrückt werden, daß man grosso modo innerhalb der einzelnen Industriezweige ein ›mixtum compositum‹ von qualifizierten und unqualifizierten Arbeitskräften sieht, das zwischen den einzelnen ›teams‹ die Unterschiede verschwinden läßt. Immerhin ist eine solche Lösung nicht ganz befriedigend, da zweifellos der Anteil ungelernter Arbeiter z. B. im Tiefbau größer sein dürfte als in der Elektroindustrie.



Immerhin könnte eine solche Messung über größere Zeiträume hinweg die Frage klären, ob der Arbeitseinsatz für Konsumgüter relativ zum Arbeitseinsatz für Produktionsmittel abnimmt. Allerdings wird das Bild hier in Volkswirtschaften mit starkem außenwirtschaftlichem Anteil gestört, weil es möglich ist, daß Produktionsmittel hergestellt und in größerem Umfang exportiert werden, um Konsumgüter zu importieren. In einer Wirtschaft, in der dieser Faktor eine große Rolle spielt, würde der Produktionsmittelsektor künstlich aufgebläht erscheinen, da er in Wirklichkeit nur stellvertretend für im Ausland hergestellte Konsumgüter eintritt. Bei statistischen Vergleichen ist es also zur Nachprüfung dieser Tendenz erforderlich, nur Volkswirtschaftssysteme zu betrachten, in denen der Außenhandel eine relativ geringe Rolle spielt.

Die ersten verfügbaren Angaben über die relative Bedeutung der Produktionsmittel- und Konsumgüterindustrien sind in Studien WALTHER HOFFMANNS zur Entwicklung der industriellen Produktion in Großbritannien enthalten. Danach ergibt sich, gemessen an den Nettowerten der Industrieproduktion, folgendes Bild; wobei jeweils die Berechnungen in der älteren Studie von 1934 neben die der neueren von 1940 gestellt werden:

Anteil der Produktionsmittelindustrien der engl. Gesamtindustrie in %

| Berechnung Hoffmann | von 1934[194] | von 1940[195] |
|---|---|---|
| 1740 | | 16 |
| 1783 | 34 | 29 |
| 1812 | 31 | 31 |
| 1851 | 39 | 40 |
| 1881 | 46 | 47 |
| 1907 | 60 | 58 |
| 1924 | 53 | 53 |

Die Berechnungen von 1940 zeigen dabei einen kontinuierlicheren Anstieg. Der Rückgang 1907–1924 erwies sich, wie TINBERGEN/POLAK in einem späteren Kommentar zu den Hoffmannschen Ziffern feststellten, lediglich als vorübergehend[196].

In einer neueren Veröffentlichung hat MITCHELL diese Zahlen weiterzuführen versucht. Danach haben sich die Relationen zwischen Konsumgut- und Kapitalgutindustrie wie folgt verschoben[197]:

Relation der Nettoproduktionswerte der Konsumgut- zur Kapitalgutindustrie

| | | | |
|---|---|---|---|
| 1907 | 1 : 1 | 1935 | 0,7 : 1 |
| 1924 | 0,8 : 1 | 1949 | 0,4 : 1 |
| 1930 | 0,8 : 1 | | |

Vergleicht man diese Ziffern mit den obigen Angaben von HOFFMANN, so würde allerdings dessen Ziffer für 1907 auf 50 % zu reduzieren sein. Ignoriert man diese Differenz und trägt die Ziffern von MITCHELL ab 1924 weiter vor, wobei man für dieses Jahr (statt 1907) ein Verhältnis von 1 : 1 unterstellte, was annähernd zu den Angaben von HOFFMANN paßt; dann käme man für 1949 mit den der MITCHELLschen Ziffern zu einer Relation von etwa 0,37 : 1, d. h. zu einem Anteil der Produktionsmittelindustrie an der Gesamterzeugung, der 70 % überschritte.

Für die Bundesrepublik Deutschland liegen ähnliche Berechnungen allerdings nur für den Zeitraum von 1936 bis 1960 vor. Hier hat MERTENS nachstehende Ziffern berechnet[198]:

Relative Bedeutung der Verbrauchsgüterindustrie

| | Verbrauchsgüterindustrien: Investitionsgüterindustrien | Verbrauchsgüterindustrie + Nahrungsmittelindustrie: Investitions-, Grundstoff- und Produktionsgüterindustrie, Bergbau |
|---|---|---|
| 1936 | 0,94 | 0,80 |
| 1950 | 0,95 | 0,82 |
| 1955 | 0,69 | 0,68 |
| 1960 | 0,59 | 0,59 |

MERTENS hat auch noch den dankenswerten Versuch unternommen, derartige Zahlen für größere Räume zu berechnen. Dabei kommt er zu folgenden Ziffern für den Anteil der Schwerindustrie (ohne Bergbau), wobei unter diesem Begriff hauptsächlich Metallindustrie, Chemie, Papierfaserindustrie, Steine und Erden, Glas- und feinkeramische Industrie zu verstehen sind (letztere beide überschneiden sich leider mit dem Begriff der Konsumgüterindustrie):

Anteil der Schwerindustrie an der Wertschöpfung bzw. Nettoproduktion in konstanten Preisen

| | Welt (ohne Ostblock) | Hochindustrialisierte Gebiete | Bundesrepublik Deutschland |
|---|---|---|---|
| 1938 | 39,9 | 41,7 | 52,4 |
| 1948 | 46,9 | 49,7 | 46,9 |
| 1958 | 53,6 | 56,0 | 56,3 |

Die Schwierigkeiten derartiger Berechnungen liegen in der Abgrenzung zwischen den verschiedenen Bereichen. Deshalb haben wohl auch die Amerikaner trotz ihres Reichtums an Statistiken und insbesondere auch KUZNETS derartige Berechnungen kaum aufgestellt. In einer seiner späteren Veröffentlichungen kommt HOFFMANN nach eingehender Analyse zu dem Schluß, man solle der Kapitalgutindustrie im wesentlichen folgende Bereiche zurechnen: Eisen- und Metallindustrie, Maschinenindustrie, Fahrzeugindustrie und Chemische Industrie[199]. Hier zeigt sich jedoch schon bei der Fahrzeugindustrie, die letztlich mit dem Automobilbau eine der wichtigsten Konsumgutindustrien geworden ist, welche statistischen Schwierigkeiten sich hier ergeben.

Per Saldo zeigen jedoch schon diese annähernden Trendtendenzen, daß die Verlagerung von den ›Lohngüterindustrien‹ Marx', die in ›v‹ stecken, zu den Kapitalgutindustrien, die sich hinter ›c‹ verbergen, zweifellos eingetreten ist; dies ist auch das Ergebnis der Vergleiche für Einzelindustrien verschiedener Länder bei HOFFMANN, LEONTIEF, BARNA u. a.[200].

Für die *USA* hat HOFFMANN in einer späteren Publikation ähnliche Ziffern wie für Großbritannien berechnet. Hier ist das Verhältnis zwischen Konsum- und Investitionsgüterindustrien von 2,4 : 1 im Jahre 1850, auf 0,91 : 1 für 1914, 0,81 : 1 für 1927 und 0,46 : 1 für 1966 gefallen. Allerdings muß man dabei erhebliche statistische Abgrenzungsschwierigkeiten in Kauf nehmen, z. B. speziell in der elektrotechnischen Industrie[201].

Betrachtet man allerdings das gesamte Sozialprodukt, so stellt sich die Frage nach der relativen Bedeutung des tertiären Sektors. Diese Frage ist von FOURASTIÉ dahingehend beantwortet worden, daß dieser dem sekundären Sektor, also der gesamten Industrie gegenüber im stetigen Anwachsen begriffen sei. Da ein zunehmender Teil des Verbrauchs aus Dienstleistungen aller Art besteht, würde bei Hinzurechnung dieses Sektors zum Konsumbereich die Tendenz eines relativen Anwachsens des Investitionsbereichs gebremst, wenn nicht in ihr Gegenteil verkehrt.

Allerdings sind die Aussagen zu diesem Problem keineswegs so eindeutig, wie es zunächst den Anschein haben mag. Erstens ist die Abgrenzung des Dienstleistungssektors nicht einfach. Bestimmte Dienstleistungsbereiche – so der öffentliche Verkehr – sind eher in der Schrumpfung begriffen. Weiter ist die Entwicklung keineswegs in allen Ländern einheitlich verlaufen.

Für die *USA* kann man allerdings bei Anlegung der verschiedensten Kriterien sagen, daß eine Tendenz zum relativen Anwachsen des Dienstleistungsbereichs zu verzeichnen ist. Nimmt man das Kriterium der Beschäftigung, so stellt man fest, daß deren Zunahme seit dem zweiten Weltkrieg fast ausschließlich in den Dienstleistungssektor geflossen ist. Übrigens sind durch diese Verlagerung zyklische Schwankungen in der Beschäftigung um rund 15 % verringert worden[202].

Welche Rückwirkungen muß dies nun für die ›organische Zusammensetzung des Kapitals‹ nach sich ziehen?

Es dürfte an dieser Stelle angebracht sein, einige Worte über die Bedeutung zu sagen, die ein relativ wachsender Dienstleistungssektor in der Volkswirtschaft für die hier behandelten Zusammenhänge hat.

Streng genommen dürfte nach der in sozialistischen Ländern tonangebenden Methodik der volkswirtschaftlichen Gesamtrechnung der Dienstleistungssektor keinen Einfluß auf die ›organische Zusammensetzung des Kapitals‹ haben, da er aus dem Mehrwert alimentiert wird und somit nicht das ›konstante Kapital‹ berührt. Dies erklärt sich daraus, daß der Dienstleistungsbereich in einer Interpretation Marx', die wir bereits im ersten Band von »Ökonomie und Marxismus« als unrichtig kennzeichneten, nicht als ›produktiv‹ angesehen wird.

Wie dem auch sei: Sobald man mit gesamtwirtschaftlichen Kapitalkoeffizienten rechnet, muß man unvermeidlich die Frage aufwerfen, inwieweit das im Dienstleistungssektor investierte Realkapital diesen Koeffizienten beeinflußt. Da in westlichen Ländern in einer ähnlich unzweckmäßigen Einteilung der Bereich des öffentlichen Verkehrs, der hoch kapitalintensiv ist und besser dem sekundären Sektor zugerechnet werden sollte, in den tertiären Bereich einbezogen wird, können sich für diesen immer noch erhebliche Realkapitalwerte pro Beschäftigten ergeben, wobei anzunehmen ist, daß auch der Dienstleistungsbereich kapitalintensiver wird, vielleicht sogar rascher als der sekundäre Sektor.

Hinweise hierzu geben Ziffern für die USA: 1960 entfielen dort auf einen Arbeitnehmer in der Industrie 12 030 Dollar Anlagewerte, im Dienstleistungsbereich 4 380 Dollar.

Dabei bleibt die Frage offen, in welchem Bereich die Kapitalintensität rascher wächst. HICKMAN hat für den Zeitraum 1947 bis 1960 in den USA feststellen wollen, daß die Kapitalintensität in der Industrie (Kapitalsumme pro Arbeitnehmer) rascher wuchs. Die Wachstumsrate in der Industrie betrug nach seinen Berechnungen pro Jahr 2,4 % in der Industrie und nur 0,6 % in den Dienstleistungssektoren (allerdings ohne Gesundheitswesen und Ärzte[203]). Andere Berechnungen von FUCHS haben dagegen ergeben, daß die Kapitalsumme pro Arbeitnehmer in beiden Bereichen gleich rasch wuchs, nämlich um 2,2 % pro Jahr[204].

Nun ist jedoch die eigentlich relevante Ziffer für die ›organische Zusammensetzung des Kapitals‹ nicht die, die das Verhältnis zwischen Kapitalwerten und Arbeiterzahl angibt – dies wäre die Kapitalintensität, von der wir zeigten, daß sie sich nicht einmal mit dem Marxschen Begriff der ›technischen Zusammensetzung‹ deckt –, sondern entscheidend ist das Verhältnis zwischen Kapitalkosten und Lohnkosten pro Produkteinheit. Hier liegen nur wenig verläßliche Ziffern für die beiden Bereiche vor. Da im übrigen die relative Bedeutung der Dienstleistungssektoren nur im Beschäftigungsbereich eindeutig gestiegen ist, keineswegs klar im Hinblick auf den Anteil am Sozialprodukt[205], bleibt fraglich, ob der Dienstleistungsbereich tatsächlich die durchschnittliche ›organische Zusammensetzung des Kapitals‹ auf volkswirtschaftlicher Ebene nachhaltig verändern kann. Akzeptiert man die Ziffern von FUCHS, so ist das jedenfalls nicht der Fall. Akzeptiert man die von HICKMAN, so muß unterstellt werden, daß dann, wenn der Anteil des sekundären und destertiären Sektors am Sozialprodukt gleich bleibt, der gesamtwirtschaftliche Koeffizient steigt; diese Steigerung könnte sich nur dann mildern, wenn der tertiäre Sektor relativ zum sekundären an Bedeutung gewönne und damit das raschere Anwachsen der ›organischen Zusammensetzung‹ im letzteren abschwächte.

## 15. Vergleich der Entwicklung der Kapitalgüter- und Konsumgüterpreise

Einen weiteren Anhaltspunkt kann die relative Entwicklung der Kapitalgüter- und Konsumgüter*preise* für die jeweilige Bewegung der Kapitalgüterwerte und Lohngüterwerte abgeben. Dabei muß man sich jedoch der Begrenztheit dieser Methode bewußt bleiben. Wir erfassen hier keineswegs die Bewegung des jeweiligen Inputs, sondern nur die Preise des Inputs ›Kapitalgut‹ und die Preise der Lohngüter, die wir nur in einer VON-NEUMANN-Konzeption der ›Existenzminimumlöhne‹ als Widerspiegelung des Inputs ›Arbeit‹ betrachten könnten. Mit dem Ansteigen der Reallöhne dürfte die Nachfrage nach den Konsumgütern rascher gewachsen sein als die nach Kapitalgütern.

Leider kann man auch die relative Entwicklung der Produktivität in beiden Bereichen nicht an den Preisen ermessen, da nicht gut unterstellt werden kann, ob die Nachfrage seitens der gesamten Volkswirtschaft nach Investitionsgütern bzw. Konsumgütern keine wesentliche Verschiebung erfahren hat – besser gesagt: da man nicht unterstellen kann, daß die Sparneigung der Volkswirtschaft über so große Zeiträume hinweg unverändert geblieben ist. Allerdings scheint dies für das Privatsparen doch der Fall gewesen zu sein.

Für die Analogie zur ›organischen Zusammensetzung des Kapitals‹ ist zu beachten, daß wir festgestellt hatten, daß bei dieser im makroökonomischen Sinne auf der Seite des konstanten Kapitals nur die Anlagewerte, nicht die laufend verbrauchten Rohstoffe erscheinen dürfen. Bei den Preisindizes figurieren nun jedoch in den Produktionsmittelindizes alle Rohstoffe und Halbfabrikate mit, womit die Vergleichsmöglichkeit erheblich beeinträchtigt wird.

Mit all diesen Vorbehalten können die nachfolgenden Angaben als Andeutung für bestimmte langfristige Bewegungstendenzen verstanden werden.

Ein statistisches Team der London School of Economics hat gemeinsam mit der Universität Cambridge in der Publikation ›The British Economy – Key Statistics‹ 1964 die vergleichsweise Bewegung der Einzelhandels- und Kapitalgüterpreise festgehalten: Die ersteren veranderthalbfachen sich von 1900 bis 1914, während die letzteren konstant bleiben. Dann ergibt sich für die ersteren eine erneute Veranderthalbfachung bis zum zweiten Weltkrieg; in diesem Zeitraum aber verdoppeln sich die Kapitalgüterpreise[206].

Diese Ergebnisse scheinen darauf hinzudeuten, daß kapitalsparende Neuerungen in der Zeit nach 1900 zum Tragen kommen, was aus anderen Untersuchungen bestätigt zu werden scheint – wobei allerdings der Schwerpunkt dieser Tendenz in der Zeit um den ersten Weltkrieg herum liegen dürfte.

Die obige Untersuchung für Großbritannien scheint in gewissem Widerspruch zu stehen zu den Arbeiten z. B. GILLMANS, in dessen Messungen in konstanten Preisen die kapitalsparenden Tendenzen erst ab 1919 sichtbar werden und die speziell gerade ein Überwiegen dieser Tendenzen nach dem ersten Weltkrieg zu zeigen scheinen. Indessen sind nicht die Preise der Kapitalgüter allein maßgebend, sondern es kommt auf den Input an Kapitalgütern an. Quantitative Einsparungen bei gleicher Leistung können erklären, warum die Kapitalkostensummen nach dem ersten Weltkrieg relativ zu den Lohnkostensummen gesunken sind. Es ist sogar möglich, daß eben die relative Verteuerung der Kapitalgüter nach dem zweiten Weltkrieg kapitalsparende Neuerungen induziert hat.

In der britischen Studie ziehen die Preise für Kapitalgüter nach 1938 zunächst weiterhin schärfer an als die für Konsumgüter; erst ab 1958 scheint sich diese Tendenz umzukehren.

Differenzierte Untersuchungen hat R. A. GORDON für die USA vorgenommen. GORDON stellt dabei fest, daß die Tatsache, daß sich die Kapitalgüterpreise ganz anders verhalten können als die Konsumgüterpreise der gleichen Periode, tatsächlich nur von wenigen Autoren gesehen worden ist[207]: KUZNETS hat ihr einige Aufmerksamkeit gewidmet, SALTER betrachtet sie mehr unter dem Gesichtspunkt der Produktionstheorie, und HICKS erwähnt sie in seinem klassischen Werk über den Konjunkturzyklus en passant[208].

GORDONS Berechnungen ergeben für die USA folgendes Bild: Im Zeitraum von 1869/78 bis 1889/98 fielen die Preise für nicht dauerhafte Konsumgüter um rund ein Drittel (31,7 bis 36,2 %), die für dauerhafte Konsumgüter um zwei Fünftel (39,2 %), die für Dienstleistungen nicht ganz um ein Fünftel (18,4 %). In der letzteren Ziffer dürfte sich bereits die Steigerung der Reallöhne bzw. die relative Verknappung der Arbeitskraft im Verhältnis zum Kapital spiegeln[209].

Im gleichen Zeitraum fielen die Preise für dauerhafte Produzentengüter genau so stark wie die für dauerhafte Konsumgüter, nämlich um rund zwei Fünftel (41,7 %). Die Baupreise sanken nur um etwas mehr als ein Siebentel (14,7 %). Auch hier dürfte sich die relative Verteuerung der Arbeitskräfte bemerkbar machen. Per Saldo fallen aber in den USA in dieser Periode, die einen im ganzen deflationären Charakter trägt, die Konsumgüterpreise nur dann rascher als die Kapitalgüterpreise, wenn man den Baukosten ein erheblich stärkeres Gewicht für den Kapitalgütersektor beimißt als den Dienstleistungen für den Konsumgüterbereich. Da sich die wenig sinkenden Baukosten auch ähnlich auf die Mieten auswirken mußten, ist zweifelhaft, ob in der ganzen Periode die Konsumgüter relativ zu den Kapitalgütern verbilligt wurden.

Von 1889/98 bis 1919/28 ergibt sich eine klarere Aussage. Hier verdoppeln sich die Preise für vergängliche Konsumgüter und nahezu auch für die Dienstleistungen. Die Preise für fast dauerhafte und ganz dauerhafte Konsumgüter steigen auf das Zweieinhalbfache. Die Produzentengüter verteuern sich um 136 %, die Baukosten um 145 %. Die Kapitalgüter dürften sich also relativ zu den Konsumgütern verteuert haben. Das könnte die kapitalsparende Tendenz der Periode nach 1919 erklären, zumal die Konsumgüterpreise in den zwanziger Jahren fast konstant blieben.

In der nächsten Periode – 1929 bis 1939 – geben die Konsumgüterpreise stärker nach als die Preise für Kapitalgüter, womit die kapitalsparende Tendenz – zumal angesichts der herrschenden Massenarbeitslosigkeit – plausibel erscheint.

Von 1939 bis 1959 ziehen dann die Kapitalgüterpreise sehr viel rascher an als die Konsumgüterpreise. Eine Intensivierung der kapitalsparenden Tendenzen geht damit Hand in Hand.

Aus diesen Daten könnte man für den gesamten Zeitraum den Schluß ziehen, daß sich die Lohngüterpreise von 1900 bis zur Gegenwart relativ zu den Kapitalgüterpreisen verbilligten. Mit Marx gesprochen würde das heißen, daß sich die Preiskomponente in v relativ zu der in c verringerte. Andererseits steigen aber in der gesamten Periode die Reallöhne: die Mengenkomponente in v wuchs also, d. h. jeder einzelne Arbeitnehmer nahm immer mehr Lohngüter in Anspruch als vorher. Das Resultat konnte sehr wohl eine unveränderte ›organische Zusammensetzung‹ sein, wenn man den Beginn und das Ende des Untersuchungsraums vergleicht.

GORDON selbst hat seine Studienergebnisse in der Bemerkung zusammengefaßt, daß »in den USA seit einem Halbjahrhundert oder länger eine säkulare Tendenz in der Richtung bestanden hat, daß die Kapitalgüterpreise schärfer ansteigen als die Konsumgüterpreise«.[210]

Diese Untersuchungen GORDONS werden ergänzt durch Daten von KUZNETS, wonach die Konsumgüterpreise in den USA von 1869 bis 1959 etwa auf das Dreifache gestiegen sind, die Kapitalgüterpreise dagegen auf mehr als das Fünffache. GORDON sagt dazu: »Wir wissen aus KUZNETS' Daten, daß die Relation von Kapital zu Arbeit in den USA gestiegen ist, obwohl seit 1929 mit verlangsamtem Tempo. Dieses Ansteigen war verbunden mit einer Zunahme der Arbeitsproduktivität und der Reallöhne[211].«

Damit kommen wir auf die Gleichungen SCHMITT-RINKS zurück[122], wonach sich die ›organische Zusammensetzung des Kapitals‹ im Sinne Marx' messen läßt entweder durch das Verhältnis von Kapitalintensität – also quantitativem Einsatz von Kapital pro Arbeitseinheit – zu Reallohnniveau oder durch das Verhältnis von Kapitalkoeffizient (capital : output) zu Lohnquote. Diese Vergleiche sollen in den nächsten Abschnitten besprochen werden. An dieser Stelle können wir lediglich die einfachere Version des Begriffs der ›organischen Zusammensetzung‹ erfassen: Realer Kapitaleinsatz · Investitionsgüterpreise : Konsumgütermenge für Arbeiter · Konsumgüterpreise. Es müßten also Indizes der realen Produktion mit denen der Preise in beiden Bereichen multipliziert werden. Es wäre dies ein statistisch unsicheres Unterfangen bei globalen Daten über so lange Zeiträume hinweg, wobei noch der Unternehmerverbrauch von den Konsumgütern abzuziehen wäre – ein kaum zu bewältigendes Problem.

Immerhin kann die relative Preisentwicklung in beiden Sektoren grobe Anhaltspunkte dafür bieten, ob man mit Substitutionstendenzen rechnen kann. In Zeiträumen, in denen die Kapitalgüterpreise im Verhältnis zu den Konsumgüterpreisen scharf anziehen, muß damit gerechnet werden, daß starke Anreize in Richtung auf kapitalsparende Neuerungen ausgelöst werden – obwohl man umgekehrt dieses scharfe Ansteigen auch auf das Fehlen solcher Neuerungen zurückführen kann. Allerdings würde ein autonomer Grund für die relative Verteuerung der Kapitalgüter dann gegeben sein, wenn bei gleichmäßigem technischem Fortschritt im Kapitalgüter- und Konsumgüterbereich die Investitionsneigung (Investitionsquote) z. B. infolge des von Marx geschilderten Mechanisierungswettbewerbs, der ein scharfes Wettbewerbsklima voraussetzt, die Tendenz zu scharfem Ansteigen gehabt hätte. Andererseits könnte man das Überwiegen der Kapitalgüterverteuerung auch darauf zurückzuführen, daß sich monopolistische Tendenzen im Kapitalgüterbereich stärker auswirkten. Dann allerdings wäre die Veränderung der ›organischen Zusammensetzung‹ letzten Endes abhängig von den Konzentrations- und Oligopolbildungen.

In diesem Zusammenhang ist noch die Studie von SALTER zu vermerken, die die Zinskosten als Faktor auf der Kapitalgüterseite ins Spiel bringt. Nach dieser Studie sind die Kapitalgüter von 1930 bis 1950 relativ zu den Konsumgütern teurer geworden. Gleichzeitig sind aber die Zinskosten in diesem Zeitraum so stark gesunken, daß damit Kapitalausrüstungen von mehr als 20 Jahren Lebensdauer nicht mehr verteuert wurden als die Lebenshaltungskosten. Diese letztere Tendenz gilt bis etwa 1955 – dem Zeitpunkt, zu dem die Politik des ›billigen Geldes‹ suspekt wurde; seither sind die Zinskosten relativ schärfer angestiegen[213].

Französische Ziffern, die von CLAUDE FONTAINE zusammengestellt wurden, zeigen folgendes Ergebnis – allerdings auf partieller Ebene, da die Daten für die Aufstellung von Indizes, die alle Güter umfassen, nicht ausreichen:

Nimmt man die Friseurpreise für einen Haarschnitt – nach dem Vorbild FOURASTIÉS – als Maßstab für den Preis (qualifizierter) Dienstleistungen, so zeigt sich bei diesen (die allerdings eine Gewinnspanne beinhalten) eine Steigerung von 1900 bis 1914 auf das Zweieinhalbfache, von 1914 bis 1963 (im Zeichen der Entwertung des französischen Franken) auf das Achthundertfache. Darin kommt allerdings die relative Verteuerung der Arbeit durch Ansteigen des Reallohnniveaus mit zum Ausdruck.

Demgegenüber sind die Preise für den Energieträger Strom kaum wesentlich angestiegen. Die Kilowattstunde verteuerte sich von 1900 bis 1914 um 30 %, und ihr Preis stieg dann auf das Achtzigfache – also zehnmal weniger schnell als der Friseurlohn.

Als Symbol für die Entwicklung der Kapitalgüterpreise kann die Bandsäge dienen, deren Preis von 1914 bis 1963 um das Hundertfache stieg.

Die Daten FONTAINES bestätigen sonst annähernd das Bild von den relativen Schwingungen der Preisrelationen in säkularer Sicht[214].

## 16. Kapitalintensität und Reallohnniveau

Während die bisher angeführten Meßdaten immer nur indirekte Hinweise auf die eventuelle Bewegungstendenz einer Größe wie der Marxschen ›organischen Zusammensetzung des Kapitals‹ bieten, würde, wie in Anlehnung an SCHMITT-RINK dargelegt wurde, das Verhältnis zwischen Kapitalintensität und Reallohnniveau eine direkte Messung dieser Größe im Zeitverlauf ermöglichen.

*Die theoretischen Möglichkeiten*

Aus der obigen Darstellung von SCHMITT-RINK ergibt sich, daß die Marxsche »organische Zusammensetzung«

– sinkt, wenn bei konstanter Kapitalintensität der Reallohn steigt,
wenn bei konstanten Reallöhnen die Kapitalintensität sinkt,
wenn bei steigender Kapitalintensität der Reallohn rascher steigt,
wenn bei sinkender Kapitalintensität der Reallohn langsamer sinkt oder gar steigt.

Hier kommt in der Realität nach den vorliegenden statistischen Daten am ehesten noch der dritte dieser obengenannten Fälle in Frage, in den USA (nach SOLOW) eventuell auch der letzte.

Dagegen ergibt sich aus der Analyse SCHMITT-RINKS, daß die Marxsche »organische Zusammensetzung«

– steigt, wenn bei konstanter Kapitalintensität der Reallohn sinkt,
wenn bei konstanten Reallöhnen die Kapitalintensität steigt,
wenn bei steigender Kapitalintensität der Reallohn langsamer steigt,
wenn bei sinkender Kapitalintensität der Reallohn schneller sinkt.

Auch hier dürfte in der Wirklichkeit der dritte dieser Fälle am ehesten in Frage kommen.

Es handelt sich also bei der Untersuchung der Relation Kapitalintensität : Reallohn im wesentlichen darum, festzustellen, in welchem Tempo diese beiden Größen gewachsen sind.

Schwieriger ist die Untersuchung der Entwicklung des Verhältnisses zwischen Kapitalkoeffizienten und Lohnanteil am Sozialprodukt.

Hier können beide Größen, wie die bisherigen statistischen Untersuchungen zeigen, sowohl steigen als auch sinken. Dementsprechend ergeben sich für die Möglichkeiten einer Veränderung der »organischen Zusammensetzung« mehr als die obengenannten acht Hauptfälle.

Am wahrscheinlichsten sind hier folgende Kombinationen für den Fall einer eventuell sinkenden »organischen Zusammensetzung«:

– Konstante Kapitalkoeffizienten mit steigender Lohnquote,
– Steigende Kapitalkoeffizienten mit schneller steigender Lohnquote,
– Sinkende Kapitalkoeffizienten mit steigender Lohnquote.

Für den Fall einer steigenden »organischen Zusammensetzung« kommen vor allem folgende Kombinationen in Frage:

– Steigende Kapitalkoeffizienten mit gleichbleibender Lohnquote,
– Konstante Kapitalkoeffizienten mit sinkender Lohnquote,
– Sinkende Kapitalkoeffizienten mit langsamer sinkender Lohnquote.

Daneben steht die Möglichkeit des Konstantbleibens der »organischen Zusammensetzung« infolge fehlender oder kompensatorischer Bewegungen der jeweiligen beiden Größen.

Nun liegen für das Reallohnniveau umfangreiche Berechnungen verschiedenster Autoren vor. Diese zeigen sämtlich eine relativ starke Steigerung der Reallöhne von etwa 1850 bis zur Jahrhundertwende (beschleunigt durch den Preisfall im letzten Viertel des 19. Jahrhunderts), eine Verlangsamung bzw. sogar einen leichten Rückgang in Großbritannien und anderwärts zwischen der Jahrhundertwende und dem ersten Weltkrieg, eine langsame Erholung der im ersten Weltkrieg und in der Nachkriegsinflation vor allem auf dem europäischen Kontinent abgesunkenen Reallöhne, bei relativ langsamem Anstieg auch in den USA, wobei die Reallöhne in Europa erst ab Mitte der zwanziger Jahre einen neuen Höhepunkt erreichen. Von da ab machen sich unterschiedliche Tendenzen bemerkbar. Der relativ schärfere Abfall von Rohstoff- und Nahrungsmittelpreisen sowie der Druck der Gewerkschaftsbewegung vor allem in den USA (durch ›New Deal‹ ermutigt) führen zu einem erheblichen Anziehen der realen Stundenlöhne, schon in der Depression selbst. Die effektiven Wochenverdienste sinken z. T. infolge von Kurzarbeit. In den Diktaturländern wie Italien (ab 1928) und Deutschland (ab 1933) wird das Nominallohnniveau von Staats wegen niedrig gehalten, was selbst bei Verlängerung der Arbeitszeit im Wiederaufschwung zu nur gedämpftem Ansteigen der Reallöhne führt.

Über den zweiten Weltkrieg hinweg wiederholt sich das Schauspiel des ersten Weltkriegs. Allerdings erholen sich die Reallöhne in den meisten Ländern relativ rascher als damals und erreichen kurz nach 1950 das Vorkriegsniveau. In den vom Kriege nicht unmittelbar berührten Industrieländern wie den USA und Schweden schießt das Reallohnniveau an dem der anderen Länder vorbei. Ein kontinuierliches Ansteigen in allen Ländern, mit besonderem Vorpreschen der aufsteigenden ›Wirtschaftswunderländer‹ Bundesrepublik, Italien und Japan kennzeichnet das Ende der Epoche, wobei allerdings der Inflationsdruck so stark wird, daß die Reallohnentwicklung – mindestens in Großbritannien – sich zu verlangsamen scheint[215].

*Daten der Kapitalintensität*

Im Gegensatz zu den reichlich vorhandenen Angaben über die Reallohnentwicklung mangelt es eher an verläßlichen Daten über die Bewegung der Kapitalintensität.

Für die USA zeigen Studien des National Bureau, daß das Durchschnittskapital pro Arbeiter in konstanten Preisen zwischen 1947 und 1954 um etwa 3 % pro Jahr stieg; dieses Ansteigen lag erheblich über der Zuwachsrate der Stundenlöhne in konstanten Dollars. Verglichen mit den Reallöhnen ergibt sich ebenfalls ein Ansteigen[216].

Neuere Berechnungen der statistischen Ämter der USA bestätigen diesen Trend für die Jahre 1947–1963[217].

DOUGLAS hatte in seinem klassischen Werk die »relativen Quantitäten von Kapital und Arbeit« über den Zeitraum von 1899 bis 1922 zueinander in Beziehung zu setzen versucht: Danach ergab sich eine Zunahme der Kapitalintensität auf fast das Dreifache, dieweil der Reallohn in diesem Zeitraum lediglich um etwa 20 % stieg.

Das würde eine Anhebung der »Organischen Zusammensetzung« auf nahezu das Zweieinhalbfache bedeutet haben.

Kapitalintensität und Reallöhne in den USA 1899–1922 nach DOUGLAS[218]

| | Kapital-intensität | Reallöhne | | Kapital-intensität | Reallöhne |
|---|---|---|---|---|---|
| 1899 | 100 | 100 | 1911 | 150 | 100 |
| 1900 | 102 | 101 | 12 | 150 | 104 |
| 01 | 104 | 101 | 13 | 154 | 108 |
| 02 | 103 | 103 | 14 | 164 | 106 |
| 03 | 106 | 100 | 1915 | 172 | 107 |
| 04 | 119 | 101 | 16 | 164 | 107 |
| 1905 | 119 | 103 | 17 | 170 | 102 |
| 06 | 139 | 105 | 18 | 182 | 105 |
| 07 | 128 | 102 | 19 | 200 | 110 |
| 08 | 154 | 104 | 1920 | 213 | 114 |
| 09 | 143 | 108 | 21 | 286 | 117 |
| 1910 | 145 | 101 | 22 | 270 | 121 |

Neuere Ziffern stehen in glattem Widerspruch zu diesen Daten von DOUGLAS, die eine eindeutige Zunahme der »organischen Zusammensetzung« mindestens bis 1925 belegen würden (1921/22 erscheinen die Ziffern für die »Kapitalintensität« durch »arbeitsloses Kapital« verfälscht!).

Nach KENDRICK[219] ergaben sich nämlich folgende Ziffern für die Entwicklung der Kapitalintensität, denen wir die Reallohnentwicklung zur Seite stellen:

Jährliche prozentuale Steigerung des Kapitals pro Arbeiterstunde:

| | |
|---|---|
| 1899–1919 | 0,8 |
| 1919–1948 | 0,3 |
| 1948–1957 | 3,3 |

Reallohnsteigerung im Jahresdurchschnitt der Periode:

Index Reallöhne nach PHELPS–BROWN[220]

| | | |
|---|---|---|
| 1899–1919 | 108–151 | 1,7 % (p.a.) |
| 1920–1946 | 151–272 | 2,38 % |
| 1946–1957 | 272–357 | 2,49 % |

Der Widerspruch zu den Ziffern von DOUGLAS mag sich zum Teil daraus erklären, daß bei KENDRICK die Arbeitszeitverkürzung berücksichtigt wird; zum anderen Teil ergibt er sich aus der sehr viel stärkeren Reallohnsteigerung nach PHELPS-BROWN. Diese beträgt von 1899 bis 1919 fast 40 %, also doppelt so viel wie bei DOUGLAS. Nach KENDRICK ergibt sich ziemlich eindeutig, daß die Kapitalintensität von 1899 bis 1919 und besonders von 1919 bis 1948 sehr viel langsamer gewachsen ist als der Reallohn: für diesen Zeitraum könnte also von einer Erhöhung der »organischen Zusammensetzung« nicht die Rede sein.

Dagegen hat sich nach dem zweiten Weltkrieg die Kapitalintensität rascher gesteigert, als der Reallohn zunahm. Damit wäre die »organische Zusammensetzung« in neuerer Zeit angestiegen.

Über die gesamte Periode von 1899–1957 hinweg würde sich ein Absinken der »organischen Zusammensetzung« ergeben.

Für die Gegenwart sind Kapitalintensitätsziffern von DENISON zusammengestellt worden. Danach ergaben sich in einzelnen Ländern folgende Wachstumsraten:

Wachstumsraten pro Jahr (nach PHELPS-BROWN[221] und DENISON[222]

| | Brutto-anlagevermögen | | Netto-anlagevermögen | | Reallöhne |
|---|---|---|---|---|---|
| Periode | 1950–55 | 1955–62 | 1950–55 | 1955–62 | 1950–60 |
| USA | 2,6 | 2,5 | 3,0 | 2,3 | 2,45*** |
| Belgien | 2,1 | 2,6 | 2,1 | 2,5 | |
| Dänemark | 4,2 | 3,5 | 5,3 | 4,7 | |
| Frankreich | 3,2 | 3,7 | 3,6 | 4,7 | |
| Bundesrepublik Deutschland | 1,7 | 4,6 | 3,1 | 6,0 | 4,98* |
| Niederlande | 2,3 | 3,7 | 2,6 | 4,9 | |
| Norwegen | 4,3 | 3,9 | 5,3 | 4,6 | |
| Großbritannien | 1,8 | 2,7 | 2,5 | 4,2 | 2,46** |
| Italien | 2,2 | 3,6 | 2,3 | 4,2 | |

* 1950–60 ** 1947–60 *** 1946–60

Nach diesen Daten ist eine weitgehende Parallelität zwischen Kapitalintensitäts- und Reallohnwachstum gegeben; eine Steigerung der »organischen Zusammensetzung« könnte allenfalls in der Berichtsperiode in Großbritannien eingetreten sein.

Für *Deutschland* ist nach HOFFMANN die Kapitalintensität von 1850 bis 1913 ungefähr auf das Dreifache gestiegen[223]. Nach PHELPS-BROWN stiegen in diesem Zeitraum die Reallöhne nur auf das Doppelte. Das deutet mir auf starke Zunahme der »organischen Zusammensetzung« hin.

In der Bundesrepublik Deutschland ist der Gesamtwert des Bruttoanlagevermögens in der deutschen Industrie von 1950 bis 1959 von 61 auf 115,2 Mrd. DM gestiegen, d. h. um 89 %[224]. In der gleichen Zeit stieg die Zahl der Beschäftigten im produzierenden Gewerbe von 8,7 auf 11,7 Mill., also nur um rund ein Drittel[225]. Die Kapitalintensität ist damit um rund 40 % gestiegen.

Die Kapitalintensität hat seither nach neueren Daten in der deutschen Industrie für die nächste Dekade nochmals mehr als eine Verdoppelung erfahren.

Kapitalintensität in der deutschen Wirtschaft[226]

| (in DM pro Beschäftigten) | 1959 | 1964 | 1969 |
|---|---|---|---|
| Sachkapital | 22 686 | 30 670 | 39 588 |
| Ausbildungskapital | 12 291 | 21 380 | 34 410 |
| Gesamtkapital | 34 977 | 52 050 | 73 998 |

Der Index der Reallöhne zeigt von 1950 auf 1959 nach PHELPS-BROWN eine Zunahme von 174 auf 262, somit eine Steigerung von 50 %. Danach muß die »organische Zusammensetzung« von 1950 auf 1959 um etwa 10 % gesunken sein. Im Zeitraum 1959–1964, der eine Zunahme des Gesamtkapitals pro Beschäftigten um rund 50 % sah, kam es dagegen lediglich zu einer Reallohnsteigerung um ein Drittel[227].

Im Zeitraum von 1964 bis 1969 ergab sich eine etwas schwächere Zunahme des Gesamtkapitals pro Beschäftigten, nämlich um rund 40 %; die Reallöhne stiegen fast ebenso rasch, nämlich um 37 %. Es scheint, daß die zeitweilige Freisetzung von Arbeitskräften 1966/67 den Trend der Steigerung der »organischen Zusammensetzung« gebremst hat.

Daraus dürfte sich ergeben, daß die »organische Zusammensetzung« in Zeiten der Arbeitskräfteverknappung steigt. Das erscheint plausibel. Marx hätte also sein Gesetz mit einer Analyse der Veränderung der »Reservearmee« koppeln müssen.

Die Schwierigkeiten in der Messung der Kapitalintensität pro Arbeiter bzw. Arbeitsstunde gehen dabei auf die bereits erörterten generellen Schwierigkeiten in der Messung des physischen Kapitalbestandes überhaupt zurück. In der Regel erfolgt diese Messung statistisch gesehen nach dem Neuwert der in der Produktion eingesetzten Kapitalgüter zu Preisen der laufenden Periode, wobei der Ausnutzungsgrad nicht berücksichtigt werden darf, sondern der reale Bestand – letztlich zu Wiederbeschaffungswerten unter Berücksichtigung der Entwertung, also zu Zeitwerten. Bei der Ermittlung dieser Zeitwerte stellt sich aber bereits die Frage, ob nicht nur der physische Verschleiß, sondern auch die Überalterung bzw. wirtschaftliche Entwertung mit berücksichtigt werden soll. Auf dem Umweg über diese und die Preiselemente käme dann aber die Nachfrage nach diesen spezifischen Kapitalgütern und damit auch das Auslastungsproblem indirekt wieder hinein.

In jedem Falle handelt es sich bei dieser Berechnungsweise um die ›akkumulationstheoretische‹ Ermittlung der Kapitalwerte, die letztlich auf eine Fortschreibung von Investitionswerten hinausläuft.

Die Alternative wäre eine ›produktionstheoretische‹ Bewertung. Diese sucht zu ermitteln, welches Leistungspotential im Kapitalbestand steckt. Die Realisierung einer solchen Berechnung steht nach einhelliger Meinung, wie z. B. HELMSTÄDTER sagt, vor unüberwindlichen Schwierigkeiten[228].

Diese Schwierigkeiten haben seit der ersten Konzeption der ›Cobb-Douglas‹-Produktionsfunktion zu ungezählten Diskussionen und Verbesserungsversuchen Anlaß gegeben. Am Rande sei bemerkt, daß die Verwendung des Begriffs der Kapitalintensität in den verschiedensten Produktionsfunktionen – COBB-DOUGLAS, LEONTIEW, CES (›Constant Elasticity of Substitution‹) von ARROW/CHENERY/MINHAS/SOLOW, VES (›Variable Elasticity of-Substitutes‹) von SATO, WISE und YEH, HIP (›Homothetic isoquant production function‹) von CLEMHOUT und GP (›Generalized production function‹) von ZELLNER und REVANKAR[229] – in der Regel wirklichkeitsfremd erfolgt. In den Diskussionen auf dem Ottobeurener Seminar zur Wachstumstheorie vom 6. – 10. September 1971 wurde die makroökonomische Produktionsfunktion »gewissermaßen als eine Fabel« bezeichnet, »die es uns erlaubt, produktionstheoretische Zusammenhänge, die wir auf Grund der vorliegenden Daten vermuten, anschaulich zu beschreiben«. KROMPHARDT hat dazu bemerkt, daß »der größte Teil dieser Produktionsfunktionen überhaupt nicht empirisch überprüft werden kann«, obwohl »dieser Prozeß (der Aufstellung solcher Funktionen) sehr viele intelligente Leute beschäftigt, die sicherlich an anderer Stelle besser eingesetzt werden könnten«.[230]

Im Grunde kommt man bei der Messung der Kapitalintensität um einige betriebswirtschaftliche Grundbegriffe zur Frage der Ermittlung des Kapitalbestandes und zur Abschreibungstheorie nicht herum, deren detaillierte Erörterung hier zu weit führen würde. Tatsache ist, daß dieser Vergleich zwischen Kapitalintensität und Reallohnniveau daher auf sehr große Schwierigkeiten stößt.

Per Saldo dürfte man als Resultat das Wort des Marxisten MORRIS werten können: »Während kein Zweifel daran bestehen kann, daß der Wert des investierten Kapitals pro Arbeiter seit dem Ende des Zweiten Weltkrieges gestiegen ist, gibt es keinerlei statistische Anzeichen für eine steigende Tendenz im Verhältnis des Wertes von investiertem Kapital zu den Löhnen oder zum Nationaleinkommen[231].«

Korrekter müßte der Satz schließen: »... für das Verhältnis von Kapitalintensität (K : A) zum Reallohnniveau...«

## 17. Kapitalkoeffizient und Lohnquote

Im Anschluß an die Argumentation von SCHMITT-RINK wird hier von der Überlegung ausgegangen, daß nicht – wie vielfach angenommen – die Bewegung des Kapitalkoeffizienten an sich Aufschluß gibt über die Richtigkeit bzw. Realitätsbezogenheit des ›Marxschen Gesetzes‹, sondern erst das Verhältnis zwischen Kapitalkoeffizient und Lohnquote und dessen eventuelle Veränderung im Zeitverlauf. Mit dieser SCHMITT-RINKschen Argumentation wird erwiesen, daß die Betrachtungsweise z. B. von HELMSTÄDTER völlig unzutreffend ist. Dieser hatte rein formal zu beweisen versucht, daß Marx' ›organische Zusammensetzung des Kapitals‹ – allerdings unter bestimmten Voraussetzungen – dem Kapitalkoeffizienten gleich sei. Kurz darauf stellte er sogar die Behauptung auf, Marx selbst habe seine ›organische Zusammensetzung des Kapitals‹ als Kapitalintensität der Arbeit verstanden wissen wollen – was zweifellos eine Verwechslung mit dem Marxschen Begriff der ›technischen Zusammensetzung des Kapitals‹ darstellt[232].

Andererseits finden sich bei HELMSTÄDTER, der diese Probleme des Kapitalkoeffizienten einer verdienstvollen Vertiefung unterzogen hat, auch sonst Widersprüche in seinen Aussagen. Diese Widersprüche beziehen sich z. B. auf die Frage, ob man den marginalen Kapitalkoeffizienten (Investition zu Produktionszunahme) oder den durchschnittlichen Kapitalkoeffizienten (Kapitalbestand und Produktion) verwenden solle. HELMSTÄDTER sagt hierzu in seinen ›Thesen‹, in denen er sein Ottobeurener Referat von 1971 zusammengefaßt hat:

»Der marginale Kapitalkoeffizient (Investition zu Produktionszunahme) ist von unmittelbarem Interesse für die Theorie des Wachstums und der Akkumulation. Dieser Koeffizient spielt daher als exogen vorgegebene ›technologische Konstante‹ eine Schlüsselrolle in bestimmten einfachen Modellen dieses Problembereichs. – Der durchschnittliche Kapitalkoeffizient ist hingegen in umfassenderen Modellen des Wachstums und der Akkumulation eine endogene Variable. Man kann nicht sagen, daß sie eine ausgesprochene Schlüsselgröße darstellt[233].«

In seinem Hauptwerk zum Thema des Kapitalkoeffizienten hat sich HELMSTÄDTER jedoch anders ausgesprochen; hier lehnt er die Verwendung des marginalen Kapitalkoeffizienten eindeutig ab. Die marginalen Koeffizienten »interessieren weder akkumulationstheoretisch noch produktionstheoretisch. Es gibt keine sinnvolle akkumulationstheoretische Beziehung zwischen der Investition und dem Produktionszuwachs einer Periode. Investiert wird aus dem Produkt und nicht aus dem Produktzuwachs. Auch als Produktionskoeffizient ist der marginale Kapitalkoeffizient äußerst dubios, da ihm alleine die Ausnutzungsschwankungen bei allen übrigen bereits angesetzten Faktoren angelastet werden«.[234]

Die Verwendung des marginalen Kapitalkoeffizienten erscheint in der Tat nicht sehr aussageträchtig, weil die jährlichen Produktionsänderungen nicht nur von der Investition, sondern vom Einsatz aller übrigen Produktionsfaktoren abhängig sind und weil sich in ihm die Kapazitätsauslastung und die Konjunkturschwankungen spiegeln. Selbst bei relativ stabiler Investitionsquote schwanken die marginalen Koeffizienten stark.

Die nachfolgenden Betrachtungen werden daher im wesentlichen auf die durchschnittlichen Koeffizienten abgestellt.

*Die Debatte um die Bewegungen des Kapitalkoeffizienten*

Nun hat man über den langfristigen Verlauf in der Entwicklung der durchschnittlichen Kapitalkoeffizienten bisher keine einheitliche Meinung erzielen können. HELMSTÄDTER stellt dazu fest: »Selbst die Teilnehmer an der Korfu-Konferenz der International Economic Association (4. – 11. September 1958), zu der wahrlich die führenden Experten versammelt waren, haben sich ... nicht darüber einigen können, ob nun der Kapitalkoeffizient langfristig konstant ist oder sinkt[235].«

Tatsächlich hat sich einer der führenden Teilnehmer, F. A. LUTZ, der die Ergebnisse der Konferenz von Korfu zusammenzufassen suchte, in ähnlichem Sinne geäußert[236]:

Effektiv haben sich jedoch nicht nur zwei, sondern sogar vier verschiedene Auffassungen herauskristallisiert, von denen MAHMUD HASAN KHAN[237] drei herausgearbeitet hat:

1) – Die erste Auffassung, die in der Entwicklungstheorie vorherrscht, ist der Ansicht, daß der Kapitalkoeffizient im säkularen Verlauf so gut wie konstant geblieben ist.

2) – Die zweite Ansicht rechnet langfristig mit einem sinkenden Kapitalkoeffizienten.

3) – Die dritte Auffassung rechnet mit einem Ansteigen des Kapitalkoeffizienten im ›take-off‹, im Anfangsstadium des Entwicklungsprozesses

im Sinne WALT ROSTOWS, wonach der Koeffizient dann absinken soll, und zwar etwa auf das Niveau vor dem ›take-off‹.

Wir fügen eine vierte Auffassung hinzu:

4) – Die vierte Ansicht, die auf Grund der in der neuesten Zeit getätigten Beobachtungen nach Ansicht des Verfassers dieses Werkes eigentlich an Boden gewinnen müßte, wäre die, daß sich der Kapitalkoeffizient in ›langen Wellen‹ bewegen könnte, die jeweils längerfristige Richtungsänderungen des technischen Fortschritts widerspiegeln und mit dem ›Kuznets-Zyklus‹, der grundschwelligen Welle des Konjunkturzyklus – der nicht mit dem säkularen ›Kondratieff‹ SCHUMPETERS verwechselt werden darf – in Zusammenhang stehen könnten. In dieser vierten Version würde sich dann das von Marx entdeckte ›Gesetz‹ spiegeln – mit Gegentendenzen, die für ganze Zyklen die Oberhand gewönnen.

Für die *erste Theorie*[238] sprechen gewisse Arbeiten von KUZNETS, die den Nettokapitalbestand in den USA in Beziehung setzen zum Nettoprodukt. Dieses Verhältnis belief sich nach KUZNETS auf

| | |
|---|---|
| 1869/88 | 3,2 |
| 1889/1908 | 3,4 |
| 1909/29 | 3,6 |
| 1939/55 | 2,9 |

PHELPS-BROWN ist für Stichjahre zu ähnlichen Ziffern gelangt:

| | |
|---|---|
| 1870 | 3,7 |
| 1890 | 3,3 |
| 1912 | 3,9 |
| 1929/38 | 3,6–4,0 |

Für die *zweite Theorie* sprechen vor allem die Berechnungen von V. D. WEIDE[239], die auf die Nettoinvestitionen abgestellt sind: Diese ergaben für

| Belgien | | Westdeutschland | | USA | | Norwegen | | Australien | |
|---|---|---|---|---|---|---|---|---|---|
| 1846 | 9,3 | 1913 | 3,4 | 1897 | 5,9 | 1900 | 4,1 | 1903 | 6,4 |
| 1913 | 7,9 | 1929 | 3,6 | 1913 | 5,4 | 1913 | 3,9 | 1915 | 5,6 |
| 1930 | 6,7 | 1950 | 2,3 | 1929 | 5,1 | 1929 | 3,7 | 1929 | 5,2 |
| 1950 | 5,4 | 1955 | 2,0 | 1949 | 4,3 | 1955 | 3,4 | 1956 | 4,0 |

Zu ähnlichen Ergebnissen gelangten KENDRICK und KLEIN-KOSOBUD für die USA[240].

Ebenfalls für diese Theorie scheint die Studie von LA TOURETTE[241] zu sprechen. Dieser ermittelt in den USA für den Zeitraum 1909/1929 einen nahezu konstanten Koeffizienten von rund 2,2, der dann vor allem nach dem zweiten Weltkrieg erheblich niedriger liegt und leicht absinkt (1,75–1,64).

Diese zweite Theorie wird auch von GOLDSMITH in seiner großen Studie für die USA untermauert[242].

Für die *dritte Auffassung* sprechen vor allem die Ziffern, die DEANE und COLE für Großbritannien auf der Grundlage älterer Arbeiten von PEBRER (1833), GIFFEN (1889) und CAMPION (1939) zusammengetragen haben[243]:

| | | | |
|---|---|---|---|
| 1832 | 3,2 | 1913 | 5,5 |
| 1865 | 4,6 | 1927 | 4,6 |
| 1885 | 6,7 | 1933 | 5,5 |

Für diese dritte Auffassung lassen sich aber auch Arbeiten von BICANIC[244], HOFFMANN (für Deutschland) und eventuell sogar auch von GOLDSMITH und schließlich vielleicht sogar andere Studien von KUZNETS und COLIN CLARK anführen.

Für die vierte Theorie bieten nur einige Berechnungen neuesten Datums einige Anhaltspunkte. Zum Teil gilt dies für die Berechnungen von DI PALMA für mehrere Länder[245].

| | Kapitalkoeffizient | | | | | | Lohnquote | | | | | | | |
|---|---|---|---|---|---|---|---|---|---|---|---|---|---|---|
| | Deutschland | | Großbritannien | | USA | | Deutschland | | Großbritannien | | USA | | | |
| | 1[1] | 2[2] | 3[3] | 4[2] | 5[4] | 6[5] | 7[1] | 8[6] | 9[7] | 10[8] | 11[9] | 12[10] | 13[11] | 14[2] |
| 1850 | 4,95 | | | | | | 92,1 | | | | | | | |
| 1860 | 4,81 | | | | | | 76,4 | | | | | | | |
| 1870 | 5,02 | | 3,64 | | | 3,59 | 77,9 | | 54,8 | | | | | |
| 1880 | 5,31 | | 3,88 | | | 2,84 | 76,0 | | 54,6 | (81/85) 40,0 | | | | |
| 1890 | 5,20 | | 3,08 | | | 3,24 | 71,7 | | 58,8 | (86/90) 40,5 | | | | (1897) 5,9 |
| 1900 | 5,11 | | 3,20 | | 3,99 | 3,45 | 70,7 | 47,0 | 58,6 | (96/00) 40,7 | | | | 5,7 |
| 1910 | | | | | 3,81 | 3,68 | | | | (06/10) 37,9 | 51,6 | | (00–09) 55,0 | 5,3 |
| 1913 | 5,28 | 5,4 | (1912) 3,49 | | 3,98 | 3,80 | 69,9 | 45,3 | (1912) 55,7 | (11/13) 37,1 | 53,2 | | | 5,4 |
| 1920 | | | | | 3,78 | 4,00 | | | | | 63,4 | (1919) 72,0 | (10–19) 53,2 | 4,8 |
| 1925 | 5,10 | | 3,71 | | 3,42 | 3,52 | 89,0 | (1927) 54,9 | 66,1 | (1924) 40,6 | 60,8 | | (20–29) 60,5 | 5,1 |
| 1929 | 4,74 | 5,9 | 3,49 | | 3,32 | 3,80 | 88,5 | 56,7 | 65,2 | | 62,6 | 72,3 | | 5,1 |
| 1938 | 4,36 | | 3,33 | | 3,53 | 3,70 | 74,4 | 52,3 | 64,4 | | 68,6 | (1937) 78,9 | (34–43) 65,1 | 5,8 |
| 1950 | 4,34 | 4,5 | | | 2,53 | 2,98 | 76,4 | | 65,3 | | 72,8 | (1948) 71,2 | (49–57) 67,1 | (1949) 4,3 |
| 1955 | 3,68 | 3,6 | | (1953) 2,8 | (1953) 2,55 | (1953) 2,82 | 72,2 | | | | | | | |
| 1959 | 3,77 | | | | | | 71,8 | | | | | | | |
| 1960 | | | | | | | | | | | | 77,8 | | |

[1] W. G. HOFFMANN (mit F. GRUMBACH und H. HESSE): Das Wachstum der Deutschen Volkswirtschaft seit der Mitte des 19. Jahrhunderts, Heidelberg 1965, S. 253, 454, 497–507 ff.*

[2] TH. D. VAN DER WEIDE, Statistics of National Wealth for Eigtheen Countries, in: Income and Wealth, Series VII, herausg. v. R. GOLDSMITH/CH. SAUNDERS, London 1959, S. 30 (Ratio Gross Wealth: Product).

[3] Statistisches Amt der Europäischen Gemeinschaften, Statist. Informationen, 1960, Nr. 6: Bericht einer Sachverständigengruppe: Methoden zur Vorschätzung der Wirtschaftsentwicklung auf lange Sicht, S. 721–731.*

[4] L. R. KLEIN; R. F. KOSOBUD, Some Econometrics of Growth: Great Ratios of Economics, Quarterly Journal of Ecnomics, Vol. LXXV, 1961, S. 179 ff.*

[5] S. KUZNETS, Capital in the American Economy. Its Formation and Financing. Princeton 1961, S. 563, 572 ff.

[6] KARL KÜHNE, Der Anteil am Sozialprodukt, Gewerkschaftliche Monatshefte, 6. Jg., Heft 4, April 1955, S. 225.

[7] E. H. PHELPS BROWN; P. E. HART, The Share of Wages in National Income, Economic Journal, Vol. LXII, 1952, S. 276 f.

[8] M. KALECKI, Theory of Economic Dynamics, 3. Aufl., London 1956, S. 33.

[9] D. CREAMER, Personal Income during Business Cycles, Princeton 1956, S. 116–121.

[10] J. W. KENDRICK; R. SATO, Factor Prices, Productivity, and Economic Growth, American Economic Review, Vol. LIII, 1963, S. 997/999.

[11] I. B. KRAVIS, Relative Income Shares in Fact and Theory, American Economic Review, Vol. XLIX, 1959, S. 919, 938.

* Berechnungsweise: Nettokapitalbestand + Nettoinvestitionen : Nettosozialprodukt (zu Faktorkosten).

*Bestands- und Stromgrößen*

Die weit verbreitete Methode, den Marxschen Begriff der ›organischen Zusammensetzung des Kapitals‹ mit dem Kapitalkoeffizienten in einen Topf zu werfen, ist nicht zulässig. JOAN ROBINSON hat in ihrer Kritik an GILLMAN darauf aufmerksam gemacht, dieser – wie manche anderen Autoren – scheine zu glauben, daß die Definition der ›organischen Zusammensetzung‹ »mehr oder weniger freigestellt sei«; eben deshalb operiere GILLMAN einmal mit dem Quotienten $\frac{v}{c}$, also einer Strömungsgröße, und zum anderen mit dem Verhältnis zwischen der Summe der investierten Kapitalien, also einer Bestandsgröße, und der Summe der Lohnkosten.

Des weiteren vermerkt JOAN ROBINSON als unzulässig, daß GILLMAN die Größe c als Summe der Abschreibungen auf Anlagen plus Rohstoffkosten definiert. Das ist auf der Ebene einer Unternehmung angängig; aber JOAN ROBINSON betont mit Recht, daß damit der Begriff vom Stand der vertikalen Konzentration abhängig wird: »Je mehr Stadien der Produktion unter einem Dach vereinigt sind, desto weniger Handel mit Rohmaterialien gibt es . . .«.[246]

Bei einer makroökonomischen Betrachtung muß, wie DICKINSON, BURCHARDT u. a. aufgezeigt haben, der Rohstoffaktor wegfallen und nur die Veränderung der Anlagen- und Lagerbestände übrigbleiben.

Das Verhältnis von SCHMITT-RINK zwischen Kapitalkoeffizient und Lohnquote schreibt sich in Marxschen Strömungsgrößen – auch wenn man sie als Preis-, nicht Wertgrößen definiert – wie folgt: $\frac{c}{c + v + m} : \frac{v}{v + m}$. Diese Darstellungsweise hat den Nachteil, daß der Eindruck entsteht, als stelle der Kapitaleinsatz nur einen Bruchteil des Sozialproduktes dar. Demgegenüber ergibt sich bei Bestandsgrößen normalerweise ein Vielfaches des Produktes.

Wie dem auch sei: In der Darstellung müssen betriebswirtschaftlich-mikroökonomische Gesichtspunkte scharf geschieden werden von makroökonomischen.

*Das Problem der Lohnquote*

Schwieriger liegen die Dinge nun, wenn man im Sinne der Gleichung SCHMITT-RINKS den Kapitalkoeffizienten der Lohnquote gegenüberstellen will.

Bei Marx ergibt sich nun die Schwierigkeit, daß er zwar umfangreiche Betrachtungen über die Umschlagsgeschwindigkeit des Kapitals anstellt, aber nirgends selber mit Bestandsgrößen arbeitet.

Zwar kann man sich hier aus der Affäre ziehen, indem man die Version 1 für den Kapitalkoeffizienten mit der These vom ›Mysterium der konstanten Anteile‹ kombiniert, wonach die Lohnquote seit dem Ende des 19. Jahrhunderts im wesentlichen konstant geblieben sei. Diese These ist vor allem von KALECKI verfochten worden, der sie allerdings hauptsächlich an Hand einer Untersuchung des Anteils der Arbeiter am Volkseinkommen bis zur großen Krise hin zu erhärten suchte[247].

JOAN ROBINSON hat diese These unter Anknüpfung an KEYNES aufgegriffen und auf das Zusammenspiel zwischen der Überlegenheit der Unternehmer auf dem Arbeitsmarkt und ihrer monopolistischen Position auf dem Warenmarkt zurückgeführt: »Der Anteil der Arbeit an der Gesamtproduktion wird zermahlen zwischen dem oberen Mühlstein des Monopols und dem unteren Mühlstein des Monopsons[248].«

Allein die Theorie ist in dieser überspitzten Form in der Gegenwart nicht haltbar. Schon die Tatsache der zunehmenden Konzentration, die immer neue Schichten bisher Selbständiger in die Arbeitnehmerschaft überführt, muß zwangsläufig zu einer Anhebung des Anteils der Lohnabhängigen am Volkseinkommen führen. Tatsächlich hat sich dieser Anteil im Deutschland der zwanziger Jahre und in den wichtigsten europäischen Ländern in der Zeit nach dem zweiten Weltkrieg ständig gehoben. Eine gewisse Konstanz kann man erst dann wieder unterstellen, wenn man vom *bereinigten* Anteil der Löhne und Gehälter am Volkseinkommen ausgeht. Erst dann würden die beiden Annahmen – konstanter Kapitalkoeffizient und konstante Lohnquote – zu der Folgerung führen, daß die SCHMITT-RINKsche Analyse eine Konstanz der ›organischen Zusammensetzung des Kapitals‹ ergeben muß.

Diese Analyse würde jedoch zunichte, wenn man einwendet, daß Marx ja diesen Begriff nicht auf den einzelnen Arbeitnehmer, sondern auf Globalgrößen aufgebaut hat. Und dann bedeutet die Gegenüberstellung von konstantem Kapitalkoeffizienten und leicht ansteigender Lohnquote ein allmähliches Absinken der ›organischen Zusammensetzung des Kapitals‹.

Dasselbe Ergebnis hätte man a fortiori, wenn eine konstante oder leicht wachsende Lohnquote gekoppelt würde mit einem sinkenden Kapitalkoeffizienten.

Eine steigende organische Zusammensetzung des Kapitals wäre daher, wenn eine sinkende Lohnquote praktisch nicht in Frage kommt, nur dann denkbar, wenn der Kapitalkoeffizient steigt, und zwar so stark, daß ein eventuelles leichtes Ansteigen der Lohnquote überkompensiert würde.

Würde man doch für frühere Zeiten eine sinkende Lohnquote als möglich unterstellen wollen oder heute in bestimmten Aufschwungperioden bei starken ›Gewinnexplosionen‹, so müßte dies dann im orthodoxen Sinne ein Beispiel dafür sein, daß eine steigende Mehrwertquote ihre entgegenwirkende Kraft im Sinne Marxens entfaltet – allerdings nur dann, wenn der Kapitalkoeffizient nicht langsamer sinkt, konstant bleibt oder gar steigt.

Man sieht hier, daß es als Gegenbeweis gegen die Marxsche These von der steigenden ›organischen Zusammensetzung des Kapitals‹ keineswegs genügt, einen sinkenden Kapitalkoeffizienten ins Feld zu führen – dieser kann trotzdem mit der Marxschen These voll vereinbar sein, wenn die Lohnquote schneller fällt, als der Kapitalkoeffizient sinkt. Hier ergibt sich dann das Paradoxon, daß eine stark steigende Mehrwertrate gar nicht mehr ›entgegenwirkende Kraft‹ ist, sondern im Gegenteil das Ansteigen der ›organischen Zusammensetzung des Kapitals‹ fördert, sofern eben das konstante Kapital alias der Kapitalkoeffizient nicht wächst, sondern sich relativ verringert. Die Dinge liegen somit erheblich komplizierter, als man es sich vom orthodoxen Standpunkt träumen ließ.

## 18. Produktivität und Reallöhne

In der Argumentation vor allem JOAN ROBINSONS und KALDORS wird immer wieder betont, daß die Reallöhne im großen und ganzen im Einklang mit der Produktivität gestiegen seien. »Wenn die Ausbeutungsrate zur Konstanz tendiert, tendieren die Reallöhne mit zunehmender Produktivität zum Ansteigen. Die Arbeit erhält einen konstanten Anteil an einem wachsenden Ganzen. Marx kann nur eine fallende Tendenz bei der Profitrate nachweisen, wenn er sein Argument aufgibt, daß die Reallöhne zur Konstanz tendieren[249].«

Nun hat Marx diese letztere Behauptung gar nicht aufgestellt, wie wir in »Ökonomie und Marxismus« nachwiesen. JOAN ROBINSON vergißt hier zunächst, daß Marx' Demonstration in Werten gehalten war. Darin treten wachsende Reallöhne gar nicht sichtbar in Erscheinung.

Was jedoch JOAN ROBINSON sagen will, ist etwa dieses: Wenn die gesamte Gleichung in Preisen statt in Werten gehalten wäre, so könnten steigende Reallöhne die abnehmende Zahl von Arbeitern – bzw. Arbeitsstunden – im Verhältnis zum Realkapitalaufwand ausgleichen; v würde im Verhältnis zu c nicht sinken, weil die Reallöhne steigen. Wenn dann m zu v proportional bliebe, würde sich überhaupt kein Fall von $\frac{m}{c+v}$ ergeben, somit auch kein Fall der Profitrate!

Man kann diesen Gedanken durchaus auch in Wertbegriffen ausdrücken. Wenn c sich verdoppelt, dadurch aber eine Vervierfachung der Produktivität eintritt – in Gebrauchswerten ausgedrückt –, so könnte v bei konstanten Reallöhnen auf die Hälfte fallen, und ein extremer Fall von ›Fall der Profitrate‹ wäre gegeben: $\frac{1m}{1c+1v} = \frac{1}{2}$ würde, wenn die Mehrwertrate gleich bliebe, zu $\frac{\frac{1}{2}m}{2c+\frac{1}{2}v} = \frac{1}{5}$. Die Profitrate wäre von 50 auf 20 % gefallen. Wenn nun aber (bei gleicher Arbeiterzahl) die Reallöhne im Verlauf einer längeren Periode nicht konstant bleiben, sondern analog zur Produktivitätssteigerung steigen, so braucht man viermal soviel ›notwendige Arbeitszeit‹ wie vorher für die Erzeugung der notwendigen Konsumgüter, die diese viermal höheren Reallöhne ausmachen. Der Mehrwert steigt analog zur Wertsumme von v, da ja die Mehrwertrate konstant bleibt, und wir haben: $\frac{2m}{2c+2v} = \frac{1}{2}$, dieselbe Profitrate wie vorher.

In einer Reihe von Studien ist der Zusammenhang zwischen dem Wachstum der Arbeitsproduktivität und dem generellen Wachstum der Produktion herausgestellt worden: So hatte VERDOORN 1949 berechnet, daß die Elastizität der ersteren im Verhältnis zum Produktionswachstum im internationalen Rahmenzusammenhang etwa bei 0,45 liegt[250]. Seither ist dieser Zusammenhang von den verschiedensten Autoren immer wieder herausgestellt worden. 1966 hat KALDOR diesen Gedanken zur Begründung seines Vorschlages einer ›Selective Employment Tax‹ darauf aufgebaut[251].

In einer neueren Studie, die vor allem auf statistischen Daten aus der irischen Wirtschaft beruht, hat KIERAN A. KENNEDY nach sorgfältiger Würdigung der Argumente pro und contra den Gedanken VERDOORNS bestätigt: »Die Produktivitätssteigerung ist teilweise vom technischen Fortschritt abhängig, und ein rascheres Wachstum der Produktion löst eine höhere (induzierte) Rate des technischen Fortschritts aus, die wiederum eine höhere Wachstumsrate der Produktivität zeitigt[252].« VERDOORN hatte eine Bandbreite von 0,41 bis 0,57 für die Elastizität der Produktionssteigerung im Verhältnis zum Produktivitätswachstum aufgezeigt; KENNEDY kommt aber zu einer geringeren Ziffer von etwa 0,25 bis 0,5.

Er schließt dabei exogene technische Veränderungen als wesentliche Faktoren aus, leugnet auch, daß Veränderungen in der Zusammensetzung der Arbeitsarmee, in der Verwendung des (Real)Kapitals, in den relativen Preisen, den Materialkosten und Löhnen pro Stück usw. eine Rolle spielen, und sieht die Gründe für die starke systematische Parallelität von Produktionssteigerung und Produktivitätszunahme in einem Zusammenspiel von endogenem technischem Fortschritt und Skaleneffekten – also Marxens ›erweiterter Stufenleiter der Produktion‹. Aber es ist in seiner Argumentation von entscheidender Bedeutung, daß nicht der technische Fortschritt die Produktionssteigerung, sondern diese den technischen Fortschritt auslöst:

»... Wenn man erklären will, warum eine hohe Korrelation besteht zwischen Differenzialveränderungen der Produktivität und des ›output‹, so dürfte man ... anerkennen müssen, daß Veränderungen im ›output‹ eine machtvolle Rolle spielen im Sinne der Stimulierung der Entdeckung neuen technologischen Wissens und der Förderung von dessen Anwendung[253].« Das bestätigt die Ergebnisse einer älteren Untersuchung von SCHMOOKLER[254]. Dieser hatte für die amerikanischen Eisenbahnen festgestellt, daß mit deren wachsendem Ausbau und mit ihrer steigenden Kapitalbildung auch die Zahl der (patentierten) Erfindungen für das Eisenbahnwesen wuchs, mit zeitlichem Abstand – und letztere Zahl fiel wieder ab, als beides zurückging: »Erfinderbemühungen ... variieren unmittelbar nach dem Produktionsausstoß (output) bei der Güterkategorie, die damit verbessert werden soll – wobei die Erfindungen die Tendenz haben, zeitlich leicht hinter dem Produktionsausstoß (output) herzuhängen . . .[255].«

Wenn man diese Argumentation anerkennt, so würde sich die Intuition Marx' bei der Aufstellung seiner Schemata erklären. Die Zunahme der Pro-Kopf-Produktion, die bei Annahme einer Konstanthaltung der Kapitalistenzahl sichtbar wird und die bei Marx mit der Koppelung zwischen der Lohnsummenzunahme und dem Wachstum der Mehrwertrate bedingt ist – auf Grund der Werttheorie –, würde sich als Steigerung der Pro-Kopf-Produktivität erweisen, die durch endogenen technischen Fortschritt bedingt ist, wie er sich beim Wachstum der Produktion im Sinne KENNEDYS und SCHMOOKLERS ergibt.

## Anmerkungen

1 MARX, Grundrisse, Berlin 1953, S. 638.
2 MARX, Theorien über den Mehrwert, hrsg. von K. KAUTSKY, Bd. III, Stuttgart 1910, S. 360.
3 MARX, Grundrisse . . ., S. 639.
4 MARX, Theorien . . ., Bd. II, Teil 1, S. 281.
5 J. ST. MILL, Principles of Political Economy, London 1848, Buch 4, Kapital 4, Section 4.
6 MARX, Grundrisse . . ., S. 634.
7 MARX, Kapital, III, III, Kap. 13, S. 240.
8 MARX, Kapital, I, VII, Kap. 23, S. 653, 656, 665, Fußn. 79.
9 MARX, Kapital, II, III, Kap. 14, S. 260 ff., V, S. 267; III, II, Kap. 5, S. 102.
10 MARX, Kapital, I, IV, Kap. 10, S. 330.
11 MARX, Kapital, I. Buch, IV. Abschn., 10. Kapitel, S. 332.
12 Vgl. MARX, Kapital, III., III., Kap. 15. IV. Nachträge – Seite 294.
13 MARX, Kapital, III. Buch, IV. Abschn., Kap. 15, S. 277 f.
14 NATALIE MOSZKOWSKA, Das Marxsche System, Berlin 1929, S. 72 ff.
15 NATALIE MOSZKOWSKA, Zur Dynamik des Spätkapitalismus, Zürich/New York . 1945, S. 18, 20.
16 HANS NEISSER, Das Gesetz der fallenden Profitrate als Krisen- und Zusammenbruchsgesetz, in: Die Gesellschaft, No. 1, VIII. Jahrgang, Berlin, Januar 1931, S. 79/80.
17 MOSZKOWSKA, Zur Dynamik . . ., a.a.O., S. 33.
18 P. M. SWEEZY, The Theory of Capitalist Development, New York 1942, S. 103.
19 RONALD L. MEEK, The Falling Rate of Profit, Science and Society, Vol. XXIV, No. 4, 1960; wiederabgedruckt als: »Der Fall der Profitrate«, in: Kapitalismus und Krise (hrsg. v. ROLSHAUSEN), Frankfurt 1970, S. 65.
20 MARX, Kapital, I, VII, Kap. 23, S. 655.

[21] MARX, Kapital, III, III, Kap. 15, S. 276.

[22] H. D. DICKINSON, The Falling Rate of Profits in Marxian Economics, in: The Review of Economic Studies, Vol. XXIV (1), No. 63, 1956/57, S. 122.

[23] JOAN ROBINSON, An Essay on Marxian Economics, London 1949, S. 36, 38, 42.

[24] MARX, Kapital, III, III, Kap. 13, S. 240.

[25] BRONESLAW MINC, Ekonomia polityczna socjalizmu, Warszawa 1962, zitiert nach italienischer Ausgabe, »Economia Politica del Socialismo«, Milano 1967 (Feltrinelli), Anhang zu Kapital XVIII, S. 436.

[26] PAUL MATTICK, Value Theory and Capital Accumulation, Science and Society, Vol. XXIII, No. 1, 1959; deutsch in: Kapitalismus und Krise – Eine Auseinandersetzung um das Gesetz des tendenziellen Falls der Profitrate, hrsg. v. CLAUS ROLSHAUSEN, Frankfurt 1970; »Werttheorie und Kapitalakkumulation«, S. 11.

[27] WILLIAM FELLNER, Marxian Hypotheses and Observable Trends under Capitalism: A ›modernised‹ Interpretation, Economic Journal, Vol. XVII, No. 265, March 1957.

[28] DONALD DEWEY, The Theory of Imperfect Competition, New York 1969, S. 56.

[29] MARX, Theorien ... 2, Kap. 17, 7, S. 497, Anm.

[30] MARX, ebenda, Kap. 16, S. 469.

[31] ERICH PREISER, Das Wesen der Marxschen Krisentheorie, in: Wirtschaft und Gesellschaft. Festschrift für Franz Oppenheimer, Frankfurt 1924.

[32] WILLIAM FELLNER, Trends and Cycles in Economic Activity – An Introduction to the Problems of Economic Growth, New York 1956, S. 248.

[33] MARX, Kapital, I, VII, Kap. 23, 2, S. 662/3.

[34] Vgl. hierzu den Abschnitt »Die Frage nach dem Charakter des technischen Fortschritts« in Kapitel III dieses Buches.

[35] MARX, Kapital, I, VII, Kap. 23, 1., S. 643/4.

[36] KARL GEORG ZINN, Arbeitswerttheorie – Zum heutigen Verständnis der positiven Wirtschaftslehre von Karl Marx, Herne/Berlin 1972, S. 64, 114.

[37] MARX, Kapital, I, VII, Kap. 23, 2, S. 656.

[38] MARX, Grundrisse ..., S. 293.

[39] MARX, Kapital, III, III, Kap. 13, S. 258.

[40] ROLF GÜSTEN, Die langfristige Tendenz der Profitrate bei Karl Marx und Joan Robinson nebst einigen Bemerkungen zum technischen Fortschritt, Diss., München 1960, S. 56.

[41] FRITZ HALBACH, Kapitalismus ohne Krisen? – Zur bürgerlichen Kritik des ›Gesetzes vom tendenziellen Fall der Profitrate‹, Gießen 1972, S. 39.

[42] HALBACH, a.a.O., S. 88.

[43] GÜSTEN, a.a.O., S. 49, 21.

[44] MARX, III, II, Kap. 8, S. 169.

[45] MARX, ebenda, S. 169.

[46] HALBACH, a.a.O., S. 88.

[47] GÜSTEN, a.a.O., S. 21.

[48] HANS PETER, Grundprobleme der theoretischen Nationalökonomie, Band II, Der Gesamtprozeß in der Entwicklung, Stuttgart 1934.

49 GÜSTEN, a.a.O., S. 171.

50 GÜSTEN, a.a.O., S. 172.

51 G. C. HARCOURT, Some Cambridge Controversies in the theory of capital, Cambridge 1972, S. 18 und 17.

52 JOAN ROBINSON, The Production Function and the Theory of Capital Review of Economic Studies, Vol. XXI, 1953/4, S. 84.

53 HARCOURT, a.a.O., S. 21.

54 NICHOLAS KALDOR, A Model of Economic Growth, The Economic Journal, No. 268, Dec. 1957, Vol. LXVII, S. 599.

55 MARX, Theorien über den Mehrwert, Dietz, Bd. 2, Beilagen, 6, S. 598.

56 MARX, Grundrisse, Heft VII, S. 633.

57 MARX, Theorien über den Mehrwert, Bd. 3, Kap. 21, S. 295; KAUTSKY, 3, III, 3c, S. 360 f.

58 MARX, Theorien; KAUTSKY, III, S. 360.

59 MARX, Kapital, III, III, Kap. 15, IV, S. 289.

60 MARX, Theorien; KAUTSKY, Bd. 3, V, 2, S. 430; Dietz, Band 3, Kap. 23, 3, S. 360.

61 ROSDOLSKY, Zur Entstehungsgeschichte des Marxschen Kapital, Bd. II, Frankfurt, Wien 1968, S. 477/8.

62 MARX, Theorien über den Mehrwert, Dietz, Bd. 3, Kap. 21, S. 303/304.

63 MARX, Grundrisse, S. 661, 657.

64 MARX, Theorien . . ., KAUTSKY, Bd. 2, 1, S. 280; s. a. Dietz, Bd. 3, S. 298.

65 GÜSTEN, a.a.O., S. 56–58.

66 MARX, Grundrisse, S. 638.

67 MARX, Theorien . . ., Dietz, Bd. 2, Kap. 18, 2, S. 582.

68 H. D. DICKINSON, The Falling Rate of Profit, in Marxian Economics, The Review of Economic Studies, Vol. XXIV, (1) Contents – No. 63, 1956/7, S. 124.

69 LADISLAUS VON BORTKIEWICZ, Wertrechnung und Preisrechnung im Marxschen System, Archiv für Sozialwissenschaft und Sozialpolitik, Sept. 1907.

70 Vgl. HENRYK GROSSMANN, Das Akkumulations- und Zusammenbruchsgesetz des kapitalistischen Systems, 1. Aufl. Leipzig 1929; zitiert nach der 2. Aufl., Frankfurt 1970, S. 116.

71 HANS PETER, Grundprobleme der theoretischen Nationalökonomie, Band II, Stuttgart 1934, S. 105/6.

72 RONALD L. MEEK, The Falling Rate of Profit, Science and Society, Vol. XXIV, No. 4, 1960. Wiederabgedr. in: Kapitalismus und Krise, Eine Kontroverse um das Gesetz des tendenziellen Falls der Profitrate, hrsg. v. CLAUS ROLSHAUSEN, Frankfurt/Wien 1970, S. 67.

73 JOAN ROBINSON, The Falling Rate of Profit. A Comment Science and Society, Vol. XXIV., No. 2, 1959; wiederabgedr. bei ROLSHAUSEN, als »Der tendenzielle Fall der Profitrate – Ein Kommentar«, ebenda, S. 41/2 –.

74 J. GILLMAN, The Falling Rate of Profit, New York 1957; deutsch: Das Gesetz des tendenziellen Falls der Profitrate, Frankfurt 1969.

75 SERGE LATOUCHE, A propos de la baisse tendencielle du taux de profit, Revue Economique, Vol. XXIV, Nr. 1, Januar 1973, S. 164.

76 PETER, a.a.O., Bd. II, S. 48/49.

77 GERHARD SCHMITT-RINK, Kapitalintensität und Kapitalrentabilität im Marxschen Modell – über Konsistenz und Relevanz des Gesetzes vom tendenziellen Fall der Profitrate, Schmollers Jahrbuch, 87. Jg., 1967, Bd. 1, Heft 2, S. 133, 140.

78 SERGE LATOUCHE, a.a.O., S. 165.

79 JOAN ROBINSON, Marx on Unemployment, Economic Journal, June/Sept. 1941, Vol. LI, No. 202/3, S. 245, Note 2.

80 LATOUCHE, a.a.O., S. 165/166.

81 SCHMITT-RINK, a.a.O., S. 140.

82 KARL H. VÖLK, Die Umkehrung des Gesetzes der fallenden Profitrate von Karl Marx, in: Schweizer Zeitschrift für Volkswirtschaft und Statistik, 1952, Band 88, S. 38/39.

83 HANS PETER, Grundprobleme der theoretischen Nationalökonomie, Band II, Stuttgart 1934, S. 105.

84 PETER, a.a.O., S. 108.

85 PETER, a.a.O., S. 48/49.

86 HALBACH, a.a.O., S. 41.

87 PETER, a.a.O., S. 49.

88 DICKINSON, a.a.O., S. 125, 128, 130.

89 SCHMITT-RINK, a.a.O., S. 146/147.

90 V. BORTKIEWICZ, Wertrechnung und Preisrechnung, in: Archiv für Sozialwissenschaft und Sozialpolitik 1907, 3. Artikel, S. 465; SWEEZY, The Theory of Capitalist Development, London 1942, S. 96, 100, 101, 102; JOAN ROBINSON, An Essay on Marxian Economics, London 1949, S. 4.

91 PETER, Grundprobleme, Bd. II, S. 105; ROSDOLSKY, Bd. II, S. 469.

92 MEEK, a.a.O., S. 65.

93 JOAN ROBINSON, An Essay ..., a.a.O., S. 36.

94 MEEK, Fall der Profitrate, a.a.O., S. 65.

95 E. SETON, The ›Transformation Problem‹, The Review of Economic Studies, Vol. XXIV (3), No. 65, Juni 1957, S. 157.

96 ERNST HELMSTÄDTER, Der Kapitalkoeffizient, Stuttgart 1969, S. 80.

97 MARX, Kapital, III, VII, Kap. 49 (Dietz, Berlin 1953), S. 896/7.

98 MARX, Kapital, I, III, Kap. 6, S. 217.

99 HELMSTÄDTER, a.a.O., S. 80.

100 HELMSTÄDTER, a.a.O., S. 81.

101 GÜSTEN, a.a.O., S. 50.

102 MARX, Kapital III, II, Kap. 8, S. 169.

103 MARX, Kapital III, II, Kap. 8, S. 170.

104 MARX, Kapital I, VII, S. 642, 655.

105 GÜSTEN, a.a.O., S. 51.

106 MARX, Kapital, III, I, Kap. 3, Dietz 1969, S. 61 (s. a. S. 67/68).

107 MARX, Kapital, III, III., Kap. 13, S. 239.

108 GÜSTEN, a.a.O., S. 53.

109 FRITZ BURCHARDT, Die Schemata des stationären Kreislaufs bei Böhm-Bawerk und Marx. II. Marx. Weltwirtschaftliches Archiv, Bd. 35, Jan. 1932, Heft 1, S. 163.

110 GÜSTEN, a.a.O., S. 54.
111 KARL MARX, Grundrisse ..., S. 293.
112 BENEDETTO CROCE, Una obiezione alla legge marxistica della caduta del saggio di profitto, in: Materialismo Storico ed Economica Marxistica, Milano/Palermo 1900, S. 213, 231.
113 GÜSTEN, a.a.O., S. 54.
114 MARX, Kapital, III, I, Kap. 6, S. 130.
115 H. H. LANDSBERG, Natural Resources for US Growth, Baltimore 1964, und: Technological Advance and Resource Projection, in: Readings in Resource Management and Conservation, hrsg. v. I. BURTON; R. W. KATES, Chicago, London 1965.
116 MARX, Theorien, Kautsky-Ausgabe 3. Aufl., III, V, 1, S. 426; Kapital, Bd. II, I, Kap. 6, S. 135/6.
117 MARX, Kapital, III, I, Kap. 6, S. 130.
118 GÜSTEN, a.a.O., S. 71.
119 GÜSTEN, a.a.O., S. 133/134.
120 MARX, Kapital, I, V, Kap. 15, S. 550.
121 MARX, Grundrisse, S. 656.
122 MARX, ebenda, S. 293.
123 JOAN ROBINSON, The Accumulation of Capital, London 1958, S. 133 gibt eine generelle Definition; streng definiert wird der Begriff in ihren »Notes on the Economics of Technical Progress« in: The Rate of Interest and other, Essay, London 1952, S. 50.
124 MARX, Kapital, III, III, Kap. 15, IV, S. 289.
125 GÜSTEN, a.a.O., S. 68.
126 Vgl. MARX, Kapital, III, II, Kap. 8, S. 170.
127 MARK BLAUG, A Survey of the Theory of Process-Innovations, Economica, February 1963, S. 15.
128 OSCAR LANGE, Price Flexibility and Employment, London 1945, S. 74.
129 GÜSTEN, a.a.O., S. 56.
130 E. V. BÖHM-BAWERK, The positive Theory of Capital and its Critics, Quarterly Journal of Economics, January 1896, S. 150.
131 M. BLAUG, a.a.O., S. 503.
132 W. E. G. SALTER, Productivity and Technical Change, Cambridge 1960, S. 41.
133 R. F. HARROD, Towards a Dynamic Economics, London 1948; deutsche Ausgabe: Dynamische Wirtschaft, Wien/Stuttgart 1949, S. 41.
134 W. E. G. SALTER, a.a.O., S. 41/42.
135 J. R. HICKS. The Theory of Wages, 2. Aufl., New York 1966, (4. Neudruck), S. 125/6.
136 A. E. OTT, Artikel »Technischer Fortschritt« im Handwörterbuch der Staatswissenschaften, 10. Band (316), Göttingen 1958, S. 302 ff.
137 SALTER, a.a.O., S. 33, 45, 36, 119, 133.
138 JEAN FOURASTIE, Le grand espoir du XXème siècle, Paris 1949, S. 115, 117/118.
139 FOURASTIE, a.a.O., S. 119.
140 C. E. FERGUSON, Time Series, Production Functions and Technological Pro-

gress in American Manufacturing Industry, Journal of Political Economy, April 1965.



141 PAUL A. DAVID und TH. VAN DE KLUNDERT, Biased Efficiency Growth and Capital-Labor Substitution in the U.S. 1899–1960, American Economic Review, Vol. 55, LV – June 1965 – No. 3, S. 380.

142 HICKS, a.a.O., S. 121.

143 SALTER, a.a.O., S. 33.

144 Vgl. A. E. OTT, Artikel »Technischer Fortschritt« im Handwörterbuch der Sozialwissenschaften, Göttingen 1958, 10. Band, S. 302.

145 Vgl. die Darstellung bei GÜSTEN, a.a.O., S. 83–85.

146 R. F. HARROD, Towards a Dynamic Economics, London 1948, deutsch: Dynamische Wirtschaft, Wien 1949, S. 37, 34/5.

147 HELMUT WALTER, Technischer Fortschritt und wirtschaftliches Wachstum, Vortrag auf dem Ottobeurener Seminar, 6. bis 10. 9. 71, in: Probleme der Wachstumstheorie, hrsg. v. B. GAHLEN/A. E. OTT, Tübingen 1972, S. 185.

148 MARK BLAUG, A Survey of the Theory of Process-Innovation, Economica, February 1963; wiederabgedr. in: N. ROSENBERG, The Economics of Technological Change, Harmondsworth 1971, S. 95.

149 WILLIAM FELLNER, Trends and Cycles in Economic Activity, New York 1956, S. 218.

150 MARK BLAUG, Technical Change and Marxian Economics, Kyklos, Vol. XIII, 1960, S. 500.

151 BLAUG, a.a.O., S. 501.

152 BLAUG, a.a.O., S. 505.

153 W. FELLNER, Marxian Hypotheses and Observable Trends Under Capitalism: A ›Modernised‹ Interpretation, Economic Journal, March 1957.

154 BLAUG, a.a.O., S. 507.

155 BLAUG, a..a.O., S. 502, 508.

156 P. A. DAVID / TH. VAN DE KLUNDERT, Biased Efficiency Growth and Capital-Labor Substitution in the United States, 1899–1960 – American Economic Review, Vol. 55, LV, June 1965, No. 3, S. 384.

157 ANNE P. CARTER, Structural Change in the American Economy, Cambridge 1970, S. 143.

158 EDWIN MANSFIELD, The Economics of Technological Change, London 1969, S. 21.

159 NICHOLAS KALDOR, A Model of Economic Growth, The Economic Journal, No. 268, December 1957, Vol. LXVII, S. 596.

160 KALDOR, ebenda, S. 596.

161 KALDOR, ebenda, S. 597.

162 KALDOR, ebenda, S. 597, Anmerkung 2.

163 KALDOR, ebenda, S. 596.

164 KALDOR, ebenda, S. 597.

165 MARX, Kapital, III, III, Kap. 13, S. 240.

166 LATOUCHE, a.a.O., S. 163.

167 SAMIR AMIN, L'accumulation à l'échelle mondiale, Paris 1970.

168 PHILIPPE HERZOG, Politique économique et planification en régime capitaliste, Paris 1971.

169 BOCCARA u. a., Traité Marxiste d'Economie Politique; Le Capitalisme monopoliste d'Etat, Paris 1971.

170 ANTONIO PESENTI, The Falling Rate of Profit, Science and Society, Vol. XXIV. No. 3, 1959, deutsch in: Kapitilismus und Krise, Frankfurt 1970, »Der tendenzielle Fall der Profitrate«, a.a.O., S. 53.

171 PAUL MATTIK, Marx and Keynes, New York 1970.

172 JOSEPH M. GILLMAN, The Falling Rate of Profit, New York 1957; deutsche Ausgabe: Das Gesetz des tendenziellen Falls der Profitrate, Frankfurt 1969, S. 39.

173 PETER, a.a.O., Bd. II, S. 115.

174 MEEK, a.a.O., S. 73.

175 MARX, Kapital, III, III, Kap. 13, S. 242.

176 HELMSTÄDTER, Kapitalkoeffizient, a.a.O., S. 28.

177 E. H. PHELPS BROWN / B. WEBER, Accumulation, Productivity and Distribution in the British Economy 1870–1938, Economic Journal, Vol. LXIII, June 1953, S. 272, 274, 276, 286/7.

178 A. MADDISON, Economic Growth in the West, London 1964, S. 53.

179 C. A. ZEBOT, The Economics of Competitive Coexistence, London 1964, S. 204.

180 The British Economy – Key Statistics, Times Publ., London 1964, S. 16.

181 A. J. MERRETT / A. SYKES, Return on Equities and Fixed Interest Securities 1919–1966, District Bank Review, No. 158, 1966, S. 30 ff.

182 G. VAN DE VELDE, Le Rendement des Placements (1865–1959), 2. Auflage, Louvain/Loewen 1943, S. 222–252 (Tabellen 25–34).

183 FERNAND BAUDHUIN, Placements, Louvain 1943, S. 191.

184 J.-M. DRAPPIER, La conjuncture des valeurs mobilières de 1830 à 1913, Bulletin de l'Institut de Recherches Economiques, Aout 1973.

185 BAUDHUIN, a.a.O., Neuauflage 1967, S. 178/9.

186 W. G. HOFFMANN / J. H. MÜLLER, Das deutsche Volkseinkommen 1851–1957, Tübingen 1959, S. 134.

187 RENE PUPIN, La Richesse de la France devant la guerre, Paris 1916, S. 57–59 (nach Angaben von A. NEYMARCK (1913) und R. G. LEVY (1914).

188 DIVISIA / DUPIN / ROY: A la recherche du franc perdu, Paris (o. Jg. – 1955?), S. 65.

189 L. STOLERU, L'équilibre et la croissance économiques, Paris 1969, S. 135.

190 WILLIAM FELLNER, Trends und Cycles in Economic Activity, New York 1956, S. 252 ff.

191 JOSEPH M. GILLMAN, The Falling Rate of Profit, New York 1957; deutsch: Das Gesetz des tendenziellen Falls der Profitrate, Frankfurt/Main 1969, S. 52, 44/46.

192 GILLMAN, a.a.O., S. 60–68, 72, 103–117, 124/125.

193 JOAN ROBINSON, The Falling Rate of Profit. A Comment. Science and Society, Vol. XXIV, Nr. 2, 1959; wiederabgedruckt in: Kapitalismus und Krise, hrsg. v. C. ROLSHAUSEN, Frankfurt/Main 1970, S. 43.

194 WALTHER D. HOFFMANN, Ein Index der industriellen Produktion für Großbritannien seit dem 18. Jahrhundert, Weltwirtschaftliches Archiv, 40. Band, Heft 2, September 1934, S. 139.

195 W. HOFFMANN, Wachstum und Wachstumsformen der englischen Industriewirtschaft von 1700 bis zur Gegenwart, Jena 1940.

196 JAN TINGERGEN / J. J. POLAK, The Dynamics of Business Cycles, London 1950, S. 34.

197 B. R. MITCHELL / PH. DEANE, Abstract of British Historical Statistics, Cambridge 1962, S. 270.

198 DIETER MERTENS, Die Wandlungen der industriellen Branchenstruktur in der Bundesrepublik Deutschland 1950 bis 1960, Berlin 1964, S. 108/9.

199 WALTHER D. HOFFMANN, Antikritisches zu »Stadien und Typen der Industrialisierung«, Weltwirtschaftliches Archiv, Band 104, 1970 I, S. 134.

200 W. HOFFMANN, a.a.O., S. 130/131; W. W. LEONTIEF, The Structure of American Economy 1919–1939, 2. Aufl., New York 1951, Anhang. T. BARNA, The Interdependence of the British Economy, Journal of the Royal Statistical Society, London, Series A, Vol. 135, 1952, S. 50 ff.

201 W. D. HOFFMANN, Stadien und Typen der Industrialisierung, Weltwirtschaftliches Archiv, Kiel, Band 103, 1969 (II), S. 322.

202 VIKTOR R. FUCHS, The Service Economy, New York 1968, S. 1, 181.

203 BERT G. HICKMAN, Investment Demand and US Economic Growth, Washington 1965, S. 230/231.

204 FUCHS, a.a.O., S. 216 (Anhang D, Tabelle D 1).

205 FUCHS, a.a.O., S. 37.

206 The British Economy – Key Statistics, London/Cambridge, The Times Publishing Company, London 1964, Tabelle C, S. 8.

207 R. A. GORDON, Differential Changes in the Prices of Consumers' and Capital Goods, American Economic Review, Vol. II, Dec. 1901, No. 5, S. 951.

208 J. R. HICKS, The Trade Cycle, Oxford 1951, S. 130.

209 Ziffern von GORDON, a.a.O., S. 937 ff. Der Kommentar über die kapital- bzw. arbeitssparenden Tendenzen stammt vom Autor, der die Bemerkungen anhand der Berechnungen in den anderen Abschnitten formuliert.

210 GORDON, a.a.O., S. 937.

211 GORDON, a.a.O., S. 938, unter Heranziehung von KUZNETS-Daten aus der hektographierten Schrift Kuznets': "Supplement to Summary Volume on Capital Formation and Financing – mimeographed memorandum" –.

212 SCHMITT-RINK, a.a.O., S. 146.

213 Vgl. W. E. G. SALTER, Productivity and Technical Change, a.a.O., S. 37.

214 CLAUDE FONTAINE, Les Mouvements de Prix et leur dispersion (1892–1963), Paris 1966, S. 28/29.

215 Vgl. G. STIGLER, Capital and Rates of Return in Manufacturing Industries, Princeton 1963.

216 Statistical Abstract of the USA, 1966, Tabelle 703.

217 Ebenda, Tabelle 329.

218 PAUL H. DOUGLAS, The Theory of Wages, New York 1934, S. 129.

219 J. W. KENDRICK, Productivity Trends in the United States, New York 1961.

Tabelle 27, S. 118. Vgl. a. D. M. N. VAN WENSVEEN, De Kapitaalcoefficient van de Verenigde Stafen, Rotterdam 1966, S. 218.

220 E. H. PHELPS-BROWN, Levels and Mouvements of Industrial Productivity and Real Wages Internationally Compared, 1860–1970. The Economic Journal, Nr. 329, Vol. 83, March 1973, S. 66/67.

221 Nach PHELPS-BROWN, a.a.O., S. 65.

222 Nach EDWARD F. DENISON, Why Growth Rates Differ, 3. Aufl., Washington 1969, S. 139, Tabelle 12–35.

223 W. D. HOFFMANN, Long-term Growth and Capital Formation in Germany, in: The Theory of Capital.

224 ROLF KRENGEL, Attempt of a Prognosis of output and factors of Production of Industry in the Federal Republic of Germany, in Europe's Future in Figures, herausg. v. R. C. Geary, Vol. I, Amsterdam 1962, S. 56.

225 Sachverständigenrat, Jahresgutachten 1964/65: Stabiles Geld, Stetiges Wachstum, Stuttgart 1965, S. 170.

226 Nach: J. B. DONGES / G. FELS / A. NEU, Protektion und Branchenstruktur der westdeutschen Wirtschaft, Tübingen 1973, S. 353.

227 Indexziffer (1955 = 100) – 1959 = 120, 1964 = 160,6. Nach: Grundkriterien für die Festsetzung der Löhne und damit zusammenhängende Probleme ... EWG-Kommission, Brüssel 1967 (Reihe Sozialpolitik, Nr. 19) S. 35.

228 HELMSTÄDTER, Kapitalkoeffizient, a.a.O., S. 28.

229 Vgl. das Referat von J. HEUBES zum Thema ›Die produktionstheoretischen Grundlagen der Wachstumstheorie‹, in: Probleme der Wachstumstheorie (Seminar von Ottobeuren, 6.–10. 9. 1971), hrsg. v. BERNHARD GAHLEN und ALFRED E. OTT, Tübingen 1972, S. 30 ff., Übersicht auf S. 38.

230 J. KROMPHARD, Bericht über die Diskussion zu Referaten von Heubes u. a., ebenda, S. 96/97.

231 JACOB MORRIS, Spurious Capital and the Rate of Profit, Science and Society, Vol. XXVI, No. 3, 1967; deutsch: ›Unechtes Capital und Profitrate‹, in: Kapitalismus und Krise, hrsg. v. CL. ROLSHAUSEN, Frankfurt/Wien 1970, S. 100.

232 HELMSTÄDTER, Kapitalkoeffizient, a.a.O., S. 81.

233 ERNST HELMSTÄDTER, Referat in Thesenform zum Thema: Der Kapitalkoeffizient als Schlüsselgröße zur Wachstumstheorie, in: Probleme der Wachstumstheorie, a.a.O., S. 107.

234 ERNST HELMSTÄDTER, Der Kapitalkoeffizient, Stuttgart 1969, S. 35/36.

235 HELMSTÄDTER, a.a.O., S. 37.

236 F. A. LUTZ, Einleitung, in: The Theory of Capital, hrsg. v. F. A. LUTZ u. D. C. HAGUE, New York 1968, S. X.

237 MAHMUD HASAN KHAN, The Capital Coefficient in the Process of Economic Development, Economia Internazionale, Februar 1965.

238 Vgl. LUTZ; HAGUE, The Theory of Capital, a.a.O., S. X.

239 Vgl. TH. D. VAN DER WEIDE, Statistics of National Wealth for 18 countries, Income and Wealth, Series VIII, London 1959, S. 8–34.

240 Vgl. HELMSTÄDTER, a.a.O., S. 32/33.

241 J. B. LA TOURETTE, Potential Output and the Capital-Output Ratio in the USA private business sector, 1909–1959, Kyklos, Vol. XVIII, 1965.

242 R. GOLDSMITH, The Growth and Reproducible Wealth of the USA from 1865–1956, Income and Wealth, Series II.

243 PHYLLIS DEANE und W. A. COLE, British Economic Growth, Cambridge (UK) 1962, S. 271, 274, 306.

244 R. BICANIC, The Threshold of Economic Growth, Kyklos, Vol. XV, Heft 1, 1962, S. 7–28.

245 M. DI PALMA, Il Rapporto Capitale/Prodotto, Torino 1967, S. 13 ff.

246 JOAN ROBINSON, The Falling Rate of Profit, A Comment, Science and Society, Vol. XXIV, Nr. 2/1959; wiederabgedruckt in: Kapitalismus und Krise, hrsg. v. CL. ROLSHAUSEN, Frankfurt 1970, S. 41.

247 MICHAL KALECKI, Theory of Economic Dynamics, 3. Aufl., London 1956 (1. Aufl. 1954), S. 28 ff.

248 JOAN ROBINSON, An Essay on Marxian Economics, a.a.O., S. 76.

249 JOAN ROBINSON, Marxian Economics, a.a.O., S. 36 ff.

250 P. J. VERDOORN, Fattori che regolano lo sviluppo della produttività del lavoro, L'Industria, 1949, Heft 1.

251 NICHOLAS KALDOR, Causes of the Slow Rate of Economic Growth in the United Kingdom, Cambridge 1966.

252 Vgl. K. H. HENNINGS, Besprechung des Buches von Kennedy in »Kyklos«, Vol. XXVI, 1973, Fasc. 1, S. 201.

253 K. A. KENNEDY, Productivity and Industrial Growth, London 1971, S. 220.

254 J. SCHMOOKLER, Economics Sources of Inventive Activity, Journal of Economic History, March 1962. Wiederabgedr. in: The Economics of technological change, hrsg. v. N. ROSENBERG, Harmondsworth 1971.

255 J. SCHMOOKLER, ebenda, S. 118.

Eine Geschichte der Klassenkämpfe ist noch zu schreiben. Sie müßte hinter den ideologischen Symptomen jene Kräfte entdecken, die durch soziale und wirtschaftliche Erschütterungen ausgelöst werden. Dabei gilt es, einen Wirkungszusammenhang festzustellen zwischen Spannungsperioden, die geballt einsetzen, und längerfristigen Perioden allmählicher Veränderungen. Letztere werden eher zur Apathie bzw. zur Anpassung führen. Diese ist auch das Schicksal von Menschenmassen, deren Lebenshaltung unter sozialem Druck oder Katastrophenbedingungen einer mehr oder minder plötzlichen Veränderung ausgesetzt wurde: Auf kürzere Perioden des aktiven Sich-Aufbäumens folgten längere des Sich-Beugens, des individuellen »Rette-sich-wer-kann ...«.

Geht man von der Mehrwertkonzeption aus – also von der Frage der Veränderung der Anteile am Sozialprodukt –, so muß man zunächst feststellen, daß selbst eine steigende Mehrwertrate, also ein wachsender Anteil der Oberschicht und des Staates am Sozialprodukt, steigende Reallöhne nicht ausschließt. Die Voraussetzung dafür würde jedoch in einem sprunghaften Ansteigen des Sozialprodukts liegen. Dies ist an sich möglich in der Form einer überdurchschnittlich guten Ernte in bestimmten Jahren. Angesichts des beherrschenden Anteils der Landwirtschaft am Sozialprodukt bis ins 19. Jahrhundert hinein und des hohen Anteils der Nahrungsmittelkosten im Warenkorb der Arbeitnehmer dieser Zeiten erklärt sich das Schwanken der Reallöhne von Jahr zu Jahr weitgehend aus den Ernteergebnissen, nur zum geringsten Teil aus anderen Faktoren.

Teilweise ergibt sich nun die Parallelität von Reallöhnen und Ernteergebnissen weit unmittelbarer, nämlich aus der Tatsache, daß als Preisindex ein Index der Nahrungsmittelpreise verwendet wurde.

Die umgekehrte Argumentation gilt für ein Absinken der Reallöhne in kurzer Sicht.

Die Ernteergebnisse verlieren jedoch an Gewicht, sobald längere Zeiträume in Betracht gezogen werden. Ein mittel- oder langfristiger Trend der Reallöhne nach oben oder unten hin muß dann, wenn keine wesentliche Produktivitätsveränderung feststellbar ist, auf eine Verringerung bzw. Steigerung der Mehrwertrate hindeuten.

Für das Absinken der Reallöhne vom ausgehenden 16. bis zum beginnenden 17. Jahrhundert dürfte man diese Annahme der annähernd gleichbleibenden Produktivität unterstellen können.

Daraus würde folgen, daß wir es in diesem Zeitraum mit einer steigenden Mehrwertrate zu tun haben. Allerdings kann daraus nicht unmittelbar auf einen steigenden Konsumanteil der Oberschicht geschlossen werden, denn die Periode fällt mit dem Aufstieg des Absolutismus und gesteigertem Staatsverbrauch vor allem für Kriege zusammen.

Auf der anderen Seite datiert die Masse der Privatinvestitionen der Oberschicht – vor allem der Bau von Schlössern – gerade aus dieser Periode, wie auch Kunst, Kleiderluxus und der Aufwand für sonstige Luxusgüter ausweisen: etwa im 18. Jahrhundert für aufkommende Genußmittel, Chinoiserien usw.

Man wird annehmen dürfen, daß ein wesentlicher Teil des wachsenden Mehrwerts für solche Ansprüche der Oberschicht Verwendung fand. Erst die zweite Hälfte des 19. und die erste Hälfte des zwanzigsten Jahrhunderts ermöglichten angesichts rapider Produktivitätssteigerungen eine allmähliche Demokratisierung des Verbrauchs auch von Luxusgütern, bzw. eine Verschiebung des Luxusbegriffs.

In der nachstehenden Darstellung wird die Kenntnis der üblichen Problematik langfristiger Indexbildungen vorausgesetzt. Hier muß in angemessenen Abständen eine realistische Anpassung des zugrundeliegenden Warenkorbs vorgenommen werden. Als Wendepunkte mögen hier die Kriege dienen, die größere Räume erfaßt haben – etwa der dreißigjährige und der siebenjährige Krieg, die Revolutionskriege usw.

In erweitertem Maßstabe ließe sich hier die Methode des beweglichen Gleichgewichts anwenden, wie sie JEAN MARCZEWSKI konzipiert hat[1].

Das hätte jedoch eine originäre Aufarbeitung aller Indizes zwecks ihrer Verkettung vorausgesetzt. Eine solche Arbeit kann praktisch nur von größeren Instituten durchgeführt werden.

Der Autor hat sich daher damit begnügt, hier im Anhang die vorhandenen Reallohnindizes, die von anderen erarbeitet wurden, zusammenzustellen und zu kommentieren.

Der Begriff des Reallohns bezieht sich in dieser Darstellung im wesentlichen auf freie Arbeiter, die in allen Epochen der Geschichte mindestens in den Städten existiert haben – unter handwerklichen wie frühindustriellen Bedingungen.

## Die Reallohnentwicklung im Altertum

Wir sprechen hier vom Altertum im üblich akzeptierten Sinne, also von der Menschheitsgeschichte vor der Völkerwanderung – etwa vor dem Jahre 400 nach Christus. Dabei sind wir uns des europazentrischen Charakters einer solchen historischen Einteilung wohl bewußt: Innerhalb der ersten dreieinhalb oder vier Jahrtausende historisch faßbarer Menschheitsgeschichte hatte fast die Hälfte aller bekannten menschlichen Kul-

 turen bereits den Zyklus früher Staatenbildung mit despotischen Formen, Feudalisierung, Städtebildung, renaissanceartigen Höhepunkten der Originalität, Barock und Rokoko bis hin zur Urbanisierung und Ernüchterung einer kommerziell-industriellen Spätzeit, »Weltkriegen«, Universalstaatsbildungen und Fellachisierung durchlaufen.
Wir haben die Fusion marxistischer Geschichtsstufenlehre mit dieser »Kulturkreis-Epochen«-Konzeption in anderem Zusammenhang vorzunehmen versucht[2].

Diese Entwicklungsepochen implizieren entsprechende Bewegungen der Reallöhne, die wir nur in den seltensten Fällen annähernd quantitativ fassen können.

Für die ältesten Kulturen – die des Industals (Mohenjo – Daro – Harappa), Sumer, Altägypten und die minoische Kultur Kretas – haben wir nicht einmal Andeutungen. Für Babylonien und die arisch-indische Kultur sowie Altchina steht es etwas besser; für die griechisch-römische Welt verfügen wir über reichere Daten.

Generell scheint sich anzudeuten, daß etwa der Höhepunkt der altbabylonischen Kultur zu *Hammurabis* Zeiten (also um 1500 vor Christus) zusammenfiel mit einem Höhepunkt des materiellen Lebensniveaus der breiten Massen, das dann anschließend nach dem Zusammenbruch des sumerisch-semitisch-babylonischen Universalstaates und den Einbrüchen fremder Barbaren (Gutäer, Kassiten, Mitanni, Hethiter) absank. Es mag fraglich erscheinen, ob das alte Niveau mit dem Aufblühen aramäischer Staaten im fruchtbaren Halbmond bis etwa 800 vor Christus wieder erreicht wurde; die assyrischen Eroberungsfeldzüge haben es sicherlich erschüttert, und da das assyrische Großreich nicht lange genug zusammenhielt, um eine »Pax Romana« zu schaffen, dürften die weiteren Perioden bis hin zur Perserzeit eine von Niedergangsepochen unterbrochene Stagnation gebracht haben.

Ähnlich werden wir für Altchina in der Zeit unmittelbar vor Beginn der großen chinesischen »Weltkriege« – also etwa vor 350 vor Christus – eine Blütezeit des handwerklichen Standards und Lebensniveaus unterstellen können, das dann wohl erst wieder im 1. Jahrhundert vor Christus erreicht wurde. Für Indien wissen wir, daß die Zeit der Gupta-Dynastie – also etwa 250–450 nach Christus – einen solchen Höhepunkt darstellte; vorher und nachher erschütterten Skythen- und Hunnenstürme Nordindien. Verführerisch wäre es, die Epoche Buddhas – also um 500 vor Christus – mit ihrer unserer Renaissance-Atmosphäre ähnlichen Vielstaaterei als einen vorhergehenden Höhepunkt anzusehen: Wo anders als in einer Atmosphäre relativen Wohlstandes konnte man sich den Luxus eines Büßertums erlauben, das an die spätgotischen Bettelmönchsorden erinnert?

In der griechisch-römischen Antike dürften drei Höhepunkte des Lebensniveaus freier Arbeiter etwa um 450 vor Christus – zur Blütezeit Athens, vor dem peloponnesischen »Weltkrieg« –, in der älteren Diadochenzeit, also um 250 vor Christus, und in der Spätzeit des Antonius Pius (um 150 nach Christus) gelegen haben. Hier haben wir konkrete Anhaltspunkte.

Allerdings darf man nicht vergessen, daß sich unser Reallohnbegriff nur auf relativ begrenzte Schichten der damaligen Gesellschaft anwenden läßt. Für die breiten Bauernschichten, die sich selbst in natura entlohnten, galt er formal nicht – wenn man auch annehmen kann, daß ihr Lebensstandard mit dem der freien Arbeiter, wenngleich mit Verzögerungen, parallel lief.

Schwerer wiegt der Einwand, daß die Masse des »Proletariats« aus Sklaven bestand, die überhaupt keine Entlohnung erhielten. Dem kann man entgegenhalten, daß Sklaven ihren Lohn in Naturalleistungen erhielten; da Angebot und Nachfrage, die die Geld- oder auch Naturallöhne auf dem freien Markt schwanken ließen, für die Sklaven nicht galten oder sich nur in deren Kaufpreisen niederschlugen, darf man nicht ohne weiteres auf eine entsprechende Variabilität ihrer Naturallöhne schließen.

Neuere Studien von FOGEL und ENGERMAN über die Sklaverei in den amerikanischen Südstaaten im 19. Jahrhundert ergaben, daß das Realeinkommen von Sklaven im Vergleich zu dem freier Arbeiter relativ gut abschnitt, daß das Realeinkommen der Feldarbeitersklaven etwa 90 % ihrer Produktionsleistung entsprach, und daß die Pro-Kopf-Einkommen im Süden relativ hoch waren und von 1840 bis 1860 rasch anwuchsen[3]. Die Argumentation läuft auf den alten Gedanken hinaus, daß Sklaven als Kapitalinvestition in mancher Hinsicht auf bessere Behandlung hoffen durften als freie Arbeiter; und es scheint festzustehen, daß der Realertrag aus Investitionen in Sklaven relativ hoch war, und zwar besonders kurz vor dem amerikanischen Bürgerkrieg. Gewisse Rückschlüsse aus der amerikanischen Plantagenwirtschaft auf die Antike erscheinen als nicht ganz unzulässig.

## Die Reallöhne im Mittelalter

Mit dem Hochmittelalter bewegen wir uns auf etwas festerem Grund.

Für die indische Kultur zeigen die Daten von COLIN CLARK, daß – wie zu erwarten – mit den großen muslimischen Invasionen seit dem 11. Jahrhundert die Reallöhne um rund ein Fünftel absanken, um etwa zur Zeit Akbars einem neuen Höhepunkt entgegenzugehen.

Mit dem untergehenden Moghul-Reich sinkt auch das Lebenshaltungsniveau ab. Die »British Radj« brachte zwar die »Pax Britannica«; die Tendenz der Reallöhne zum Ansteigen in Friedenszeiten dürfte aber einmal durch den Ruin der indischen Heimindustrie – bedingt durch englische Importe – und andererseits die Bevölkerungsvermehrung eher ins Gegenteil umgekehrt worden sein.

Im Europa des Frühmittelalters dürften die Reallöhne in Byzanz, in Sizilien und im spanischen Arabien am höchsten gelegen haben; letztere Räume boten einen Abglanz der hohen islamischen Zivilisation von etwa 800–1000 nach Christus. Nach 1100 geht das Niveau hier überall zurück.

Für Mittel- und Südeuropa deutet sich ein Anstieg der Reallöhne im Zeitalter der Gotik an: es waren reicher gewordene Stadtbevölkerungen, die sich die großen Dome leisten konnten. Der Anstieg scheint durch die große Pest nach 1350 beschleunigt worden zu sein.

Nach D'AVENEL haben die Reallöhne in Frankreich um 1450 fast das Anderthalbfache des Niveaus von 1910 erreicht! SCHMOLLER sagt das Gleiche für Deutschland beim Vergleich 1380/1880. Sicher ist, daß ein Höhepunkt des handwerklichen Reallohnes (und des Einkommens der Meister) um 1450–1520 erreicht wurde; es ist dies die Zeit, in der sich die Gesellen den »blauen Montag« erlauben konnten, weil es an Facharbeitern angesichts der regen Nachfrage eines reichgewordenen Bürgertums fehlte.

## Der Niedergang der Reallöhne im Barockzeitalter

Dann beginnt mit unserer traditionellen »Neuzeit« ein rapider Rückgang der Reallöhne, den alle Indizes ausweisen: In Spanien blieb der Rückgang gemäßigt – wohl infolge der Auswanderung –; in Deutschland, England und Frankreich aber scheinen die Reallöhne bis in die zweite Hälfte des 17. Jahrhunderts ungefähr auf die Hälfte des Niveaus von 1500 abgesunken zu sein. Es ist dies die Epoche der spektakulären Inflation, die durch die Edelmetallzuflüsse aus Amerika ausgelöst wurde. Das dürfte jedoch nicht die Landwirtschaft berühren. Die Umwandlung von Acker- in Weideland, wie sie THOMAS MORUS für England schildert, der Absolutismus mit stehenden Heeren, die damit ausgelösten Belastungen und Kriege – Hugenottenkriege in Frankreich, dreißigjähriger Krieg in Deutschland – sind sowohl als Ursachen wie als Konsequenzen zu sehen.

Für England scheint sich der Niedergang – darin sind sich COLIN CLARK, HAMILTON und SCHMOLLER einig – nach kurzer Erholung um 1700 dann bis in die napoleonischen Kriege hinein fortgesetzt zu haben. Als Zweifel bleibt nur die Überlegung, daß die arbeitssparenden Erfindungen – Spinnmaschine, mechanischer Webstuhl – durch relativ hohe Arbeitskosten induziert sein müßten.

## Perioden des Anstiegs der Reallöhne nach der Agrar- und Industrierevolution

Die erste Hälfte des 19. Jahrhunderts scheint noch eine Periode relativer Reallohnstagnation gewesen zu sein. Dann aber ergibt sich der erste phänomenale Aufschwung der Reallöhne von etwa 1850 ab bis in die siebziger Jahre hinein, der in Frankreich und Deutschland etwa 20–30, in Schweden und England 30–40 % ausgemacht haben dürfte.

In den USA setzt dieser steile Aufstieg wegen des Bürgerkrieges, dessen Folgen es zu überwinden galt, erst ab Mitte der achtziger Jahre ein.

Der zweite große Sprung ergibt sich seit 1880 bis zur Jahrhundertwende, diesmal allerdings im Zeichen einer generellen Weltmarktpreissenkung: Hier steigen die französischen, englischen und deutschen Reallöhne um ein Drittel und mehr, die schwedischen und amerikanischen sogar um die Hälfte.

## Reallohnstagnationsepochen und Deflation nach 1870

Zwei Perioden der Reallohnstagnation zeichnen sich dann ab: Die erste ist die der siebziger Jahre, die in den meisten Ländern noch in die frühen achtziger Jahre hineinspielt.

Die Periode 1900–1913 war in den meisten Ländern – ab 1906 eindeutig auch in den USA und Deutschland – durch eine relative Stagnation der Reallöhne gekennzeichnet. Lediglich in Schweden ergab sich ein rascher Anstieg der Reallöhne.

Nimmt man den SAUERBECKschen Großhandelsindex zum Maßstab, so ergibt sich für die erstere Periode ein sinkendes Preisniveau ab 1873: Stagnierende Reallöhne bedeuten also, daß die Geldlöhne mit sanken. In der zweiten Periode ergab sich zwar von 1900 bis 1905 ebenfalls ein leicht sinkendes Preisniveau; dann aber zogen die Preise im Aufschwung 1906/7 an, um später zu fallen. Für beides, Preise und Geldlöhne, kann man also feststellen, daß die Stagnation mit Deflation Hand in Hand ging.

Die eigentlichen Steigerungsperioden für die Reallöhne liegen somit in den Zeiträumen 1850–1870 und 1882–1900. Sie koinzidieren jedesmal mit einem spektakulären Absinken der Weltmarkt- und vor allem Rohstoffpreise.

Der SAUERBECKsche Index zeigt – wie die Verbrauchsgüterindizes – auch für den Zeitraum 1920–1929 (und natürlich a fortiori für die dreißiger Jahre) leicht sinkende Preise. Der gleichfalls nur leichte Anstieg der Reallöhne in den angelsächsischen Ländern und Skandinavien deutet wiederum auf weitgehend stagnierende Geldlöhne.

Der Aufstieg in Deutschland erklärt sich aus der Nominallohnsteigerung unter Gewerkschaftsdruck. Gleichzeitig war hier ein deutliches Ansteigen des Anteils der Löhne und Gehälter am Volkseinkommen festzustellen, wohl infolge des gewerkschaftsfreundlichen Klimas der Weimarer Republik. Im NS-System schlägt die Entwicklung dann ins Gegenteil um: in ein Absinken des Lohnanteils und stagnierende Reallöhne.

In Frankreich ergibt sich der Reallohnanstieg aus der Stabilisierung des Poincaré-Franken. Nach 1930 werden die Reallöhne pro Arbeitsstunde überall durch den Preisverfall hochgetrieben; angesichts der verbreiteten Kurzarbeit bedeutet dies in der Regel dennoch sinkende reale Wochenlöhne.

## Deflation oder Inflation – Was treibt die Reallöhne hoch?

Per Saldo läßt sich also sagen, daß etwa bis zum Zweiten Weltkrieg die Reallohnsteigerungen vorwiegend in deflationären Perioden ausgelöst wurden.

Allerdings sind hier einige Vorbehalte zu machen: Erstens dürfte die Tendenz zur Reallohnveränderung im 19. Jahrhundert in den vorliegenden statistischen Reihen überbetont worden sein, da als Preisreihen vorwiegend Großhandelspreisindizes verwendet wurden, die stärkere Ausschläge zeigen als die Einzelhandelsindizes.

Zweitens darf man aus Reallohnsteigerungen nicht automatisch auf eine Verbesserung der Lage der Arbeiterklasse in der betreffenden Periode schließen; vielfach fallen Perioden der deflationären Entwicklung des Preisniveaus – so die siebziger Jahre des 19. und die dreißiger des 20. Jahrhunderts – zusammen mit Zeiten der Massenarbeitslosigkeit und Kurzarbeit.

Drittens bedeutet auch die Reallohnsteigerung in den einzelnen Indizes vielfach noch nicht einmal eine Kaufkraftverbesserung der vollbeschäftigten Arbeiter, denn als Nominallohnindizes werden meist die der Stundenlöhne verwendet, die eine Verringerung der Wochenverdienste durch Arbeitszeitverkürzung nicht erkennen lassen.

Viertens sind selbst diese Stundenlohnindizes oft nicht repräsentativ, insofern sie sich auf Tariflöhne stützen, die unter den Effektivlöhnen liegen; im Aufschwung ist zudem der Abstand zwischen beiden größer, in Rezessionen und Depressionen geringer. Dieses letztere Argument gilt allerdings erst seit der Zwischenkriegszeit.

Will man somit Reallohnindizes zur Erklärung der jeweiligen sozialen Lage der Arbeiter verwenden, so muß man sie durch andere Daten ergänzen, wie das vor allem KUCZYNSKI getan hat. Hier bieten sich vor allem die Statistiken der Arbeitslosigkeit an; in einigen Ländern liegen Gewerkschaftsstatistiken hierüber bereits seit der Mitte des vorigen Jahrhunderts vor.

## Unterschiedliche Entwicklung der Reallöhne in der Zwischenkriegszeit

In der Zeit zwischen den beiden Weltkriegen zeichnet sich eine unterschiedliche Entwicklung in zwei Ländergruppen ab. Gemeinsam gilt für die europäischen Länder nur, daß das Vorkriegsniveau um 1925 wieder erreicht wurde. Schweden und die USA lagen allerdings damals schon um 20 bzw. 30 % darüber.

In der einen Ländergruppe (Großbritannien, Frankreich, Schweden, USA) ergab sich nun in den Prosperitätsjahren bis 1929/30 eine relative Stagnation der Reallöhne, teils bedingt durch steigende Weltmarktpreise, um dann bei deren Verfall seit 1931 einen spektakulären Anstieg der Reallöhne zu bringen – wer voll in Arbeit blieb, bekam sozusagen noch einen Bonus dazu!

In der anderen Ländergruppe kam es in den zwanziger Jahren zu einem Aufstieg; dann aber wurden unter faschistischem Druck die Löhne künstlich niedrig gehalten: Das betraf direkt Deutschland und Italien, unter faschistoiden Systemen aber auch Österreich und manche Länder Zwischeneuropas.

## Die Tendenz zur Steigerung der Wachstumsraten der Reallohnentwicklung

Der Vergleich dreier Perioden von jeweils rund anderthalb Jahrzehnten zeigt die Beschleunigung in den Wachstumsraten der Reallöhne mindestens für vier führende Industrieländer auf:

 Durchschnittliches jährliches Wachstum der Reallöhne[4]

| | Deutschland | Schweden | Großbritannien | USA |
|---|---|---|---|---|
| Periode 1890/9 bis 1913 | 1,16 | 1,60 | 0,05 | 1,28 |
| Periode 1920/5 bis 1938 | 1,52 | 1,65 | 1,46 | 1,66 |
| Periode 1946/48 bis 1960 | 4,98 | 2,94 | 2,46 | 2,45 |

Für den Zeitraum 1960–1970 dürfte sich noch eine weitere Beschleunigung der Wachstumsraten ergeben, mit nachfolgender Abflachung unter dem Druck der Inflation mindestens ab 1972.

Nach PHELPS-BROWN haben die 110 Jahre von 1860 bis 1970 in den Industrieländern eine Steigerung der Reallöhne gesehen, die bei den Stundenlöhnen vom Fünfeinhalbfachen (in Großbritannien) bis zum Neuneinhalbfachen (in Schweden) reicht.

Eine erste Verdoppelung ergab sich für fast alle Länder von 1860 auf 1925. Eine zweite Verdoppelung folgte für die meisten Staaten von 1925 auf 1955. Die Hauptbeschleunigung erfuhr die Steigerung des Lebenshaltungsniveaus somit seit Abschluß der Wiederaufbauperiode nach dem zweiten Weltkrieg.

Nach der fünfzehnjährigen Periode des eigentlichen »Wirtschaftswunders« des kapitalistischen Renaissance muß die Abflachung der Wachstumsraten gegen Ende dieser Periode besonders ernüchternd wirken.

Vorher konnte man grosso modo von einer nahezu exponentiellen Beschleunigung der Reallohnsteigerung reden: zuerst in 65 Jahren, dann in 30, dann (für Schweden) in fast 15 Jahren.

Das Abstoppen dieser exponentiellen Reallohnentwicklung hat die Thesen der »Nullwachstümler« unserer Tage vorweggenommen. Die sozialen Spannungen seit 1968 erklären sich aus der Enttäuschung über die Nichtweiterführbarkeit dieses Rhythmus.

## Schlußfolgerungen

Die Wiederbelebung der Klassenkämpfe auf der institutionell-gewerkschaftlichen und der politischen Ebene erfolgt als Funktion dieses Bruches im bisherigen Trend, der eine Übersteigerung erfahren hatte.

Soll und kann man diese Wende vergleichen mit jenem Wendepunkt zu Beginn des 16. Jahrhunderts, der die große Inflation und die tatsächliche Massenverelendung des 17. und frühen 18. Jahrhunderts heraufdämmern sah und gekennzeichnet war durch soziale und geistige Erschütterungen wie die Bauern- und Religionskriege und die Reformation?

Mußte diese Wende damals ausmünden in eine Epoche des Absolutismus – sei es eines »Spät-Absolutismus« faschistoider Art im Rahmen eines quasi-kapitalistischen Systems, oder eines Früh-Absolutismus (im Sinne einer ›beginnenden‹ neuen Kulturepoche) im Rahmen des Sozialismus?

Damals wurde der Niedergang verschärft durch militaristische Abenteuer größten Stils – Eroberung Amerikas und Sibiriens, Türkenkriege, dreißig- und siebenjährige Krieg, Erbfolgekrieg usw.

Demographische Erleichterungen durch Massenauswanderung von rund 70 Millionen Menschen sollte diese Landexpansion erst im 19. Jahrhundert auslösen.

Die beiden großen Weltkriege im 20. Jahrhundert scheinen durch Entwicklung der Destruktionstechnik eher positive Wachstumseffekte gezeitigt zu haben. Aber muß das so bleiben?

Für eine Prognose der weiteren Entwicklung kann vielleicht eine thesenartige Zusammenfassung der Anhaltspunkte, wie sie die bisherige Entwicklung bietet, Anregungen liefern.

Versuchsweise ließen sich folgende Thesen aufstellen:

1) Die Reallohnentwicklung bietet nur einen Teilanhaltspunkt für die Beurteilung der sozialen Lage und der sozialen Spannungen.

2) Rasch ansteigende Reallöhne koinzidieren dennoch in der Regel mit Perioden einer Verbesserung auch der sonstigen Lage der Arbeiter; allenfalls gilt als Ausnahme die Zeit von 1930 bis 1933.

3) Soziale Spannungen treten vor allem in den Zeitpunkten auf, in denen der bisherige Reallohnanstieg plötzlich gebremst oder in ein Absinken verwandelt wird.

Die Perioden großer Erfolge oppositioneller Arbeiterparteien dürften weitgehend mit solchen Epochen zusammenfallen (so in den siebziger Jahren des 19. und dem ersten Jahrzehnt des 20. Jahrhunderts in Deutschland; in Großbritannien Aufstieg der Liberalen in den frühen und der Labour-Party in den zwanziger Jahren des 20. Jahrhunderts; Erfolge der Sozialdemokraten in der Bundesrepublik Deutschland seit 1966, der Linken in Frankreich und anderen Ländern seit Beginn der siebziger Jahre).

4) Der bisher spektakulärste Anstieg der Reallöhne innerhalb eines Vierteljahrhunderts ereignete sich im Zeitraum 1945–1970 in den entwickelten Industrieländern. Er fiel im großen und ganzen zusammen

mit der Vorherrschaft konservativer Parteien (Christliche Demokraten in der Bundesrepublik Deutschland und Italien, Konservative in Großbritannien, Gaullisten in Frankreich, Republikaner in den USA).

5) Der Wendepunkt wird signalisiert durch die »Mai-Ereignisse« in Frankreich 1968, in denen Studenten und Arbeiter kooperierten, durch Studentenunruhen, organisierte und »wilde« Streikwellen in den meisten Ländern.

Dieser Wendepunkt fällt zusammen mit der Abflachung der Wachstumsraten des Sozialprodukts, vor allem aber des Konsums und der Reallöhne, obwohl in Frankreich selbst letztere nach 1968 zunächst noch einen Sprung nach oben tun.

6) Die inflationäre Welle der siebziger Jahre, die durch den Vietnamkrieg und das wachsende Zahlungsbilanzdefizit der USA, den Zusammenbruch des Weltwährungssystems und die Generalisierung fluktuierender Wechselkurse genährt, soweit nicht ausgelöst wurde, hat mit dem Versuch einer Antizipierung der inflationären Entwicklung vor allem in Italien und Großbritannien durch den »institutionalisierten Klassenkampf« der Gewerkschaften in politischer Unstabilität enden müssen.

Schwankende Wählerentscheidungen führen zum raschen Wechsel der Regierungen, womit die langfristige Planung und Steuerung der Wirtschaft erschwert und die ökonomische Situation noch mehr entstabilisiert wird.

7) Diese Entwicklung gipfelt in der Wiederbelebung eines international synchronisierten Konjunkturzyklus, der 1972/3 zu einem steilen »Boom« führt und damit die bisher akuteste Rohstoff- und Energieverteuerung auslöst, die durch Kartellbildungen und Kooperation der Produzentenstaaten verschärft wird.

8) Die Folge dieser Entwicklung ist, daß zum ersten Male in der Nachkriegsperiode Massenarbeitslosigkeit gekoppelt mit Reallohnrückgängen – zuerst in Großbritannien 1975 – auftritt, im Gegensatz zur Depression der dreißiger Jahre, in der die soziale Spannungsatmosphäre der Massenarbeitslosigkeit gemildert wurde durch die Reallohnverbesserungen derer, die in Beschäftigung blieben.

Die »Stagnationen« der siebziger Jahre versprechen keine solchen Dämpfungselemente.

9) Die Frage ist, inwieweit die Beschleunigung in der Steigerung der Wachstumsraten der Reallöhne mit einer von drei Hypothesen zu erklären ist; entweder damit, daß die Ansprüche der Arbeitnehmer auf Verbesserung ihrer Lebenshaltung aus einer generell wachsenden Ungeduld heraus rascher gesteigert worden sind – es wurde danach ein größerer Anteil am Sozialprodukt angestrebt – oder damit, daß ihre bessere gewerkschaftliche Organisation zum Tragen kam, oder damit,

daß sich mit der Zeit ein gewisser Wille zum antizipativen Durchsetzen von Lohnforderungen angesichts steigender Inflationsraten daraus ergab. Alle drei Faktoren können zusammengewirkt haben.



10) Ungeklärt bleibt, ob Deflations- oder Inflationsperioden für die Reallohnsteigerung günstiger sind. Die Epoche von 1880 bis 1900 deutet auf ersteres, die von 1850 bis 1875 und die Zeit um 1951/55 sowie ab 1970 auf letzteres.

## Anmerkungen

1 Vgl. etwa: JEAN MARCZEWSKI. Le Take-Off en France, Cahiers ISEA, série ADI, 1961; sowie PIERRE VILAR. Pour une meilleure compréhension entre économistes et historien, Revue Historique, Nr. 233. 1965. S. 293 ff.

2 Vgl. in diesem Band die einleitenden Beiträge.

3 Vgl. FOGEL W. und ST. L. ENGERMAN, Time on the Cross. The economics of American Negro Slavery, Boston/Toronto 1974 (mit Ergänzung: Evidence and Methods). S. a. Journal of Economic Literature, Vol. XIII, März 1975, No. 1, S. 57.

4 (nach: E. H. PHELPS-BROWN, Levels and Movements of Industrial Productivity and Levels of Industrial Productivity and Real Wages internationally compared 1860–1970, Economic Journal, Vol. 83, No. 329, March 1973, 5.65.)

| Quellen: | COLIN CLARK[1] | | D'AVENEL[2] | FOURASTIÉ[3] | HAMILTON[4] | | | SCHMOLLER[6] | | | | TYSZKA[7] | | BOWLEY[8] | PIGOU[10] |
|---|---|---|---|---|---|---|---|---|---|---|---|---|---|---|---|
| Länder: | Indien | England (London) | Frankreich | Frankreich | Frankreich | Großbrit. | Spanien[5] | Großbrit. | Deutschland Xanten | Deutschland Elsaß | Deutschland Münster | Frankreich | Großbritannien | | |
| Indexbasis (...=100) | 1953 | 1913 | 1910 | 1901/1910 | 1451–1500 | | 1571/1580 | 1451–1500 | | | | 1900 | | | |
| Nr. | 1 | 2 | 3 | 4 | 5 | 6 | 7 | 8 | 9 | 10 | 11 | 12 | 13 | 14 | 15 |
| Jahr | | | | | | | | | | | | | | | |
| 1050 | 230 | | | | | | | | | | | | | | |
| 1240 | | | 80 | | | | | | | | | | | | |
| 1380 | | | | | | | | | 150 | | | | | | |
| 1450 | | | 144 | | | | | 100 | 100 | 100 | 100 | | | | |
| 1480 | | | | | | | | 100 | 100 | 100 | 100 | | | | |
| 1500 | | | | | 89 | 100 | 113 | 100 | 100 | 100 | 100 | | | | |
| 1520 | | | | | | | 126 | | | | 80 | | | | |
| 1530 | | | | | 77 | 83 | 91 | | | | | | | | |
| 1550 | | | | | 59 | 72 | 98 | 60 | 48 | 55 | 87 | | | | |
| 1570 | 190 | | | | 45 | 66 | 103 | 51 | 48 | 53 | 78 | | | | |
| 1600 | | | | | 60 | 50 | 91 | | 66 | 40 | | | | | |
| 1620 | 230 | | | | | 52 | 122 | 40 | 66 | 40 | | | | | |
| 1640 | | | | | 52 | 52 | 112 | 40 | 66 | 40 | | | | | |
| 1650 | | | | | 52 | 53 | 93 | 40 | 78 | 40 | | | | | |
| 1675 | | | | | 56 | 59 | | 54 | | 45 | | | | | |
| 1688 | | | | | 55 | 68 | | 54 | | 45 | | | | | |
| 1700 | | | | | | 68 | | 54 | | 45 | | | | | |
| 1729 | | 64 | | | | | | 40 | | | | | | | |
| 1760 | | | | 100 | | | | | | | | | | | |
| 1775 | | 53 | | | | | | | | | | | | | |
| 1795 | | | | | | | | 30 | | | | | | | |
| 1801 | | 37 | | | | | | | | | | | | | |
| 1810 | | 41 | | 140 | | | | | | | | 55,5 | | | |
| 1812 | | 40 | | | | | | | | | | | | | |
| 1820 | | | | | | | | | | | | 53,5 | 59 | | |
| 1822 | | 57 | | 120 | | | | | | | | | | | |
| 1830 | | | | | | | | | | | | 54,0 | 58 | 45 | |

| | | | | | | | | | | | | | | | |
|---|---|---|---|---|---|---|---|---|---|---|---|---|---|---|---|
| 1837 | | 52 | | | | | | | | | | | | | |
| 1840 | | | | 120 | | | | | | | | 57,0 | 59 | 50 | |
| 1841 | | 48 | | | | | | | | | | | | | |
| 1843 | | 56 | | | | | | | | | | | | | |
| 1847 | | 47 | | | | | | | | | | | | | |
| 1850 | | | | | | | | | | | | 59,5 | 57 | 50 | 100 |
| 1858 | | 58 | | | | | | | | | | | | | 102 |
| 1860 | | | | 190 | | | | | | | | 63,0 | 64 | 55 | 103 |
| 1868 | | 58 | | | | | | | | | | | | | 110 |
| 1870 | | 64 | | 190 | | | | | | | | 69,0 | 70 | 60 | 118 |
| 1880 | | | | | | | | | | | | 74,5 | 81 | 70 | 134 |
| 1882 | | | | | | | | | 78 | | | | | | |
| 1890 | | | | | | | | | | | | 89,5 | 90 | 84 | 166 |

| Länder: | Deutschland | | Frankreich | | | Deutschland | | Schweden | Vereinigte Staaten | | | | Großbritannien | | | | | |
|---|---|---|---|---|---|---|---|---|---|---|---|---|---|---|---|---|---|---|
| Quellen: | DESAI[17] | KUCZYNSKI[18] | TYSZKA[7] | FOURASTIÉ[3] | PHELPS BROWN[13] | BRY[12] | PHELPS BROWN[13] | | | BRY[12] Stunde | BRY[12] Woche | DOUGLAS[11] | PIGOU[10] | DOUGLAS[11] | BRY[12] Stunde | BRY[12] Woche | PHELPS-BROWN[13] | Brit. Min.[9] |
| Indexbasis (...=100) | 1895 | 1895 | 1900 | 1900 | 1890/9 | 1913 | (1890/1899) | | | 1913 | | 1899 | 1850 | 1861/5 | 1900 | | 1890/9 | 1850 |
| Nr. | 1 | 2 | 3 | 4 | 5 | 6 | 7 | 8 | 9 | 10 | 11 | 12 | 13 | 14 | 15 | 16 | 17 | 18 |
| Jahr | | | | | | | | | | | | | | | | | | |
| 1850 | | | 59,5 | 59,5 | | | | | | | | | 100 | | | | | 100 |
| 51 | | | | | | | | | | | | | 102 | | | | | |
| 52 | | | | | | | | | | | | | 102 | | | | | |
| 53 | | | | | | | | | | | | | 105 | | | | | |
| 54 | | | | | | | | | | | | | 96 | | | | | |
| 1855 | | | | | | | | | | | | | 95 | | | | | |
| 56 | | | | | | | | | | | | | 95 | | | | | |
| 57 | | | | | | | | | | | | | 96 | | | | | |
| 58 | | | | | | | | | | | | | 102 | | | | | |
| 59 | | | | | | | | | | | | | 104 | | | | | |
| 1860 | | | 63,0 | 63 | 68 | | 67 | | 68 | 68 | | | 103 | | | | 53 | 90 |
| 61 | | | | | 66 | | 66 | 49 | 67 | | | | 100 | 91 | | | 54 | |
| 62 | | | | | 69 | | 66 | 51 | 61 | | | | 105 | 92 | | | 55 | |
| 63 | | | | | 72 | | 69 | 54 | 52 | | | | 109 | 99 | | | 53 | |
| 64 | | | | | 72 | | 71 | 56 | 44 | | | | 117 | 109 | | | 56 | |
| 1865 | | | | | 74 | | 71 | 58 | 47 | | | | 117 | 111 | | | 60 | |
| 66 | | | | | 71 | | 72 | 56 | 51 | | | | 116 | 108 | | | 61 | |
| 67 | | | | | 68 | | 64 | 54 | 55 | | | | 109 | 97 | | | 61 | |
| 68 | | | | | 69 | | 67 | 53 | 56 | | | | 110 | 97 | | | 61 | |
| 69 | | | | | 75 | | 75 | 59 | 60 | | | | 115 | 103 | | | 62 | |
| 1870 | | | 69,0 | 69 | 71 | | 76 | 62 | 62 | | | | 118 | 109 | | | 64 | 109 |
| 71 | 66 | 82 | | | 66 | 74 | 74 | 61 | 65 | 52 | 58 | | 121 | 115 | 64 | 73 | 65 | |
| 72 | | | | | 72 | 79 | 77 | 65 | 66 | | 60 | | 122 | 116 | 66 | 73 | 64 | |
| 73 | | | | | 71 | 79 | 84 | 66 | 68 | | 60 | | 128 | 112 | 70 | 76 | 67 | |
| 74 | | | | | 74 | 78 | 80 | 68 | 68 | | 61 | | 133 | 126 | 77 | 81 | 71 | |
| 1875 | 87 | 93 | | | 79 | 84 | 85 | 70 | 69 | | 61 | | 135 | 127 | 81 | 82 | 73 | |
| 76 | | | | | 76 | 78 | 81 | 69 | 70 | | 60 | | 137 | 126 | 80 | 82 | 72 | |

| | | | | | | | | | | | | | | | | | | |
|---|---|---|---|---|---|---|---|---|---|---|---|---|---|---|---|---|---|---|
| 77 | | | | | 78 | 73 | 77 | 71 | 68 | | 57 | | 133 | 122 | 79 | 81 | 72 | |
| 78 | | | | | 78 | 77 | 82 | 69 | 70 | | 59 | | 132 | 118 | 81 | 83 | 75 | |
| 79 | | | | | 80 | 74 | 81 | 69 | 71 | | 59 | | 137 | 116 | 83 | 85 | 77 | |
| 1880 | 79 | 79 | 74,5 | 74 | 80 | 70 | 77 | 71 | 72 | 55 | 62 | | 134 | 122 | 79 | 81 | 73 | 134 |
| 81 | | | | | 81 | 70 | 79 | 72 | 73 | | 61 | | 136 | 126 | 80 | 82 | 75 | |
| 82 | | | | | 83 | 75 | 85 | 76 | 76 | | 64 | | 135 | 127 | 81 | 83 | 75 | |
| 83 | | | | | 84 | 75 | 85 | 76 | 81 | | 66 | | 139 | 131 | 82 | 84 | 77 | |
| 84 | | | | | 86 | 80 | 87 | 81 | 85 | | 69 | | 144 | 127 | 86 | 88 | 81 | |
| 1885 | 88 | 92 | | | 89 | 83 | 87 | 85 | 82 | | 68 | | 148 | 129 | 91 | 93 | 87 | |
| 86 | | | | | 92 | 85 | 87 | 88 | 85 | | 71 | | 151 | 131 | 93 | 94 | 87 | |
| 87 | | | | | 93 | 87 | 94 | 91 | 88 | | 72 | | 155 | 138 | 94 | 97 | 90 | |
| 88 | | | | | 95 | 89 | 93 | 90 | 90 | | 73 | | 157 | 143 | 94 | 97 | 91 | |
| 89 | | | | | 95 | 88 | 89 | 91 | 97 | | 76 | | 159 | 149 | 95 | 98 | 92 | |
| 1890 | 96 | 97 | 89,5 | 89 | 95 | 87 | 93 | 91 | 100 | 73 | 78 | | 166 | 156 | 100 | 102 | 96 | 166 |
| 91 | | | | | 96 | 84 | 91 | 89 | 100 | 72 | 77 | | 164 | 153 | 100 | 102 | 96 | |
| 92 | | | | | 94 | 86 | 92 | 91 | 101 | 74 | 79 | | 163 | 147 | 99 | 101 | 95 | |
| 93 | | | | | 101 | 87 | 98 | 96 | 97 | 77 | 82 | | 167 | 149 | 99 | 101 | 96 | |
| 94 | | | | | 99 | 88 | 97 | 102 | 93 | 74 | 79 | | 170 | 152 | 104 | 106 | 101 | |
| 1895 | 100 | 100 | | | 100 | 89 | 98 | 102 | 99 | 75 | 80 | | 174 | 157 | 105 | 107 | 103 | |
| 96 | | | | | 103 | 94 | 103 | 106 | 100 | 78 | 84 | | 176 | 163 | 106 | 109 | 103 | |
| 97 | | | | | 103 | 92 | 106 | 106 | 102 | 76 | 81 | | 176 | 163 | 105 | 107 | 103 | |
| 98 | | | | | 103 | 93 | 107 | 107 | 101 | 75 | 81 | | 174 | 163 | 103 | 106 | 101 | |
| 99 | | | | | 108 | 96 | 114 | 108 | 108 | 80 | 85 | 100 | 180 | 169 | 107 | 110 | 106 | |
| 1900 | 100 | 111 | 110 | 100 | 112 | 98 | 108 | 110 | 110 | 81 | 86 | 101 | 183 | 170 | 106 | 108 | 104 | 180 |
| 01 | | | | | 112 | 95 | 111 | 111 | 112 | 85 | 88 | 101 | 181 | 167 | 106 | 108 | 105 | 184 |
| 02 | | | | | 111 | 95 | 110 | 112 | 117 | 86 | 91 | 103 | 177 | 163 | 106 | 108 | 103 | |
| 03 | | | | | 109 | 96 | 111 | 113 | 116 | 88 | 91 | 100 | 172 | 160 | 103 | 107 | 102 | |
| 04 | | | | | 113 | 97 | 111 | 117 | 113 | 86 | 89 | 101 | 170 | 155 | 101 | 104 | 101 | |
| 1905 | 104,5 | 114 | 108 | 104 | 111 | 98 | 111 | 115 | 118 | 88 | 91 | 103 | 172 | 154 | 101 | 101 | 100 | 178 |
| 06 | | | | | 114 | 97 | 114 | 122 | 125 | 92 | 96 | 105 | 174 | 157 | 102 | 103 | 103 | 175 |
| 07 | | | | | 115 | 101 | 115 | 123 | 122 | 93 | 95 | 102 | 176 | 157 | 100 | 101 | 105 | 178 |
| 08 | | | | | 116 | 100 | 115 | 121 | 112 | 90 | 92 | 104 | 172 | 146 | 102 | 103 | 106 | |
| 09 | | | | | 114 | 99 | 113 | 111 | 120 | 92 | 95 | 108 | 170 | 145 | 101 | 102 | 104 | |
| 1910 | 106 | 119 | 110 | 106 | 112 | 99 | 116 | 131 | 121 | 94 | 96 | 101 | 169 | 150 | 100 | 101 | 104 | |
| 11 | | | | | 107 | 98 | 118 | 135 | 122 | 96 | 98 | 100 | | 157 | 99 | 99 | 102 | |
| 12 | | | | | 104 | 96 | 118 | 131 | 124 | 97 | 97 | 104 | | 157 | 100 | 100 | 102 | |
| 1913 | | 125 | 112 | | 107 | 100 | 123 | 133 | 126 | 100 | 100 | 108 | | | 100 | 100 | 101 | |

| Länder: | Italien | Frankreich | | Deutschland | | | Schweden | Vereinigte Staaten | | | | Großbritannien | | | | | |
|---|---|---|---|---|---|---|---|---|---|---|---|---|---|---|---|---|---|
| Quellen: | LEHOULIER[19] | | PHELPS BROWN[13] | ANGELL[16] | BRY[12] | PHELPS BROWN[13] | | | BRY[12] Stunde | BRY[12] Woche | DOUGLAS[11] | Brit. Min.[14] | ROBINS[15] | BRY[12] Stunde | BRY[12] Woche | PHELPS BROWN[13] | ANGELL[16] |
| Indexbasis (... = 100) | 1914 | | 1890/9 | 1913 | 1913 | 1890/1899 | | | 1913 | | | | 1913 | 1913 | | 1890/9 | |
| Nr. | 1 | 2 | 3 | 4 | 5 | 6 | 7 | 8 | 9 | 10 | 11 | 12 | 13 | 14 | 15 | 16 | 17 |
| Jahr | | | | | | | | | | | | | | | | | |
| 1919 | | 88 | | | | | | | | | 110 | 97 | | | | | |
| 1920 | | | | | | | | 151 | | | 114 | 102 | 100 | | | 104 | |
| 21 | | | | | | | 144 | 144 | | | 117 | 106 | 108 | | | 113 | |
| 22 | | | | 75 | | | 137 | 152 | | | 121 | 96 | 104 | | | 116 | 96–98 |
| 23 | | | | 65 | | | 147 | 160 | | | 129 | 94 | | | | 110 | 93–96 |
| 24 | | | 136 | 81 | 70 | | 155 | 160 | 143 | 126 | 128 | 95 | | 109 | 94 | 109 | 94–97 |
| 1925 | | | 135 | 97 | 87 | 127 | 158 | 160 | 140 | 125 | 127 | 100 | | 112 | 98 | 113 | 100 |
| 26 | | | 121 | 96 | 90 | 132 | 164 | 164 | 139 | 125 | 129 | 98 | | 114 | 99 | 111 | 102–105 |
| 27 | | | 118 | 98 | 97 | 134 | 169 | 167 | 142 | 129 | | 103 | | 119 | 104 | 119 | |
| 28 | 100[20] | | 125 | 104 | 108 | 141 | 165 | 169 | 147 | 131 | | 104 | | 117 | 102 | 117 | |
| 29 | 89 | 109 | 132 | 106 | 110 | 148 | 172 | 162 | 148 | 132 | | 102 | 108 | 118 | 103 | 119 | |
| 1930 | | | 138 | | 105 | 156 | 183 | 160 | 148 | 125 | | 111 | | 122 | 106 | 124 | |
| 31 | | | 135 | | 100 | 158 | 182 | 149 | 151 | 123 | | 114 | | 132 | 115 | 131 | |
| 32 | 89 | 105 | 133 | | 94 | 152 | 173 | 154 | 146 | 112 | | 116 | 115 | 131 | 114 | 132 | |
| 33 | | | 145 | | 98 | 149 | 173 | 164 | 153 | 116 | | 115 | | 130 | 113 | 132 | |
| 34 | | | 146 | | 102 | 148 | 180 | 173 | 179 | 124 | | 112 | | 130 | 113 | 133 | |
| 1935 | 86 | 120 | 153 | | 103 | 149 | 183 | 187 | 179 | 132 | | | | 131 | 114 | 131 | |
| 36 | | | 165 | | 106 | 152 | 187 | 195 | 180 | 141 | | | | 130 | 113 | 131 | |
| 37 | | | 155 | | 109 | 148 | 188 | 188 | 194 | 151 | | | 117 | 127 | 111 | 127 | |
| 38 | 88 | 113 | 142 | | 114 | 155 | 190 | 203 | 199 | 142 | | | 116 | 132 | 115 | 133 | |
| 39 | | | | | 117 | | | 211 | 203 | 154 | | | | 131 | 114 | | |
| 1946 | | | | | | | 211 | 272 | 259[21] | 235[21] | | | | | | | |

Tabelle IV: Reallohnentwicklung seit 1945

| Quellen: | PHELPS BROWN[13] | | | | |
|---|---|---|---|---|---|
| Indexbasis: (... = 100) | 1890/1899 | | | | |
| Länder: | Groß-britannien | Frankreich | Deutsch-land | Schweden | USA |
| Nr.: | 1 | 2 | 3 | 4 | 5 |
| 1946 | | | | 211 | 272 |
| 1947 | 160 | | | 230 | 264 |
| 48 | 164 | | | 242 | 268 |
| 49 | 168 | 170 | | 245 | 288 |
| 1950 | 169 | 168 | 174 | 252 | 292 |
| 51 | 171 | 193 | 183 | 258 | 299 |
| 52 | 169 | 206 | 195 | 296 | 306 |
| 53 | 175 | 223 | 208 | 286 | 319 |
| 54 | 183 | 242 | 215 | 299 | 323 |
| 1955 | 191 | 252 | 227 | 321 | 344 |
| 56 | 196 | 267 | 239 | 321 | 357 |
| 57 | 198 | 282 | 248 | 327 | 357 |
| 58 | 200 | 274 | 252 | 327 | 357 |
| 59 | 206 | 278 | 262 | 336 | 373 |
| 1960 | 221 | 291 | 283 | 344 | 380 |
| 61 | 228 | 300 | 303 | 363 | 385 |
| 62 | 228 | 323 | 326 | 375 | 395 |
| 63 | 233 | 336 | 339 | 391 | 400 |
| 64 | 244 | 349 | 363 | 409 | 409 |
| 1965 | 256 | 361 | 387 | 430 | 417 |
| 66 | 260 | 373 | 396 | 439 | 424 |
| 67 | 266 | 387 | 401 | 455 | 432 |
| 68 | 272 | 408 | 410 | 476 | 441 |
| 69 | 278 | 423 | 440 | 503 | 446 |
| 1970 | 301 | 442 | 482 | 473 | 446 |

## Quellenhinweise zu den Tabellen I–IV


1 COLIN CLARK, The Conditions of Economic Progress, 3. Aufl., London 1957; für Indien S. 206/7 (nach Brij Narain und Pran Nath), für England S. 216 (Löhne in London nach KING, TUCKER, BEEK, LEVY, COLQUHOUN, LORD LIVERPOOL).

2 GEORGES D'AVENEL, Découvertes d'Histoire Sociale, Paris 1920, S. 149.

3 JEAN FOURASTIE, La Civilisation de 1960, Paris 1947, S. 54.

4 E. J. HAMILTON, American Reasure and the Rise of Capitalism 1500–1700, Economica, Nov. 1929, Heft 9, S. 352/3.

5 Für Spanien, vom gleichen Autor, American Treasure and the Price Revolution in Spain 1501–1650, Cambridge/Mass. 1934, S. 278.

6 G. SCHMOLLER, Die historische Lohnbewegung von 1300 bis 1900 und ihre Ursachen, Sitzungsberichte der Königl. Preuß. Akademie der Wissenschaften zu Berlin, 1902 (IX), S. 2/3; vgl. auch W. WOYTINSKY, Die Welt in Zahlen, Berlin 1926, 2. Buch, S. 175/6.

7 CARL VON TYSZKA, Löhne und Lebenskosten in Westeuropa im 19. Jahrhundert, München 1914.

8 A. L. BOWLEY, National Progress in Wealth and Trade, London 1900.

9 Berechnung des britischen Board of Trade auf Grund der Großhandelspreise, nach: FRITZ STERNBERG, Der Imperialismus, Berlin 1926.

10 A. C. PIGOU, Industrial Fluctations, London 1927, S. 353 ff.

11 PAUL M. DOUGLAS, The Theory of Wages, New York 1934, S. 387, 513.

12 G. BRY, Wages in Germany 1871–1945, New York, Princeton 1960, Table A 50.

13 E. H. PHELPS BROWN, Levels and Movements of Industrial Productivity and Real Wages Internationally Comared, 1860–1970, The Economic Journal, Nr. 329, Vol. 83, March 1973, S. 66/67.

14 Berechnet nach »Estimated Weekly Wage Rates« und Einzelhandelspreisen, bekanntgegeben vom britischen Ministry of Labour: 21st Abstract of Labour Statistics, S. 88 (Angaben für Juli 1914, sonst jeweils für Jahresende); ferner nach: E. Hempel, Industrial Political Economy, New York 1939, S. 346, Lloyd's Bank, Monthly Report, May 1935 sowie TAYLOR/PEDDIE, The Dual System of Stabilisation, London 1930, S. 100.

15 Berechnet nach: ROBBINS, The Great Depression, London 1935, S. 209, 236; ergänzt (für 1914) durch DOBB, Wages, 2. Aufl., London 1948, S. 44; zusammengestellt bei KÜHNE, Das Rätsel Reallohn, Gewerkschaftliche Monatshefte Köln, 6. Jg., Nr. 3, März 1955, S. 146.

16 J. W. ANGELL, The Recovery of Germany, New Haven 1929, S. 256.

17 A. V. DESAI, Real Wages in Germany, 1871–1913, Oxford 1968.

18 JÜRGEN KUCZYNSKI, Die Lage der Arbeiter in Deutschland, 3. Aufl., Berlin 1963, S. 173–175.

19 JEAN FOURASTIE, Machinisme et Bien-Etre, Paris 1951; darin Angaben über die Studie von M. LEHOULIER, veröff. in: Bulletin de la Statitique Générale de la France, Juni/Sept. 1944.

20 Nach Berechnungen des Autors auf der Basis von Daten des Jahres 1937.

21 Daten für 1944.

Die Frage nach der Abgrenzung zwischen nationalökonomischer Analyse und ideologischem Zweckdenken ist so alt wie die Nationalökonomie selbst. Eine Wissenschaft, die vom Wirtschaftsgeschehen selbst ihren Ausgang nahm oder doch jedenfalls darauf zurückzubeziehen sein sollte – soweit sie nicht l'art pour l'art treibt –, mußte zwangsläufig in das Wunschdenken, die Zielstrebigkeit und die Gruppeninteressen der wirtschaftspolitischen Tagessphäre hineingezogen werden. Die Spielarten der Wirtschaftspolitik, mag man sie nun als »Liberalismus«, »Dirigismus« oder »Sozialismus« bezeichnen, können der wissenschaftlichen Untermauerung ebensowenig entraten, wie die wissenschaftliche Behandlung wirtschaftspolitischer Probleme schwerlich völlig frei bleiben kann von ideologischen Elementen.

## 1. Ausdeutungen des Begriffs der »Ideologie«

Diese Begriffe kennzeichnen nur in sehr vager Form die jeweiligen politischen Präferenzen der Nationalökonomen; sie berühren im Grunde nur die Oberfläche der Fragen, um die es ihnen eigentlich geht. Sobald wir diese Oberfläche durchstoßen, erreichen wir tiefere Schichten der diesen zugrundeliegenden Überzeugungen oder »Anschauungsarten«, wie sie etwa erfaßt werden mit den Bezeichnungen »klassische« oder »ricardianische Ökonomie«, »Malthusianismus« und dessen »neo-malthuianischem« modernen Ableger, weiter des »Marxismus« in seinen zahlreichen Spielarten, des »Marginalismus« oder der »Grenznutzenlehre« (eine Bezeichnung, die eigentlich mehr die Methodik als den Inhalt betrifft), der »Neoklassischen«, »Keynesianischen«, »postkeynesianischen« und »neokeynesianischen« Ökonomie, neuerdings vielleicht auch noch der »monetaristischen« und der »Neo-Cambridge«-Schule.

Welche Funktion hat nun die Ideologie in diesen tieferen Gewässern – wo liegt die Grenzlinie zwischen ideologischer Einstellung und wahrheitssuchender ökonomischer Analyse?

Man kann etwa unterstellen, daß diese tieferen Schichten die eigentliche reine Analyse betreffen; damit wäre der Begriff der Ideologie dann in die Grenzbereiche der Wirtschaftspolitik verbannt, wie sie mit den Schlagworten »liberal« oder »sozialistisch« erfaßt werden. Das wäre jedoch eine allzu starke Simplifizierung, denn es läßt sich nicht leugnen, daß die Frontlinien in der ersten Schlacht, der zwischen wirtschaftspolitischen Überzeugungen, sich in gewisser Hinsicht überschneiden mit denen in der zweiten Schlacht, den Auseinandersetzungen zwischen den »Schulen« in der Nationalökonomie.

*Der Ursprung des Begriffs*

Auf der 61. Jahrestagung der American Economic Association, der Vereinigung der amerikanischen Ökonomen, in Cleveland (Ohio) im Dezember 1948 hat SCHUMPETER in seinem Vortrag als Präsident daran erinnert, einer der ersten, die den Begriff der »Ideologie« verwendet haben, sei Napoleon Bonaparte gewesen: Dieser habe dem Begriff »gleich von vornherein eine pejorative Bedeutung angehängt, wenn er die ›Ideologen‹ verhöhnt als doktrinäre Träumer ohne irgendeinen Sinn für die Realitäten der Politik«.[1] Napoleon dürfte hier in erster Linie an seinen Gegner LAFAYETTE gedacht haben, der immerhin bezeichnenderweise im ideologisch gefärbten Kampf der amerikanischen Kolonisten gegen die britischen Kolonialherren auf Seiten der ersteren, der ersten Demokratie der westlichen Welt gefochten hatte.

Indessen scheint es, daß der Ausdruck »Ideologie« bereits vorher zum jakobinischen Sprachgebrauch gehört hatte: Hier wurde er als Gegensatz zum Begriff der »Theologie« verwendet, die den Gesamtkomplex der konservativen Grundtendenzen ihrer Zeit verkörperte[2].

Die Anschuldigung Napoleons erscheint einigermaßen überraschend: Ideologien brauchen in unserer Zeit keineswegs weltfremde Träume zu sein – sind sie doch nicht selten raffinierte Konstruktionen, die darauf abzielen, eben gerade sehr handfeste politische Interessen durchzusetzen. KARL MANNHEIM wollte sie sogar auf eine solch defensiv-konservative Linie beschränken. Tatsächlich geht es selbst dort, wo ideelle Ziele im Vordergrund zu stehen scheinen, in nicht wenigen Fällen darum, daß man mit Hilfe einer Ideologie in den Anhängern einer bestimmten Ideenrichtung einen entsprechenden Fanatismus auslösen will, der bestimmten Zwecken dienstbar gemacht werden soll.

Der eigentliche Schöpfer des Wortes dürfte CONDILLAC sein, der den Begriff als Synonym für »Analyse der Ideenwelt« verwendete. Dann erscheint das Wort bei DESTUTT DE TRACY, einem Autor, der häufig von Marx zitiert wurde; hier erscheint der Begriff im Sinne der »Moralphilosophie«, und SCHUMPETER ist der Ansicht, daß das »ungefähr gleichbedeutend ist mit dem Begriff der Sozialwissenschaften« überhaupt[3].

Marx selber hat dann den Gedanken in die Debatte geworfen, daß die Ideenwelt der Menschen darauf abgestellt sein kann, die Interessen und Aktionen ihrer jeweiligen Klasse widerzuspiegeln bzw. zu »glorifizieren«; hier mag es allerdings nicht dasselbe sein, ob man einer Klasse angehört oder sie repräsentiert, denn letztere Funktion kann auch von »Söldlingen« oder solchen erfüllt werden, die dieser Klasse zukünftig angehören wollen oder glauben, ihr zugeordnet zu sein. SCHUMPETER hat Marx drei »blinde Stellen« vorgeworfen: Einmal wäre er nach seiner Ansicht »völlig blind gewesen für die ideologischen Elemente in seinem eigenen System ... Die Marxsche Analyse ... reduziert Ideologien auf Emulsionen des Klasseninteresses ..., das ausschließlich in ökonomischen Begriffen definiert wird ... Marx und seine Anhänger haben allzu rasch die Hypothese aufgestellt, daß Erklärungen, die ideologische Einflüsse wiederspiegeln, auch damit eo ipso dem Verdammungsurteil anheimfallen müßten ...«.[4]

Das SCHUMPETERsche Verdikt ist sehr gravierend: Würde es ohne Einschränkung zutreffen, so müßte logischerweise das Verdammungsurteil, das Marx über Ideologien generell gefällt hätte, integral auch auf diesen selbst zutreffen. Allein die Meinung SCHUMPETERS sollte doch der Qualifizierung bedürfen: Ein Mann wie ENGELS war letztlich der lebende Beweis dafür, daß er die Interessen seiner eigenen Klasse eben nicht verteidigte, sondern angriff, und auch Marx war sich – obwohl er lange Zeit im Elend lebte – doch der Tatsache bewußt, daß er selber keineswegs dem Proletariat zuzurechnen war; seine Gattin entstammte dem preußischen Hochadel, er selbst der Trierer Bourgeoisie. Das allein dürfte schon als Beweis dienen können, daß es »Deserteure« zwischen den Linien kämpfender Klassen gibt, »katilinarische Existenzen«, sozusagen »Überläufer«; wenn dem aber so ist, warum sollten dann nicht andere aus den Fronten ausscheren, ohne zur Gegenpartei überzulaufen, um – nach dem englischen Ausdruck – »sich auf den Zaun zu setzen« (»sitting on the fence«) und den Kämpfen zuzuschauen? Hier wäre also die Möglichkeit der Objektivität nicht von vornherein ausgeschlossen. Und so hat denn auch Marx RICARDO – seinem Lehrer, wie SCHUMPETER meinte – bescheinigt, daß er eben »nicht gemein«, das heißt kein »vulgärer Apologet« der bürgerlichen Ordnung gewesen sei, sondern nach Wahrheitsfindung strebte.

In der Tat wäre es traurig, wenn wissenschaftliche Objektivität angesichts der Tatsache, daß jeder Wissenschaftler einer Klasse – und in der Regel der dominierenden – angehört, überhaupt nicht möglich sei. Jede Diskussion würde damit im Keime erstickt, und der Wissenschaft als solcher würde sozusagen der Boden unter den Füßen entzogen. Insofern ist die Frage nach der Ideologie die Kernfrage in der Auseinandersetzung zwischen »akademischer« und marxistischer Nationalökonomie, oder besser die Vorfrage, um deren Lösung man bemüht sein muß, sofern man eine wissenschaftliche Klärung der zur Debatte stehenden Probleme anstrebt.

Die Haltung Marx' gegenüber RICARDO beweist jedenfalls, daß Marx die Möglichkeit einer objektiven wissenschaftlichen Arbeit auch bei Angehörigen der herrschenden Klasse – der RICARDO als reicher Bankier und Parlamentsmitglied unleugbar zuzurechnen war – keineswegs in Abrede stellen wollte. Damit zeigt sich, daß er die Grenzen seiner eigenen Argumentation durchaus erkannte, wie vor allem MANNHEIM betont hatte.

*Neuere Definitionen*

Eine moderne Definition des Begriffs von HUBER und FORM besagt, daß »eine Ideologie ein umfassender Satz von ineinander verschränkten Darstellungen« (»statements« ist, die gesellschaftliche Institutionen erklären und rechtfertigen ... Eine Ideologie kann in ihrer Gesamtheit gesehen weder wahr noch falsch sein, denn sie ist ein unentwirrbares Gemisch von normativen und empirischen Konzepten über das Gesellschaftssystem«.[5]

In unserer Zeit hat der Begriff tatsächlich einen etwas zweifelhaften Beigeschmack bekommen: Man versteht darunter nicht selten eine Theorie, die auf Vorurteilen, teleologischen Zweckvorstellungen und Interessenbezogenheit beruht, bzw. einfach Klassenbewußtsein oder politische Voreingenommenheit widerspiegelt.

In der Interpretation von HUBER und FORM wird der Hauptton auf die apologetischen Aspekte einer Ideologie gelegt. Nun hat jedoch bereits SCHUMPETER in seiner Präsidentialansprache von 1948 erklärt, daß jede Hypothese, von der eine wissenschaftliche Analyse ausgeht, zwangsläufig irgendwelche ideologischen Elemente enthält. SCHUMPETER nennt das die »Vision«. Wir können hier gewisse Querverbindungen ziehen zum Begriff eines »Paradigma«, wie er von THOMAS S. KUHN entwickelt worden ist. Danach führen »wissenschaftliche Revolutionen« zu einer neuartigen Betrachtung der Dinge, die jeweils durch die Veränderungen im gesellschaftlichen Gesamtklima bedingt ist[6]. Derartige alte und neue »Paradigmen« können dann den Anschein erwecken, daß es sich hier um Ideologien handelt, die untereinander im Konflikt stehen. In diesem Sinne könnten wir dann allerdings kaum davon reden, daß eine Ideologie stets bestehende Zustände verteidigen müßte – sie kann vielmehr durchaus im Angriff sein.

Diese Interpretation hatte KARL MANNHEIM versucht. Nach seiner Ansicht soll jede Art von Ideologie identisch sein mit einer apologetischen Denkweise, die darauf abgestellt ist, bestehende staatliche Zustände zu rechtfertigen. Für MANNHEIM stand dazu im Gegensatz die »Utopie«; diesen Begriff verwendete er zur globalen Charakterisierung aller Arten von revolutionären Bestrebungen. Diese Dichotomie ist eine Art Kurzschlußlösung, der wir nicht beipflichten können.

Demgegenüber erscheinen KUHNS »wissenschaftliche Revolutionen« plausibler, wenngleich nur bedingt dem Ideologiebegriff verwandt. KUHN sieht darin mehr die Art und Weise, mit der Wissenschaftler die Tatsachen betrachten, die ihnen bereits bekannt waren – nicht so sehr die Entdeckung neuer Tatsachen. Nun mag es allerdings durchaus auch eine kurzsichtige Betrachtungsweise der Tatsachen geben. Das aber ist es, was HEGEL mit »falschem Bewußtsein« bezeichnete. Nach einer Definition, die MAURICE DOBB in neuester Zeit von diesem HEGELschen Begriff gegeben hat, handelt es sich hier um eine Haltung, die »dazu dient, die Vision zu behindern, die der Mensch von sich selber und seinen Existenzbedingungen haben kann«.[7]



Richtig ist, daß DOBB eine völlige Identität zwischen Hegelianischem »falschen Bewußtsein« und dem Begriff der Ideologie als solchem leugnet. Natürlich würde eine vollständige Gleichsetzung beider Konzepte bedeuten, daß alle Ideologien »falsch« wären. Das braucht aber keineswegs der Fall sein, wie SCHUMPETER dargetan hat. Bestimmte Teilelemente einer Ideologie können durchaus »wahr« sein, und je mehr Menschen an eine Ideologie glauben, desto mehr mag sie in der realen Wirklichkeit einen greifbaren Niederschlag finden.

Andererseits sind die Anhänger einer bestimmten Ideologie in der Regel davon überzeugt, daß die damit konkurrierenden Ideologien von Grund aus falsch seien. Damit wird der mittelalterliche Streit zwischen Orthodoxie und Häresie neu belebt, fast im Stile scholastischer Kontroversen, im Kampfe zwischen den einzelnen Fraktionen führender Ideologien: Trotzkismus gegen Stalinismus, Chruschtschow-Breschnewscher Leninismus gegen Maoismus, vielleicht aber auch Monetarismus versus Keynesianismus in der westlichen Welt, oder besser noch Neo-Keynesianismus gegen Neoklassik.

Gibt es einen Weg aus dieser Welt rivalisierender Ideologien – kann man aus ihr in die reine Welt abstrakt-ungebundener ökonomischer Analyse entrinnen? Fast sähe es so aus, als würden alle Ideologien aus der Wirtschaftswissenschaft verschwinden, wollte man nur MAX WEBERS Rezept anwenden, wonach man keine Werturteile fällen darf. Das liefe sozusagen darauf hinaus, daß man jungen Ökonomen den Rat erteilt, vor Aufnahme des Studiums sich das Herz herausnehmen zu lassen.

Es bleibt zweifelhaft, ob sich ein solches Verfahren überhaupt durchführen läßt. Früher oder später müssen wir uns unser Herz wieder einsetzen, damit es weiter schlägt – und das bedeutet leider meist, daß man auf die Ideologie eines anderen einschlägt, um unsere eigene zu propagieren, wär' es auch unwissentlich. Damit wird die Ideologieproblematik zur Wasserscheide zwischen ökonomischer Theorie und angewandten Wirtschaftswissenschaften. Spätestens an diesem Punkt scheiden sich die Geister.

Schließlich hat GUNNAR MYRDAL nicht ganz zu Unrecht festgestellt, daß »Sozialwissenschaften ohne Interessenhintergrund nie existiert haben und aus logischen Gründen auch gar nicht existieren können«.[8]

Wir wollen hier in diesem Zusammenhang auf die Wissenschaftslehre KARL POPPERS nicht näher eingehen. Soviel sei gesagt: Diese Lehre ist generell gegen jegliche Art von historischem Determinismus eingestellt, weil POPPER letzteren als eine Art von Ideologie betrachtet. Andererseits läßt mindestens der Stil der POPPERschen Argumentation den Verdacht nicht ganz ausschließen, daß eben darin ein Gutteil ideologischer Würze enthalten ist. Wir sind hier geneigt, BIERMANNS kürzlich geäußertes Urteil aufzugreifen, wonach »POPPERS Kriterium der Falsifizierung keinerlei Fortschritte in der wissenschaftlichen Erkenntnis bringt und bringen kann, denn ein solcher Fortschritt müßte in der Richtung der Wahrheitsfindung vor sich gehen ...«.[9]

Gibt es nun tatsächlich eine Möglichkeit zur Wahrheitsfindung in den Wirtschaftswissenschaften? Oder gibt es hier nur immer weiter verfeinerte Methoden und Instrumente, die der Wahrheitsfindung dienen sollen, nie aber ganz zum Einsatz gelangen und nie ihr Ziel erreichen? Man sollte hier daran denken, daß »das Vorhandensein von ›störenden‹ Einflüssen, die sich mit wirtschaftlichen Vorgängen verbinden, eine absolute Falsifizierungsmöglichkeit in ökonomischen Theoremen ausschließt«, wie BLAUG mit Recht betont[10].

Im übrigen ist das Kriterium der Falsifizierung keineswegs neu. JOHN STUART MILL hat bereits die Wirtschaftswissenschaftler darauf hingewiesen, daß »wir uns nicht sorgfältig genug darum bemühen können, unsere Theorie immer wieder zu überprüfen, indem wir die Ergebnisse vergleichen ... mit den vertrauenswürdigsten Berichten, die wir bekommen können über die Resultate, die bereits erzielt worden sind ...«. Und BLAUG spricht im Zusammenhang damit von einem »methodologischen Kanon, wonach ökonomische Theorien die Möglichkeit dazu bieten müssen, falsifiziert zu werden ..., einem Prinzip, dem bereits in der klassischen Periode jedermann Lippendienst zollte ... Selbst Marx hat sich diesem Grundsatz in letzter Instanz unterworfen ... Nur konnte er es einfach nicht über sich bringen, nun auch die Erfordernisse für die Verwirklichung dieses Kanons ins Auge zu fassen ...«.[11]

Inzwischen hat MILTON FRIEDMAN ein ganz anderes Kriterium in Vorschlag gebracht: Danach soll der Wert nationalökonomischer Theorien daran gemessen werden, wie weit sie Voraussagen erlauben – ganz gleich auf Grund welcher Hypothesen[12].

BLAUG hat noch weiter betont, normative oder taxonomische Theorien ließen sich überhaupt nicht falsifizieren, und positive Theorien bezüglich der Sozialordnung könne man nicht anhand eines einzigen ungünstigen Ergebnisses falsifizieren. Damit aber bekäme das Kriterium der Falsifizierbarkeit eine recht begrenzte Anwendungssphäre.

Auch auf marxistischer Seite sind mehrere Versuche zur Ausdeutung des Begriffs der Ideologie unternommen worden. Dabei wird eine der großzügigsten Definitionen vom Doyen des westlichen Marxismus, MAURICE DOBB, gegeben: Für ihn muß die Bezeichnung »Ideologie ... sich zwangsläufig auf ein ganzes Denksystem bzw. eine koordinierte Kette von Überzeugungen und Ideen beziehen, die einen Gesamtrahmen oder eine Gruppe untereinander zusammenhängender Konzepte auf höherer Ebene darstellen, in den sich spezifischere und spezielle Begriffe, Analysen, Anwendungsformen und Schlußfolgerungen einfügen ... Ganz generell gesehen bildet oder beinhaltet eine Ideologie einen philosophischen Standpunkt, in unserem gegenwärtigen Zusammenhang eine Sozialphilosophie, unter der Voraussetzung, daß man diesem Ausdruck nicht einen allzu formellen oder methodologisch scharf umrissenen Inhalt gibt«.[13]

Das ist nun eine sehr großzügige Interpretation, und diese Auffassung wird keineswegs von allen Marxisten geteilt. MEEK hat in der revidierten Fassung seines Artikels von 1957[14] die Ansicht vertreten, Marx habe den Begriff der »Vulgärökonomie« geprägt, um damit eine besondere Art von apologetischer Argumentation zu kennzeichnen, die ideologieträchtig war und nach Marx etwa seit 1830 in der Nationalökonomie vorzuherrschen begann.

MEEK selber befaßt sich dann in seiner Darstellung hauptsächlich mit der Werttheorie, die nach PARETO die orthodoxen Marxisten gewissermaßen wie ein Banner vor sich hertrugen, in einer besonders »vulgarisierten« Form der Arbeitswerttheorie, die in dieser Weise bei Marx eigentlich überhaupt nicht bestand.

Wir wollen hier auf die besondere Problematik der Arbeitswerttheorie nicht näher eingehen. Zunächst einmal bezweifeln wir – mit GORDON[15] und anderen Autoren –, ob die klassischen Autoren – einschließlich Marx – je so etwas wie eine wirkliche Arbeitswerttheorie gehegt haben. Zweitens haben mindestens zwei führende marxistische Autoren die Arbeitswerttheorie abgelehnt – so GRAZIADEI – oder geradezu als eine Quelle der Schwäche für die marxistische Wirtschaftswissenschaft angesehen – so OSKAR LANGE[16]. Tatsächlich liegen die Dinge so, daß die Art und Weise, in der gewisse Marxisten – speziell in offiziellen Sowjetveröffentlichungen – die Arbeitswerttheorie noch bis in die nicht allzu ferne Vergangenheit hinein fetischisiert haben, läßt sich nur als ein typisches Beispiel von Ideologiegeladenheit ansehen, selbst im Sinne MANNHEIMS – nämlich als Defensiv-Ideologie. Am Rande sei bemerkt, daß eine alte Streitfrage inzwischen geklärt zu sein scheint: War es doch nie so ganz klar, ob nun tatsächlich die sogenannte »Grenznutzen-« oder »Marginal-Revolution«, die in der ursprünglichen Fassung mit den Namen MENGER, JEVONS und

 WALRAS sowie JOHN BATES CLARK verknüpft gewesen ist, als Reaktion auf die Marxsche Arbeitswertversion entstanden ist. Dann wäre sie also ebenfalls ideologiebedingt gewesen ... Inzwischen scheint nach Äußerungen von JOHN MAURICE CLARK, die SAMUELSON zitierte[17], klar geworden zu sein, daß dessen Vater wirklich auf die Marxsche Version hin reagierte.

### *Schumpeters Versuch einer allgemeinen Definition der »Voreingenommenheit« (»bias«)*

In dem genannten Artikel MEEKS wird speziell auf SCHUMPETER Bezug genommen, der nach MEEK vor allem zwischen der »Vision« im eigentlichen Sinne einerseits und den mehr oder weniger technischen Instrumenten der Analyse andererseits unterscheidet. MEEK ist davon überzeugt, daß SCHUMPETER hier selbst eine gewissermaßen apologetische Haltung einnahm, wenn er die akademische Wirtschaftswissenschaft zu verteidigen suchte gegen die marxistischen Angriffe, und zwar mit dem Argument, echter Fortschritt sei trotz der Verbreitung ideologischer Voreingenommenheiten doch im Analysebereich möglich geworden.

Nun ist aber SCHUMPETERS Argumentation sehr viel subtiler und abgewogener, wie dies eine Lektüre des Kapitels 4 über die »Soziologie der Wirtschaftswissenschaft« in seiner großen posthumen »Geschichte der ökonomischen Analyse« zeigt, ferner aber auch seine Präsidentialansprache zur 61. Jahrestagung der American Economic Association (28. Dezember 1948). Damals erklärte er, daß »der Urquell der Ideologie in unserer vor- und außerwissenschaftlichen Vision des Wirtschaftsprozesses liegt sowie in dem, was – kausal oder teleologisch gesehen – darin bedeutsam ist ... Diese Vision wird durch die Analyse entweder verifiziert oder zerstört, und in beiden Fällen sollte das ideologische Element damit zum Verschwinden gebracht werden«.[18]

Aber dann gibt SCHUMPETER doch zu, daß es mit dem Verschwinden gute Weile haben könnte – und als Beispiel führt er ADAM SMITHS Ideologie an: beispielsweise dessen Aversion gegen »faule« Grundbesitzer, ineffiziente Bürokraten und korrupte Politiker ... SCHUMPETER hält ADAM SMITHS Ideologie in dieser Hinsicht jedoch für »harmlos«. Im Gegensatz dazu scheint BLAUG leugnen zu wollen, daß SMITH ideologiebeeinflußt gewesen sei, wenn er beispielsweise anführt, daß dieser sich ja gerade gegen die Ideologie sozialer Schichten gewendet habe, die »ebensosehr dazu geeignet erschien, das öffentliche Wohl zu beeinträchtigen, wie es zu fördern ...«.[19] Was nun die Voreingenommenheit gegen Grundbesitzer angeht, so verweist BLAUG in diesem Zusammenhang mehr auf RICARDO.

Immerhin ist SCHUMPETERS Versuch zur Definition des Ideologiebegriffes ingeniös. Zunächst entwaffnet er alle Kritiker – insbesondere die der neomarxistischen Richtung, der seinerzeit auch MEEK zuzurechnen war – damit, daß er freimütig zugibt, Ideologie fände sich mehr oder weniger überall: »Der analytische Beobachter ist das Produkt einer bestimmten sozialen Umgebung – und seiner speziellen Position in dieser Umgebung –, und diese schafft für ihn die Konditionen dafür, daß er bestimmte Dinge eher sieht als andere Dinge, und daß er sie in bestimmtem Lichte sieht ... Umweltgegebenheiten können sogar dazu führen, daß der Beobachter eine unterbewußte Sehnsucht in der Richtung entwickelt, die Dinge in bestimmtem Lichte zu sehen.«

SCHUMPETER zitiert zustimmend Marx, der »erkannt hatte, daß die Gedankenwelt und die Ideensysteme der Menschen nicht – wie die Geschichtsschreibung noch heute geneigt ist, unkritisch zu unterstellen – die wichtigsten Bewegkräfte des historischen Prozesses sind, sondern daß sie einen ›Überbau‹ über grundlegenderen Faktoren darstellen ... Die Gedanken der Menschen tendieren dazu, die Interessen und Aktionen der Klassen zu glorifizieren, die in der Lage sind, sich selber durchzusetzen, und die daher eine gewisse Chance dafür bieten, daß sie Bilder davon zeichnen oder andeuten, die in ernster Weise abweichen von der Wahrheit. Solche Systeme nannte Marx Ideologien ...«.[20]

SCHUMPETER bestätigt wiederholt, daß er selbst »große Zugeständnisse gegenüber dieser früheren Auffassung macht, Konzessionen, die eine Herausforderung darstellen für den wissenschaftlichen Charakter all dieser umfassenden Philosophien des Wirtschaftslebens – wie der Politischen Ökonomie des Liberalismus ...«. Er sagt, er habe »die Doktrin der Ubiquität der ideologischen Voreingenommenheit voll akzeptiert«, und er habe deshalb »als ideologisch vorbelastet alle Systeme der politischen Ökonomie ausgeliefert ...«. Mehr noch: Er erkennt als Ideologien auch noch »die weniger vollständig systematisierten Meinungssysteme zu wirtschaftlichen Themen an, die zu irgendeiner Zeit und an irgendeinem Ort in der Mentalität der Öffentlichkeit auftauchen ...«.

SCHUMPETER sagt selber, er habe damit sozusagen alles zugegeben, was nur zuzugeben ist. Das gilt umso mehr, als er sich weigert, aus dieser Sackgasse »auf dem Umweg über eine Feuerleiter auszubrechen«: Diesen Versuch schreibt er KARL MANNHEIM zu, der die These aufgestellt hatte, »obwohl eine ideologische Selbsttäuschung das gemeinsame Schicksal der Menschheit ist, gäbe es dennoch ›losgelöste Intelligenzen‹, die frei im Raum schweben und das Privileg genießen, von diesem Schicksal frei zu sein ...«. SCHUMPETER gab zwar nicht im einzelnen an, auf welche Kategorien sich dies bezieht; aber er geißelt doch »die Überzeugung mancher Gruppen« (er meint offensichtlich Ökonomen, Bürokraten und ähnliche),

»daß sie von solcher Ideologie frei wären; das ist aber nur ein besonderes böses Symptom ihres Systems der Selbsttäuschung«. Und SCHUMPETER vergißt dabei nicht »den modernen radikalen Intellektuellen, der sich tatsächlich auf dem Felsen der Wahrheit niedergelassen hat . . .«.

SCHUMPETERS ganze posthume »Geschichte der ökonomischen Analyse« ist ein gigantisch angelegter Versuch, nachdem er soviel zugegeben hat, dennoch zu beweisen, daß trotz alledem theoretische Fortschritte in den Wirtschaftswissenschaften möglich sind. Diese Fortschritte betreffen insbesondere »die Kiste mit theoretischen oder statistischen Instrumenten«, die »technische Analyse und die zunehmende Beherrschung der Tatsachen«, ganz generell aber die Weiterentwicklung der analytischen Methodik, bei der ein Apparat zum Einsatz gelangt, der immer wieder erneuert wird. Dies gilt insbesondere für die »Fachsprache«, die er als eine Erfindung ansah, die besonders »Energie einsparen hilft«.

Wir möchten hier allerdings noch etwas weiter gehen als SCHUMPETER: Wir möchten behaupten, daß Fortschritte nicht allein in der Entwicklung analytischer Instrumente möglich sind, nicht nur in der Methodik, sondern auch in dem, was er die »Vision« nennt: daß es den Ökonomen mehr undmehr möglich wird, sich von ihren eigenen Zweckvorstellungen freizukämpfen, sich von ihrer eigenen Ideologie loszulösen, um auf diese Weise echte Einsicht in wirtschaftliche Ablaufprozesse zu gewinnen, mittels einer »Vision«, die eben auf diesen neuen analytischen Instrumenten beruht und nicht mehr lediglich die Frucht ihrer eigenen heimlichen Sehnsüchte oder ideologischen Vorurteile ist, sondern letztlich doch ein Stück »universelle Wahrheit«, so schwer man auch daran herankommen mag.

## 2. Eine neuartige Testmethode: Widersprüchlichkeiten als Ehrlichkeitsbeweis

Letztlich ist richtig verstandene Wissenschaft nichts anderes als ein Versuch zur Annäherung an letzte Wahrheiten, soweit diese überhaupt für den menschlichen Verstand erreichbar sind. Warum aber sollten solche Wahrheiten nicht in den Wirtschaftswissenschaften existieren, wenn sie in der Mathematik und in der Astronomie zum Beispiel gegeben erscheinen? Sicherlich muß jede Analyse der ökonomischen Bedingungen unserer Zeit ihrer ganzen Natur nach beschränkt bleiben und zwangsläufig den Charakter historischer Relativität annehmen, der – wie DOBB mit Recht meint – besonders bezeichnend ist, wenn wir von Ideologie reden. Aber DOBB sagt auch, daß die »historische Relativität dennoch Einsicht und Parteilichkeit in sich zu vereinigen vermag«. Damit können wir vielleicht zu einer vorläufigen Schlußfolgerung gelangen.

Wir möchten hier unterscheiden zwischen »reiner Ideologie«, die dem Verdikt der historischen Relativität unterworfen bleibt, aber doch mindestens den Versuch unternimmt, eigentliche Parteilichkeit zu vermeiden, und »unreiner Ideologie«, die kurzerhand parteilich und damit wissenschaftlich irrelevant, wenn nicht regelrecht unehrlich und gefährlich ist.

Wenn wir nun aber den Versuch unternehmen, »apologetische« und »ehrliche« Elemente in der Ideologie auseinanderzuhalten, so kann man sagen, daß sich beide letztlich zurückführen lassen auf einige Grundüberzeugungen, die wir in ebensoviel Worten zu analysieren imstande sein müßten, um die eigentliche Grundproblematik herauszuarbeiten. Sicherlich möchte niemand als »Apologet« verschrieen werden – und damit versucht eben jedermann, sich den Mantel der wissenschaftlichen Objektivität umzuhängen. Je schlauer die Ideologie ist, desto raffinierter ihre Verkleidung.

Nun gibt es aber vielleicht doch eine einfache Testmethode, die dazu geeignet wäre, herauszufinden, inwieweit ein Gedankensystem als ehrlich zu bezeichnen ist: Das wäre dann der Fall, wenn es zu Schlußfolgerungen gelangt, die im Konflikt oder Widerspruch stehen zu dem, was die ursprüngliche »Vision« bzw. das ihr zugrundeliegende »Paradigma« vorzeichnete – mag es auch mit einem Wunschdenken begonnen haben. Kommt es zu solchen Widersprüchen, so mögen wir annehmen, daß das System seinen eigentlichen Test bestanden hat. Und es läßt sich vielleicht aufzeigen, daß einige der Hauptströmungen in der ökonomischen Analyse der Vergangenheit durchaus ehrlich waren, in dem Sinne, wie Marx es bestätigte, wenn er sagte: »RICARDO ist nicht gemein!« Das sollte heißen: RICARDO ist nicht interessengebunden – seine Wissenschaft spiegelt eben nicht allein Klassenzugehörigkeit und Klasseninteressen wider. Damit aber hat gerade Marx aufgezeigt, daß es wissenschaftlich positive Ergebnisse im echten Sinne des Wortes gibt – auch bei Repräsentanten der Wissenschaft, die ihrer ganzen Herkunft nach ideologieverdächtig erscheinen könnten.

Nun dürfte es von allergrößter Bedeutung sein, daß wir dies von den wichtigsten Strömungen in der zeitgenössischen Wirtschaftstheorie und deren Hauptvertretern sagen können. Denn wenn ein solches Minimum an ehrlicher Überzeugung bei den kämpfenden Richtungen nicht gegeben wäre, so würde keinerlei Chance dafür bestehen – ja, schlimmer noch, kein Sinn darin liegen –, daß es zu einer fruchtbaren Diskussion zwischen den verschiedenen ökonomischen Schulen käme – ganz zu schweigen von den Möglichkeiten einer wissenschaftlichen Koexistenz zwischen denen, die man als bürgerliche oder, neutraler und treffender gesagt, akademische Ökonomen bezeichnet, und denen, die auf der marxistischen Seite der Barrikade stehen.

Wenn im übrigen SCHUMPETER recht hätte mit seiner Verdammung aller Systeme der politischen Ökonomie, dann würde nicht viel Sinn liegen in den neueren Tendenzen, die hauptsächlich bei marxistischen Autoren festzustellen sind und die der Wiederherstellung einer »Politischen Ökonomie« im klassischen Sinne gelten. Bei diesen Bemühungen zeichnet sich ein Gegensatz ab zur traditionellen, orthodoxen oder akademischen Ökonomie. Ein solcher Versuch muß schon angesichts der zunehmenden Kompliziertheit der einzelnen Disziplinen und ihrer immer stärker werdenden Abschottung voneinander scheitern, etwa im Verhältnis zwischen Soziologie, politischen Wissenschaften und Nationalökonomie; außerdem würde ein solcher Versuch nach SCHUMPETERschen Begriffen von vornherein als bloße Ideologie der Verdammung anheimfallen.

Die Testmethode, die wir nun hier vorschlagen, ist darauf abgestellt, eine Antwort auf diese einfache Frage zu finden: Gibt es Wahrheit in den Wirtschaftswissenschaften? Und wenn ja, welchen Prozentsatz an Wahrheit enthalten die verschiedenen Ideologien, und inwieweit ist die Anerkennung des Vorhandenseins von Wahrheitselementen in der jeweiligen gegnerischen Ideologie vereinbar mit der Selbstachtung und Weiterentwicklung der eigenen? Kann eine Ideologie zugeben, daß auch in der Argumentation der Gegenseite ein Körnchen Wahrheit enthalten ist – und wenn dem so wäre, kann eine Ideologie das tun, ohne ihre eigentliche Daseinsberechtigung aufzugeben?

Es sind dies Fragen, von deren Beantwortung es abhängt, ob ein wissenschaftlicher Gedankenaustausch zwischen verschiedenen Gedankenrichtungen überhaupt denkbar ist. Wir werden hier den Versuch unternehmen, dafür zu plädieren, daß eine Koexistenz zwischen verschiedenen Ideologien und den von ihnen beeinflußten wissenschaftlichen Lehrmeinungen – die ja nach SCHUMPETER alle nicht ganz frei von Ideologie sein können – möglich ist, ja daß sogar eine gegenseitige Befruchtung denkbar ist. Wir sind also der Meinung, daß einige Hoffnung in der Richtung besteht, daß man sich auf dem gleichen Grund und Boden trifft, mindestens bei bestimmten ökonomischen Fragen. Wenn sich das aber – wenn nicht beweisen, so doch – mit einer gewissen Wahrscheinlichkeit belegen läßt, dann würden damit Begegnungen zwischen Wirtschaftswissenschaftlern verschiedener Lehrmeinungen, Wirtschaftssysteme und Kulturen denkbar – nicht zuletzt also auch zwischen dem, was man heute »Ost und West« zu nennen pflegt.

Dabei möchten wir von vornherein eine Warnung aussprechen: Die Beispiele, die wir hier anführen werden, bleiben zwangsläufig recht skizzenhaft – einmal schon deswegen, weil es an Raum fehlt und man zu diesem Thema ein Buch füllen könnte, zum anderen aber auch darum, weil wir hier recht viele Beispiele erfassen möchten, um das »Gesetz der großen Zahl« zugunsten unserer These zu mobilisieren. Diese muß im übrigen sicherlich provokativ wirken – wie das bei jeder neuen These der Fall sein muß, wenn sie überhaupt eine Chance haben soll, ein Minimum an Ausstrahlungskraft aufzubringen.

## 3. Beispiele für ideologiegetränkte Theorien

Ehe wir nun unserer ureigentlichen Absicht Raum geben – nämlich der, daß wir Beispiele für intellektuelle Ehrlichkeit anhand von Widersprüchen aufführen wollen –, möchten wir doch auf einige Fälle hinweisen, bei denen mehr oder weniger communis opinio darüber besteht, daß es sich um Beispiele für eine »Ideologie in Reinkultur« handelt, die mehr oder weniger aus Klasseninteressen oder aus der sozialen Atmopshäre zu erklären ist, der der betreffende Autor angehört. Wir meinen auch, daß diese »ideologieträchtigen« Fälle keineswegs nur in den Augen in der Wolle gefärbter Marxisten als solche gelten dürften.

Das erste Beispiel, das mehr oder weniger auf der Hand liegt, ist das der Physiokraten. Diese entfalteten eine Theorie, die ziemlich eindeutig den Interessen der aufsteigenden Klasse der Bourgeoisie entsprach, wenn sie die Ansicht vertraten, daß die Grundbesitzer als eine »sterile« Klasse anzusehen seien und daß ein »Überschuß« im eigentlichen Sinne nur aus der Landarbeit entstand. Damit wurde nämlich belegt, daß die »einzige Steuer« nur landwirtschaftliche Produkte bzw. sonstige Bodenprodukte treffen durfte. Wir werden allerdings noch weiter unten sehen, daß eben diese physiokratische Theorie ihre eigenen Widersprüche in sich barg.

Nicht ganz klar ist es, ob ADAM SMITHS Rententheorie, die von SCHUMPETER heftig kritisiert wurde, tatsächlich als ein Stück Apologie zugunsten des schottischen Landadels angesehen werden könnte: Aber wenn SMITH die Ansicht vertrat, »im Gegensatz zu dem, was für diejenigen gilt, die vom Profit leben, könnten die Grundbesitzer, wenn sie vom Standpunkt ihres Klasseninteresses sprechen, die Öffentlichkeit in der Suche nach Maßnahmen, die die allgemeine Wohlfahrt fördern, niemals irreführen«, so muß man allerdings SCHUMPETER recht geben, wenn dieser sagt, das sei ein »wahrhaft unglaubliches Stück Argumentation«.[21]

Das dritte Beispiel für eine klassenbedingte Argumentation dürfte MALTHUS liefern. Seine »unheilträchtige Wissenschaft« (»dismal science«) scheint auf einem Grundgedanken zu beruhen, der das genaue Gegenteil von dem ist, was die Argumentation der Physiokraten ausmacht – nämlich der Idee, daß die Landwirtschaft eben nicht produktiv genug sein kann, um zukünftige Bevölkerungszuwächse zu absorbieren. MALTHUS betont die Lebensmittelknappheit und hebt damit indirekt die Bedeutung der Besitzer des knappen Produktionsmittels Boden hervor – ohne allerdings zu erkennen, daß derade dann, wenn er Recht hätte, vielleicht deren Enteignung sinnvoll sein könnte, um dieses knappe Produktionsmittel der monopolartigen Ausbeutung zu entziehen und in die Hände der Öffentlichkeit zu legen.

Viertens: RICARDOS berühmte Verteilungstheorie knüpfte praktisch an eine Akzeptierung dieses malthusianischen Grundgedankens an. Wenn der Boden der knappe Produktionsfaktor war, der sich nicht nach Belieben vermehren ließ, dann konnte es nur eine Frage der Zeit sein, bis die Grundbesitzer die Möglichkeit bekämen, die Arbeiter wie die Industriellen monopolistisch auszubeuten. Damit lag es im Interesse sowohl der Arbeitnehmerschaft als auch der industriellen Bourgeoisie, überseeische Produkte zu Null-Zolltarifen hereinzulassen. Letzten Endes war der zollfreie Getreideimport das Ergebnis der Lehren RICARDOS – und RICARDO war es, der die freie britische Bauernschaft (»yeomanry«) zum Untergang verdammt hatte. Unsere heutige Agrarpolitik dürfte demgegenüber darauf zurückzuführen sein, daß Agrarstimmen – vor allem für konservative Parteien – überbewertet werden, womit sich die massive Subventionierung der Landwirtschaft erklärt – wenngleich davon die größeren Grundbesitzer in erster Linie zu profitieren scheinen. RICARDOS Lehren, die in einer Gesellschaft mit sehr viel breiteter Agrarstruktur der gegenteiligen Tendenz zum Siege verhalfen, entsprachen sicherlich den langfristigen Interessen Großbritanniens insgesamt gesehen – wir können aber andererseits auch nicht leugnen, daß sie aus den Interessen der Industriebevölkerung geboren waren. Hier hätten wir also mit einem ideologiebedingten Denken zu tun, das gleichzeitig berechtigt, zeitgemäß und fruchtbar wirkte.

Es liegt an dieser Stelle nahe, einen Blick auf die Repräsentanten der neo-malthusianischen oder neo-ricardianischen Ideen unserer Tage zu werfen. Das, was man als die »Schule des jüngsten Tages« (»Doomsday School«) bezeichnet hat, dürfte von ähnlichen Bestrebungen, wie sie RICARDO inspirierten, nicht ganz frei sein. Schließlich läßt sich mit dem Argument, allzuviel Wachstum würde uns in den Untergang führen, recht gut beweisen, daß der Kampf der Arbeiterklasse gegen das Unternehmertum nicht nur sekundär bzw. unbedeutend, sondern geradezu sinnlos sei, weil doch ein gemeinsamer Feind alles überschattet: nämlich die drohende Verknappung des Bodens und der Bodenressourcen, zusammen mit der Verschmutzung der Umwelt.

Es ist vielleicht kein Zufall, wenn das Schlagwort vom »Null-Wachstum« genau in dem Augenblick laut wurde, als die Inflation in den siebziger Jahren des zwanzigsten Jahrhunderts einen neuen Höhepunkt erreichte. Das Gespenst der Stagnation wurde jetzt als wohltätig an die Wand gemalt, um die Arbeiterklasse daran zu hindern, in ihren Lohnforderungen weitere zukünftige Inflationsraten zu antizipieren.

Insofern dürfte der »Club von Rom« für Männer wie den Vize-Präsidenten von Fiat eine durchaus sinnvolle Investition gewesen sein – denn wenn nur »aliquid haeret«, irgendetwas von dieser Argumentation hängen bleibt, würde die Arbeiterklasse nicht mehr zukünftiges Wachstum für selbstverständlich erachten, sondern bereit sein, ein langsameres Wachstum hinzunehmen, unter der Voraussetzung, daß mit den Ressourcen sparsamer umgegangen wird, daß die Umweltverschmutzung verringert wird und daß andere Umweltbeeinträchtigungen abgebaut werden. Hier handelt es sich um eine neue Ideologie, die eine ganze Literatur entstehen ließ und die das Wachstum zum Menetekel erhebt.

Die ganze Argumentation ist dabei von einer Tautologie nicht weit entfernt. Hält man einen oder gar mehrere Faktoren in einem Wachstumsmodell konstant, so muß zwangsläufig das Gesetz der »sinkenden Erträge« früher oder später zur Geltung kommen, und die »Regelkreise« müssen in Abwärtsspiralen ausmünden.

Hier sei nur am Rande vermerkt, daß die eigentlich treffendste Antwort gerade von neoklassischer Seite gegeben wurde. So erklärte SOLOW, man müsse doch folgende Frage stellen: Ist nicht die Produktivität der Ressourcen im Laufe der letzten hundert Jahre in derselben Proportion gestiegen wie die Arbeitsproduktivität, und könnten nicht die Verknappungserscheinungen dank neuer Technologien verschwinden – könnte nicht Getreide durch Algen und Erdöl durch Hydrogen ersetzt werden, womit die Substitution über den Knappheitsrahmen siegen würde[22]?

Es ließen sich noch eine ganze Reihe anderer ökonomischer Theoreme anführen, die in einen ideologisch betonten Rahmen gut hineinpassen. Das berühmteste Beispiel ist sicher das »Saysche Gesetz«, das die fundamentale Stabilität des Kapitalismus zu belegen schien, trotz aller wiederkehrenden Krisen. Als dieses »Gesetz« nacheinander von Marx, KALECKI und KEYNES sowie in seinen langfristigen Aspekten von HARROD in Frage gestellt wurde, kam die neoklassische These von den variablen Kapitalintensitäten bzw. Kapitalkoeffizienten auf, die dann hervorragend geeignet erschien, die grundsätzliche Stabilität des kapitalistischen Systems erneut theoretisch zu untermauern.

Dabei läßt sich nicht leugnen, daß in all diesen Bereichen trotz der ideologischen Komponenten umfangreiche echt wissenschaftliche Arbeit geleistet wurde. Aber es ist eben wahrscheinlich, daß von Anfang an bestimmte ideologisch bedingte Grundkonzepte dabei Pate gestanden haben.

Ein Musterbeispiel für dieses Verwobensein von wissenschaftlichem Purismus und ideologischer Verbrämtheit dürfte die große Debatte um den Grenznutzen darstellen – »utility and all that«, um mit der Formulierung DENNIS H. ROBERTSONS zu reden.

Als die Arbeitswerttheorie zu unbequemen Schlußfolgerungen zu führen schien und die bisherige Rechtfertigung von Kapitalprofiten in Frage zu stellen begann, kam die Grenznutzenschule auf; wir hatten bereits weiter oben darauf hingewiesen, welch starke Rolle z. B. bei JOHN BATES CLARK das Widerlegungsbedürfnis gegenüber Marx gespielt hat. Später wurde die Grenznutzenschule durch die subtileren Formen des Marginalismus abgelöst: zunächst durch PARETOS »Ophelimität«, dann durch HICKS' »Grenzrate der Substitution« – beide darauf abgestellt, das individualpsychologische Element auszuschalten. Letztlich lief jedoch dies alles im Grunde darauf hinaus, den alten Begriff des »Wartens« und der Umwegproduktion auf Umwegen zu rechtfertigen bzw. die Begründung zu liefern für die Existenz des Zinses und der Kapitalprofite.

Andererseits läßt sich nicht leugnen, daß ein Gutteil der Produktion marxistischer Autoren und nicht wenig an Marxschen Auslassungen selbst nicht anders einklassifiziert werden kann als in die Rubrik der Ideologie.

Aber dabei müssen wir nochmals betonen, daß es falsch wäre, Ideologie einfach mit intellektueller Unehrlichkeit gleichzusetzen, wenngleich das unterbewußt bei der Erwähnung des Wortes kaum auszuschalten sein mag, und obwohl SCHUMPETERS hartes Wort schwer aus der Welt zu schaffen ist: »Das erste, was ein Mann tun wird für seine Ideale, ist – lügen ...«.[23]

Wir möchten demgegenüber betonen, daß die Ideologie wohl zu einer leicht verzerrten Auswahl von Tatsachen und Argumenten führen mag. Die Menschen streben weg von den Fakten und Thesen, die eben nicht gut vereinbar erscheinen mit den Hypothesen, die sie bereits stillschweigend aufgestellt haben, die ihren Voreingenommenheiten nicht entsprechen oder ihrem Wunschdenken regelrecht ins Gesicht schlagen.

Dennoch wird es kaum einen ernstzunehmenden Denker geben, dem nicht Gewissensbisse über die Zulässigkeit seiner eigenen Arbeitshypothesen zu schaffen gemacht hätten. Wenn am Anfang der Philosophie nach PYRRHO der Zweifel steht, so am Anfang der Wissenschaftlichkeit jedes von ideologischen Wunschvorstellungen ausgelösten Denkens das selbstgefundene Gegenargument gegen die eigenen Gedanken und Theorien. Und eben dazu möchten wir einige Beispiele anführen, die den besten Beleg abgeben für das wissenschaftliche Bemühen einer Reihe von Denkern, die sich zwar nicht völlig freizumachen vermochten von den ideologischen Scheuklappen, die jedem menschlichen Denkvorgang anhaften, die aber eben mit diesen Zweifeln ihre eigene Wissenschaftlichkeit unter Beweis stellten.

Wo finden wir nun Belege für die gegenteilige Tendenz – die der intellektuellen Ehrlichkeit? Nach unserer obigen Definition müssen wir hier jetzt solche Ökonomen zitieren, die zu Schlußfolgerungen gelangt sind, die für das, was sie in ihren grundlegenden Werken als Hauptthesen aufgestellt hatten, irgendwie unbequem, störend oder gar kontradiktorisch wirken konnten. Dabei waren sich durchaus nicht alle diese Autoren der Tatsache bewußt, daß sich solche Widersprüchlichkeiten direkt oder indirekt aus ihrer Analyse ergaben; dennoch lassen sich einige Beispiele dafür aufführen, daß sie offen zugaben, auf Widersprüche gestoßen zu sein.

*Ältere Beispiele*

Beginnen wir wiederum mit den *Physiokraten.* Selbst wenn man unterstellt, daß der eigentliche Ausgangspunkt ihrer Theorien bereits ideologisch bedingt war, und daß diese Ideologie positiv für die Interessen der Bourgeoisie konzipiert war, so ergab sich doch mindestens ein Punkt, bei dem ihre Argumentation den Interessen der Bourgeoisie direkt zuwiderlief, als deren Sprecher sie in der Dogmengeschichte gelten: Wenn tatsächlich nur die Landwirtschaft »produktiv« war, wie sie lehrten, dann würden zunächst einmal diejenigen Grundbesitzer, die ihren eigenen Grund und Boden bestellten, eo ipso als produktiv anzusehen sein. Insofern war also die physiokratische Doktrin durchaus akzeptierbar für preußische Junker, nordamerikanische Sklavenhalter und lateinamerikanische Hacienderos – wäre sie nicht mit dem unangenehmen Pferdefuß versehen gewesen, daß eben die Agrarproduktion allein mit der »Alleinsteuer« belegt werden sollte. Da noch nicht viel von der modernen Theorie der Steuerüberwälzung bekannt war, mochten diese prospektiven Anhänger der Doktrin sehr wohl zögern. Sicherlich hatten die Physiokraten keineswegs eine solche Rechtfertigung des Großgrundbesitzes oder der Latifundien im Sinne gehabt. Aber die einfache Tatsache, daß sich aus ihren Theorien eine solche Argumentation ablesen ließe, spricht bereits für ihre intellektuelle Ehrlichkeit.

Ähnlich kontradiktorische Ergebnisse zeigte im Grunde auch die Lehre RICARDOS; war sie doch der Ausgangspunkt für das, was man als »ricardianischen Sozialismus« bezeichnet hat – HODGSKIN, BRAY, GRAY und andere. Sie alle – wie später Marx – knüpften an das an, was man später als die »93 % Arbeitswerttheorie« bezeichnen sollte, die RICARDO vertreten hätte.

Ein weiteres Beispiel intellektueller Ehrlichkeit liefert JOHN STUART MILL. Dieser Epigone RICARDOS sollte einerseits die gesamte klassische

Lehre noch einmal synkretistisch zusammenfassen; andererseits hat er aber doch ein erhebliches Maß an eigenständigem Denken beigesteuert. Er schrieb zu einer Zeit, als der Wachstumsprozeß in Großbritannien – im Gegensatz zum 18. Jahrhundert – eine erste Beschleunigung erfuhr; dennoch war er wohl der erste führende Ökonom, der den »stationären Zustand« nicht mehr wie RICARDO als eine vor allem durch die Bodenverknappung bedingte unabdingbare, wenn auch bedauerliche logische Notwendigkeit ansah, sondern als erstrebenswert in sich selbst, weil darin intellektuelle, künstlerische und kulturelle Aspirationen statt der materiellen Sehnsüchte, die seine Zeitgenossen beschäftigten, besser befriedigt werden könnten. THIERS' Schlagwort vom »enrichissez-vous« (»bereichert euch!«) wurde überholt vom Gedanken der inneren Bereicherung.

Wir haben hier den paradoxen Fall vor uns, daß einer der führenden Vertreter jener Nationalökonomie, die die Grundlagen legte für das moderne Streben nach immer größerer Produktivität und Wachstumssteigerung, von Anfang an schon den Sinn dieses Wachstums selber in Zweifel ziehen sollte.

*Beispiele aus moderner Zeit*

Aber es lassen sich auch eine ganze Reihe von modernen Beispielen anführen. Viele Autoren, die an und für sich ein marktwirtschaftliches System befürworten, erkennen nichtsdestoweniger an, daß dieses System eine Vielzahl unbefriedigender und fadenscheiniger Aspekte in sich birgt. Die gesamte Literatur zur »unvollkommenen« oder »monopolistischen« Konkurrenz, die von SRAFFA eingeleitet und von JOAN ROBINSON und CHAMBERLIN ausgebaut wurde, gehört in diese Kategorie. Man ist sich bereits sehr früh darüber einig geworden, wieviel an Unstabilität in den Märkten mit wenigen Verkäufern oder Käufern versteckt lag: Wenn COURNOT zunächst noch an das Überwiegen von Stabilitätsfaktoren im Oligopol gedacht hatte, so kehrt sich doch die Argumentation später bei BOWLEY und STACKELBERG ins Gegenteil. Für diesen bestand die Masse der denkbaren Oligopolformen in einer Art von »wütenden Kampfhähnen«, wie ihm dies TRIFFIN später vorwerfen sollte. Erst der letztere, unterstützt von FELLNER u. a., suchte jene Elemente der Stabilität nachzuweisen, die dann aber im Kartell in eine andere Form des Unerwünschten umschlugen: in die der gesamtwirtschaftlich untragbaren Rigidität.

Die prinzipielle Unstabilität setzte sich dagegen im Bereich des bilateralen Oligopols und Monopols durch. BILIMOVIC, TINTNER, STIGLER, DENIS bezeichen die Etappen auf diesem Wege. Der letztgenannte ist ein Marxist; somit mag ihm der Nachweis der grundsätzlichen Unstabilität des bilateralen Monopols in der kapitalistischen Wirtschaft mentalitätsmäßig nicht schwergefallen sein. Das Gegenteil aber gilt für SWEEZY: Dieser führende Marxist unserer Zeit hat ausgerechnet mit seinem »Oligopol mit geknickter Nachfragekurve« ein Beispiel geliefert für eine kapitalistische Marktstruktur, in der die Stabilitätselemente die Oberhand gewinnen.

Wir kommen zu SCHUMPETER. In seinen frühen Arbeiten hatte dieser die These aufgestellt, der Zins sei ausschließlich die Frucht des dynamischen Wachstums. Diese Auffassung, die vor allem in der »Theorie der wirtschaftlichen Entwicklung« vor dem ersten Weltkrieg dargestellt wurde, findet nun aber in seinem Spätwerk eine teilweise Dementierung. Nur am Rande sei vermerkt, daß diese frühe Konzeption durchaus im Einklang steht mit modernen Erkenntnissen der neoklassischen Wachstumstheorie.

In seiner großen Dogmengeschichte stellt nun SCHUMPETER bei der Analyse der Marxschen Mehrwerttheorie seine frühen Ideen offensichtlich in Frage; er nimmt dabei indirekt Bezug auf die LEXISsche Theorie vom »Aufschlag« und die modernen Theorie der »unvollkommenen Konkurrenz«, die als geeignet erscheinen könnten, die Mehrwerttheorie zu untermauern, Dazu erklärt er: »Das würde die These voraussetzen, daß es im vollkommenen Gleichgewicht und im vollkommenen Wettbewerb keinen Zins geben könne – das aber bedarf des ausreichenden Nachweises[24]!« Er scheint vergessen zu haben, daß er eben diesen ›ausreichenden Nachweis‹ selber geführt hatte, in seinem Frühwerk. Sagte er doch dort: »Ohne Entwicklung gäbe es unter den erwähnten Einschränkungen keinen Zins ... In einem ... verkehrslosen Gemeinwesen gäbe es keinen Zins als selbständige Werterscheinung ...[25].«

Wir können weiterhin auch KEYNES als amüsantes Beispiel anführen. Dieser verdammte Marx' ›Kapital‹ als ein langweiliges und aus der Mode gekommenes Buch – aber er scheute sich gleichzeitig keineswegs, von Marx nicht nur die Bezeichnung »klassische Ökonomen« zu übernehmen, sondern auch etwas, was sehr stark einer vollausgewachsenen Arbeitswerttheorie ähnelt: Empfahl doch KEYNES, man sollte die Arbeit als den einzigen und »letztlichen« Produktionsfaktor anerkennen und damit die Ehre einer solchen Anerkennung dem Kapital verweigern, wie dies auch PREISER und JOAN ROBINSON in unseren Tagen taten.

*Beispiele bei Marx*

Wie alle großen Denker ist auch MARX ebensowenig wie KEYNES von Widersprüchen frei. Eine der ersten Prämissen seiner Theorie ist die, daß Kapital ex definitione keinen »Mehrwert« produzieren kann. Er bezeichnet die Idee, wonach Kapital gewissermaßen Nachkommenschaft erzeugen könnte, als absurd. Für ihn ist die »biologische Waldzinsrate« eines

Arndt, der den Zins mit dem jährlichen Zuwachs an Baumringen erklären wollte, ebenso lächerlich wie die Beweisführung, die aus dem griechischen Wort »tokos« das Kalb als Verzinsung der Kuh erklären möchte.

Nun ist allerdings die physische Produktivität von Kapitalgütern auch von den Grenznutzentheoretikern, allen voran von BÖHM-BAWERK, nicht als Quell für den Zins oder Gewinn anerkannt worden – und dies vom Standpunkt des Marginalismus her gesehen durchaus logischerweise: Denn der Wert der einzelnen Kapitaleinheiten mag im Sinne des Marktwertes, in Geld ausgedrückt, um ebensoviel zurückgehen, wie die Menge der Kapitaleinheiten infolge physischer Multiplizierung zunimmt.

Insoweit sind sich Marx und die Marginalisten einig. Dann identifiziert Marx aber den technischen Fortschritt, mindestens vom Standpunkt der einzelnen Unternehmung her gesehen, mit dem »capital deepening« oder der Erhöhung der physischen Kapitalmasse pro Lohneinheit bzw. Lohnsumme (nicht: pro Arbeiter! – das ist bei ihm die »technische Zusammensetzung«). Dieser Begriff ist für Marx die »organische Zusammensetzung des Kapitals«, die seiner Meinung nach steigt. Die logische Folgerung aus dieser Kombination wäre aber diese: Der einzelne Individualunternehmer erzielt nach Marx dann, wenn er rechtzeitig vor den anderen technischen Fortschritt einführt, einen »Extraprofit«. Die Einführung des technischen Fortschritts setzt aber für ihn Vermehrung des Realkapitals im Verhältnis zum Arbeitsinput voraus. Er steigert dann seinen Umsatz, indem er seine Konkurrenten leicht unterbietet – das ist ein typisch oligopolistisches Verhalten. Aber davon abgesehen – die Quelle seines technischen Fortschritts und damit seiner »Extragewinne« ist die Vermehrung des Kapitals; schließlich erscheint das Kapital damit als produktiv, mindestens für die Einzelfirma!

Immerhin gibt Marx damit zu, daß die Kapitalvermehrung via Sparen auf der mikroökonomischen Ebene produktiv erscheint – ein Gedanke, den er auf der makroökonomischen Ebene heftig verneint. Andererseits wetzt er diese Scharte allerdings damit aus, daß er eine Tendenz zum Absinken der Profitrate postuliert, die sich daraus erklärt, daß die Pionierleistungen jeweils generalisiert werden – wobei man nicht ganz klar erkennen kann, ob diese Tendenz sich im Konjunkturzyklus oder in längeren Perioden durchsetzen soll[26]. Aber selbst auf der makroökonomischen Ebene wird die Profitrate in seiner Theorie ständig wiederhergestellt durch die Entwertung von Kapitalanlagen in Depressionen oder Rezessionen, die neue Pionieranstrengungen auslöst.

Ein anderes Beispiel: Es will auch scheinen, als habe Marx bei seinem ätzenden Angriff auf die Theorie SENIORS von der »letzten Arbeitsstunde«, die angeblich den ganzen Profit brachte – dieser hatte die These beim Kampf gegen die Arbeitszeitbegrenzung im Rahmen der Fabrikgesetzgebung aufgestellt – nicht so ganz erkannt, daß hier doch eine gewisse Ähnlichkeit vorhanden war zu seiner Mehrwerttheorie, soweit er diese jeweils mit Beispielen illustriert hatte, die auf einen Vergleich von Arbeitsstunden für den Kapitalisten und für die verzehrten Konsumgüter hinausliefen. Sicherlich ist Marx' Mehrwerttheorie letztlich makroökonomisch konzipiert und entgeht damit der Falle, in die SENIORS mikroökonomisch begrenzte Denkweise hineinglitt. Dennoch hätte sich Marx hier vielleicht einige Vorsicht in seinem Sarkasmus auferlegen sollen.

*Widersprüchlichkeiten bei marxistischen Autoren*

Nun ist es allerdings nicht nur bei Marx, sondern vor allem bei den marxistischen Diadochen und Epigonen so, daß sie zwar den ätzenden Sarkasmus des Meisters nachzuahmen verstanden, andererseits jedoch keinen echten Humor aufzubringen vermochten – wäre ihnen das möglich gewesen, so müßten sie vielfach erkannt haben, wieviel Widersprüche in ihren eigenen Thesen zu finden waren, oder wie seltsam sie manchmal den Auffassungen ihrer erbittertsten Gegner nahe waren.

Es gibt allerdings Ausnahmen: Manchmal gibt ein Marxist mindestens solche Ähnlichkeiten zu. Das tat zum Beispiel MANDEL mit Rücksicht auf die monetaristischen Auffassungen des Erzliberalen unserer Zeit, MILTON FRIEDMANS, des Doyens der Schule von Chicago[27]. Wenn MANDEL meint, eine solche Verwandtschaft wäre in den Schriften Marx' – z. B. in »Zur Kritik der Politischen Ökonomie« – vorgezeichnet, so übersieht er doch, daß Marx sich im Konflikt zwischen der Currency- und der Banking-School eindeutig für die letztere ausgesprochen und jedenfalls eine allzu einseitige Quantitätstheorie abgelehnt hat.

Nun mögen solche Affinitäten zwar manche Unbequemlichkeiten und Belastungsproben mit sich bringen; sie werfen das Kartenhaus der jeweiligen zugrundeliegenden Ideologie bzw. des jeweiligen Wunschdenkens der betreffenden Autoren noch keineswegs um. Insofern bieten sie auch nicht den Ansatzpunkt für einen Maßstab, mit dem man Theorien und Theoretiker messen könnte. Ein solcher Maßstab ergibt sich erst dann, wenn es zu einem ausgesprochenen Versagen der betreffenden Theorie kommt, in dem Sinne, daß sie zu Schlußfolgerungen führt – natürlich implizit –, die kurzerhand jede Hoffnung auf die Verwirklichung ideologisch angestrebter theoretischer Ergebnisse zuschanden werden lassen oder mindestens ein großes Fragezeichen über den Prämissen und ›Visionen‹ aufhängen, von denen die betreffenden Autoren ausgegangen sind.

Natürlich sind sich die meisten Autoren – im Unterschied zu MANDEL – des widersprüchlichen oder problematischen Charakters ihrer Ergebnisse bzw. theoretischen Affinitäten gar nicht bewußt. Ebenso schienen viele dieser Autoren nicht zu erkennen, wo ihre eigentliche Stärke lag. Das traf auch für Marx selber bereits zu, der in der Werttheorie einen der Schwerpunkte seines Werkes sah, dieweil seine eigentliche Leistung in der Erkenntnis der dynamischen Funktionsabläufe des Kapitalismus zu sehen ist. Schließlich hat auch GOETHE beispielsweise geglaubt, daß seine (irrtümliche) Entdeckung des »Zwischenknochens« seine größte Leistung gewesen sei[28].

Einem ausdrücklichen Widerspruch, wenn nicht einer ausgesprochenen Revolution in der marxistischen Tradition kommt die berühmte Erklärung OSCAR LANGES nahe, der die Anwendbarkeit der Arbeitswerttheorie auf die moderne Wirtschaftswissenschaft leugnet, oder jedenfalls deren Relevanz. Damit wird zweifellos ein erheblicher Teil der marxistischen Literatur der Irrelevanz ausgeliefert – hat doch diese, wie PARETO meinte, eben diese Theorie wie eine Fahne vor sich hergetragen, vor der sich jeder Marxist zu verneigen hatte, wenn er nicht aus der Korporation ausgestoßen werden wollte.

Das ist auch tatsächlich einem älteren Autor geschehen, der hartnäckig darauf beharrte, Marxist zu sein, während er ausdrücklich die Zweckmäßigkeit der Arbeitswerttheorie abstritt, selbst für den Sonderfall der expositorischen Darstellung des Ausbeutungstheorems, das sich seiner Meinung nach besser und einfacher in direkter Darstellung klären ließe: Das war ANTONIO GRAZIADEI, der zweifellos zu den bedeutendsten marxistischen Ökonomen zu rechnen ist.

Man sollte diesen beiden, LANGE und GRAZIADEI, die Palme der erwiesenen Ehrlichkeit verleihen, wobei man dem vielleicht noch eine besondere Prämie für die Hebung der Effizienz der marxistischen Analyse hinzufügen sollte.

Ich habe in anderem Zusammenhang nachzuweisen versucht, daß die Arbeitswerttheorie, die MARX von RICARDO geerbt hatte, für beide weit davon entfernt war, ein Grundsatzproblem dazustellen, sondern beiden lediglich als Instrument zur Darstellung ihrer Mehrwert- oder Überschußanalyse diente. Das ist auch von STIGLER, GORDON und anderen herausgearbeitet worden, wenngleich eine Autorität vom Range SAMUELSONS bis in die neueste Zeit hinein nicht klar genug darüber informiert gewesen zu sein scheint[29].

In diesem Zusammenhang ist allerdings ein noch älterer italienischer Autor zu nennen, ANTONIO LABRIOLA. Denn dieser war es, der im marxistischen Lager die Marxsche Theorie der geschichtlichen Abfolge von Gesellschaftssystemen in ihrer starren Form in Frage zu stellen wagte. Gleichzeitig muß man jedoch auch seinen großen Gegenspieler nennen, BENEDETTO CROCE. Dieser hat in seiner marxistischen Periode die gleiche Theorie damit erschüttert, daß er ausdrücklich feststellte, es habe schon im alten Ägypten ein Zeitalter des Feudalismus gegeben, also längst vor der Sklavengesellschaft des Altertums – eine Feststellung, von der allerdings jeder überzeugt sein sollte, der einmal die Feudalhelden des trojanischen Krieges in der »Ilias« und der »Odyssee« für Griechenland kennengelernt hat. CROCE hat allerdings seine Ehrlichkeit in anderen Bereichen unter Beweis gestellt – weniger damit, daß er das marxistische Lager verließ, wobei die Furcht um seine Landbesitzungen vielleicht den Ausschlag gegeben hat.



In diesem Zusammenhang dürfen wir vielleicht auch TROTZKIS spätes Eingeständnis erwähnen, wonach das Preissystem seine unabdingbaren Meriten hat. Diese Erklärung wird von ARTHUR LEWIS in seinem Werk über die Planung gewürdigt[30], der sie als Beweis anführt für dessen Reue. Dabei dürfen wir nicht vergessen, daß TROTZKI von STALIN als Renegat gebrandmarkt worden war, um allerdings dann die lebendigste Schule des modernen Marxismus, der auch MANDEL angehört, entstehen zu lassen.

TROTZKIS Dithyrambe auf das Preissystem ist es tatsächlich wert, hier festgehalten zu werden – kann man sie doch ebenso als ein Musterbeispiel ehrlichen Eingeständnisses wie als Ausgangspunkt für die heutigen Bestrebungen zur Wiedereinführung der Preisfunktion in östlichen Wirtschaftssystemen ansehen:

»... Wenn es einen universalen Geist gäbe, der sich in die wissenschaftliche Phantasie eines Laplace einfügen würde – einen Geist, der gleichzeitig all die Prozeßabläufe der Natur und der Gesellschaft registrieren würde, der die Dynamik ihrer Bewegung erfassen könnte, der die Ergebnisse ihrer gegenseitigen Reaktionen vorauszusagen vermöchte: Ein solcher Geist könnte natürlich einen fehlerlosen und erschöpfenden Wirtschaftsplan aufstellen, angefangen von der Hektarfläche für Weizen und aufgehört mit dem letzten Westenknopf. Tatsächlich stellt sich die Bürokratie oftmals vor, sie hätte einen solchen Geist zur Verfügung. Das ist der Grund, warum sie sich so leicht von der Kontrolle durch den Markt und durch die Demokratie der Sowjets freimacht ... Die zahllosen lebenden Teilnehmer am Wirtschaftsleben, staatliche wie private, kollektive wie individuelle, müssen ihre Bedürfnisse und ihre relative Kraft kundtun nicht nur durch die statistischen Ermittlungen von Plankommissionen, sondern auf dem Wege über den direkten Druck von Angebot und Nachfrage. Der Plan wird durch den Markt kontrolliert und in erheblichem Umfange über ihn realisiert ... Wirtschaftliche Rechnungslegung ist undenkbar ohne Marktrelationen ...[31].«

Ein anderes Beispiel für ein Eingeständnis von Schwäche, das zu unerwarteten Ergebnissen führt, ist das ROSA LUXEMBURGS. Diese führende Marxistin sah eine entscheidende Schwäche der Marxschen Theorie darin, daß diese nicht die eigentlichen Quellen für den Untergang des Kapitalismus bloßzulegen vermochte. Schon in diesem Eingeständnis lag die Ehrlichkeit ihrer Argumentation. Sie folgte dann zwar dem falschen Weg – der Annahme einer Abhängigkeit des Kapitalismus von vorkapitalistischen Räumen und Schichten, nach deren Ausbeutung er dem Untergang verfallen müßte ... Paradoxerweise hat SCHUMPETER den Untergang des Kapitalismus aus ähnlichen Ursachen abzuleiten gesucht: nur daß bei ihm die Abhängigkeit von vorkapitalistischen Schichten nicht in ökonomischer Hinsicht besteht, sondern auf der politisch-administrativ-militärischen Ebene – was letztlich bedeutet, daß er dem Kapitalismus überhaupt eine eigenständige Existenz abspricht, dieweil dieser nie die erforderlichen bürokratisch-staatsmännischen Korsettstangen, die ihn hochhalten, selbst produzieren könne. Immerhin hat ROSA LUXEMBURG so nebenbei, wie PREISER betonte, ein Element entdeckt, das den Aufstieg des Kapitalismus nach dem zweiten Weltkrieg so stürmisch gestalten sollte: den Export-Multiplikator, der durch die Freihandelswelle ausgelöst wurde[32].

Ein weiteres Beispiel dafür, daß sozialistisch-marxistische Autoren auch unangenehme Erkenntnisse akzeptierten, betrifft wiederum OSCAR LANGE: Hat doch dieser – auf der Ebene Marx' – früher Theorie der »Abschreibungszyklen« die Möglichkeit zyklischer Schwankungen auch in sozialistischen Systemen zugegeben. Ihm folgte im Westen KALDOR, der sich zum gemäßigten Sozialismus bekennt. Andere polnische, tschechische und sogar russische Autoren (STRUMILIN, NEMTSCHINOW) griffen das Problem auf und unterminierten damit immerhin einen der wichtigsten ideologischen Grundgedanken ihres Systems – daß nämlich sowjetische Planungssysteme von Wirtschaftsschwankungen völlig frei seien. Auch in KALECKIS Studie zum Wachstumsvorgang in sozialistischen Gesellschaften werden bestimmte Instabilitätselemente im Sozialismus als denkbar unterstellt, wenngleich davon ausgegangen wird, daß kein eigentlicher periodischer Zyklus entsteht, weil es sich nur um das »Echo« von Investitionen handelt, die zu irgendeinem früheren Zeitpunkt geballt auftraten[33].

## 5. Beispiele für umwälzende Analysen in Lohn- und Verteilungstheorie

Eines der frühesten Beispiele für eine völlige Umkehrung einer analytischen Position ist das von JOHN STUART MILL, der vier Jahre vor seinem Tode im Jahre 1869 in einer Buchbesprechung im »Fortnightly Review« die »Lohnfondstheorie« widerrief. Bis dahin war diese Lehre nahezu allseitig akzeptiert worden. MILL interpretierte die Theorie so, daß damit geleugnet wurde, daß die Gewerkschaften die Möglichkeit zur Lohnanhebung hätten. In einer vorsichtigeren Formulierung, die von MARK

BLAUG angeführt wird, erklärte MILL, daß damit die gewerkschaftliche »Aktion darauf beschränkt wurde, daß eine Lohnerhöhung, die der Marktwettbewerb sowieso auch ohne die Gewerkschaften bewerkstelligt hätte, etwas früher durchgesetzt wird«.[34] Frühere Versionen dieser Lehre lassen sich bis auf MALTHUS und sogar auf ADAM SMITH zurückverfolgen.

Diese Lehre gab dann die theoretische Basis dafür ab, daß gewerkschaftliche Arbeiterorganisationen verboten wurden. In Frankreich war das gegen Ende des 18. Jahrhunderts mit der »Loi Chapelier« geschehen, einem prächtigen Stück revolutionärer Reaktion, das den Grundprinzipien der Freiheit glatt zuwiederlief. Es war einigermaßen seltsam, daß gesetzliche Unterdrückungsmaßnahmen erforderlich sein sollten für Organisationen, von denen man ohnehin behauptete, sie seien ineffizient oder so gut wie wirkungslos. In unseren Tagen mag eher die entgegengesetzte Tendenz vorwalten, nämlich die einer Überschätzung der langfristigen Einwirkung der Gewerkschaften auf Lohnsteigerungen und inflationäre Entwicklungen. JOHN STUART MILL erklärte jedenfalls die Lohnfondstheorie für nicht haltbar. Damit stellte er seine intellektuelle Ehrlichkeit eindeutig unter Beweis. Zwar hatte er auch früher schon Sympathiekundgebungen für Gewerkschaften von sich gegeben; dennoch hatte er die Lohnfondslehre als solche bis zu diesem Augenblick verteidigt.

Ein weiteres Beispiel bietet einer der Hauptrepräsentanten der Grenznutzenlehre, JOHN BATES CLARK. Diese Schule hatte praktisch eine Defensivaktion gegen die unbequemen Konsequenzen der Ricardianischen Theorie, wie sie vor allem von den Marxisten gezogen wurden, durchgeführt. Indessen läßt sich dennoch nicht leugnen, daß JOHN BATES CLARK trotz aller Gegnerschaft gegen den Marxismus das »Recht auf Revolution« für den Fall, daß die Verteilung ungerecht vor sich ginge, durchaus anerkannte. Wörtlich sagte CLARK:

»Für die Praktiker und damit für die Wissenschaftler hat ein Wirtschaftsproblem allerhöchste Bedeutung: das der Verteilung des Reichtums auf diejenigen, die darauf Anspruch haben ... Das Wohlergehen der arbeitenden Klassen ist davon abhängig, ob sie viel oder wenig erhalten; aber ihre Haltung gegenüber anderen Klassen – und damit die Stabilität des Sozialgefüges – sind hauptsächlich von der Frage abhängig, ob die Summe, die sie erhalten – mag sie nun groß oder klein sein – das ist, was sie produzieren. Wenn sie eine kleine Menge Reichtum produzieren und das Ganze bekommen, werden sie wohl nicht danach streben, die Gesellschaft zu revolutionieren; aber wenn es sich herausstellt, daß sie eine große Menge produzieren, aber nur einen (geringen) Anteil daran erhalten, dann werden viele von ihnen zu Revolutionären werden, und alle hätten das Recht dazu ...«.[35]

Hier klingen die Ausführungen des Grenznutzentheoretikers, der sich dann bemühte, den »gerechten Anteil« zu finden, durchaus an die des Revolutionärs Marx an, der da sagte:

»Ein Haus mag groß oder klein sein, solange die es umgebenden Häuser ebenfalls klein sind, befriedigt es alle gesellschaftlichen Ansprüche an eine Wohnung. Erhebt sich aber neben dem kleinen Haus ein Palast, und das kleine Haus schrumpft zur Hütte zusammen. Das kleine Haus beweist nun, daß sein Inhaber keine oder nur die geringsten Ansprüche zu machen hat; und es mag im Laufe der Zivilisation in die Höhe schießen noch so sehr, wenn der benachbarte Palast in gleichem oder gar in höherem Maße in die Höhe schießt, wird der Bewohner des verhältnismäßig kleinen Hauses sich immer unbehaglicher, unbefriedigter, gedrückter in seinen vier Pfählen finden ...

Ein merkliches Zunehmen des Arbeitslohns setzt ein rasches Wachstum des produktiven Kapitals voraus. Das rasche Wachsen des produktiven Kapitals ruft ebenso rasches Wachstum des Reichtums, des Luxus, der gesellschaftlichen Bedürfnisse und der gesellschaftlichen Genüsse hervor. Obgleich also die Genüsse des Arbeiters gestiegen sind, ist die gesellschaftliche Befriedigung, die sie gewähren, gefallen im Vergleich mit den vermehrten Genüssen des Kapitalisten, die dem Arbeiter unzulänglich sind, im Vergleich mit dem Entwicklungsstand der Gesellschaft überhaupt. Unsere Bedürfnisse und Genüsse entspringen aus der Gesellschaft; wir messen sie nicht an den Gegenständen ihrer Befriedigung. Weil sie gesellschaftlicher Natur sind, sind sie relativer Natur ...[36].«

Aus beiden Texten geht hervor, wie nahe sich Marx und die Grenznutzentheoretiker waren. Nicht nur wußten beide die psychologischen Elemente des Konsums und der Nachfrage zu würdigen, nicht nur entwickelt Marx hier eine Art »Gossensches Gesetz« des abnehmenden Grenznutzens zunehmender Genüsse, sondern der Grenznutzentheoretiker entwickelt seinerseits eine Theorie der Rechtfertigung der Revolution, wie sie ein Marxist kaum besser entfalten könnte.

In Marx' eigener Lohntheorie dürfen wir kurz auf das verweisen, was wir an anderer Stelle die »Sturmvogel-Theorie« genannt haben. Danach steigt der Anteil der Löhne am Gesamtverbrauch (nicht am Sozialprodukt) im Höhepunkt des Aufschwungs. Das stellt aber nach Marx lediglich ein Zeichen dafür dar, daß nun der Umschwung zur Rezession oder Depression unmittelbar bevorsteht[37]. Gleichzeitig wird damit für gewerkschaftliche Bemühungen im Aufschwung selbst eine klare Warnung aufgestellt; immerhin ist das ein unerwartetes Ergebnis der Analyse eines Sozialisten.

Diese Theorie ist auf erbitterten Widerspruch gestoßen, gerade bei marxnahen Autoren wie STEINDL, der sie allerdings gründlich mißverstand[38]. Zweifellos steht sie nicht im Einklang mit anderen Stellen im »Kapital« und in anderen Werken Marx', die sich dahingehend interpretieren lassen, daß die Gewerkschaften eine Art »institutionalisierten Klassenkampfes« darstellen. Das hat PIETTRE gesehen, wenn er sagte, Marx habe die Funktion der Gewerkschaften als lohnerhöhende Institutionen durchaus anerkannt[39]. In diesem Zusammenhang sei erwähnt, daß SAMUELSON dereinst auf die Frage, was denn eigentlich im Marxismus zu finden sei, das es in anderen Doktrinen nicht gäbe, antwortete: » . . . den Klassenkampf . . .«

Indessen sind auch andere Klassenkämpfe als die zwischen Proletariat und Kapitalisten analysiert worden: Das gilt zum Beispiel für die VEBLENsche Deutung des Kampfes zwischen Geschäftsleuten und Technikern (»businessmen and engineers«).

Nun gibt es jedoch im späteren Marxismus noch eine Komponente, die sich bis auf CHARASOW in den frühen Jahren des 20. Jahrhunderts zurückverfolgen läßt und die ihren neuesten Ausdruck in Arbeiten britischer Marxisten wie GLYN und SUTCLIFFE findet: Nach dieser Lehre hat eine revolutionäre Gewerkschaftsbewegung geradezu die Verpflichtung, ihre Lohnforderungen bewußt zu übertreiben, um auf diese Weise die Profitrate zum Absturz zu bringen, womit dann eine Wirtschaftskatastrophe oder mindestens ein schrittweiser Niedergang des Kapitalismus ausgelöst werden soll[40].

Wir brauchen nicht weiter zu betonen, daß dies alles nichts zu tun hat mit dem berühmten Marxschen »Gesetz der fallenden Profitrate«. Im Gegenteil, die neuen Theorien dieser Art stehen im glatten Widerspruch zu diesem »Gesetz«: Denn die Marxsche Lehre läuft mehr oder weniger darauf hinaus, daß eine Tendenz für den Kapitalstock besteht, wonach dieser rascher anwächst als die Lohnsummen, oder daß das »konstante Kapital« (mindestens die Abschreibungen, wenn nicht der gesamte Kapitaldienst) als Umsatzanteil stärker anschwillt als der Lohnanteil.

Nach den Thesen von CHARASOW, SUTCLIFFE und GLYN wäre es genau umgekehrt: Die Summe des »variablen Kapitals« (»v«), d. h. die Summe der Löhne und Gehälter, stiege sehr viel rascher als die Umsatzsumme – entweder auf Grund einer Schrumpfung der Profitsumme (»m«), oder gleichzeitig auch auf Grund einer Schrumpfung des Vorleistungsanteils (»c«) – wahrscheinlich infolge einer relativen Schrumpfung beider Elemente. Insoweit es sich hier um eine Aussage überzeugter Marxisten handelt, stellt dieser Widerspruch gleichzeitig ein Zeugnis dar für ihre Ehrlichkeit – sie haben damit zugegeben, daß ein »Gesetz«, dem Marx große Bedeutung beimaß, nicht nur nicht zutreffen könne, sondern in sein Gegenteil verkehrt würde.

Wohlgemerkt: Wir fällen an dieser Stelle kein Urteil darüber, ob das Marxsche »Gesetz von der fallenden Tendenz der Profitrate« nun richtig oder unzutreffend sei. Diese Frage untersuchen wir in anderem Zusammenhang. Es geht hier lediglich um die Feststellung von systemimmanenten Widersprüchen innerhalb der einzelnen »Schulen«.

Solche Widersprüche sind auch dem Keynesianismus keineswegs fremd; insbesondere finden sie sich in der keynesianischen Lohntheorie.

### *Widersprüche in der keynesianisch-neokeynesianischen Lohntheorie*

LEONTIEF, TOBIN und andere haben betont, daß die »Geldillusion« eine der grundlegenden Annahmen von KEYNES war; erschien sie doch unerläßlich für die Erklärung »unfreiwilliger« Arbeitslosigkeit. Hier ergeben sich sogar Anklänge zur klassischen »Lohnfondstheorie«: Diese lehrte bekanntlich, die Gewerkschaften seien nicht imstande, die Reallöhne anzuheben. Die keynesianische Theorie besagt umgekehrt, die Gewerkschaften wären nicht in der Lage, die Arbeitslosigkeit dadurch zu verringern, daß sie ihre Lohnforderungen senkten bzw. in Lohnsenkungen einwilligten – oder aber, umgekehrt, sie hätten auch nicht die Macht, Arbeitslosigkeit zu schaffen durch ihre Lohnforderungen. Es wäre das vielleicht sogar eine tröstliche Lehre für manche. Die Gewerkschaften könnten weder Böses noch Gutes tun – was die Lohnfondslehre auch ungefähr behauptete.

Nun mag man diese Ähnlichkeit vielleicht als oberflächlich ansehen. Immerhin müssen wir doch betonen, daß diese Tendenz zum Freispruch der Gewerkschaften von Anschuldigungen, die gerade von Unternehmerseite typischerweise erhoben werden, aus keynesianischem Munde eigentlich ein außergewöhnliches Schauspiel ist, wenn man diese Haltung mit der Feindseligkeit des größten Teils der »bürgerlichen« Presse und Politiker und auch vieler Ökonomen vergleicht. Allerdings wird den Gewerkschaften damit gleichzeitig sozusagen die Potenz bestritten ... Wenn man den Keynesianismus jedenfalls als einen neoklassischen Vorkämpfer des modernen Kapitalismus ansieht, wie das seine Gegner auf der Linken gern behaupten – weil er den Kapitalismus durch Einführung eines »Managements der effektiven Nachfrage« lebensfähig zu machen trachtet –, dann ist es sicherlich erstaunlich, wenn man hier feststellen kann, wie dieses System, das dem Kapitalismus gegenüber positiv eingestellt und darauf abgerichtet ist, ihn zu retten, gleichzeitig sehr gelinde mit den Gewerkschaften umgeht. Ist das nicht ein Beweis für die intellektuelle Ehrlichkeit des Keynesianismus? Allerdings kann man darauf die Antwort erwarten, Gewerkschaften seien als institutionalisierter Klassenkampf eher systemerhaltend ...

Nun brauchen wir an sich nicht darauf hinzuweisen, daß der moderne Neokeynesianismus den Gedanken von der »Geldillusion« fallengelassen hat. So hat denn beispielsweise TOBIN erklärt, »die keynesianische Theorie stellt das Postulat auf, daß die anderen Faktoren voll beschäftigt und ihre Preise flexibel sind ... Wenn nun die Anbieter dieser anderen Faktoren genau so wie die Anbieter von Arbeitskraft auch der ›Geldillusion‹ unterlägen, dann würden ihre Preise genau so starr sein wie die Löhne, und es würde Arbeitslosigkeit auch bei diesen anderen Faktoren geben ...«. Das ist denn auch der Kern der Kartellanalyse, und der Theorie der »unvollkommenen Konkurrenz«, denn unter monopolistischen Gegebenheiten ist Überschußkapazität endemisch. TOBIN betont: »Preisstarre kann auf allen Märkten bestehen, und damit ergeben sich Fluktuationen in der Inanspruchnahme aller Produktionsfaktoren. In solch einer Wirtschaft wird aber der Lohnsatz zu einer unabhängigen Determinante des Beschäftigungsvolumens ...[41].«

Das ist nun vom Standpunkt des orthodoxen Keynesianismus pure Ketzerei.

Immerhin erscheint diese Ketzerei wohlbegründet. Wie ALAN SWEEZY dargelegt hat, beruht die Kritik des Keynesianismus gegenüber den »klassischen« Ökonomen im wesentlichen »auf einer kurzfristigen Lohntheorie, die unterstellt, daß der Kapitalbestand unverändert bleibt; aber diese Kritik richtet sich gegen eine Theorie der Löhne auf lange Sicht ...«.[42]

Auf jeden Fall wird mit dieser neuen Betrachtungsweise die »Ehrlichkeit« der Neo-Keynesianer unter Beweis gestellt.

KALDORS Verteilungstheorie mag als die letzte Emanation der keynesianischen Lohntheorie angesehen werden. Sie nimmt ihren Ausgangspunkt von der lapidaren Erklärung KALECKIS: »Die Kapitalisten verdienen, was sie ausgeben– die Arbeiter geben aus, was sie verdienen ...« Allerdings wird diese Feststellung dann erweitert. Wie schon bei Marx wird die Möglichkeit zugegeben, daß auch Arbeiter Ersparnisse tätigen.

Wir können hier nicht auf alle Einzelheiten der neokeynesianischen Verteilungstheorie eingehen. Einer der führenden deutschen Ökonomen, ERICH PREISER, hat im Jahre 1961 eine Zusammenfassung dieser Theorie gegeben. Nach dieser können die Unternehmer ihren Verbrauch nach Belieben steigern – sie werden immer nur ihren Profitanteil am Volkseinkommen erhöhen. Das ist die Theorie KALECKIS, die im Keim schon in der Marxschen Analyse in Band II des Kapitals enthalten war. Die Quintessenz lautet bei PREISER: »Die Unternehmer, freilich nur die Unternehmerschaft als Ganzes, nicht der Einzelne, mögen konsumieren, soviel sie wollen: ihr Profit wird nicht gemindert, sondern vermehrt. Weniger erstaunlich ist, daß er durch vermehrtes Sparen der Arbeiter vermindert wird ... Die Investition erweist sich als die Hauptwaffe der Unternehmer im Kampf um ihren Anteil am Sozialprodukt. Was aber die Arbeiter betrifft, so hängt ihr Anteil offenbar allein vom Sparen ab. Für beide Parteien scheint dagegen weder die Lohnhöhe noch die strukturelle Situation auf den Gütermärkten eine Rolle zu spielen ...« Und PREISER meldet denn auch gleich seine Zweifel an: »Es ist klar, daß das nicht sein kann ...« Er sieht, »was hier offenbar fehlt: eine Gleichung, die den Einfluß der Sozialstruktur zeigt ...«.[43] Das ist Marx' Mehrwertrate und KALECKIS Monopolgrad.

Die Ideologie, die der KALDORschen Analyse zugrunde liegt, ist nach dem eigenen Eingeständnis ihres Autors zweifellos sozialistisch. Das Ergebnis seiner berühmten Verteilungstheorie ist jedoch im echten Sinne keynesianisch, und zwar in dem Sinne, daß die Lohnempfänger überhaupt keine Chance haben, durch gewerkschaftliche Kampfmittel irgendwie eine Änderung ihrer Verteilungsanteile durchzusetzen. Die einzige Chance zur Beeinflussung der Profitrate bzw. ihres Anteils am Sozialprodukt liegt darin, daß die Arbeiter sparen.

Ehe wir in unserer Analyse weiter fortfahren. wollen wir einen Augenblick die scheinbare Harmonie einer solchen Betrachtungsweise mit einer bestimmten Konzeption des modernen Sozialismus herausstellen; nämlich mit dem Gedanken der Vermögensbildung für Lohn- und Gehaltsempfänger, wie er vor allem von der deutschen Sozialdemokratie entwickelt worden ist.

Aber wenn man diese Entwicklung der modernen Analyse näher betrachtet, so stellt sich doch heraus, daß daß sie für die Gewerkschaftsseite sehr enttäuschend sein muß, umso mehr, als diese Theorie der Gewerkschaftsohnmacht von einem der führenden Berater der britischen Labour Party stammt – mit BALOGH einem der beiden »ungarischen Zwillinge«, wie man sie in der City ironisch nennt, wegen ihrer Herkunft aus der ungarischen Tiefebene –, die eben mehr oder weniger identisch mit der Gewerkschaftsbewegung ist. Man kann also wohl sagen, daß diese Konsequenz der Theorie KALDORS ein Beweis für neokeynesianische Ehrlichkeit ist.

Es ist vielleicht kein Zufall, wenn ein anderer »links« orientierter Nationalökonom, PASINETTI, der ursprünglichen Konzeption KALECKIS zuhilfe kam, die im Gegensatz zum orthodoxen Keynesianismus, dem der Neokeynesianer KALDOR hier nachfolgen zu müssen glaubte, doch der gewerkschaftlichen Aktion Spielraum bietet. Immerhin kann man allerdings der KALDORschen Version nachsagen, sie hätte einen solchen Spielraum mindestens auf dem Umwege über das – organisierte oder vermögensbildungskonzipierte? – Arbeitersparen einführen wollen.

PASINETTI bewies nun kurz und bündig, daß KALDOR gewissermaßen eine Blöße zeigte – um die Worte HARCOURTS zu gebrauchen: »Er vergaß, daß das Arbeitersparen auch dazu führen würde, daß sie Vermögen ansammeln und Gewinne einstecken[44].«

Aber diese Gewinne fallen bei näherer Betrachtung niedriger aus als die der Unternehmer. Die Verzinsung des Arbeitersparens ist nicht den Erträgen aus Risikokapital vergleichbar, sondern kann allenfalls als Minderung der eigentlichen Gewinne gewertet werden. Das Ergebnis der Analyse PASINETTIS ist, daß der ursprüngliche KALDOR die Oberhand behält gegenüber seinen eigenen Einwänden. Letzten Endes wird der Anteil der Gewinnempfänger am Volkseinkommen doch allein bestimmt durch die KALECKI-Formel, d. h. durch den Kapitalistenverbrauch plus Investitionsaufwendungen.

Damit kämen wir aber wieder zurück zu der Tatsache, daß die Gewerkschaftsaktion überhaupt keinen Einfluß auf die Verteilung ausüben könnte. Das wäre schließlich für die vereinigten Bemühungen zweier führender »links« eingestellter Ökonomen ein recht enttäuschendes Ergebnis. Und insofern beweisen sowohl KALDOR als auch PASINETTI hier ihre intellektuelle Sachlichkeit, womit unserer Testmethode Genüge getan wäre.

Nun wurde jedoch schon vor PASINETTI die KALDORsche Konzeption vom Arbeitersparen als einzigem Mittel zur Beeinflussung der Profitrate in Frage gestellt, und zwar schon in einer Publikation von 1961. Noch ehe die »reine« Version KALECKIS und KEYNES von PASINETTI wiederhergestellt und die Seifenblase des Arbeitersparens aufgestochen wurde, ließ PREISER zwei Herausforderungen los: Zunächst faßte er die These, um die es hier geht, dahingehend zusammen, daß »in der wirtschaftspolitischen Diskussion immer wieder behauptet wird, nur erhöhtes Sparen könnte die Lage der Lohnempfänger verbessern, während Geldlohnerhöhungen, soweit sie über den Rahmen des Produktivitätsfortschritts hinausgingen, bloß die Preise hinauftrieben. So dubios diese Ansicht von vornherein ist, so scheint sie doch eine wissenschaftliche Stütze schon in der Definition des Profits zu haben: da $P = I + C_U - S_a$, so mindert jede Erhöhung von $S_a$ den Profit, womit auch der Anteil der Arbeiter am Volkseinkommen zu steigen scheint«.[45] (Cu = Konsum der Unternehmer, Sa = Sparen der Arbeiter.)

Die hier von PREISER skizzierte These betrachten wir als die »moderne Lohnfondstheorie« im übertragenen Sinne. PREISER wendet dagegen ein: »Da die Arbeiter nur über das Sparen entscheiden können, nicht aber auch über die Investition, und da das Sparen allein depressiv wirkt, so erweist es sich als eine zweischneidige Waffe. Ihr Gebrauch verringert zwar den Profit, aber zugleich das eigene Einkommen, und er gefährdet sogar den Arbeitsplatz. An der relativen Machtposition, d. h. am Monopolgrad, ändert sich nichts.« Mit anderen Worten: die Marxsche Mehrwertrate bleibt unverändert.

Mathematisch ausgedrückt lautet der Einwand PREISERS: »Der Irrtum liegt auf der Hand. Was sich voraussetzungsmäßig erhöht, ist die Sparneigung $s_A$, aber ob dabei eine größere Ersparnis $S_a = s_A L$ herausspringt, hängt von der Entwicklung des Volkseinkommens ab. Tatsächlich senkt vermehrtes Sparen die effektive Nachfrage und damit das Volkseinkommen ...« PREISER verfeinert dann seine Analyse durch Unterscheidung zwischen den Effekten auf die Konsumgüter- und Investitionsgüterindustrie. Ihrem Wesen nach bleibt das Ergebnis das Gleiche[46].

Hier sprach sich ein Ökonom, der einer gemäßigten ›sozialdemokratischen‹ Konzeption nahestand, eindeutig gegen die These aus, wonach das Arbeitersparen einen positiven Einfluß auf die Verteilung haben könnte. Kurz darauf wurde dies durch PASINETTIS formale Analyse bestätigt.

Der zweite und dritte Einwand PREISERS lautete, die Theorie berücksichtigte die Einflüsse auf den Lohnsatz überhaupt nicht, und ebensowenig monopolistische Situationen.

Die gesamte Kritik PREISERS erweckt schließlich fast den Eindruck, als sei die KALECKI-KALDOR-Linie letzten Endes allzu konservativ gehalten. Aber eben dies wiederum würde bei der anerkannt fortschrittlich-sozialistischem Einstellung beider Autoren als ein Beweis für ihre intellektuelle Ehrlichkeit angesehen werden können.

## 6. Ein terminologisches Zwischenspiel

Wir haben in dieser ganzen Darstellung vielfach den Begriff der »fortschrittlichen« oder »linken« Einstellung in einigermaßen loser, wenig präziser Form zur Kennzeichnung des ideologischen Hintergrunds eines Ökonomen verwendet. Die Darstellung läßt sich vielleicht ein wenig präzisieren, wenn man auf den speziellen Fall der modernen Kapitaltheorie Bezug nimmt. Ich möchte hier HARCOURT zitieren:

»Ich habe unbedingt den Eindruck, daß man aus der Haltung, die ein Ökonom gegenüber den fundamentalen kapitalistischen Institutionen an den Tag legt, nämlich vor allem dem Privateigentum und den damit zusammenhängenden Anrechten auf Einkommensbezug gegenüber, d. h. aus der Tatsache, daß er diesen gegenüber im wesentlichen sympathisch oder aber feindselig eingestellt ist – oder aus der weiteren Tatsache, ob er ein ›Falke‹ bzw. eine ›Taube‹ in seinen Ansichten über den Vietnam-

Krieg ist, mit einem ziemlichen Grad von Genauigkeit Schlüsse ziehen kann sowohl im Hinblick auf seine generelle Einstellung in der Wirtschaftswissenschaft als auch im Hinblick darauf, auf welcher Seite er in der aktuellen Kontroverse (zur Kapitaltheorie) steht ...[47].«

Für diese Einstellung ist HARCOURT gescholten worden. STIGLITZ wirft ihm vor, er glaube, man »könne Ideologie und ökonomische Analyse nicht auseinanderhalten ... Viele andere Ökonomen würden demgegenüber die Ansicht vertreten, die Ideologie spiele eine weit weniger bedeutsame Rolle in ihrer ökonomischen Analyse ... Sie mag wohl einigen Einfluß haben auf die Fragen, die wir stellen, aber sie hat keinen wesentlichen Einfluß auf die Antworten, die wir dann weiter geben. Zum Beispiel hat der F-Test nichts Ideologisches an sich, und auch die innere logische Konsequenz der Grundaxiome der neoklassischen Analyse stellt keine ideologische Streitfrage dar ...«.[48]

Wie immer dem sei: Es bleibt die Frage, wieweit die mehr oder weniger überall vorhandenen ideologischen Tendenzen dazu führen, daß die ökonomische Analyse verfälscht wird – das heißt, daß man nicht voll und ganz mit unerbittlicher Logik verfährt, daß man Wunschdenken die Oberhand gewinnen läßt gegenüber nüchternen Tatsachen, daß man bei der Erörterung eines Problems nicht alle Für und Wider betrachtet, sondern nur die, die einem passen. Werden alle Regeln logischer Analyse beachtet, so müßte das Ergebnis der Forschung ideologiefrei sein, soweit dies nur eben möglich ist. Der Kern unserer Argumentation bleibt dabei der, daß der beste Prüfstein darin liegt, wieweit die analytischen Folgerungen eines Ökonomen der Ideologie zuwiderlaufen, die für seinen Ausgangspunkt von Bedeutung war.

## 7. Beispiele aus der mikroökonomischen Analyse

Wir mögen die reine Kapitaltheorie, die HARCOURT in seinem Buch behandelt hat, noch als Bestandteil der mikroökonomischen Analyse auffassen. Wir können von hier aus zur Theorie der Firma überleiten: Die Betonung, die der obenerwähnte ROBERT MARRIS sowie EDITH PENROSE – beide standen bei der modernen Firmentheorie Pate – auf die »Übernahme« – oder »take-over-raids« in der Welt moderner Großunternehmen legen, dürfte dem Argument einige Kraft verleihen, wonach wir uns einem Zeitalter moderner Raubritter oder einem Neo-Feudalismus nähern, wie ihn VACCA an die Wand gemalt hat[49]: Im Geschäftsleben zählt nicht mehr in erster Linie der bloße Kapitalbesitz bzw. der Kapitalist, sondern es zählt der Manager, der gewissermaßen mit der Firma »belehnt« wird – was bei parteigebundenen Funktionen an der Spitze großer öffentlicher Unternehmen fast buchstäblich wahr wird. Die einzige Frage ist in diesen Fällen, wer als Lehnsherr fungiert – der »Staat« als abstraktes Gebilde, die Parteispitze als unpersönliche Einheit – etwa der Kirche des Mittelalters vergleichbar –, oder ein »Parteiboß«. Ähnliches läßt sich allerdings auch aus der privaten Konzernwelt berichten, in der die Konzernspitze oder ein individualisierbarer Manager als »Lehnsherr« auftritt.

Nun läßt sich EDITH PENROSES Konzept auch noch in anderer Hinsicht an diese Welt des Quasi-Feudalismus annähern: Man kann es mit einiger Überspitzung als eine Art Condottieri-Theorem formulieren. Nach EDITH PENROSE »kann der Name einer Firma sich ändern, ihr Leitungspersonal, ihre Eigentümer mögen wechseln, die hergestellten Produkte können andere sein, ihr Standort mag wechseln, ebenso ihre Rechtsform, und dennoch würden wir sie im normalen Lauf der Dinge als die gleiche Firma ansehen . . ., solange die Firma nicht eine solche vollständige Auseinanderreißung (›disruption‹) erleidet, daß sie den harten Kern ihres Betriebspersonals verliert oder ihre Identität in einer anderen Firma aufgeht. Es mag Reorganisation geben, aber eine Reorganisation setzt schon an sich die Fortdauer mindestens des sekundären Verwaltungspersonals voraus. So wie im politischen Leben der Staat zahlreiche Regierungswechsel und Reorganisationen seines Administrationsapparates erlebt, so läßt sich die Identität der Firma durch vielerlei Veränderungen hindurch aufrechterhalten, kann aber nicht einen Auseinanderfall ihrer Vermögenswerte und ihres Personals überleben und ebensowenig eine komplette Übernahme in einen völlig anderen Verwaltungsrahmen . . .«.[50]

Man könnte in dürren Worten sagen: Bei EDITH PENROSE ist der Begriff der Firma identisch mit Unteroffizierskorps, Troß und allenfalls Artillerie, d. h. dem technologisch-logistischen Know-how in der Armee – das Kondottieri-Argument ist perfekt. Die Firma ist eine organisatorische Einheit, die alle möglichen Aufgaben lösen kann, vorausgesetzt, daß dies vom Standpunkt der Firma, d. h. ihres Personals und des jeweiligen Geldgebers her gesehen – wobei letzterer häufiger wechseln kann! – remunerativ ist. Diese Identifizierung der Firma mit einer Art Marscheinheit oder Kompanie, die durch die Wirtschaftslandschaft wandert, erinnert an GALBRAITHS »Technostructure«, die das Offiziers- und Unteroffizierskorps des Unternehmens umfaßt.

Wenn das jedoch zutrifft, dann wäre es vielleicht möglich, aus dieser Betrachtungsweise eine unorthodoxe Folgerung zu ziehen. Ließen sich nicht die »Raubritter« am besten durch das Konzept der öffentlichen Unternehmung der Firma vom Halse halten?

Tatsächlich mag die Formel der öffentlichen Unternehmung eine bessere Chance dafür bieten, daß eine vernünftige Mindestzahl voneinander unabhängiger Firmeneinheiten und vielleicht sogar ein Minimum von Wettbewerb aufrechterhalten bleibt, sofern öffentliche Unternehmen nicht einem »take-over bid« erliegen können, wenn die gemischtwirtschaftliche Formel nicht in wesentlichem Umfange zur Geltung kommt. Gleichzeitig kann damit der Konzentrationsbewegung eine Grenze gezogen werden, die etwa dort liegt, wo technologische Aspekte und ›economies of scale‹ für die Konzentration sprechen. Reiner Kapitalismus wäre selbstzerstörerisch. Offen bleibt die Frage, ob damit eine allzu starre Industriestruktur entsteht, die nicht mehr flexibel genug ist für Anpassungsvorgänge.

Immerhin mag die intellektuelle Ehrlichkeit der PENROSE wie MARRIS' eben damit bewiesen werden, daß überhaupt solche Schlußfolgerungen aus ihren Theorien gezogen werden können – denn immerhin kann man beide als Champione der modernen Firmentheorie bzw. des Grenzbereiches zwischen Betriebswirtschaftslehre und mikroökonomischer Volkswirtschaftslehre betrachten, somit schließlich doch als Repräsentanten eines »rationalen Kapitalismus«.

Die selbstzerstörerische Tendenz im modernen Kapitalismus ist im übrigen von einer langen Reihe von Vorgängern beider Theoretiker aufgezeigt worden, die immerhin selber Produkte der Ökonomie des Kapitalismus waren. Die Serie reicht von BERLE und MEANS bis BLAIR, HOUGHTON und SCHERER in den USA, für die das unerbittliche Fortschreiten der Konzentrationsbewegung außer Frage stand[51]. Im Sektor der Oligopoltheorie, die die prinzipielle Unstabilität des modernen Kapitalismus mindestens für die Bereiche des BOWLEYschen Oligopols, des bilateralen Oligopols und Monopols herausstellt, erstreckt sich die Serie der Kritiker eben von BOWLEY über EDGEWORTH und STACKELBERG bis zu CHAMBERLIN – sämtlich Autoren, die prinzipiell den Kapitalismus bejahten, aber dennoch die ihm innewohnenden selbstzerstörerischen Tendenzen aufzeigten – und eben damit ihre intellektuelle Probität an den Tag legten.

Zwar ist STACKELBERG nicht ganz zu Unrecht faschistischer Hintergedanken bezichtigt worden. Man verdächtigte ihn, er habe die Staatsintervention im Oligopolbereich als unerläßlich nachweisen wollen. Andere Autoren mögen vielleicht als eine Art von Kassandras angesehen werden. Nichtsdestoweniger gilt mindestens für das bilaterale Oligopol und das bilaterale Monopol unbestritten der Grundsatz der inhärenten Unstabilität, seit EDGEWORTH. Und es ist auch vielleicht kein Zufall, wenn einer der Ökonomen, die die Theorie des bilateralen Monopols wesentlich weiterentwickelt haben, der Doyen des französischen Marxismus, HENRI DENIS ist.

Am Rande sei zum ganzen Bereich der Mikroökonomie vermerkt, daß der Meister dieser Theorie, ALFRED MARSHALL, ihr ins Stammbuch geschrieben hat, daß »die Schlußfolgerungen der statischen Analyse unzuverlässig sind, und daß die Mikroökonomie nicht recht fertig wird mit den lebenswichtigen Fragen der Wirtschaftspolitik. Das Mekka der Ökonomen liegt nach MARSHALL ... in der ökonomischen Biologie ...«. So äußerte sich BLAUG[52]. Aber eben diese Biologie wurde paradoxerweise zum Beispiel von EDITH PENROSE abgelehnt – obwohl sich ihre eigene Theorie von der Firma als einem Körper mit Eigenleben sehr gut biologisch deuten läßt. Hier haben wir ein weiteres Beispiel innerer Inkonsistenz.

## 8. Beispiele aus der Kapitaltheorie

Die Kapitaltheorie ist gewissermaßen im Grenzbereich zwischen Mikro- und Makroökonomie angesiedelt. Einer ihrer Väter, IRVING FISHER, gehört unzweifelhaft noch mehr der ersteren an, dieweil sich andererseits von ihm die makroökonomische Schule der modernen Monetaristen ableiten läßt.

Andere Überleitungen führen zur Verteilungstheorie. Hier läßt sich als eines der berühmtesten Beispiele für eine Frontwendung KALDOR anführen, der in seiner Kontroverse mit SAMUELSON und MODIGLIANI und nach Anerkennung der Ergebnisse PASINETTIS erklärte, es gebe eigentlich nur noch eine Kategorie »reiner« Kapitalisten, deren einziges Einkommen aus dem Kapital stamme: Das seien die unpersönlichen Kapitalgesellschaften selbst, soweit sie Gewinne einbehielten. Paradoxerweise werden diese Firmen eben von Managern geleitet, die im Sinne von MARRIS »selber das Sparverhalten von Arbeitern in ihrem Privatleben an den Tag legen«, wie HARCOURT treffend bemerkt.

Auf der anderen Seite werden PASINETTIS Arbeiter, die ihre Ersparnisse wieder verleihen, ihrerseits wiederum teilweise zu Kapitalisten. Auch hier findet HARCOURT das richtige Wort: »Damit wird ein Keil getrieben zwischen soziale Klassen und Einkommensklassen.«

Damit stellt sich jedoch die Frage: Was wird aus dem Klassenkampf, wenn sich die Fronten derart verwischen? Umgekehrt: Kann nicht dieser Klassenkampf bis in die Oberschicht hineinreichen – können nicht zwei Seelen in der Brust auch des Managers wohnen, die des Arbeiters und die der Kapitalgesellschaft?

Zur Beantwortung dieser und ähnlicher Fragen müßten wir auf die Soziologie zurückgreifen. Sie lassen sich nicht vom rein ökonomischen Gesichtspunkt her lösen. Soweit allerdings die Löhne das Basiseinkommen für breiteste Schichten auch in Zukunft darstellen, dürften die alten Theorien der klassenkampfähnlichen institutionalisierten Tarifverhandlungen vorwalten.

Generell gilt für die Kapitaltheorie folgende Feststellung: Es muß überraschen, daß die Neo-Keynesianer, die – etwa in der Person JOAN ROBINSONS – so viele Affinitäten zum Marxismus aufzuweisen hatten, gerade diejenigen gewesen sind, die den Grundgedanken der Meßbarkeit des Kapitals zu demolieren versuchten, in ihrer Kontroverse mit den Neoklassikern. Tatsächlich hatte Marx nicht nur generell seine Theorie vom Kapital als einer sozialen Kategorie auf dessen Faßbarkeit aufgebaut, sondern auch speziell seine Theorie von der fallenden Tendenz der Profitrate eben von der Meßbarkeit des Kapitals abhängig gemacht – gerade jene Theorie, die er als besonders verhängnisvoll für den Gedanken der Stabilität des Kapitalismus ansah.

Demgegenüber haben gerade ihre Gegner, nämlich die Neoklassiker, Anleihen beim Marxismus vorgenommen, und zwar insofern, als sie ihren Gegenangriff gegen die HARRODschen Theorien auf der Grundidee der Variabilität der Kapitalintensität aufbauten. Eben diese Grundidee war für Marx der Eckstein seiner Analyse, wenngleich in recht einseitiger Weise, denn seine berühmte Ratio, das Verhältnis zwischen dem konstanten und dem variablen ›Kapital‹ (c : v) nimmt auf lange Sicht zu, obwohl in kurzer Sicht im Verlaufe des Konjunkturzyklus wieder Rückgänge eintreten können. Sicherlich ist der Marxsche Kapitalbegriff hier ein Strömungsbegriff, denn er bezieht sich auf verauslagtes ›Kapital‹, also auf Kosten; indessen geht Marx diesem Problem mit der Feststellung aus dem Wege, daß sich sein Kapital innerhalb einer Periode umschlägt. An dieser Stelle gehen wir über den Bereich der Kapitaltheorie hinaus.

Innerhalb der Kapitaltheorie im eigentlichen Sinne müssen wir jedoch noch eine Anomalie vermerken. SAMUELSON hatte in seinen Darlegungen anläßlich des hundertjährigen Jahrestages des ›Kapital‹ im Jahre 1967 erklärt, daß ».. . der größte Teil der Analyse in Band I durchaus Hand und Fuß hätte, wenn Marx lediglich im Interesse der expositorischen Klarheit dargetan hätte, daß die organische Zusammensetzung des Kapitals . . . die gleiche in allen Wirtschaftszweigen wäre . . .«.[52]

Tatsächlich hatte SAMUELSON nicht erkannt, daß die gesamte Argumentation Marx' in Band I des ›Kapital‹ und im größten Teil von Band II eben auf der Hypothese aufgebaut war, daß kein Auseinanderfall von Werten und Preisen eintrat – daß also eben die »organische Zusammensetzung« in allen Branchen die gleiche sei.

Nun hat SAMUELSON selber einen großangelegten Versuch zur Rechtfertigung der klassischen Produktionsfunktion in einer sogenannten »Parabel« unternommen. Dabei baute er aber seine Argumentation ähnlich wie Marx auf einer entscheidenden Hypothese auf: nämlich der, daß eine einheitliche Kapitalintensität unterstellt werden muß, damit diese Produktionsfunktion gerechtfertigt werden kann.

Mindestens zwei nichtmarxistische Autoren haben auf die der SAMUELSONschen Argumentation zugrundeliegende Arbeitshypothese hingewiesen. Besonders schlüssig geschah dies bei dem italienischen Autor COZZI; nach dessen Auffassung beruht »die Theorie, die hier untersucht wird« (»nämlich in SAMUELSONS »Parabel«-Artikel[53]) »auf der Hypothese gleicher Kapitalintensität in beiden Sektoren« (nämlich dem Kapitalgüter- und Konsumgütersektor). »... Das ist nun tatsächlich genau die gleiche Hypothese, die es Marx ermöglichte, in seinen beiden ersten ›Kapital‹-Bänden keinen Unterschied zu machen zwischen Werten und Preisen ... Abschließend läßt sich sagen, daß die Gültigkeit der neoklassischen Theorie letztlich beschränkt bleibt auf den Fall, wo lediglich ein Gut produziert wird, oder auf den Fall, in dem alle Güter mit Produktionsverfahren hergestellt werden, die die gleiche Kapitalintensität an den Tag legen ... Die neoklassische Theorie beruht auf dem marginalistischen Argument, das seinerseits historisch als Reaktion auf die Marxsche Theorie in Erscheinung trat ... Hier kann man leicht ironisch werden, indem man feststellt, daß also auch die neoklassische Theorie nicht gültig sein könnte, wenn diese Bedingung nicht eingehalten wird ...«[54] – nämlich die Bedingung der einheitlichen Kapitalintensität bzw. der gleichen »organischen Zusammensetzung« des Kapitals im Marxschen Sinne.

Eine ähnliche Argumentation ist von HARCOURT vorgetragen worden. Nach HARCOURT hat SAMUELSON »seinen Ausgang genommen von einem Modell mit heterogenen Kapitalgütern, womit Konsumgüter auf sehr viele verschiedene Arten erzeugt werden können; die jeweiligen Methoden erfordern dann verschiedene Inputs direkter und indirekter Arbeit, d. h. Arbeit, die nach einer Umformung in Güter verwendet wird, wobei verschiedene ›Inputs‹ des gleichen Gutes als Kapitalgut behandelt werden, das dann gewissermaßen in sich selbst umgewandelt wird ...«. Nach HARCOURT soll die »neoklassische Parabel dazu dienen, uns von der folgenden These zu überzeugen: wenn wir willkürlich nacheinander niedrigere Profitraten betrachten, kommen nacheinander Methoden in Frage, die jeweils höhere Produktion pro Kopf mit sich bringen; gleichzeitig werden die Kapitalwerte pro Kopf und pro Output-Einheit größer; dann läßt sich die Einkommensverteilung ermitteln, indem man die Menge der Faktoren mit ihren jeweiligen Grenzprodukten multipliziert, die so behandelt werden sollten, als ob sie dem Gleichgewichtsreallohn und der Gleichgewichtsprofitrate gleich wären ...«.

HARCOURT kommt nach kurzer Betrachtung der gesamten Diskussion über die »Surrogat-Produktionsfunktion« SAMUELSONS zu dem Schluß, daß »... die relativen Preise beider Güter unabhängig von der Profitrate sind, selbst wenn diese positiv ist (Sie sind in der Tat gleich dem Verhältnis zwischen den direkten Arbeits-Inputs pro Einheit Output der beiden Güter). Daraus folgt, daß der Wert des ›Kapitals‹ – der Produktionsmittel – in ähnlicher Weise unabhängig ist vom Wert (der Profitrate) r, in dem Sinne, daß dieser (Kapitalwert) sich nicht ändert, wenn wir verschiedene Werte von r betrachten ...«.

Dann aber sagt HARCOURT: »Die Schüler Marx' werden hier ihre Ohren spitzen, denn das ist – wenn man will – der Fall der reinen Arbeitswertlehre – die einheitliche organische Zusammensetzung! ›Rein‹ ist allerdings vielleicht ein unglücklicher Ausdruck, denn man könnte damit zu der Annahme verleitet werden, die Arbeitswerttheorie bedeute nur, daß die Preise proportional zur in den Gütern verkörperten Arbeit seien, während die Theorie in Wirklichkeit bedeutet, daß die Preise durch die in den Gütern verkörperte Arbeit determiniert werden ...[55].«

Auch HARCOURT kommt zu dem gleichen Schluß wie COZZI, SAMUELSONS Surrogat-Theorie hat ihn zur gleichen Problematik geführt, der sich auch Marx ausgesetzt sah: Die ›einheitliche organische Zusammensetzung‹ in beiden Branchen ist die Voraussetzung, die aus »expositorischen« Gründen erforderlich wird, wenn man die Verteilungsproblematik herausarbeiten will ... Und mehr als das hat Marx mit seiner Mehrwerttheorie in der ersten Instanz nicht erreichen wollen. SAMUELSON, der Marx mißverstanden und kritisiert hatte für das, was Marx effektiv tat, endete damit, daß er auch das tat, was er bei Marx nicht erkannt hatte: er unterstellte zur Erleichterung der Analyse einheitliche Kapitalintensitäten bzw. Kapitalkoeffizienten.

Damit wird aber SAMUELSONS »Parabel« zu einem intellektuellen Eingeständnis, daß er das, was er gestern verdammte, heute selber praktizieren muß ... Man mag es als Beispiel intellektueller Ehrlichkeit ansehen.

Am Rande sei vermerkt, daß die gesamte Analyse der neoklassischen Schule noch einen weiteren Pferdefuß zeitigen sollte: Dieser kommt in den Untersuchungen UZAWAS zum Vorschein, der bei der Variierung der Kapitalintensität in der Kapitalgüter- bzw. Konsumgüterbranche plötzlich die Quelle einer grundsätzlichen Unstabilität des Kapitalismus entdeckte[56]. Hier wird gewissermaßen ein intellektuelles Zugeständnis der gesamten neoklassischen Schule sichtbar. Reicht es, um deren intellektuelle Ehrlichkeit global aufzuzeigen?

## 9. Beispiele aus dem Komplex der Wachstumstheorie

Mit UZAWAS Theoremen greifen wir über von der Kapital- zur Wachstumstheorie, für die die erstere eine Art Bindeglied von der mikroökomischen Theorie darstellt. Bis jetzt sind Zwei-Sektoren-Modelle, wie Marx und UZAWA sie erarbeitet haben, relativ selten geblieben. Umso mehr müssen die Ergebnisse UZAWAS überraschen; und nicht umsonst haben sie denn auch beim Vater der neoklassischen Gegenoffensive, SOLOW, hochgezogene Augenbrauen hervorgerufen und Verwunderung darüber, ob sich denn aus einem »Zufall der Technologie« bzw. aus der Verschiebung von Ziffernrelationen derartige Konsequenzen für die Stabilität des Kapitalismus ableiten ließen ...[57].

In seinem ersten Artikel [58] hat UZAWA ein Ergebnis herausgearbeitet, das für ihn selber überraschend sein mußte: Er stellte fest, eine höhere Kapitalintensität des Investitionsgütersektors bedeute grundsätzliche Unstabilität. In einem zweiten Artikel[59] kam er zu dem Ergebnis, daß – unter abgewandelten Bedingungen – ein kapitalintensiverer Konsumgütersektor ebenfalls Unstabilitätstendenzen auslösen müßte. Zum Schluß würden wir fast dazu verführt werden, anzunehmen, daß das Marxsche Postulat der gleichen organischen Zusammensetzung, das SAMUELSON aufgriff, zu allem Überfluß auch noch die Voraussetzung für die Stabilität des Kapitalismus wäre!

Die Theorie UZAWAS ist nicht vereinzelt geblieben. Im Jahre 1968 hat BRITTO in Verfolgung der KALDOR-PASINETTI-Debatte ein weiteres Beispiel für eine fundamentale Unstabilität aufgezeigt. Nach seiner Darstellung würde »nur dann, wenn das Investitionsniveau gegenüber vergangenen Profitraten relativ wenig reagibel wäre, die Wirtschaft auf Werte des stetigen Zustandes hin tendieren ...«. Daher wäre es »leicht, zu erkennen, wie explosive Bewegungen vom stetigen Zustand weg vorkommen können, wenn die Investition beispielsweise vergangenen Profitraten gegenüber stark empfindlich ist ...«.[60]

Im gleichen Zusammenhang wird wiederum das Theorem bedeutsam, wonach Sparen und Investieren immer dann gleich sind, wenn die Wachstumsrate mit dem Zinssatz zusammenfällt.

Der Gedanke, wonach der Zinssatz mit der Wachstumsrate im Zustand eines stetigen Gleichgewichts-Wachstumsprozesses zusammenfallen muß, scheint zuerst im Jahre 1959 von KALDOR entwickelt worden zu sein, unter bestimmten Voraussetzungen. Seither ist dieser Gedanke von einer Reihe von Autoren auch der neoklassischen Schule aufgegriffen worden, unter anderem durch VON WEIZSÄCKER[61]. Heute ist diese Idee einigermaßen communis opinio.

Wenn wir von dem Theorem ausgehen, daß der Anteil der Profite am Bruttosozialprodukt der Summe der Bruttoinvestitionen plus Kapitalistenverbrauch entspricht, und wenn wir unterstellen, daß dieser Profitanteil auf lange Sicht stabil bleibt, dann kann die Profitrate der Wachstumsrate nur unter der Voraussetzung gleich sein, daß der Kapitalbestand mit dem gleichen Tempo wächst wie die Produktion. Wächst der Kapitalbestand langsamer, so muß die Profitrate niedriger ausfallen als die Wachstumsrate des Kapitalbestands.

Bei dieser Betrachtungsweise wird der Kapitalbestand bzw. der Kapitalwert zur Variablen.

Damit kommt die neoklassische Theorie auf Umwegen zu den Gedanken Marx' zurück: Für diesen war der Konjunkturzyklus das Instrument zur Variierung der Kapitalwerte. Kapitalentwertung bei Vorliegen von Überkapazitäten, die durch verschärften Wettbewerb und darauf folgende Rezession bedingt sind, folgt auf die Entstehung von fiktiv aufgeblähten Kapitalwerten im Aufschwung, die sich letztlich daraus erklären, daß man hohe Profite zu einem Zinssatz kapitalisiert, der entweder dem langfristigen säkularen Durchschnitt oder der frühen Aufschwungsperiode entspricht.

In diesem Zusammenhang ist zu betonen, daß der Neoklassiker VON WEIZSÄCKER zu einer Darstellung gelangt ist, die nach seinem eigenen Urteil starke Affinitäten zur Marxschen Theorie aufweist.

»In einer stationären bzw. prästationären Volkswirtschaft ist die Aufrechterhaltung eines positiven Zins- und Profitniveaus auf die Dauer nur durch ein Abstoppen der Kapitalakkumulation möglich.« Wenn Menschen durch Vermögensbildung aufsteigen, also in die herrschende Klasse eindringen wollen, »so bestehen in einer stationären oder prästationären Volkswirtschaft nur drei Möglichkeiten des Vorgehens. Entweder wird in irgendeiner Form ein wirksames Akkumulationsverbot erlassen, welches sich zugunsten der vermögenden Schichten auswirkt ...«. Mit anderen Worten: Der Zugang in die herrschende Klasse wird gesperrt, und gleichzeitig wird auch Wettbewerb seitens neuer Kapitalien abgewürgt. Wir haben dann ein durchmonopolisiertes System mit klar anerkanntem Klassenmonopol vor uns. »... Oder es existiert eine Gruppe von Personen bzw. eine Institution, die fähig und willens ist, in dem Maß Überkonsumtion zu treiben, in dem an anderen Stellen gespart wird[62].« Das beste Mittel wäre hier eine ständige Ausweitung des Konsumentenkredits, für die die USA das Musterbeispiel liefern. In der Tat wird in neueren Studien, so bei CORNWALL, die allüberragende Bedeutung der Konsumenteninvestitionen für die Aufrechterhaltung des Wachstumsprozesses betont: Diese machten in der Periode 1899–1908 in den USA nur 4,4 % des Bruttosozialprodukts aus, die Unternehmensinvestitionen demgegenüber 12,4; im Zeitraum 1946–1962 war der Anteil der ersteren auf 9,8 % angestiegen, der der letzteren auf 9,7 % gesunken – also der Beginn einer Inversion war sichtbar[63]!

VON WEIZSÄCKER fährt fort: »Werden diese beiden Wege nicht begangen, so sinkt der Zins und der Profit im Lauf der Zeit immer weiter, bis der Wert Null erreicht wird«. Aber: »Alle drei Möglichkeiten widersprechen den Prinzipien der uns bekannten Formen des liberalen Kapitalismus, wie er insbesondere im 19. Jahrhundert verwirklicht worden ist[64].«

VON WEIZSÄCKERS *Solidaritätserklärung für Marx*

Und nun kommt die Solidaritätserklärung VON WEIZSÄCKERS gegenüber Karl Marx, die bereits im Keime in der soeben zitierten Negierung der Möglichkeit eines stationären Kapitalismus enthalten ist: »Unter der Voraussetzung, daß es immer ein gewisses Maß von Akkumulationswillen gibt, sind technischer Fortschritt oder Bevölkerungswachstum eine notwendige Bedingung für ein profitorientiertes kapitalistisches Wirtschaftssystem liberaler Prägung. Dieses Ergebnis zeigt, daß nur eine wachstumstheoretisch orientierte Analyse Chancen hat, die Vorgänge in einer kapitalistischen Wirtschaft zu verstehen.«

Dann aber vergleicht VON WEIZSÄCKER sein Resultat unmittelbar mit der Analyse Marx': »Die Entwicklung der kapitalistischen Produktion macht eine fortwährende Steigerung des in einem industriellen Unternehmen angelegten Kapitals zur Notwendigkeit ...« Er zitiert Marx' Satz, wonach die Konkurrenz jeden Kapitalisten zur beständigen Kapazitätsausdehnung und damit die Gesamtwirtschaft zur ständigen Ausdehnung zwingt. Bei VON WEIZSÄCKER ist die Akkumulation die Voraussetzung: Marx erklärt diese mit dem Konkurrenzdruck. Bei Marx werden die WEIZSÄCKERschen Bedingungen zu eigenständigen Entwicklungsfaktoren: »Bevölkerungswachstum und technischer Fortschritt, die von uns genannten Bedingungen für das Funktionieren eines kapitalistischen Systems, sind bei Marx Faktoren, die zur Entwicklung der inneren Widersprüche des Kapitalismus beitragen, indem sich durch sie die industrielle Reservearmee ständig vergrößert ...« Diese letztere WEIZSÄCKERsche Deutung der Marxschen Analyse stimmt übrigens nicht, denn nach Marx dehnt sich und schrumpft die Reservearmee mit dem Konjunkturzyklus.

VON WEIZSÄCKER betont nun ausdrücklich, daß gerade die Marxsche Theorie die seine in wesentlichen Zügen ergänzt: »Es muß bei diesem Vergleich mit der Marxschen Theorie betont werden, daß Marx durch das oben abgeleitete Resultat in keiner Weise widerlegt ist. Denn eine derart formale Theorie wie die vorhin dargestellte« – d. h. die neoklassische VON WEIZSÄCKERS selbst! – »kann niemals hinreichende, sondern höchstens notwendige Bedingungen für die kapitalistische Produktionsweise feststellen, und es bleibt ein nicht ausgefüllter Raum, in dem durchaus Platz ist für ein theoretisches System, das soziologisch oder ökonomisch Widersprüche des Kapitalismus zu beweisen sucht ...«.[65]

VON WEIZSÄCKER gibt eine übersichtliche Theorie, mit der erklärt wird, wieso Zins und Wachstumsrate im Gleichgewicht zusammenfallen müssen. Gleichzeitig wird jedoch bei ihm klargestellt, in welchen Punkten die neoklassische Theorie von der Marx' und der Neokeynesianer differiert: nämlich in der Negierung der Bedeutung der Investitionen für den Wachstumsprozeß und in der Leugnung, daß der Wachstumsprozeß bzw. die kapitalistische Dynamik als solche genüge, um das Zinsphänomen zu erklären – das Sparen kommt bei den Neoklassikern als eigenständige Komponente hinzu.

Er kommt zu dem Ergebnis, daß bei geringer Abhängigkeit der Sparquote vom Zins – bei geringer Zinselastizität β der Sparquote – der Zins von der Wachstumsrate abhängig sei: »Der Gleichgewichtszins verhält sich proportional zur Wachstumsrate«. Das bedeutet allerdings nicht völlige Identität: »Je größer β« (die Zinselastizität der Sparquote) »ist, desto weniger reagiert der Zins auf Veränderungen von w« (der Wachstumsrate). Damit wird die Verbindung zu Marx hergestellt: Für diesen war die Profitrate (Zinsrate) abhängig von der Akkumulation der Kapitalisten; β war für Marx irrelevant. Als weitere Komponente für die Bestimmung der Profitrate kommt allerdings bei Marx die Mehrwertrate hinzu, d. h. der historisch eingespielte Anteil der herrschenden Klasse am Sozialprodukt. Das ist jenes Element soziologischen Charakters, das nach VON WEIZSÄCKER durchaus Raum findet in einer Theorie, die die formalen Zusammenhänge betont. Wir sehen hier, daß VON WEIZSÄCKER im Gegensatz zu anderen Autoren nicht von einer restlosen Identität von Zinssatz und Wachstumsrate spricht; er sagt nur, daß »Zinssatz und Akkumulationsrate in einem kapitalistischen Wirtschaftssystem einen ähnlichen Wert haben«.[66] Für Marx, der den Zins als ein rein monetäres Phänomen auf dem Markt für die Ware Geld betrachtet, fallen Zinssatz und Profitrate ohnehin auseinander. Eine solche klare Unterscheidung erscheint wünschenswerter im Vergleich zur neoklassischen Identifizierung.

Der erste größere Unterschied zwischen der neoklassischen Analyse VON WEIZSÄCKERS und der Marxschen Analyse besteht also nur insofern, als nach VON WEIZSÄCKERS eigenem Eingeständnis die neoklassische Analyse formal bleibt und wichtige Elemente unbeachtet läßt, die die Marxsche Mehrwertanalyse und die Marxsche Lehre der Variation der Kapitalwerte im Zyklus auszufüllen geeignet sind.

Im übrigen muß betont werden, daß gerade die SOLOWsche These von der Variabilität der Kapitalintensität als dem Hauptinstrument zur Sicherung der Stabilität des kapitalistischen Wachstumsprozesses frappierende Analogien zum Marxschen Theorem von der Variabilität der »organischen Zusammensetzung des Kapitals« aufzuweisen scheint.

Auch hier besteht nun jedoch ein gewisser Widerspruch: Bei Marx wird die Profitrate unmittelbar von den Bewegungen dieser Kapitalintensität, die sich allerdings in einer speziellen Art von Quasi-Kapitalkoeffizient ausdrückt, abhängig; und insoweit die Profitrate die Widerspiegelung der Wachstumsrate wäre, würde damit auch das Wachstum von der Investition abhängig.

Demgegenüber behauptet die neoklassische Theorie, daß die Wachstumsrate von der Investition bzw. dem Kapitalkoeffizienten unabhängig sei.

Auch hier handelt es sich im Grunde nur um einen scheinbaren Gegensatz, dessen Ursache in der Formulierung des Theorems verborgen liegt.

VON WEIZSÄCKER weist im zweiten Kapitel seines Buches nach, daß ein Wachstum des Kapitalbestandes, das das Wachstum der Bevölkerung übersteigt, in der von ihm sogenannten »prästationären Wirtschaft« (einer Wirtschaft mit rein extensivem Wachstum) zum allmählichen Absinken des Zinssatzes und der Profitrate sowie damit zum Absinken der Akkumulationsrate führen muß – bis letztere auf der Ebene des Wachstums der Bevölkerung eingespielt ist. Er folgert daraus, daß »allein mit der Akkumulation des Kapitals kein ständiges Wachstum des Sozialprodukts bewirkt werden kann. Soll eine Wirtschaft ständig weiter wachsen, so ist technischer Fortschritt . . . notwendig«.[67]

VON WEIZSÄCKER möchte dieses (im Grunde tautologische) Ergebnis durch ein argumentum e contrario untermauern: Wollte man eine Abhängigkeit der Wachstumsrate im Gleichgewicht »von der mehr oder weniger großen Akkumulation des Kapitals« unterstellen, »dann könnte man ein Absinken des technischen Fortschritts oder der Rate des Bevölkerungswachstums durch eine entsprechend höhere Akkumulation des Kapitals wettmachen. Das würde bedeuten, daß die Gleichgewichtswachstumsrate auch positiv bleiben kann, wenn der technische Fortschritt und das Bevölkerungswachstum gleich Null sind . . . Der tiefere Grund für die Tatsache, daß die Gleichgewichtsrate unabhängig von der Höhe der Investitionen ist, liegt im Gesetz des abnehmenden Grenzertrags . . . Die höheren Investitionen der Volkswirtschaft werden mit der Zeit immer mehr und im Gleichgewichtszustand vollkommen in ihrer Wirkung auf die Wachstumsrate durch die niedrigere Produktivität des Kapitals kompensiert. Natürlich darf aber nicht vergessen werden, daß eine Erhöhung der Investitionen den Gleichgewichtspfad auf ein höheres Niveau hebt, so daß das Sozialprodukt im Gleichgewichtszustand immer höher sein wird, als wenn die Investitionen auf ihrem alten Stand geblieben wären«.[68]

Demgegenüber sieht es bei Marx so aus, als sei für ihn der Wachstumsvorgang mit der Akkumulation des Kapitals identisch.

Bei näherer Betrachtung stellt sich jedoch heraus, daß zwischen der VON WEIZSÄCKERschen Analyse und dem Marxschen Theorem im Grunde keine prinzipiellen Gegensätze bestehen, sondern hauptsächlich definitorische Unterschiede in der Formulierung der Prämissen.

Zunächst baut der von Marx in den Reproduktionsschemata des zweiten Bandes des ›Kapital‹ beschriebene Wachstumsvorgang streng genommen auf den Prämissen des neoklassischen Wachstumsvorgangs auf, denn er impliziert ständiges Bevölkerungswachstum im Sinne wachsender Arbeits-Inputs.

Zum zweiten aber stellt sich bei noch näherer Betrachtung heraus, daß diese Schemata doch ein Wachstumselement enthalten, das über den rein extensiven Charakter hinausgeht. Wir haben dies im zweiten Bande unseres Werkes »Ökonomie und Marxismus« dargestellt[69].

Wir haben dort dargetan, daß in den Marxschen Schemata ein Wachstum pro Kopf gewissermaßen verborgen ist, wenn man als Voraussetzung unterstellt, daß eine relativ breite Kapitalistenschicht vorhanden ist; diese Wachstumsrate ist höher, wenn das Land aus eigener Arbeitslosenrate schöpfen kann, und relativ niedriger, wenn es sich auf Gastarbeiterzuwanderung stützt[70].

Indessen ist doch ein anderer Gesichtspunkt entscheidend: Nämlich der, daß bei Marx der technische Fortschritt implicite »verkörperten« (»embodied«) Charakter trägt, das heißt unauflöslich mit der Investitionstätigkeit verbunden ist. Wir haben diese Zusammenhänge im Band II unserer obengenannten Arbeit geschildert und dabei darauf hingewiesen, daß dieser These der »Verkörperung« des technischen Fortschritts in den Bruttoinvestitionen im 19. Jahrhundert selbst erbitterte Marx-Gegner wie VON BÖHM-BAWERK anhingen, daß sie bis zum Beginn des Zweiten Weltkrieges mehr oder weniger communis opinio der führenden Ökonomen blieb, in den fünfziger Jahren von ABRAMOVITZ, KENDRICK, SCHULTZ und SOLOW – also im wesentlichen von amerikanischen Neoklassikern – bestritten wurde und dann trotz Unterschätzung durch DENISON in den sechziger und siebziger Jahren nach PHELPS sowie vor allem durch KENNEDY/THIRLWALL, ELTIS u. a., PEP- und ECE-Berichte eine Renaissance und Neuformulierung erfuhr, die letztlich wiederum – wie in so vielen anderen Bereichen – Marx' Intuition rechtfertigen sollte[71]. Schließlich kapitulierte vor dieser Neufassung selbst der Doyen der Neoklassiker, SOLOW.

Nun war Marx' Annahme, wonach die Bruttoinvestition der eigentliche Motor des Wachstums seien, seltsamerweise gerade von einem Autor aufgegriffen worden, der es sich zum Ziel gesetzt hatte, ein »antikommunistisches Manifest« zu schreiben: Nämlich von WALT ROSTOW. Für diesen war das entscheidende Kriterium für den »take-off«, d. h. den Start von der traditionell bestimmten Gesellschaft in ein permanentes Wachstumsstadium, »die Zunahme der effektiven Investitionsrate von, sagen wir, fünf Prozent des Volkseinkommens auf zehn Prozent oder mehr, obwohl dort, wo massive gesellschaftliche Gemeininvestitionen« (heavy social overhead capital investment)« zur Schaffung der technischen Vorbedingungen für den ›take-off‹ erforderlich waren, die Investitionsrate in der Vorbereitungsperiode schon höher als fünf Prozent sein konnte, wie zum Beispiel in Kanada vor den neunziger Jahren des letzten Jahrhunderts und in Argentinien vor 1914. In solchen Fällen bilden Kapitalimporte gewöhnlich einen hohen Anteil der Gesamtinvistitionen in der Vorbereitungsperiode und manchmal sogar während des ›take-off‹ selber, wie in Rußland und Kanada im Laufe des Eisenbahnbooms der Zeit vor 1914«.[72]

Ein Ökonom, der unsprünglich ein Anhänger dieser Theorie war, RONDO CAMERON, hat dies bezeichnet als einen »naiven Glauben an die These, wonach ein Anstieg in der Investitionsrate eine erforderliche, wenn nicht geradezu zureichende Vorbedingung ist für die ökonomische Entwicklung«.[73] Auf jeden Fall hat ROSTOW nicht erkannt, wie sehr er mit seiner Betonung des Investitionsfaktors der Marxschen These nahekam.

ROSTOWS Auffassungen sind nun scharf von einer ganzen Reihe von Autoren kritisiert worden, insbesondere von KUZNETS, HOFFMANN, PHYLLIS DEANE und W. A. COLE sowie JEAN MARCZEWSKI.

DEANE und COLE haben ermittelt, daß die Investitionsquote in Großbritannien im 17. Jahrhundert, also zur Zeit der »bürgerlichen Revolution« der Cromwell-Zeit und von 1688 unter 5 % gelegen hat, bis zur Zeit der französischen Revolution bestenfalls 6 % erreichte und in der ersten Hälfte des 19. Jahrhunderts auf 7 % anstieg, um dann erst nach 1850 über 10 % zu steigen[74].

Es konnte also keine Rede davon sein, daß der Zeitraum der Industrierevolution, der mindestens mit 1780 einsetzt, bereits Investitionsraten von 10 % und mehr gesehen habe. Und schlimmer noch: DEANE/COLE betonen weiter, daß gegen Ende des 18. Jahrhunderts »der jährliche Zustrom von neuem Kapital« (also die Nettoinvestition!) »in die führenden kommerziellen und industriellen Sektoren ... nicht mehr als vielleicht 1 % des Volkseinkommens betrug ...«.

JEAN MARCZEWSKI hat für Frankreich die ziemlich niedrige Investitionsquote von 3 % für die Zeit vor 1840 berechnet; 10 % wurde erst unter dem zweiten Kaiserreich erreicht[75].

HOFFMANN dagegen ermittelte eine Ziffer von 7,5 % für Deutschland im Zeitraum 1831–1855[76], CAIRNCROSS 6 bis 7 % für Schweden vor 1900[77] und ROSOWSKY 7 bis 8 % für Japan von etwa 1880 an[78].

CAMERON spricht von seiner »Bekehrung« in dem Sinne, daß er nicht mehr den ROSTOWschen Theorien anhängt, sondern als wichtigste Faktoren für den »take-off« qualitative Elemente ansieht: Eine effizientere und intensivere Nutzung von Kapital und Arbeit, nicht allzu kurze – wenngleich auch nicht allzu lange! – Arbeitszeiten, ein gutes Erziehungs- und Bildungswesen (er zitiert hier als Beispiel die Überlegenheit Schottlands gegenüber England von etwa 1750 ab, ferner auch die beispielhafte preußische Volksschulbildung usw.!), das Vorwiegen von (erfindungsreichen?) Kleinindustrien statt kapitalintensiver Großindustrie, und – das ist vielleicht das Erstaunlichste in seinen Ausführungen! – die Förderung und Stimulierung des privaten Unternehmertums, zum Beispiel in Rußland unter WITTE und im Japan der Nach-Meiji-Ära, statt einer Ersetzung freier Märkte durch Verordnungen, wie dies nach seiner Darstellung in Spanien und der Türkei der Fall war[79].

### *Ein Sonderfall:* CAMERON

Dieses Zeugnis CAMERONS ist deshalb so eindrucksvoll und, für unser Thema, so relevant, weil der Autor nach seinem eigenen Eingeständnis erstens Sozialist und zweitens ursprünglich ein eingeschworener Anhänger der Thesen ROSTOWS war. Wir haben hier also in doppeltem Sinne mit einem »Volte-face« zu tun.

CAMERONS Position ist deswegen besonders interessant, weil er einerseits der nicht nur in sozialistischen Kreisen, sondern auch auf der Gegenseite – wie ROSTOWS Haltung beweist – häufigen Überschätzung der Investition als Wachstumsmotor entgegentritt und außerdem die Bedeutung anderer Faktoren, die vielfach dem »Überbau« (im marxistischen Sprachgebrauch) zugerechnet werden, gebührenden Platz verschafft. Allerdings betont CAMERON gleichzeitig, er sei keineswegs für ein reines Laisser-faire-System, denn die Staatsinitiative müsse die Infrastruktur liefern; aber nach seiner Ansicht muß der privaten Initiative breiter Raum eingeräumt werden, wie dies die klassischen Ökonomen in Europa im 18. Jahrhundert gefordert hatten.

Bei näherer Betrachtung ist diese Auffassung jedoch durchaus mit der Marxschen vereinbar. Denn nach Ansicht des Meisters hatte die Bourgeoisie die Aufgabe, zunächst die chinesischen Mauern vorkapitalistischer Formen niederzureißen, ehe der Weg zum Sozialismus eingeschlagen werden könne. Hier zeichnet sich der große Gegensatz zu der Auffassung ab, wonach es eine Art »Kurzschluß-Weg« zum Sozialismus gebe, bei dem unentwickelte Länder die Zwischenstufe des Kapitalismus überspringen und Sozialismus wie »take-off« miteinander verbinden könnten – in irriger Interpretation des Weges der Sowjetunion, die 1917 eben bereits ein teilentwickeltes Land war und den großen Sprung hinter sich hatte.

CAMERONS »Bekehrung« bezieht sich eigentlich auf diese letztere Ansicht; und hierin trifft er sich paradoxerweise mit einer der Grundkomponenten in WALT ROSTOWS Auffassung, der ja auch ein Plädoyer für die Marktkräfte abgeben wollte, dann aber in merkwürdige Identität mit der Überschätzung der Investition hineingeriet, die ihn fast zur Identifizierung mit dem brachte, was in vielen unentwickelten Ländern als Quintessenz des Sozialismus angesehen wird – wenngleich Marx' eigene Auffassung als sehr viel differenzierter zu betrachten ist, weil sie die Investition nicht nach der quantitativen Seite, sondern als Vehikel des technischen Fortschritts betont.

Die CAMERONsche Auffassung läßt sich mit einer Kurzzusammenfassung seiner eigenen Worte wiedergeben:

»Die Kräfte des Marktes sind von großer Macht, selbst innerhalb rückständiger, unterentwickelter Länder ... Wenn der Staat versucht, sie zu bevormunden oder zu proskribieren, können diese Kräfte Chaos und Stagnation produzieren ...

... Viele der angeblichen Mangelerscheinungen der Privatwirtschaft in unterentwickelten Ländern sind das Ergebnis einer vielfach widerspruchsvollen und/oder fehlgeleiteten Regierungstätigkeit, die eben gerade durch Hinweise auf diese Mangelerscheinungen gerechtfertigt wird. Zum Beispiel wird die verarbeitende Industrie gefördert, weil sie anscheinend höhere Produktivität aufzuweisen hat als die landwirtschaftliche Betätigung; aber das Produktivitätsdifferential kann sich mindestens teilweise aus Zollschuzt und anderen Begünstigungen der verarbeitenden Industrie erklären, während die Landwirtschaft stagniert, weil Verkehrsmöglichkeiten, Vertriebs- und Kreditfazilitäten fehlen, und positive Entmutigungsfaktoren in Gestalt von Preiskontrollen gegeben sind ... Andererseits lassen es die Industrieunternehmer an Dynamik fehlen, eben weil sie sich sicher fühlen in dem Bewußtsein, daß exorbitante Zollmauern ihre begrenzten Binnenmärkte schützen, können aber nicht einmal versuchen, auf den Auslandsmärkten als Konkurrenten aufzutreten, wegen der Zölle, die ihre Rohstoffe belasten, wegen Überbewertung der Währung und anderer Entmutigungsmaßnahmen, die sich gegen den Export auswirken ... Die Art von Männern, die man im Staatsdienst findet, – und noch wichtiger, die Art der Stimulantia, die sie bewegen – sind nicht unbedingt die, die am meisten zum Wirtschaftswachstum führen. Ihrer Natur nach ziehen politische Organisationen vielfach zahlreiche Menschen an, die keine Qualifikationen für eine Arbeit haben als die, daß sie der Parteiorganisation ergeben sind und (allzu oft) den Wunsch haben nach Machtausübung und Patronage ... Parkinsons Gesetz ist nichts, worüber man lachen sollte ... Staatlich geförderte Entwicklungsprojekte tendieren zum Grandiosen und Monumentalen ... Die erfolgreichsten Fälle der Industrialisierung in der Geschichte zeigen aber ein Vorherrschen von Unternehmen mit kleinen Dimensionen in den Frühstufen der Industrialisierung ...[80].«

CAMERON verweist die Regierungen unterentwickelter Länder dann auf ihre Infrastrukturaufgaben, die sie vielfach unzulänglich erfüllten: »... Solange sie ihre Eisenbahnen und ihre Post nicht effizient betreiben können, sollten sie nicht ein petrochemisches Werk betreiben wollen, und viel weniger noch die Großhandelsverteilung von Lebensmitteln ...« Aber er betont dann, wie sehr diese Schlußfolgerungen eigentlich seiner politischen Ausgangsbasis zuwiderlaufen:

»Ich möchte ganz klar herausstellen, daß meine eigenen Tendenzen keineswegs auf irgendwelche doktrinären ideologischen Grundlagen hinauslaufen. Im Gegenteil, als ein ›Altsozialist‹ ... kann ich sagen, daß irgendwelche ideologischen Neigungen, die ich hege, vielmehr in die entgegengesetzte Richtung gehen. Meine ›Konversion‹, wenn das der richtige Ausdruck ist, ist das Ergebnis vieler Jahre intensiver Studien der historischen Daten und einer etwas kürzeren, aber nicht weniger intensiven Beschäftigung mit den Wechselfällen der Politik in unterentwickelten Ländern. Die Geschichte ist, wie ich angedeutet habe, ein großer Lehrer – die persönliche Geschichte nicht am wenigsten ...[81].«

Die Logik, die dieser klassische Fall der Konversion gegenüber dem eigenen Ausgangspunkt zeigt, ist nun aber auch nach einer anderen Richtung hin instruktiv. Gegner wie Freunde des Marxismus – beispielsweise RAYMOND ARON wie JOAN ROBINSON – haben die Neigung, sozialistische Wirtschaftsformen als geeignet für unterentwickelte Länder hinzustellen – womit sie abqualifiziert oder als Übergangsformen deklariert werden. Demgegenüber bleibt Marx' und Engels' ursprüngliche Position nach wie vor aktuell: Daß eine sozialistische Gesellschaftsform im Gegenteil erst dann eine Chance hat, wenn die Voraussetzungen eines ausreichenden Unterbaus und einer Mindestversorgung mit Produktions- und Konsumtionsmitteln erfüllt sind – also in einem Reifestadium der entwickelten Länder. Insofern ist die »Bekehrung« CAMERONS, die als Musterbeispiel für »second thoughts« sehr vieler Anhänger des Sozialismus in den nachdenklicheren Kreisen der unterentwickelten Länder gelten mag, im Grunde paradoxerweise keineswegs eine Kapitulation vor kapitalistischen Tendenzen, sondern eine Rückkehr zur ursprünglichen Position der Väter der wissenschaftlichen Sozialismus.

Der Verfasser hat in einem anderen Werk dargelegt, daß die Väter der modernen Wachstumstheorie, HARROD und DOMAR, im wesentlichen Marx' Suche nach den Instabilitätsfaktoren im Kapitalismus wiederaufgenommen haben. Das ist nicht nur von JOAN ROBINSON, sondern auch von einer Autorität vom Range DENNIS H. ROBERTSONS bestätigt worden. Beide haben Marx das Primat bei der Entdeckung der sogenannten »Domar-Gleichung« (Wachstumsrate = Sparquote: Kapitalkoeffizient) zuerkannt, und die Abweichung von dieser Gleichgewichtsformel deutet gleichzeitig die Unstabilitätsbedingung an. Nun hatten beide Autoren zweifellos nichts zu tun mit der grundlegenden Feindseligkeit Marx' gegenüber dem Kapitalismus, wenngleich bestimmte methodologische Ähnlichkeiten gegeben sind – beispielsweise die Tendenz zur Fixierung der Faktorrelationen.

DOMAR, der die ideologische und theoretische Entwicklung in der Sowjetunion ziemlich genau verfolgte, kann eher als ein prinzipieller Antikommunist gelten, wie seine Kommentare zur sogenannten »Varga-Kontroverse« um die Zukunft des Kapitalismus und seine ironischen Bemerkungen über die Arbeitswerttheorie – er vergleicht sie mit einem Steinhammer, den man im Zeitalter der Metallgeräte verschrotten könne – zur Genüge beweisen.

Sodann ist zu bemerken, daß beide Väter der modernen Wachstumstheorie von KEYNES inspiriert waren. Sicherlich liegt eine gewisse Ironie eben in dieser Tatsache, daß das Unstabilitätsprinzip Marx', das zugegebenermaßen bei diesem mehr eine Vision als eine ausgewachsene Theorie war, gerade von den Gefolgsleuten des Mannes wiederentdeckt wurde, der diesen älteren Genius so gründlich mißverstanden und mißachten sollte – nämlich KEYNES.

Die Neo-Keynesianer sind in der Zwischenzeit dahin gekommen, eine ziemlich enge Affinität zwischen beiden Autoren nachzuweisen; manche von ihnen, so zum Beispiel JOAN ROBINSON, sind sogar als Neo-Marxisten eingestuft worden, nämlich auf dem Kontinent von dem jesuitischen Marx-Forscher CALVEZ und in der angelsächsischen Welt von dem australischen Ökonomen HARCOURT. In manchen Kreisen spricht man sogar von der »neo-marxistischen Schule« des (englischen) Cambridge ...

Nun war es vor allem JOAN ROBINSON, die in ironischer Weise die logischen Konsequenzen aufgezeigt hat, die sich aus den Lehren von Marx, MARSHALL und KEYNES für die langfristige Entwicklung des Kapitalismus ergaben: Wenn man diese Konsequenzen näher betrachtet, so führen sie im Grunde jeweils zu den entgegengesetzten Ergebnissen von dem, was sie nach der Auffassung ihrer Verfechter bedeuten sollten:

»Die beste Verteidigung des kapitalistischen Wirtschaftssystems läßt sich auf der Grundlage der Analyse von Marx abteilen ... Seine (Marxens) Kapitalisten sind nicht interessiert an einem luxuriösen Leben ... Sie hindern die Arbeiter daran, einen Anteil an der gesteigerten Produktion zu erhalten, denn wenn die Arbeiter mehr verbrauchen würden, dann würde es weniger Akkumulation geben, und das Anwachsen des Gesamtreichtums würde behindert ...

Als KEYNES den blühenden Kapitalismus der Zeit vor 1914 beschrieb, ... legte er eine Analyse vor, die im wesentlichen die gleiche ist wie die von Marx ... Er zeigte auf, daß für eine fortgeschrittene kapitalistische Wirtschaft eine natürliche Tendenz in der Richtung besteht, daß sie in chronische Stagnation hineinzugleiten droht ..., und daß sie ihrer innersten Natur nach im höchsten Grade unstabil ist ... Wenn KEYNES die Notwendigkeit zur Abhilfe gegenüber den Mängeln des Kapitalismus aufzeigt, dann legt er gleichzeitig dar, wie gefährlich die dafür in Anwendung gebrachten Heilmittel sein können ...

Wenn man die Argumente gegen den Kapitalismus zusammenstellen will, dann muß man notwendigerweise auf die Argumentation von MARSHALL zurückgreifen ... (Danach) sollen die Kapitalisten ... dafür ›belohnt werden, daß sie warten‹, und sie werden nicht sparen, wenn sie nicht bis zu einem gewissen Punkt gemästet werden, indem man ihnen einen hohen Lebensstandard einräumt. Es ist aber eine sehr verschwenderische und kostspielige Methode zur Erreichung dieses Zieles, wenn die Gesellschaft für das Sparen damit bezahlen muß, daß eine ungeheure Ungleichheit im Verbrauch zugelassen wird ... Es wäre viel ökonomischer, wenn man die Kapitalisten enteignen wollte ... und wenn man beschließen würde, daß die Akkumulationsrate nach Maßgabe eines generellen Konzepts zur Entwicklung der Wirtschaft aus der Gesamtsicht bestimmt wird, statt nur nach der Laune der Individuen ...«

Wenn man die Dinge unter diesem Blickpunkt betrachtet, so erscheint MARSHALL schließlich noch im Lichte eines Revolutionärs! Damit wird man daran erinnert, daß auch ein anderer in der Wolle gefärbter Konservativer, JOHN BATES CLARK, zu erstaunlichen Schlußfolgerungen gelangt ist. Er sagte bei der Erörterung der Verteilungsprobleme: »Wenn (die arbeitenden Schichten) eine erhebliche Menge produzierten, aber nur einen geringen Anteil daran bekommen würden, dann würden viele zu Revolutionären werden, und alle hätten das Recht, das revolutionäre Banner zu erheben ...«.

Es geht hier nicht um die Frage, wer diesen Schlußfolgerungen zustimmt und wer nicht. Der entscheidende Punkt ist der, daß sich solche Schlußfolgerungen zwangsläufig ergeben, als die inhärente Logik, die aus bestimmten Theorien folgt.

Andererseits lassen sich auch manche Einwendungen nicht umgehen: Der wichtigste ist der, daß die Ungleichheit in der Einkommensverteilung in unterentwickelten Ländern weit größer zu sein pflegt, als sie in den Industrieländern ist.

Unter den Marxisten waren mehrere, die die Analyse des Meisters nicht als ausreichend ansahen für eine wirksame revolutionäre Kritik: Dazu gehörte ROSA LUXEMBURG, für die vor allem ein klarer Nachweis der Gründe für die von Marx behauptete Unstabilität des Kapitalismus nicht aus seiner Darstellung abzuleiten war. Sie kam daher zu einer besonderen Art von Wachstumstheorie, derzufolge der Kapitalismus gewissermaßen wie ein gigantischer Parasit sich vom Blut der vor- und außerkapitalistischen Elemente nährt ... Zwar ging diese Wachstumstheorie von falschen Prämissen aus und endete in einer Sackgasse: Dennoch war sie ein genialer Versuch, eine grundsätzliche Daseinsschranke für den Kapitalismus zu finden. En passant entdeckte ROSA LUXEMBURG dabei eine Reihe von ökonomischen Konzepten, so u. a. den Außenhandelsmultiplikator.

*Die Debatte um die Grenzen des Wachstums*

In der Zwischenzeit ist eine neue Wachstumsdebatte eingeleitet worden, bei der es nicht mehr um die Frage geht, wie ein gleichgewichtiges Wirtschaftswachstum zustandekommen und aufrechterhalten werden kann, sondern um die gewissermaßen vorgeschaltete Frage, ob ein permanentes Wachstum überhaupt wünschenswert ist, und um die nachgeordnete Frage, ob es überhaupt möglich ist.

BRITTO hat mit Recht darauf hingewiesen, daß das Interesse am wirtschaftlichen Wachstum in der nahen Zukunft nachlassen wird, weil die Aufmerksamkeit auf der gesamtgesellschaftlichen Ebene mehr und mehr auf negative Probleme gelenkt wird, wie zum Beispiel auf Verschmutzungserscheinungen, Verfallserscheinungen im städtischen Bereich und ähnliches.

Es kann keinerlei Zweifel daran geben, daß die Hintergründe dieser neueren Debatte ideologisch bedingt sind. BECKERMAN hat mit Recht darauf hingewiesen, daß »man bis vor kurzem geglaubt hat, für radikale Denker, die es mit ihrer Moral ernst nehmen, wäre die richtige und sinnvolle Haltung damit gegeben, daß sie die Gesellschaft dazu anhalten, rascher zu wachsen ...«. Er betonte weiter, daß solche Denker bisher »mehr Besorgtheit um die Verbrauchsniveaus zukünftiger Generationen« an den Tag gelegt hätten«.[82]

Der erste Teil dieser Darlegungen ist sicher zutreffend. Tatsächlich haben die Vertreter radikaler Ideen noch vor einer Generation so argumentiert, daß die Armut beseitigt werden müßte, daß der Kapitalismus eben die in ihn gesetzten Hoffnungen auf besseres Leben nicht erfülle (»didn't delivert he goods«), und daß er nicht die richtige Basis dafür böte, daß das Sozialprodukt rasch genug anwüchse. 

Natürlich gab es einige, die sogar der Meinung waren, die Ungleichheit in den Einkommensverhältnissen wäre gewachsen. Weniger umstritten war der Gedanke, daß die Ungleichheit in den Vermögensverhältnissen größer geworden sei. Aber schon zu dem ersten Punkt, dem der Einkommensverteilung, galt die Forderung, der Kuchen müsse umverteilt werden. Das bedeutete in gewissem Umfang, daß man das weitere Wachstum dieses Kuchens als selbstverständlich unterstellte, wenngleich schon JOHN STUART MILL geglaubt hatte, man sei bereits an die Schwelle der Sättigung gelangt, und es käme allein auf die Umverteilung an.

Die moderne statistische Analyse und insbesondere die Vergleiche mit unterentwickelten Ländern haben nun gezeigt, daß die Einkommensverteilung in den modernen Industrieländern jedenfalls günstiger für die Massen ist als in den unterentwickelten Ländern; in der Zeit seit dem ersten Weltkrieg bis zur Epoche, die unmittelbar auf den zweiten Weltkrieg folgt, dürfte sich sogar eine wesentliche Verbesserung der Einkommensverteilung ergeben haben, dank der Steuergesetzgebung. Mindestens für die letzten anderthalb Jahrzehnte läßt sich hier allerdings die Tendenz zu Rückschritten nicht ganz ausschalten.

Nun kann man aber wohl mit Fug und Recht behaupten, daß eine ganze Reihe von Vertretern der »radikalen« oder »linken« Richtung in der Zwischenzeit nahezu eine Hundertachtziggrad-Wendung in ihren Auffassungen vollzogen haben. Heute beklagen viele die Folgen des Wirtschaftswachstums, statt auf dessen weitere Intensivierung zu drängen. Der Sozialismus wird für viele nicht mehr zu einem Instrument zur Intensivierung des Wirtschaftswachstums, sondern zu einem Ausgleichsinstrument, das dafür sorgen soll, daß die negativen Folgen dieses Wachstums eingedämmt oder gar vermieden werden.

Dabei schälen sich zwei Richtungen heraus: Die eine akzeptiert die Argumentation des »Club of Rome« und meint, daß die Menschheit an die Grenzen der Wachstumsmöglichkeiten für ihre Wirtschaft stößt. Diese Richtung verdammt im Prinzip nicht nur den Kapitalismus, sondern generell die »Verbrauchergesellschaft«, und zwar nicht nur deshalb, weil diese die Zukunftsaussichten der Menschheit gefährdet, sondern auch darum, weil sie höhere menschliche Werte wie Solidarität, Gemeinschaft, kulturelle Aspirationen usw. auflöst.

Die andere Richtung ist der Ansicht, die Gefährdung dieser letzteren Werte, aber auch die Gefährdung der Zukunft der Menschheit durch übermäßige Verschmutzung und Inanspruchnahme von Naturressourcen sei letztlich nur auf den Kapitalismus zurückzuführen und würde sich in einem sozialistischen System eindämmen, wenn nicht vermeiden lassen.

GOLDMAN und andere haben allerdings nachzuweisen versucht, daß Verschmutzungserscheinungen in sozialistischen Systemen wie dem der Sowjetunion ebenso häufig seien wie im Kapitalismus.

An dieser Stelle muß betont werden, daß von sehr vielen Ökonomen empfohlen wird, man solle zur Eindämmung solcher Verschmutzungserscheinungen den Preismechanismus mobilisieren, um auf diese Weise zu erreichen, daß gesellschaftliche Kosten, die bisher nicht in die Kosten der Betriebe eingingen, aus »externen« zu »internen« Kosten werden. Dies kann durch die Einführung des Prinzips geschehen, wonach »der Verschmutzer zahlen soll« – es ist dies allerdings in gewisser Hinsicht eine typisch kapitalistische Denkweise, denn dieses Prinzip bedeutet, daß der Verschmutzer der Allgemeinheit gewissermaßen das Recht zu ihrer teilweisen Vergiftung abkauft ... Soweit sozialistische Länder dieses Prinzip übernehmen, würde es sich um ein weiteres Beispiel dafür handeln, daß die seinerzeit von OSCAR LANGE ausgesprochenen und vom »Libermanismus« propagierten Gedanken übernommen werden, wonach Preis- und Wettbewerbselemente in ihr System eingeführt werden müssen, um ein Maximum an Rationalität zu gewährleisten.

Aber wir haben es hier mit dem Kern unserer Argumentation zu tun: Diese Wandlung in der Akzentuierung der Argumentation sozialistischer Denker stellt in gewissem Sinne einen Widerspruch dar zu ihrer Ausgangsbasis – sie waren davon ausgegangen, daß der Sozialismus eine neue und zusätzliche Entfaltung der Produktivkräfte bringen würde, und sie enden bei dem Gedanken, daß die absolute Grenze für die Entfaltung der Produktivkräfte schon im Kapitalismus erreicht würde ...

Das kann als ein Zeichen der Ehrlichkeit angesehen werden. Radikale und »linke« Autoren leugnen das allumfassende Primat des Wachstums und geben damit zu, daß der Kapitalismus rasch genug, ja vielleicht zu rasch gewachsen ist ...

Es bleibt zu untersuchen, inwieweit diese Autoren den Propagandisten des »Club of Rome« auf den Leim gegangen sind, und inwieweit sie die mögliche Produktivitätssteigerung zumal bei einer Änderung des Gesellschaftssystems unterschätzen.

Auf der anderen Seite des Zaunes sitzen diejenigen, die als Nebenprodukt dieser Debatte eine Korrektur der Wachstumsmaßstäbe fordern. In der Tat besteht eine wachsende Tendenz in der Richtung, daß man den Begriff des »Bruttosozialproduktes«, der zur Messung echten Wohlstandes ungeeignet erscheint, einer Korrektur unterziehen will. Hier ist in der Tat anzuerkennen, daß dieser Begriff ein typisches Produkt kapitalistischer Denkweise ist, insofern damit die Bedeutung der Warenproduktion und der Gewinne überschätzt wird. Viele Produkte, deren Erzeugung einen kapitalistischen Gewinn abwirft, erscheinen bei näherer

Betrachtung als »Notwendigkeiten« (»necessaries«) für die Weiterführung der Produktion, die keinen echten gesellschaftlichen Vorteil, sondern gesellschaftliche Verluste und negative Elemente darstellen.

Andererseits muß das Bruttosozialprodukt ergänzt werden durch Mitrechnung produktiver Tätigkeiten, die sich nicht in Marktwerten niederschlagen: Das gilt zum Beispiel für die Arbeitsleistung der Hausfrauen und auch für Gewinne an Freizeit, Muße, Gesundheit usw.

Soweit die Nationalökonomie dazu übergeht, eine solche Korrektur in Angriff zu nehmen, würde sie logischerweise dazu übergehen müssen, an die Stelle des Bruttosozialprodukts (gross national product) den Maßstab eines Indexes des »Globalwohlergehens« setzen zu müssen. Damit kommt sie im Grunde der Argumentation Marx' entgegen, der den Kapitalismus eines »Warenfetischismus« bezichtigte.

Die Ironie der Geschichte hat es gewollt, daß sozialistische Länder infolge einer falschen Interpretation des Marxschen Produktivitätsbegriffes in einen Irrtum der entgegengesetzten Richtung abgeglitten sind: Sie haben in ihrer Produktivitätsanalyse der Produktion physisch greifbarer Güter im alten SMITHschen Sinne des Wortes übermäßige oder alleinige Bedeutung beigemessen und sind damit dazu gelangt, zahlreiche Dienstleistungselemente in ihren Berechnungen des Wirtschaftswachstums untergehen zu lassen. Das dürfte für die Interpretation der Wachstumsstatistik in diesen Ländern nur solange als berechtigt erscheinen, als der Dienstleistungssektor nicht rascher als bisher anwächst; damit, daß man diese Elemente vernachlässigt, erscheint die Gesamtwachstumsrate größer, solange die Industrie rascher wächst als der Dienstleistungssektor. Umgekehrt könnten westliche Länder, in denen die Dienstleistungsbereiche rascher wachsen als der sekundäre Sektor, ihr Wachstum langsamer erscheinen lassen und damit die Kritiker des Wachstums sozusagen mit einem statistischen Trick beruhigen ...

Andererseits stellt sich folgende Frage: Wenn das Bruttosozialprodukt ein falscher Maßstab ist und sogar einige Elemente negativen Wachstums in sich birgt, warum sollten wir dann besonders betroffen sein über das unmäßige Wachstum eines solchen unzuverlässigen Indikators, und warum sollten wir dies als einen Hinweis auf bevorstehenden Untergang ansehen?

*Unheilige Allianzen*

Es ergeben sich hier merkwürdige Allianzen:

– Auf der einen Seite steht der Club of Rome, eine Gruppe von Industriellen, die die warnende Stimme erhebt und mahnt, das Wachstum müsse verlangsamt werden, vielleicht sogar bis auf den Nullpunkt; diese Richtung wird unterstützt durch einen Chor von Ökologen,

Mathematikern und Naturwissenschaftlern und verstärkt durch den unerwarteten Zustrom »linker« Anti-Verbrauchsgesellschafts-Radikaler, die eine »Entfremdung« des Menschen durch Versklavung vermittels »gadgets« fürchten. Ein weiterer Zustrom ergibt sich aus den Reihen der Sozialisten, die die Hoffnung hegen, in einer Welt zunehmender Verknappung müßte zwangsläufig der Planungsgedanke siegen. Schließlich kommen noch als unheilige Verbündete die Erdölgesellschaften hinzu, denen der Gedanke nicht unbedingt mißfällt, es könne eine allgemeine Ölverknappung eintreten, weil damit die Ölpreissteigerungen gerechtfertigt werden, und die Länder der OPEC, die teils demselben Gedanken anhängen, teils auch ein Austrocknen ihres Hauptreichtums befürchten. Dem schließen sich andere Rohstoffländer an, die den gleichen Weg der Preissteigerung beschreiten möchten. Alles in allem: eine unheilige Allianz zwischen Profit und Idealismus.

– Auf der anderen Seite steht eine ebenso gemischte Menge: In der ersten Frontlinie stehen konservative Ökonomen, die dem Preissystem genügend Elastizität zutrauen, damit es nach Umbau der externen in interne Kosten auch weiterhin Produktivitätssteigerungen größten Ausmaßes bei Rohstoffen und Energiequellen aller Art auslöst.

Neben diesen stehen Kommunisten, die den traditionell optimistischen Ausblick des Marxismus auf eine sozialistische Zukunftsgesellschaft weiter verfechten, in der ungeahnte Produktivkräfte ausgelöst werden, und andere, die fest davon überzeugt sind, daß Verschmutzung und Rohstoffverknappung typisch kapitalistische Phänomene sind.

Andere Sozialisten teilen eine Mischung der beiden vorgenannten Auffassungen.

Verstärkt wird diese Richtung durch einige nüchterne Statistiker wie BARNETT und MORSE, die davon ausgehen, daß die Richtigkeit der von ihnen so bezeichneten »neoricardianisch-neomalthusianischen« Richtung nachprüfbar sein müßte, die aber feststellen, daß säkular gesehen nichts von einer Rohstoff- oder Energieträgerverknappung festzustellen sei.

Hinzu kommen konservative Ökonomen wie ADELMAN, die prophezeien, daß die Kosten der Erdölförderung bis zum Ende des Jahrhunderts nicht über 20 Cents (plus Inflationsfaktor) hinausgehen würden, und Autoritäten wie MILTON FRIEDMAN, der voraussagt, daß auch der Erdölpreis wieder auf das Niveau der frühen siebziger Jahre (plus Inflationsfaktor) zurücksinken wird.

Sind alle diese Diskussionsteilnehmer »ehrlich« und nicht ideologiegebunden, im Sinne unserer Prämissen?

Man wird dies wohl für einige der ausgesprochenen Interessenten verneinen müssen. Für die übrigen müßten wir den gründlichen Test anlegen, den wir bei anderen Autoren durchgeführt haben: Wir müßten die jeweiligen Widersprüche aufzeigen, die sich bei ihnen ergeben. 

Das ist in diesem Rahmen nicht möglich. Immerhin können wir darauf hinweisen, daß solche Widersprüche von anderen im Rahmen dieser Debatte bereits aufgezeigt worden sind.

Das hat beispielsweise BECKERMAN versucht, wenn er die Argumentation der Ökologen untersuchte:

»... Die Vertreter der Botschaft vom jüngsten Tag (›doomsday message‹) weisen darauf hin, daß *heutzutage* Massenarmut, Hunger und zunehmende Verknappung mancher Rohstoffe festzustellen ist, und das ist das Argument, womit sie uns davon überzeugen wollen, daß wir hier der Realität ins Auge sehen und sie ernst nehmen müßten. Der Witz ist nun aber gerade der, daß dieses Beweismaterial keineswegs ihr Modell beweist, sondern daß es diesem vielmehr widerspricht! Gerade deswegen, weil wir heute – und dies schon seit einiger Zeit – ein Problem der Übervölkerung in vielen Ländern haben, sind in diesen Ländern seit vielen Jahren bereits ernsthafte Versuche unternommen worden – und das in vielen Fällen mit erheblichem Erfolg –, die Geburtenziffern zu reduzieren und die Nahrungsmittelproduktion zu steigern ...«

Damit läuft die Argumentation auf folgendes hinaus: Die Probleme als solche bestehen zwar, aber ihre Existenz ist es auch, die bereits Lösungen zustandekommen läßt ...

BECKERMAN geht sehr weit, wenn er die Studie des »Club of Rome« geradezu »lächerlich« (»ludicrous«) und »ein unverschämtes, schamloses Stück Unsinn« (»brazen, impudent piece of nonsense«) nennt. Andererseits ist er der »arroganten Selbstgefälligkeit« bezichtigt worden durch eine Gruppe von Naturwissenschaftlern, die darlegt, er habe sowohl den Umfang der Probleme als auch den Zeithorizont und die »wohletablierten Tendenzen zur Unstabilität« völlig vernachlässigt.

Nun mag es seltsam erscheinen, daß BECKERMAN, der dem Sozialismus nahesteht – er schreibt unter anderem in den »Essays in honour of Balogh« –, die Tendenz zur Unstabilität in Eco-Systemen leugnet, dieweil er auf ökonomischem Gebiet die Möglichkeit einer Unstabilität durchaus einkalkuliert.

*Die weitere Diskussion um das Unstabilitätsprinzip*

Das Unstabilitätsprinzip war nun zwar in gewissem Umfange von der Ökologie her in die Wirtschaftswissenschaften eingeführt worden, nämlich von MALTHUS, und es war vielleicht auch kein Zufall, daß der gleiche Malthus im Gegensatz zu den harmonischen Gleichgewichtsthesen RICARDOS, JAMES MILLS und JEAN-BAPTISTE SAYS den Gedanken der Unstabilität im Wirtschaftszyklus vertrat. Dieser Gedanke wurde dann erst von Marx wieder aufgegriffen, der ihn zur Grundlage seiner Theorie des Kapitalismus machte: Dieser war für ihn eine Abfolge sich stets erneuernder zyklischer Erschütterungen, die durch den Wechselprozeß von Kapitalbildung und Kapitalvernichtung unter dem Druck des technischen Fortschritts die gesellschaftliche Entwicklung einem Fernziel entgegenführten, dem der Umgestaltung in den Sozialismus . . .

Zwar ist es zweifelhaft, ob wir Marx eine sogenannte »Zusammenbruchstheorie« zuschreiben dürfen. SCHUMPETER war jedenfalls dieser Ansicht; aber er baute die Marxsche Theorie in geradezu konträrem Sinne aus, indem er die ökonomischen Unstabilitätsfaktoren, auf die Marx sich stützte, leugnete oder in den Hintergrund treten ließ, dafür aber das, was bei Marx als sekundär erschien, nämlich die soziologischen Unstabilitätselemente, in einem Maße betonte, das in eigenartigem Gegensatz stand zu seinem Vertrauen auf die ökonomische Resilienz des Systems.

Dagegen ist das Unstabilitätsprinzip von den Anhängern KEYNES' aufrechterhalten worden. KEYNES selber erkannte eine grundlegende Unstabilität des Kapitalismus an, war aber der Ansicht, ihr sei mit einigen Kunstgriffen, die eine Korrektur bewirken könnten, beizukommen: Diese Kunstgriffe bestanden im wesentlichen in einer Manipulierung der effektiven Gesamtnachfrage.

HARROD und DOMAR haben im Gefolge KEYNES' den Unstabilitätsnachweis, den KEYNES im kurzfristig-zyklischen Ablauf erkannte, auch auf der langfristigen Ebene anerkannt und analysiert. Nach ihrer Ansicht schwankte der Kapitalismus ständig zwischen der Scylla der Depression und der Charybdis der Inflation. Nach dem neoklassischen Zwischenspiel, das die Stabilitätselemente betonte, scheint die Analyse von HARROD und DOMAR in neueren Forschungen, wie sie vor allem mit UZAWAS Arbeiten eingeleitet wurden, eine erneute Bestätigung zu finden.

In seinem neuesten Buch über »Dynamics« hat HARROD ohne jede Scham nochmals das Unstabilitätsprinzip verteidigt, obwohl er kurz vorher in einer Kontroverse mit JOAN ROBINSON leugnete, daß er jemals die These von des »Messers Schneide« vertreten habe.

Wieweit waren nun all diese Autoren »ehrlich«, und inwieweit waren ihre Forschungsergebnisse von Ideologie beeinflußt?

MALTHUS hat man nachsagen wollen, er sei die letzte Bastion des untergehenden Großgrundbesitzertums gewesen und habe die Bedeutung der Bodenverknappung hervorgehoben, um die Existenz dieser untergehenden Klasse abzustützen. Aber immerhin hat er mit seiner Analyse die Unstabilität der aufkommenden Gesellschaft des Kapitalismus unterstrichen, mit der mindestens der britische Großgrundbesitz schon zu seiner Zeit eine Art Symbiose einging.

Marx hat mit seiner Analyse, wie dies JOAN ROBINSON betont hat, die Wiederauferstehungsfähigkeit des Kapitalismus nach seinen Krisen hervorgehoben, wenngleich er das Fernziel seines Überganges in ein neues Gesellschaftssystem nie aus den Augen verlor.

KEYNES endlich war skeptisch bezüglich der Lebensfähigkeit eines Kapitalismus, der von den Kunstgriffen der Kunstlehre, die er skizzierte, nicht Gebrauch machen würde. Und HARROD/DOMAR zeichneten eine ewige Gefährdung des Gleichgewichts, die letztlich die Lebensfähigkeit des Kapitalismus auf lange Sicht in Frage stellte.

Angesichts dieser tiefeingewurzelten Skepsis, die bei KEYNES wie bei HARROD zum Ausdruck kommt, wird man beiden eine tiefere innere Ehrlichkeit nicht absprechen können: Sie ringen um die Mittel zur Gesundung eines Patienten, dessen schweren Krankheitszustand sie nicht leugnen.

## 10. Schlußfolgerungen

Diese Skizze hat eine Reihe von Fällen aufzuzeigen versucht, in denen Autoren zu Schlußfolgerungen gelangt sind, die ihrer ursprünglichen »Vision« letztlich mehr oder weniger zuwiderliefen. In manchen Fällen war die »Bekehrung« zu gegenteiligen Auffassungen geradezu abrupt. In diesen wie den »gemäßigten« Fällen wird man immerhin im Zweifel anerkennen müssen, daß ein »Volte-face« Beweise dafür liefert, daß Klassenbewußtsein, Vorurteil oder interessenbezogene Argumentation (»special pleading«) in der akademischen Welt eben nicht vorherrschen, daß es zahlreiche Beispiele für intellektuelle Ehrlichkeit gibt und daß damit die Hoffnung auf Fortschrittsmöglichkeiten in der Wissenschaft nicht eitel ist.

In diesem Zusammenhang muß nochmals betont werden, daß die Erkenntnis des Vorhandenseins einer Ideologie als solcher noch nicht dazu berechtigt, die daraus fließende Argumentation als irrelevant zu betrachten. Nochmals können wir uns SCHUMPETER zuwenden, der uns daran erinnert, daß »die Gründe, warum ein Analytiker das sagt, was er sagt, uns nichts darüber andeuten, ob seine Argumente richtig oder falsch sind«, und der uns sogar ermahnt, auf die Argumente von reinen Interessenvertretern (»special pleaders«) oder intellektuellen Lobbyisten zu achten, deren Tatsachendarstellung wie Schlußfolgerungen durchaus logisch sein und mit denen »sachlicher« und »losgelöster« (detached) Philosophen oder Ökonomen durchaus manchmal konkurrieren können ...[83].

Argumentum e contrario: Auf der anderen Seite sollten die wenigen Beispiele, die wir hier angeführt haben, nicht so gedeutet werden, daß

Ergebnisse, die den Analytiker selbst überraschen oder betrüben – oder die ihn jedenfalls überrascht oder betrübt hätten, wenn er sich ihrer Konsequenzen voll bewußt geworden wäre – unbedingt wahr sein müssen. Was in diesem Zusammenhang wichtig ist, ist lediglich die Tatsache, daß solche Folgerungen, mögen sie bewußt gezogen werden oder implizit ersichtlich sein, als Beweis für die innere Ehrlichkeit des Analytikers oder für seine relative Freiheit von ideologischer Belastung angesehen werden können. Wenn man aufzeigen könnte, daß solche Fälle immer häufiger auftreten, so ließe sich auch dies als Beweis dafür ansehen, daß wissenschaftlicher Fortschritt möglich ist.

Es gibt sicherlich eine ganze Reihe von Methoden zur Überprüfung von Theorien, und verschiedene Gründe dafür, warum man eine solche Überprüfung anstrebt. Wir haben hier nur eine denkbare Methode aufzuzeigen versucht – es ist dies nicht unbedingt die beste, aber vielleicht eine der zugänglichsten und am ehesten schlüssige: Denn wenn jemand zu einer Schlußfolgerung gelangt, die seinen Empfindungen widerspricht, so dürfte er eine gute Chance haben, der Wahrheit so nahe zu kommen, wie dies nur irgend möglich ist – wenn es sie gibt ...

Die modernen Monetaristen scheinen einem anderen Grundsatz anzuhängen, nämlich dem, daß »der einzig relevante Test für eine Theorie der ist, ob sie die Fähigkeit hat, große Voraussagen zu machen auf sehr schmaler Grundlage ...«. Einer der Kritiker dieser Schule, HINES, nennt dies ein »ziemlich zweifelhaftes positivistisches Prinzip ...«. Indessen macht das Problem der Voraussage und die Frage nach der inneren Berechtigung dieser oder jener Theorie oder Schule bzw. deren Nützlichkeit für die Zukunftsschau eine spezielle Analyse erforderlich. Hier geht es dann nicht mehr um den Ehrlichkeitstest, sondern um den Test auf Verläßlichkeit.

Wir wollen uns hier damit begnügen, den Test der Überraschung – der inneren Überraschung des Analytikers selbst – zu empfehlen: Wo immer eine Analyse zu Ergebnissen gelangt, die für den Analytiker selbst unbequem, wenn nicht widerwärtig sind, können wir einigermaßen sicher sein, daß intellektuelle Ehrlichkeit vorherrscht.

Wir leugnen nicht, daß neben diesem Test auch andere denkbar sind, und daß die Methode selbst auf eine beschränkte Zahl von Fällen begrenzt bleibt. Schlimmer noch: Unser Argument dürfte darauf hindeuten, daß Ehrlichkeit eigentlich nur dort besteht, wo Ökonomen sich selbst widersprechen ... Das ist aber eine Behauptung, die wir nicht aufstellen möchten.

Immerhin dürfte diese Methode dazu dienen können, den breiten Raum zu verengern, über den hinweg gegenseitiges Mißtrauen vorherrscht zwischen den verschiedenen Schulen ökonomischen Denkens. Auf diese Weise mag es möglich sein, das gegenseitige Mißtrauen zu verringern und eine Atmosphäre freier und aufrichtiger Diskussion zu erschließen, in der die verschiedenen Schulen ihre Meinungen austauschen können.



Statt daß sie gegenseitig auf den Schwächen ihrer Gegner herumreiten und ihre eigenen Vorzüge herausstellen, könnten die verschiedenen Opponenten dann eher auf ihre eigenen Mängel schauen lernen, um sich gegenseitig dabei zu helfen, die zahllosen Lücken zu füllen, die noch in der ökonomischen Analyse offen bleiben und mehr noch in der Sphäre der praktischen Durchsetzung grundlegender ökonomischer Theoreme.

Letztlich bleibt die Frage nach den Möglichkeiten zur Erkennung der Wahrheit – und eine der Wahrheiten, um die es hier geht, ist das Problem der Entdeckung der Kriterien für einen optimalen ökonomischen Entwicklungsgang – die Frage nach den Kriterien einer »optimalen Gesellschaft«.

Die Antwort läßt sich auf eine von zwei verschiedenen Weisen geben:

- Entweder hat man eine Art von »Ahnung« (»hunch«), die sich auch als Vision oder »Paradigma« bezeichnen läßt, auch vielleicht als »Intuition« – womit man hart den Raum der Ideologie streift ...
- Oder aber, man versucht ein solches neues Gesellschaftssystem kühl und hart auf mechanische Weise zu errechnen, sozusagen nach dem Computersystem; man behandelt dann die Gesellschaft in der gleichen Weise, wie Delamettrie den Menschen als Maschine deklarierte ... Diese zweite Annäherungsweise kann man als eine Art »social engineering« bezeichnen.

Die Brücke zwischen beiden liegt vielleicht im Begriff der »Analyse« im SCHUMPETERschen Sinne. SCHUMPETER beharrte darauf, daß jeder Start oder »take-off« im ökonomischen Denken, der Fortschritte brachte, zunächst von einer »Vision«, also einer Art Startideologie ausgehen muß. Damit besteht dann also eine Interrelation zwischen dem »Paradigma«, das als Zünder dient für die analytischen Fortschritte, für das »engineering of economics«. Dieser Start von der ideologischen Ebene her braucht nach SCHUMPETER keineswegs zu falschen Ergebnissen zu führen – wenn nur die Startbasis früh genug vertauscht wird zu einer methodologisch sachlichen, von Vorurteilen unbeirrten Technik des Denkens, die ihren eigenen Gesetzen folgt und in der Fortschritte jenseits der Ideologie möglich bleiben.

Es bleibt noch zu fragen, ob diese Technik nicht die Lebenskraft der ihr zugrunde liegenden Vision bedroht. Das braucht nicht unbedingt der Fall zu sein, wenn das Zusammenspiel zwischen Vision alias Paradigma und kontrollierender Analyse richtig verstanden wird: Es kann keinen Sinn haben, Wirtschaftswissenschaft zu treiben im Sinne der Apotheose einer abstrakten Anfangskonzeption, die einer vertieften sachlichen Analyse nicht standhält. Vielmehr muß die Vision dialektisch ihre Korrektur aus sich selbst heraus erfahren, damit es zu einer Synthese kommt, die letztlich das Ziel jeder im eigentlichen Sinne wissenschaftlichen Arbeit ist.

## Anmerkungen

1 J. A. SCHUMPETER, Science and Ideology, American Economic Review, Vol. XXXIX., No. 7, March 1949, S. 352/3.

2 Vgl. hierzu TOYNBEE, A Study of History, Band I–III, London 1934, Gesamtausgabe (14 Bände), London 1954 (Neuauflage 1969).

3 Abbé Etienne de Condillac, Traité des Sensations, Paris 1754; Le Commerce et le Gouvernement considérés relativement l'un à l'autre, Paris 1776. A. L. C. DESTUTT COMTE DE TRACY, Traité d'Economie Politique, Paris 1823 (ein Teilstück aus seinen »Eléments d'Idéologie«, Paris 1801).

4 J. A. SCHUMPETER, History of Economic Analysis, 3. Auflage, New York 1959, S. 35.

5 JOAN HUBER/WILLIAM H. FORM, Income and Ideology, London 1973, S. 15.

6 THOMAS S. KUHN, The Structure of Scientific Revolution, New York 1962.

7 MAURICE DOBB, On Ideology, in: Theories of Value and Distribution since Adam Smith – Ideology and Economic Theory, Cambridge/England 1973, S. 2.

8 GUNNAR MYRDAL, zitiert nach: MARK BLAUG, Economic Theory in Retrospect, 2. Aufl., London 1968, S. 677.

9 HERBERT BIERMANN, Über die wirtschaftspolitische Relevanz des Popperschen Falsifikationskriteriums, Jahrbuch für Sozialwissenschaft, Vol. 26, 1975, Heft 1, S. 8/9.

10 BLAUG, a.a.O., S. 673.

11 BLAUG, a.a.O., S. 668.

12 MILTON FRIEDMAN, The Methodology of Positive Economics, Essays in Positive Economics, New York 1953.

13 DOBB, a.a.O., S. 1.

14 RONALD L. MEEK, Economics and Ideology, London 1967; Deutsche Ausgabe: Ökonomie und Ideologie, Frankfurt 1973, S. 258 ff. (Artikel ursprünglich veröffentlicht in: Scottish Journal of Political Economy, Febr. 1957).

15 DONALD F. GORDON, What was the Labor Theory of Value? American Economic Review, Papers and procedings, Vol. XLIX, May 1959, No. 2, S. 465 ff. Zu weiteren Äußerungen BALDWINS, STIGLERS u. a. vgl. KARL KÜHNE, Ökonomie und Marxismus, Band I, Neuwied 1972, S. 88 ff.

16 ANTONIO GRAZIADEI, Le Prix et le surprix dans l'économie capitaliste, Paris 1925, S. 25 ff.; OSCAR LANGE, On the Economic Theory of Socialism, in: Review of Economic Studies, Vol. IV, No. 1, Oct. 1936, und Marxian Economics and modern Theory, Review of Economic Studies, June 1935.

17 PAUL A. SAMUELSON, Understanding the Marxian Notion of Exploitation – A Summary of the so-called Transformation Problem, The Journal of Econo-

mic Literatur, Vol. 9, 1971, S. 423; siehe auch die Diskussion bei: KARL KÜHNE, Ökonomie und Marxismus, Band I: Zur Renaissance des Marxschen Systems, Neuwied 1972, S. 196/7.

18 J. A. SCHUMPETER, Science and Ideology, a.a.O., S. 352/3.

19 MARK BLAUG, Economic Theory in Retrospect, 2. Aufl., London 1968, S. 64, 66.

20 SCHUMPETER, History of Economic Analysis, a.a.O., S. 37, 44, 40, 39.

21 SCHUMPETER, History of Economic Analysis, S. 265.

22 SOLOW, Is the end of the world at hand? in: The Economic Growth Controversy, herausg. v. A. WEINTRAUB, E. SCHWARTZ, J. R. ARONSON, London 1973, S. 39.

23 SCHUMPETER, History of Economic Analysis, S. 92.

24 SCHUMPETER, History of Economic Analysis, S. 927.

25 SCHUMPETER, Theorie der wirtschaftlichen Entwicklung, 2. Aufl., München/Leipzig 1926, S. 260, 262.

26 Vgl. hierzu die Ausführungen bei: KARL KÜHNE, Ökonomie und Marxismus, Band II: Zur Dynamik des Marxschen Systems, Neuwied 1974, S. 324 ff., 416 ff.

27 ERNEST MANDEL, Der Spätkapitalismus, Frankfurt/Main 1972, S. 398.

28 Vgl. hierzu die Ausführung bei KARL KÜHNE, Marx im Lichte der modernen Wirtschaftswissenschaft, Einleitung zu: Karl Marx, Ökonomische Schriften, Stuttgart 1970, S. XXVII.

29 Vgl. KÜHNE, Ökonomie und Marxismus, Bd. I, S. 88 ff., Bd. II, S. 10 ff.

30 W. ARTHUR LEWIS, The Principles of Economic Planning, 6. Auflage, London 1959, S. 19/20.

31 LEO DAWIDOWITSCH TROTZKI, Soviet Economy in Danger, S. 29–30, 33, (nach: ABBA P. LERNER, The Economics of Control, S. 62, 64).

32 Vgl. KÜHNE, Ökonomie und Marxismus, Bd. II, S. 143 ff.

33 Vgl. KÜHNE, Ökonomie und Marxismus, Bd. II, S. 214, 545 ff.

34 MARK BLAUG, Economic Theory in Retrospect, S. 188.

35 JOHN BATES CLARK, The Distribution of Wealth, New York 1899, S. i., 4. Vgl. a.: MARTIN BRONFENBRENNER, Income Distribution Theory, London/Basingstoke, 1971, S. 2.

36 KARL MARX, Lohnarbeit und Kapital, Neue Rheinische Zeitung 1849, Dietz–Berlin 1968, S. 41/42 (im ursprünglichen Wortlaut, vor der Engelsschen Überarbeitung – vgl. a. KARL MARX, Ökonomische Schriften, herausg. v. KARL KÜHNE, Stuttgart 1970, S. 98 ff.

37 KARL MARX, Das Kapital, Ausgabe Dietz, Berlin 1953, Band II, Kapitel 20 (Abschnitt III), S. 414.

38 Vgl. KÜHNE, Ökonomie und Marxismus, Band I, S. 258 ff.

39 A. PIETTRE, Marx et Marxisme, 3. Aufl., Paris 1962, S. 65.

40 Vgl. KÜHNE, Ökonomie und Marxismus, Band II, S. 520 f.

41 JAMES TOBIN, Money Wage Rates and Employment, in: The New Economics, herausg. v. S. E. HARRIS, London 1947, S. 580 ff.

42 ALAN SWEEZY, Declining Investment Opportunity, in: The New Economics, a.a.O., S. 432.

43 ERICH PREISER, Wachstum und Einkommensverteilung, 2. Auflage, Heidelberg 1964, S. 11.

[44] LUIGI L. PASINETTI, Rate of Profit and income distribution in relation to the rate of economic growth, Review of Economic Studies, Vol. XXIX, No. 4, Oct. 1964, wiederveröff. in: PASINETTI, Growth and Income Distribution, Cambridge 1974, S. 103 ff. Vgl. a.: G. C. HARCOURT, Some Cambridge Controversies in the Theory of Capital, Cambridge 1972, S. 215/6.

[45] PREISER, Wachstum und Einkommensverteilung ..., S. 38.

[46] PREISER, a.a.O., S. 40, 38.

[47] HARCOURT, a.a.O., S. 13.

[48] J. E. STIGLITZ, The Cambridge – Cambridge Controversy in the Theory of Capital: A View from New Haven. A Review Article. Journal of Political Economy, Vol. 82, Nr. 4, July/August 1974, S. 900/901.

[49] ROBERTO VACCA, Il Medioevo prossimo venturo – La degradazione dei grandi sistemi (Das nächste kommende Mittelalter – der Verfall der großen Systeme), 3. Aufl., Mailand 1972.

[50] EDITH T. PENROSE, The Theory of the Growth of the Firm, 5. Aufl., London 1972 (1. Aufl 1959), S. 22/23.

[51] Vgl. hierzu KÜHNE, Ökonomie und Marxismus, Bd. I, S. 379 ff., Bd. II, S. 541.

[52] PAUL A. SAMUELSON, Marxian Economics as Economics, American Economic Review, Papers and Proceedings, Vol. LVII, No. 2, May 1967, S. 616.

[53] PAUL A. SAMUELSON, Parable and Realism in Capital Theory: The Surrogate Production Function, Review of Economic Studies, Vol. XXIX, 1962, S. 193–206.

[54] TERENZIO COZZI, Teoria di Sviluppo Economico, Bologna 1972, S. 222, 225.

[55] HARCOURT, a.a.O., S. 124, 131, 133/134.

[56] KÜHNE, Ökonomie und Marxismus, Bd. II, S. 350, 533.

[57] ROBERT M. SOLOW, Note on Uzawa's Two-Sector Model of Growth, Review of Economic Studies, Vol. 29, Oct. 1961.

[58] HIROFUMI UZAWA, On a Two-Sector Model of Economic Growth, Review of Economic Studies, Vol. 29, 1961, S. 40 ff.

[59] HIROFUMI UZAWA, On a Two-Sector Model of Economic Growth II, Review of Economic Studies, Vol. 30, No. 2, June 1963, S. 105 ff.

[60] RONALD BRITTO, Some Recent Developments in the Theory of Economic Growth: An Interpretation. Journal of Economic Literature, Vol. XI, Dec. 1973, No. 4.

[61] CARL CHRISTIAN VON WEIZSÄCKER, Wachstum, Zins und optimale Investitionsquote, Basel 1962, S. 15 ff.

[62] VON WEIZSÄCKER, a.a.O., S .26.

[63] JOHN CORNWALL, Growth and Stability, London 1972, S. 25.

[64] VON WEIZSÄCKER, a.a.O., S. 26.

[65] VON WEIZSÄCKER, a.a.O., S. 27.

[66] VON WEIZSÄCKER, a.a.O., S. 19, 23.

[67] VON WEIZSÄCKER, a.a.O., S. 11, 13, 17.

[68] VON WEIZSÄCKER, a.a.O., S. 18/19.

[69] KÜHNE, Ökonomie und Marxismus, Bd. II, S. 241 ff.

[70] KÜHNE, Ökonomie und Marxismus, Bd. II, S. 241–247.

[71] KÜHNE, ebenda, S. 320 ff., 324/325.

72 W. W. ROSTOW, The Stages of Economic Growth, 2. Aufl., Cambridge 1971, S. 8.

73 RONDO CAMERON, Economic Development – Some Lessons for developing Nations, American Economic Review, May 1967, Vol. LVII, No. 2, S. 321 ff.

74 PH. DEANE/W. A. COLE, British Economic Growth, Cambridge 1962, S. 263–266.

75 JEAN MARCZEWSKI, The Take-off hypothesis and French Experience, in: W. W. ROSTOW: (Herausgeber): The Economics of Take-off into Sustained Grotwh, London 1963, S. 119 ff.

76 W. HOFFMANN, The take-off in Germany, gleiches Sammelwerk wie [75], S. 95 ff.

77 A. K. CAIRNCROSS, Capital Formation in the Take-off, Sammelwerk wie [75], S. 240 ff.

78 H. ROSOWSKY, Japan's Transition to modern economic growth, in: Industrialization in Two Systems: Essays in Honor of A. GERSCHENKRON, New York 1966 (Herausgb: ROSOWSKY).

79 CAMERON, a.a.O., S. 316–323.

80 CAMERON, a.a.O., S. 321–323.

81 CAMERON, a.a.O., S. 323/324.

82 W. BECKERMAN, in: Oxford Economic Papers, Vol. 25, No. 3, Nov. 1973.

83 SCHUMPETER, History of Economic Analysis, S. 154.

 Vom gleichen Autor ist bisher erschienen:

## Ökonomie und Marxismus

Band 1
Zur Renaissance des Marxschen Systems
500 Seiten, Leinen
DM 52,– ISBN 3 472 01610 8

Band 2
Zur Dynamik des Marxschen Systems
613 Seiten, Leinen
DM 52,– ISBN 3 472 01612 4

Registerband
VI/89 Seiten, kartoniert
DM 14,80 ISBN 3 472 01712 0

«. . . für eine Synthese des Marxschen Denkens
im Hinblick auf Ergebnisse und Methodik
der modernen Wissenschaft
hat Kühne wichtige neue Impulse gegeben.
Die Arbeit verdient daher
besondere Beachtung . . .«
Gerhard Himmelmann in WSI –
Monatszeitschrift des Wirtschafts- und
Sozialwissenschaftlichen Instituts des
Deutschen Gewerkschaftsbundes

». . . Die Aufarbeitung der nationalökonomischen Theorien
von Karl Marx ist frei von jeder Polemik
und führt wertvolle Ansätze für eine
interdisziplinäre Diskussion, die das Schwergewicht
auf von jedem Dogmatismus freie Interpretation
Marxscher Gesamtkonzeption legt . . .«
Südfunk Stuttgart

Luchterhand